U0450638

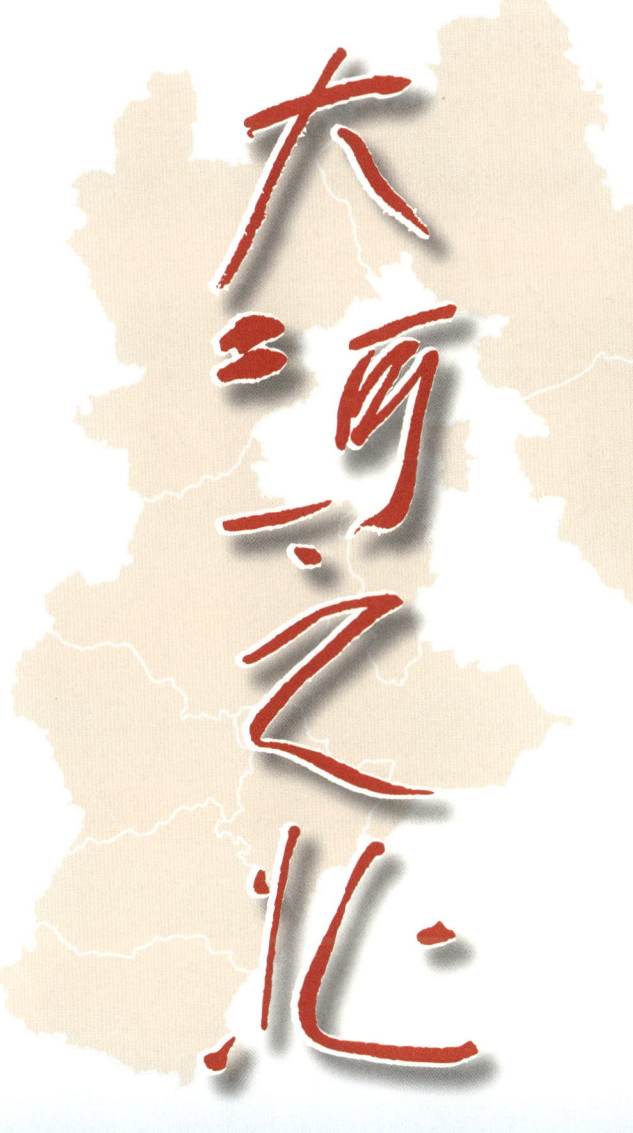

河北人文地理解读

大河之北

桑献凯 丁 伟 贾 伟 ◎主编

花山文艺出版社
河北出版传媒集团

图书在版编目（CIP）数据

大河之北. 河北人文地理解读 / 桑献凯，丁伟，贾伟主编. -- 石家庄：花山文艺出版社，2023.5
ISBN 978-7-5511-6358-3

Ⅰ. ①大… Ⅱ. ①桑… ②丁… ③贾… Ⅲ. ①人文地理-河北 Ⅳ. ①K922.2

中国版本图书馆CIP数据核字(2022)第208549号

编委会

主　任： 那书晨　桑献凯　丁　伟　王洪峰
副主任： 贾　伟
委　员： 郝建国　王玉晓　朱艳冰　张许峰

书　名：	大河之北——河北人文地理解读
	Dahe Zhi Bei —— Hebei Renwen Dili Jiedu
主　编：	桑献凯　丁　伟　贾　伟
书名题签：	韩　羽
策划统筹：	郝建国　王玉晓
责任编辑：	于怀新　郝卫国
责任校对：	李　伟　李　鸥
装帧设计：	王爱芹
美术编辑：	胡彤亮
出版发行：	花山文艺出版社（邮政编码：050061）
	（河北省石家庄市友谊北大街330号）
销售热线：	0311-88643299/96/17/34
印　刷：	保定市正大印刷有限公司
经　销：	新华书店
开　本：	889mm×1194mm　1/16
印　张：	35
字　数：	580千字
版　次：	2023年5月第1版
	2023年5月第1次印刷
书　号：	ISBN 978-7-5511-6358-3
定　价：	178.00元

（版权所有　翻印必究·印装有误　负责调换）

一次精神之旅

本书是《大河之北——河北自然地理解读》的姊妹篇。

从"自然地理"到"人文地理",我们持续解读"大河之北"这片土地,不仅为了全景呈现燕赵大地山川人文之美,更为了揭示一种蓬勃至今的力量——在5000多年文明发展中孕育的中华优秀传统文化,沉淀着中华民族最深沉的精神追求,代表着中华民族独特的精神标识,是中华民族生生不息、发展壮大的丰厚滋养。

河北是中华文明的重要发祥地之一,也是重要的革命根据地——这是一块革命的土地、英雄的土地,是"新中国从这里走来"的地方。

这片土地上,书写过并还在书写着创造、奋斗、团结和梦想的故事。我们再一次行走,延续"现场走访+专业解读"的形式,去讲述故事的书写者。

这是一次文化之旅。

阳原盆地泥河湾的石器,涿鹿之战的远古回响,华北最古老城市的设计智慧,赵武灵王掀起的改革风云,正定古建群、赵州桥的巧夺天工,张库大道上的商贾传奇,冀东近代工业的前世今生……慷慨燕赵,生生不息。

这更是一次精神之旅。

我们站在山海之间,聆听长城述说——她是隔离的屏障,也是联系长城内外的纽带,更是抗击外侮的战场。

我们走进五峰山,探寻李大钊的足迹,触摸东方大陆开天辟地大事变的星星之火。

我们重走太行,读取李保国精神世界中的"小秘密"。

…………

感谢再一次行走,让我们重新发现和认识河北大地所孕育的人文特质,感悟其精神追求——由此,可以知道,我们从哪里来,到哪里去。

《河北日报》编辑部

目录 CONTENTS

◎ 长城篇

第一单元　万仞千关 …………002
一、长城的精华在河北 ………003
二、大时空坐标里的河北长城 ………015
三、在这里读懂长城 ………021

第二单元　我的长城 …………028
一、长城脚下是家乡 ………029
二、长城之上是家国 ………036
三、长城是一生奉献的事业 ………047

◎ 源流篇

第一单元　人猿揖别 …………058
一、东方人类的故乡 ………059
二、"万花筒"般的文化 ………069
三、考古见证的文明 …………076

第二单元　人文初祖 …………082
一、文明的初曙 …………083
二、商文化的"老家" …………088
三、燕赵的由来 …………096

◎ 文物篇

第一单元　奇珍重宝 …………110
一、文物的时空 …………111
二、技术的巅峰 …………121
三、文物不远人 …………131

第二单元　省外拾珍 …………138
一、翰墨风流 …………139
二、登峰造极 …………146
三、京畿文韵 …………156

—001—

◎ 红色篇

第一单元　革命热土 …… 166
一、星火从这里燎原 …… 167
二、根据地在这里创建 …… 174
三、新中国从这里走来 …… 183

第二单元　红色档案 …… 192
一、探索 …… 193
二、奉献 …… 201
三、忠诚 …… 210

◎ 建筑篇

第一单元　雕栏玉砌 …… 278
一、木石史书 …… 279
二、古建交响 …… 288
三、百年守护 …… 298

第二单元　凝固音乐 …… 308
一、现代建筑的开端 …… 309
二、民居建筑的演变 …… 317
三、建筑之美 …… 324

◎ 城镇篇

第一单元　都市沧桑 …… 220
一、古代城市的先声 …… 221
二、近代城市的发轫 …… 229
三、现代城市的变迁 …… 237

第二单元　古镇名城 …… 248
一、古镇名城的"基因密码" …… 249
二、古镇名城的"气质颜值" …… 258
三、古镇名城的"孕育传承" …… 266

◎ 商贸篇

第一单元　大路朝天 …… 336
一、商道：远去的驼铃与帆影 …… 337
二、商帮：近代河北商业的代表 …… 344
三、市场：沟通天下的特色商品之都 353

第二单元　商帮旧事 …… 360
一、溯源：商人、商品和商业的河北往事 …… 361
二、脚步：近百年冀商的开拓之路 …… 368

CONTENTS

　　三、印迹：商路滋养的文化遗产 ……376

◎ 戏曲篇

第一单元　古韵新腔 ……388
　　一、百花齐放 ……389
　　二、源远流长 ……397
　　三、京昆名家 ……405

第二单元　"声声"不息 ……414
　　一、戏中味 ……415
　　二、戏中人 ……423
　　三、戏之思 ……431

◎ 人物篇

第一单元　千古风流 ……442
　　一、他们，最早塑造出这片土地的精神气质 ……443
　　二、他们，挥写出这片土地的风流文采 ……452

　　三、他们，登上中国古代科技高峰 ……460

第二单元　群星璀璨 ……468
　　一、大地英杰 ……469
　　二、科技之星 ……477
　　三、红色星阵 ……485

◎ 饮食篇

第一单元　燕赵食材 ……496
　　一、食谷者生 ……497
　　二、鲜味之源 ……505
　　三、家常味道 ……513

第二单元　河北味道 ……522
　　一、面食传奇 ……523
　　二、冀菜珍馐 ……532
　　三、家常滋味 ……540

结束语 ……551

编后记 ……552

金山岭长城云海　刘满仓　摄

大河之北

河北人文地理解读

长城篇

第一单元 万仞千关

采访 ◎ 《河北日报》记者 朱艳冰 袁伟华 郭 猛 李建成 史晓多

执笔 ◎ 《河北日报》记者 袁伟华 朱艳冰

阅读提示

河北最具代表性的人文符号，当属长城。

长城在河北现存2498.5公里，行经9个设区市59个县（市、区）。河北长城资源数量居全国第二位。全国长城保存最完整、建筑最雄伟、文化最丰富的地段，均在河北。

在山海间8公里构筑起的山海关，是明长城关隘系统的代表；金山岭在建筑构件、形制上完美保存了长城原貌；张家口则因现存长城多代建筑、分布广泛、形制丰富，被称为"历代长城博物馆"……除了长城本体，河北长城沿线还有丰富的历史资源、生态资源和文化资源，是阅读河北人文地理的最好样本。

山海关长城　　《河北日报》资料图片

一、长城的精华在河北

1. 山海关：山、海知何处，缘何号称第一

2020年9月9日，秦皇岛，角山长城。

天气晴好，视野异常通透。

"停——"

山海关文保所原所长郭泽民突然招呼大家停下脚步。这里是角山长城"登山"前的第一座敌台，山势从这里骤然升高，再往上就是近乎绝壁的山崖。

"大家回头看！"

顺着郭泽民手指的方向望去，脚下的长城犹如一条巨龙，由群山之间蜿蜒东去，串起山海关尚存的水门、关城，一直延伸向远处蔚蓝的大海。"看，那里是天下第一关。再往前，天海相接的地方，就是老龙头入海石城。"

长城，在这里将高山、雄关、大海连成一体。

"山海关从山到海，直线距离只有8公里。"郭泽民说。

历史的因缘际会，有时便根源于自然的鬼斧神工。

缩小比例尺，从地理上看，连接华北和东北的辽西走廊，东边是大海，西边是燕山、七老图山、努鲁儿虎山等连绵的崇山峻岭。这条狭长而相对平坦的通道长约200公里，最宽处不过10余公里，最窄的地方只有几公里。

在辽西走廊南端，最窄的地方便是山海关。过去的京奉驿道，现在的京哈铁路、京沈高速，都从这窄窄的8公里间通过——自古至今，这里都是华北通往东北的要冲。

显然，古人早就注意到了这个"咽喉锁钥"之地。

从历史上看，山海关作为战略要地早在秦代就已经形成——山海关就是秦代驰道"碣石道"的要冲。

南北朝时期，北齐在这里修筑长城，其遗址在今天的山海关长寿山石门横岭一带尚能看到。到隋唐时期，山海关作为军事要隘，被称为"渝关"，又作"榆关"。金元时期，这里的战略优势明显得到加强。

而山海关真正成为雄关要塞，则是明朝的事情了。

"虽然目前认定的明长城东起点是辽宁虎山，但山海关仍然可以算作明长城

角山之夏初　　周　红　摄

修筑的历史起点——明朝最初修筑长城时先是把长城的东端起点确定在山海关，较辽东那段长城要早。"郭泽民说。

明朝建立之后，明太祖朱元璋为加强北方防务，设立了卫所。明洪武十四年（1381年），大将军徐达派遣燕山等卫所屯兵15100人，在永平、界岭等地修筑了三十二关，当年十二月，修筑山海卫城，这就是山海关得名的由来。

这是名副其实的山·海·关：

"山"是山势陡然拔起519米的角山；

"海"是渤海；

山与海构成了天然屏障，而角山至老龙头之间亦即山和海之间宽仅8公里的狭长孔道上，被人为构筑了由关城、瓮城、罗城、翼城、前哨城堡、海防卫城和长城共同组成的独特城防布局——这就是"关"。

"事实上，这一系列严密的城防布局，共同构成了山海关的'关'。真正的'山海关'，指的绝不仅仅是我们今天看到的挂着'天下第一关'匾额的那一座楼。"郭泽民说。

而这一城防布局，使得山海关成为中国长城线上最负盛名的关城体系。

"当年吴三桂引清兵入关，打开的就有这道门。"行至山海关关城的北水门时，郭泽民指着眼前一道宽1米左右、毫不起眼的小门说。

山海关复原图　刘　瑞　翻拍

在明与清的对峙中，对明来说，山海关是辽西防线的核心和重中之重。明王朝几乎动用了全国之力保卫山海关。山海关的存在，在当时真可谓"天下安危系于一垣"。

山海关的确曾有效地遏制了清军的入侵。始终拿不下山海关的清军曾十次绕关入内，威胁北京，甚至一度占领山东等地，但是却未能在关内立足。根本原因就像魏源在《圣武记》中所说："山海关控制其间，则内外声势不接，即入其它口，而彼能绕我后路。"这也就导致了"所克山东、直隶郡邑辄不守而去，皆由山海关阻隔之故"。

"吴三桂当时只打开了山海关的南水门、北水门、关中门三道门，其中两道水门仅能容一人一骑通过。"郭泽民说，"但就是这三道门，彻底改变了历史。"

山海关关城上，游人纷纷在"天下第一关"巨匾之下拍照留念。

"首先需要明确的是，悬挂'天下第一关'匾额的这栋两层楼，其实是山海关关城东门上的箭楼，也名镇东楼。它只是关城的一小部分而已。"郭泽民笑着看大家拍照"打卡"，一番话也引起游客的注意，不少人围拢过来。

"山海关被称为天下第一关，可不仅仅因为一幅巨匾、几个大字。"郭泽民话锋一转，"或许，楼里展出的一幅《万里长城山海关古建筑复原图》更能说明问题，大家一看就明白了。"

这是一幅山海关关城体系全图。长卷之上，角山巍峨、渤海滔滔，山海之间，布局鼎盛时期的山海关关城系统，包括南北翼城、东西罗城、宁海城、威远城和城中各类建筑。

总体上，山海关的防御体系可以分为内外两层：内层以关城为核心，辅以瓮城和罗城；外层主要是散点分布的哨城、翼城和各路的关隘、烽堠等，与内层核心形成掎角之势。

这种城防建筑布局充分利用了山海关地区的地形特征，按照"因地形，用险制塞"的方法来设计。

"从对山海之间8公里锁钥之地的控扼，到内外结合的立体防御体系的设计，你可以看到长城在选址和构筑方面的精妙之处，整个关城系统既有陆防设施，也有海防设施。既有内外呼应平面交互设计，也有防御纵深的立体化防御布局。充分显示了当时人们在山海关设置上的匠心独具。"郭泽民说，"这才是'天下第一关'的真正意义。"

而在整个山海关辖区内，南起渤海之滨的老龙头，北至燕山深处的九门口，绵延26公里的长城线上，险要地段设置了南海口关、南水关、山海关、北水关、旱门关、角山关、滥水关、三道关、寺儿峪关和一片石关10个关隘，有43座敌

海上观老龙头　周 红 摄

台、51座城台、14座烽火台，共同铸就了山海关大纵深防御的体系，拱卫森严，守望相助，互为掎角，结构严谨，功能明确，攻守自如。

2. 张家口：城、堡越千年，长城不只是一道墙

2020年9月3日，张家口，大境门。

第五届河北省旅游产业发展大会正在张家口举行，大境门长城历史文化体验区是重点观摩项目之一。随着长城国家文化公园（河北段）建设全面展开，河北正积极推进山海关、金山岭、大境门、崇礼等重要建设区段长城保护工作。

"大境门不是张家口的城门吗，难道也算长城吗？"站在"大好河山"四个大字之下，很多游人提出这样的疑问。

甚至连很多当地人都不清楚的是，大境门其实是长城的一部分——它原本只是长城线上的一个普通关隘。就连张家口城市的发祥地张家口堡，也都是长城关堡体系的一部分。

"大境门是万里长城众多关隘中一个十分特殊的长城地标，学术界认为它与山海关、居庸关、嘉峪关同样重要。"张家口市长城保护管理处业务科科长常文鹏解释说，长城的关口几乎均以"关""口"称谓，只有张家口的这个关口被称作"门"。

巍峨雄壮大境门　陈　亮　摄

现存大境门墙高12米，底长13米，宽9米，是一座条石基础的砖筑拱门。然而，作为长城线上重要关口，设置这样一个硕大的门，与军事防御的初衷其实并不相符。

事实上，如今我们看到的大境门始建于清朝顺治元年（1644年），它并不是明长城体系中的大境门。

"看这里——"常文鹏走到大境门东几十米处。低于地平面的一个凹地，有一个被玻璃罩隔离保护起来的小门，"这叫西境门，又称小境门。它才是明长城上真正的关口。"

2007年，随着张家口有关部门对大境门东段长城的抢救性修复，被掩埋了很多年的西境门得以重见天日。重新发掘出来的西境门高3米，宽1.62米。

它的低矮狭窄事出有因。

明代中期与鞑靼战争频发，边境并不太平。但中原需要草原的皮毛，草原也需要中原的丝茶，西境门作为华北地区进出中原与草原的便捷通道，贸易却未彻底中断。为防止有入侵者自贸易关口乘虚而入，仅容一人一马一车通过的小门，成为最佳选择。这个因战争防御而建的长城关口，就这样成了当时人们贸易交流的"口岸"、民族融合的前沿。

"这也是大境门作为长城线上最独特关隘的最大特色。"河北省古建筑保护研究所工程办公室主任、河北省长城保护协会会长孟琦说，"人们一般认为，长城是一道高大、坚固而且连绵不断的长垣，用以限隔敌骑的行动。但实际上，长城不是一道单纯孤立的长墙，而是以墙体为主体，同大量的关隘、城堡、烽燧相结合的防御体系。"

常文鹏介绍，现在人们看到的大境门，其实是清顺治元年（1644年）在小境门的西侧新开的。清时长城的防御功能已弱化，而一个高大的门，更能强化茶马互市、交流互通的开放形象。

2020年9月，张家口怀安县城南城墙巷。

一座仿古双层灰檐、挂着烫金大字巨匾的老店门前停满了外地车辆，人们在排队购买远近闻名的"柴沟堡"熏肉。这个以熏肉闻名的"柴沟堡"，同样也是长城的一部分。

古代的"堡"，是指"用土和石块修筑而成的小城"，也有"有城墙的村镇""构筑的军事工事"之意。明正统二年（1437年），为巩固边防，抵御蒙古入侵，明将在当时的"柴沟营"的东部夯土重修堡城，命名为"柴沟堡"。

"明长城防御体系构建非常科学实用，由镇、卫、所、城、堡、敌楼、烽火台、边墙等组成，体系严密，层次也非常分明。"常文鹏拿起笔，在一张纸上用寥寥数笔勾勒出一幅示意图：

烽燧一般在长城外侧，起瞭望预警的作用；

长城墙体在明代一般被称为边墙；

边墙内分布着大量城堡，这些军堡或民堡（数量较少）是长城关堡体系中基础的防御单位，开始是官兵屯田驻戍，用于军事防御，后来家属随军落户、民众投靠，比如张家口堡、来远堡、柴沟堡等。再高一级的所城、卫城，都是明代卫所体系下的不同城池。比如现在万全县万全镇，就是当年万全右卫城的所在地。

最高一级的，则是镇城——

张家口市宣化区。

三檐两层、高近30米的清远楼坐落在城市中心，站在清远楼上，南面的镇朔楼（鼓楼）清晰可见。极目四望，残存的古城墙，正南的拱极楼、西边的大新门依稀勾勒出600多年前"宣府镇城"的宏伟轮廓。

"宣化早在唐代就开始建城，但其战略位置的重要性，是在明初扩建并成为宣府镇城之后才进一步凸显的。"孟琦说。

因距京师最近，战略地位十分重要，宣府镇在明代被列为"极冲"之地，于是便有了"九边冲要数宣府"之说。

宣府镇辖宣府前、左、右卫，万全左、右卫，怀安卫等11卫和云州、龙门等7个千户所，城堡若干，是京师北部最重要的军事机构。

"明长城有'蓟镇城墙、宣府校场'的说法，宣化在当年的地位，有点类似现在朱日和的意思。"孟琦进一步解释说，"宣府作为北方长城沿线的重要军事要塞，每年朝廷的阅兵仪式多在宣府举行，故而宣府的阅兵校场极为壮观。"

明代修建的宣化城规模宏大，七门一关，仅次于京师的九门格局。现除南城门楼保存较好，其他门楼、瓮城、角楼等均已无存。

宣府镇不仅成为军事防御中枢，本身也因为城墙高大，成为具有独立作战功能的军事堡垒。当时宣府镇不仅在北方诸镇中首屈一指，就是在全国的城市中规模也不小。

"如果说秦皇岛、承德境内的长城防御功能主要由坚固的长城墙体、关隘这些'硬件'实现的话,那么在张家口一带,长城的防御功能则更强调充分发挥镇城、卫所、堡寨与长城边墙、烽燧系统结合起来的立体军事系统的协同性。"常文鹏表示,这是张家口长城最显著的特点。

究其根源,由于张家口处于太行山、阴山和燕山山结地带,山势复杂多变,冲沟裂谷众多,所以长城墙体的连续性很难保证。从军事角度来看,在重要点位上布置大量烽燧、城堡更具实用价值。

3. 金山岭:楼、台今犹在,何以万里独秀

1980年11月,滦平县巴克什营镇花楼沟村。

一场大雨不期而至,行至半山的人们纷纷往山下跑。一位老人却背着照相机,冒着寒雨继续往山顶的长城上爬去。

他,就是著名长城专家罗哲文先生。

几天前,滦平当地一位退休教师给北京的长城专家们写了一封信,介绍在自己的家乡金山岭上,有一段"无名长城"。几百年来,山外的世界天翻地覆,偶尔有战火波及这里,但毕竟因处于深山僻岭,这段长城虽风剥雨蚀,却基本保持了原始风貌。

20世纪80年代初,八达岭长城、山海关长城早已名声大噪,人们蜂拥而至。但这里的长城,仍不为外界所知。

信引起了专家的注意,他们组成考察组,专程赶赴金山岭现场考察,却不巧遇上了这场雨。

年过半百的罗哲文独自爬上长城的制高点,尽情纵览雨后的长城,并拍摄起长城雄姿。他越拍越兴奋:"从事长城研究工作几十年,还没见过这么好的一段长城!"

"万里长城,金山独秀",金山岭长城的确不负这冒雨抢登的"知遇"。

历代长城中,明代长城规模最大、质量最高、修筑时间也最长,而金山岭长城几乎集中了明长城所有的建筑形式,是欣赏和研究明代长城建筑结构最理想的地段。

2020年9月17日，金山岭长城砖垛口。

金山岭长城文物管理处主任郭中兴带记者由这里直上后川口——这条线路，正是金山岭长城的精华段。

当清晨第一缕阳光刺破晨雾照射在长城的青砖上时，用手触摸冰冷的城墙，温度仿佛正从几百年之前缓慢传来。

郭中兴双手轻拍着墙砖："墙是长城的主体，金山岭长城的墙体一般是用条石作基础，条砖包砌到顶，里面用黄土和石块填充，然后夯实，所以墙体异常坚固。"

金山岭长城墙体依山就势，构筑巧妙，同时利用了悬崖、山险、隘口，形成了借墙、劈山墙、山险墙。

金山岭长城　周万萍　摄

金山岭长城部分残存敌台　　袁伟华　摄

　　根据明代长城碑刻记载，明代中后期城墙的建筑是分一等、二等和三等三个等级的：

　　一等边墙多修在要害部位，一般以方正条石为基座，墙身内外两侧用砖或条石砌筑，墙心填以黄土或毛石、碎石，上部的垛口和宇墙（又称女儿墙）一律用砖砌筑，马道用方砖铺墁。

　　二等边墙外侧用砖或条石砌筑，内侧用毛石砌体，表面做虎皮石墙面，并用白灰勾缝。垛口和宇墙全部用砖砌筑。马道也用砖墁地。

　　三等边墙一般用毛石砌筑，内外两侧墙面均做虎皮石墙面（有的只做外侧），墙的厚度、断面尺寸及马道上部的做法，根据防御需要和地形条件而异。

　　河北境内的明长城边墙等级大多较高，山海关、金山岭等长城墙体多属于一等边墙。

　　从砖垛口至将军楼这一段长城线路，是来金山岭的游客必选路段。这一段长城墙体保存非常完整，大块青砖包筑了整个长城墙体和马道，白灰勾缝一丝

金山岭长城上的敌楼　　袁伟华　摄

不苟。

沿青砖台阶拾级而上,郭中兴介绍,我们脚下是马道,外侧为垛口墙,垛口墙上设有垛口和礌石孔,内侧为宇墙,内外高低不一,宇墙低于垛口墙。

站在垛口前向北望去,群山绵延不绝,直接天际,让人恍惚有睥睨千军万马的错觉。

"垛口墙主要是士兵作战时使用,敌人来犯时,可从垛口或礌石孔观察远处和城墙下的敌情,通过垛口发射火器或射箭,通过礌石孔释放礌石。"郭中兴介绍,"在有的墙体上,明军甚至使用了在当时威力巨大的佛郎机火炮。"

郭中兴特别指出两个细节——

"你看这个礌石孔设计,它并不是一个简单的孔洞,而是在孔洞下的墙体上设计了一个像弹道一样的凹槽,礌石在下滑的过程中出现加速度,以抛物线的形式离开墙体,既能扩大打击面,也防止炸开的碎石破坏墙体。"另一处独到的设计就是垛口,金山岭长城的垛口呈倒八字形,这种设计既能扩大观察面和打击面，也能更好地保护自己不被敌人射中。

在金山岭长城宇墙墙体上，分布着数量不同的孔洞。郭中兴转过身，指着几个20厘米见方的孔洞说，早期研究者们不清楚为何在长城内侧一方也设置若干孔洞，难道是为了瞭望后方？

经专家研究后才判断，这些其实是长城墙体上设计的通风孔。长城所在地常年风力较大，为了避免墙体被风力侵蚀和减小风力对墙体的撞击，长城建造者们在宇墙上特意设置通风孔，与垛口、礌石孔形成风力通道。

金山岭长城墙体的另一大特色是保存有形态完整的障墙。

在金山岭长城将军楼西侧，郭中兴先一步迈进障墙后，将自己整个身形隐藏在障墙之后，"障墙可以说是一道攻守兼备的屏障，即使敌军攻上城墙，守城将士仍可依托障墙步步为营，步步设防，保护自己，杀伤敌人。"

因为接近指挥中枢，障墙的坡度极大，手脚并用爬上障墙，就登上了将军楼。郭中兴介绍，将军楼是金山岭段长城的指挥中心，它实际上是一座空心敌台。

金山岭长城最显要、最突出的建筑是一个个前后相望、遥相呼应的敌台。

敌台一般骑墙而建，基础之上多为二层（亦有三层），下层空心，周围有箭窗和望孔。可以贮存粮草，驻守兵士。

"敌人要想攻上将军楼，需要突破五道防线。"郭中兴领着记者站上将军楼二层，视野一下开阔起来。

站在将军楼上，郭中兴指着北面左右两座山头上的圆柱形建筑介绍，那是金山岭长城的第一道防线，叫烽燧也称烽火台，起到预警和传递军情的作用。

烽火台又称烟墩、烽燧和狼烟墩等，多建在山顶，平原地区也有。白天放烟叫"烽"，夜间举火叫"燧"，台台相连，各个烽火台之间的距离以目力可以看清为准。为了报告敌兵来犯的多少，还以燃烟、举火数目的多少来加以区别。到了明代，还在燃烟、举火的同时加放炮声，以增强报警的效果，使军情可迅速传达千里之外。

在东西走向的长城主线之外，从将军楼向北伸出一段支墙，支墙可与东西长城主线形成夹击包围之势，围歼来犯之敌，这是第二道防线。如果敌人再向将军楼指挥中心突进，将军楼之外的山坡上还有第三道防线挡马墙，将军楼下的第四道防线月墙，如果敌人从关口突破进攻将军楼或架云梯攻上长城，障墙是第五道防线。

明代长城的另一个基本构件是马面（又称墙台、战台），高度与城墙同高，多为长方形，少数圆形，突出于墙体一侧（多为外侧），其主要功能是用来据守杀敌的。

当敌军来犯时，守兵登台迎战，矢石铳炮居高临下投射，使敌军不能近台。而当敌军一旦逼近城墙，守兵又可以从马面突出城墙的部位从侧面攻击来犯之敌。

"如此严密的防御体系，保存完整的各种构件，在整个长城沿线上都不多见。"郭中兴说，"金山独秀，不仅仅秀在时过数百年依旧壮美奇崛，更为重要的是，可以让后人得以窥见当年长城原貌，穿越时光领略万里长城上古塞雄关的气势。"

二、大时空坐标里的河北长城

1. 最古老的长城

2020年11月10日，涞源县黄土岭村。

"那个山坳就是当时八路军迫击炮所在的位置。"站在"雁宿崖村黄土岭战役胜利纪念碑"前，村干部陈汉凯指着对面山坳间的一小块平地告诉记者。

1939年11月7日，有"名将之花"之称的日军中将阿部规秀，被八路军从那里发射过来的迫击炮炮弹击毙。

"这个迫击炮阵地身后，就是战国中山长城的一个前沿隘口所在地。明代沿用了中山长城的城墙，又构筑了两个城圈。"河北大学博物馆原副馆长李文龙，指着山坳不远的山脊，"看，那里还有清晰的长城墙体。"

81年前，战斗在黄土岭上的八路军也许无从得知，他们身后正是2300多年前建造的战国中山长城。从小在这里长大的陈汉凯也只知道黄土岭上有长城，但直到此次记者陪同专家共同造访，才意外地了解到这段长城的前世今生——

这也是河北境内已知修筑年代最早的长城！

"涞源在历史上曾经叫广昌县、飞狐县，南有倒马关，东有紫荆关（易县），西边是山西省灵丘县，北边是张家口的蔚县。历史上著名的太行八陉'飞狐古道'就通过这里，所以涞源这一带自古就是兵家必争之地，其战略位置非常重要。"李文龙说。

《史记·赵世家》记载，赵成侯六年（公元前369年），"中山筑长城"。据李文龙考证，处在燕、赵之间的中山国，为了谋求生存和发展，在今保定的涞源、唐县、顺平和曲阳一带修建了长城，大致走向为西北—东南—西南。

"这道长城真是蜿蜒曲折，其北起涞源县，进唐县，过顺平县，再转入唐县，最后进入曲阳县，在蜿蜒山巅和沟谷之间拐来拐去，现在测量的总长度约89公里。"李文龙说。中山长城的结构分石砌和土石混砌两种，和后来的长城一样，也有烽燧和屯军之城，烽燧在险要处，关口筑城，墙内侧修筑屯戍点。

黄土岭村战国时期的古中山长城，位于村东北侧的山岭上，全长6.3公里，现残存黄土岭城堡一座、烽火台3座，2015年被确定为河北省省级重点文物保护单位。

城堡遗址位于两山沟谷中，长约450米、宽200米，是一座前沿隘口。墙体为石砌，两侧块石略经打制，内填碎石、褐土，底宽约3.5米，残高0.8～3米。城址内，有少量战国夹砂灰陶绳纹陶片、明代青花瓷片等。李文龙认为，此段中山长城明代曾修缮利用，属真保镇白石口路。

李文龙一直致力于河北早期长城研究。他说，关于战国中山长城的存在，曾长期停留在书面记载上，直至保定境内中山长城的发现，才填补了这一段长城调查研究的空白。

1988年，李文龙和同事们在做文物普查时，在唐县唐河东岸发现一道石砌长城遗迹，以后数年又陆续在曲阳县、顺平县、涞源县发现相近的长城遗迹，经查证确定为战国中山长城。

李文龙说，中山长城比秦始皇修筑的长城大约还早200年。因为距今太为久远，中山长城的墙体坍塌已不成墙状，当地人都形象地称之"土龙"或"龙脊"。

2. 寻找早期长城

"术业有专攻。虽然对野外考古工作本身已经很熟悉，可我当初对长城的认识其实跟普通人差不多，不外乎是秦始皇修的，劳民伤财，外观都像八达岭那样……"

河北省文物考古研究院副研究员韩金秋说，长城对他意义尤其特殊——作为以北方青铜时代考古为研究方向的考古学博士，他在河北的考古生涯却是从调查早期长城开始的。

其实，中国历史上几乎每个朝代都修建长城，我们目前看到最多的是明代长城，在学术界，明以前修建的长城统称为早期长城。

不过，早期长城多为土筑或石砌，由于年代久远，风雨剥蚀，残损极为严重，在大自然作用下，加上个别的人为因素，湮没殆尽。因此相比明长城，早期长城往往很少引人关注，对早期长城的研究，也多以文献研究为主。

按照国家文物局的总体部署和要求，2009年4月，河北省早期长城资源调查工作正式启动。作为责任单位，河北省古建所与河北省文物研究所（现为河北省文物考古研究院）、河北省文物保护中心、河北大学博物馆、河北师范大学历史文化学院四家单位协作，组织了10多支调查队共50余人进行了河北省早期长城资源调查工作。

也正是这一年，刚刚从吉林大学考古专业毕业的韩金秋进入当时的河北省文物研究所工作，他接到的第一个任务，就是出任张家口早期长城调查执行领队。

学术界有研究认为，最早关于长城的记载来源于《左传》："楚国方城以为城，汉水以为池。"那段位于河南省伏牛山脉和桐柏山脉之间的楚长城，被认为是中国最早的长城。

战国时期，齐、魏、赵、秦、燕和中山等国，相继修建了长城。秦统一后，出于防御匈奴的需要，将秦、赵、燕北部边境的长城连接起来，并加以扩展和修缮，第一次形成了一条西起临洮、东到辽东的绵延万余里的长城，万里长城由此正式出现。

此后，从汉代到明代的许多朝代，尤其是汉朝和明朝等大一统时期，为了战略上和军事上的需要，都曾大规模修建长城。

河北早期长城资源非常丰富，主要分布在秦皇岛、唐山、承德、张家口、保定、廊坊、石家庄、邯郸8个设区市的30多个县（市、区）。

而张家口更是被称为"历代长城博物馆"，其早期长城不但分布广，而且线路长，时间跨度大，主要分布在康保、沽源、张北、尚义等县。

在崇山峻岭中寻找早期长城，并不是件容易的事。在尚义，韩金秋带队发现的长城，并不是一条线，而是一道断断续续的"虚线"，各个线段间的距离也不等。于是队员时常要面临这样一个问题：一段长城调查完毕，下一段长城还不知道在哪里。

"只要有与长城墙体相似的条状物，或者山顶上与烽火台相似的凸起，就要爬上去看个究竟。"韩金秋说。

可山上与长城相似的东西太多了。在一座山上，他们遇到过一道黑色石头条带，"简直就是一道长城"，仔细看才能看出是自然的地层。

有一次，韩金秋和队员们调查到了尚义县牛家营村北的三草垛山前。这里的山体从东西向转为南北向，与长城相伴而行的瑟尔基河也转为南北向，按理说长城也应该转为南北向。但队员在这里的山上走了几天，最远走到了洋河口，也没有发现长城延续的痕迹。

赤城马营与崇礼交界北魏长城　　明晓东　摄

长城到哪里去了？

当时调查队住在小蒜沟村，一天下午吃完饭到村周围遛弯。走到村北，这里地势较高，正在兴建火车站。忽然，韩金秋在一个低矮的山丘上发现了大量陶片，判断是汉代的罐、盆、瓮等，再仔细看山丘顶部，有人工修起的土质烽火台。

拿出电子地图，韩金秋一番勾画才发现，原来长城在小蒜沟村南就不再向东修了，而是又越过了瑟尔基河，到了河的北面。

兴奋的队员们一路又赶到河北面的小土台村寻找，发现了一座烽火台和村东的长城，这是尚义早期长城保存最为完好的一段，石砌墙体基础尚存，而且非常清晰。

韩金秋他们找到的这一段汉代长城，与内蒙古考古部门对这一段长城的调查相衔接，由此也基本摸清了汉长城在内蒙古和河北省尚义、张北一带的走向。

3. 神奇的内外长城

2020年8月28日，邢台市内丘县侯家庄乡鹤度岭。

"130523＊＊＊＊＊＊01，这是我们这段长城的编号，是不是有点像身份证号？"站在鹤度岭关北墙下，内丘县文物保管所所长贾城会报出一长段数字。它明白无误地告诉人们，眼前这段石片干插的古墙，也是长城。

邢台的深山里怎么也会有长城？

要搞清楚这段长城的身世，需要先了解明代依托长城建立起来的"九边"防御体系。

"九边"，即明朝建立的九个边防重镇。

明朝建立后，退居北方边塞以外的元朝旧势力仍不时骚扰，为巩固北部边防，朝廷于沿边设镇，派兵驻扎。据《明史·兵志》记载："初设辽东、宣府、大同、延绥四镇，继设宁夏、甘肃、蓟州三镇，而太原总兵治偏头，三边制府驻固原，亦称二镇，是为九边。"

在"九边"体系之中，河北明长城主要有两条：一条从山海关老龙头开始，先向东北，在与辽东长城交会后折而向西，经秦皇岛、唐山、天津、承德、北京、张家口，直到山西边界；另一条从怀来陈家堡起始，自北向南，经张家口、保定、石家庄、邢台至邯郸，纵贯冀西山区，进入山西境内。

这两条长城，分别属于"九边"的蓟镇（包括嘉靖三十年于蓟镇管理范围内增设的昌镇和真保镇）和宣府镇。

"鹤度岭就是属于明代内长城真保镇龙泉关路的重要关隘，扼守山西昔阳通往冀南平原的交通要道。"贾城会介绍，鹤度岭东侧壁立险峻，西侧坡势较缓，长城在西坡筑就，关门外的摩崖石刻"鹤度仙踪"，最能说明此地的险要秀美。

2006年国家文物局启动"长城保护工程（2005～2014）"，指定河北及甘肃两省为长城资源调查试点省份全面展开明长城资源调查工作。"我们从秦皇岛的山海关出发，沿着燕山、太行山走下去，沿着长城行走了1000多公里。"河北省长城保护协会副会长、河北省古建筑研究所正高级工程师郭建永介绍，正是这次资源调查，彻底摸清了河北长城资源家底及保存状况。

调查显示，河北境内的明长城，东起山海关老龙头，西至怀安县马市口，南至邯郸武安。

鹤度岭长城的"身份证号"，也正是在这次长城调查后获得的。

2020年10月29日，涞源。

下了108国道，沿着河道向乌龙沟进发，河边的怪石或立或踞，好像藏在草丛中的猛兽。傍晚时分，夕阳背面的山脊黝黑蜿蜒，如一条巨龙盘踞，据说此处山形似五条巨龙，乌龙沟由此得名。

涞源长城是内长城的重要组成部分，南连倒马关，东接紫荆关，修建于明万历元年至十四年（1573～1586），属真保镇管辖，称为"次边"，全长122.5公里。其中乌龙沟长城是其精华地段。

涞源县文保所原所长安志敏介绍，乌龙沟长城修建于明万历元年至二年。这段长城的亮点是敌楼十分完整，除雷击和水冲、自然坍塌残毁的9座之外，乌龙沟长城全线71座敌楼中62座完好或基本完好。这也是当初乌龙沟长城能够较早被确定为全国重点文物保护单位的原因之一。

"内长城的修建主要是吸取了土木堡之变的教训。"郭建永说，俘虏明英宗后，蒙古太师也先率领大军从山西绕道，攻破紫荆关，然后北上威胁京师，才有了此后的北京保卫战。

涞源长城正是亡羊补牢的紫荆关防御体系中的一部分，它充分结合了涞源特殊的地形地貌，属于内长城的代表性地段，也是最精华的地段。

三、在这里读懂长城

1. 长城之变

2020年9月21日，赤城县独石口镇马厂村。

汽车沿着当年开辟的风力发电机的运输道路，颠簸着来到山顶，终于找到了三棵树长城2段这一明代长城的重要遗址。

山风凛冽，乱云飞渡，碎石横陈。第一眼看此段长城，让人不禁生疑——

这是长城吗？

没有青砖，没有敌楼，一片片碎石直接干插垒起，下宽上窄，剖面呈梯形。从坍塌断面上看，内部也没有夯土和碎石芯。

这完全就是用片石垒起来的一道墙。

赤城县博物馆馆长李沐心显然看出了记者的一脸疑惑："长城并不都是金山岭、八达岭那个样子的，三棵树长城才最接近长城出现之初的模样。"

"早期长城是以烽燧列成的形式出现，后来才逐渐出现连续墙体。长城的墙体建造也是因地制宜，就地取材。"孟琦介绍，比如在敦煌玉门关附近的西汉长城，现存墙体系用沙石和红柳筑成；而在河北大部分地区，长城墙体多是石砌。

当然，即便是石砌长城，样式也大不相同。

怀来县小南辛堡乡庙港村。

怀来县文旅局李鼎元背着30斤重的背包，徒步行走在村东南平均海拔1000多米的山路上。这是他巡查的重点路段——庙港长城。

史料记载，明开国大将徐达修筑居庸关长城时为保证工程质量，先选择部分险要地段修建长城"样板"，以此来标定长城的质量和规格，最后选定在庙港一带。因此，庙港长城是明代早期修筑长城时的"样板工程"，也被称为"样边"。

"样板"是个什么样？

庙港长城的规格建制至今仍十分完整，质量很高，由整齐的石条砌成，城基宽5.5米、顶宽4米左右、高度在4至8米之间。

这段绵延3公里的长城，还有许多科学的配套设施，墙上用石板砌出檐来做排水之用，另外还有泄水孔。内侧每200米设有一个门洞，城上有石阶，供士兵上下城墙用。城墙较宽，可容4匹马并行或8个人并排，外有女儿墙，内有垛口，每300米设有敌楼或墙台。

更精致的包砖长城的出现，则是明中期以后的事了。

2020年9月10日，秦皇岛市海港区板厂峪长城景区。

"看，堆在窑里那些都是砖，长城砖就是在这样的窑里烧出来的。"景区负责人许国华指着眼前一座砖窑说，2002年以来，板厂峪一带已经累计探明砖窑遗址217座，是目前国内发现数量最多、最集中，保护现状最为完整，文物遗存最为丰富的一处大型长城砖窑遗址群，"它们揭开了长城用砖的秘密"。

万历年间，戚继光在此重修长城，在石筑长城的基础上加砖修复，并增修砖制敌楼。正是戚继光带来的义乌兵在此开窑烧砖，以供修筑长城之用。

板厂峪长城砖窑随地势而建，沿土坡一字排开，两窑之间距离不等。共有砖窑100座，灰窑5座、小打铁作坊3座。2003年河北省文物研究所对2号、4号两座砖窑进行了考古发掘。如今，这两座保存完好的砖窑已开发，可对外开放参观。

"中国古代多用夯土筑城。"孟琦表示，唐代制砖技术有了发展，对城门及附近的城墙，开始采取用砖包砌、内填黄土的方法来修筑。到了明代，砖的质量和制砖技术都有了很大提高，砖已普遍用于居民砌墙。用砖砌墙不仅能承受较大

三棵树长城　　袁伟华　摄

修缮"水下长城"　　赵　杰　摄

的垂直载荷，而且它的强度大大高于版筑土墙及坯垒土墙。

建材上的革新，也使得长城建筑发生了划时代的变化。

"明长城屹立数百年，跟砌砖时使用的胶结材料也有关。宋代以前是用黄泥浆，宋代以后，石灰砂浆才逐渐普遍使用。"孟琦说，明代在砌筑城墙时，广泛采用石灰砂浆和糯米汁一起搅拌后做胶结材料，直到今天，砖缝的砂浆胶结力仍很坚固。

明长城的另一个创举是空心敌台的出现。

2016年8月，浙江台州古城。

河北省摄影家协会副主席杨越峦第一次见到台州古城墙上的敌楼。这位以拍摄长城而闻名的摄影家不禁脱口而出："这不就是金山岭上的空心敌台吗？"

视线回到金山岭。

金山岭长城的小金山楼是空心敌台的典型代表。郭中兴带着记者，从小金山楼一层的券室通过，找到了隐藏极其巧妙的砖制楼梯。仅容一人勉强通过的楼梯连接二层的铺房。铺房为砖仿木结构，构建精巧别致。

"空心敌台是蓟镇长城的重要防御设施，它使得长城的防御能力大大加强。"孟琦介绍，据《明史·戚继光传》记载，在此之前，蓟镇长城的防御，只是在重要关隘驻兵防守，"有警征召四集"，平时则"以据险为事"，在高低险厄、峰谷交错的防御线上，只是"巡边"而已。

隆庆二年（1568年），戚继光、谭纶二人被调往蓟州，负责修建北京附近的明长城。他们抽调江南3000兵士，将台州的筑城经验运用到北方长城的修建之中，在长城上增修了空心敌台。

有了空心敌台，守卫长城的将士采取以台为中心，按垛授兵。敌楼之间互为掎角，相互救应，都配备有火炮，犹如一座座小型堡垒。现存的八达岭、金山岭、黄崖关、山海关等多处长城都这样被戚继光改进过。

金山岭城墙　　周万萍　摄

2. 选址之谜

2020年9月21日，赤城县青虎沟。

"这一段长城，是明长城叠压北魏时期的长城。滴水崖那边还有一段，可能是明长城叠压唐代长城。"李沐心指着山脊处的长城墙体说，"在长城修建时代复杂的张家口，经常会看到后代长城沿用或叠压前代长城的情况。"

为什么不同朝代的长城修筑者，会不约而同地选择这样的线路？长城的选址遵循什么样的原则？

"长城的每一个选址决策都是巨大的投入，因此每一段长城出现在哪里，都有其目的性。"在中国长城学会常务副会长董耀会看来，修建长城在选址、布局和施工等方面都遵循一定的原则。这些原则虽然多为后世所总结，但其在长城建筑史上的一致性，足以说明其为长城修建的规律价值。

作为国内首位徒步考察长城并历经30多年一直潜心研究长城的专家，董耀会对长城的理解有其全局视野。在他看来，天然的地理条件造成农耕社会与游牧社会经济类型的不同，导致地方在社会发展上的巨大差异，这也是长城得以产生的历史根据。

在国家地理的尺度上，长城的走势恰恰与历史上著名的"两条线"基本重合：

第一条是司马迁线。

中华文明的历史是农耕和游牧两种文化冲突、交错、融合的历史。司马迁生活在汉武帝时期，他写《史记》之时，汉朝通过北击匈奴获取了塞外大片土地，多民族融合统一的版图首次形成。广袤的疆域内，农业和牧业地区的格局形成了鲜明对照。司马迁通过对物产的考察，找到了二者的分界，"龙门—碣石北"线，也被称为"司马迁线"。

第二条是胡焕庸线。

地理学家胡焕庸先生于1935年提出的划分我国人口密度的"黑河（瑷珲）—腾冲线"——线以东国土占43.71%，人口占了94.39%；线以西国土占56.29%，人口比例却只有5.61%。这条被称为"胡焕庸线"的连线，不仅是一条人口、经济线，同时也大体划分了我国的农耕与游牧文化区。

"从大的空间分布上看，长城规范了农耕与游牧文化区域的秩序。"董耀会表示，从具体的长城段落来看，长城的选址、布局和施工，则首先要考虑与自然环境有机联系，强调充分利用自然天险的屏障作用，历代长城选址都充分考虑了"用险制塞"的原则。

3. 从防御到融合

2020年9月22日，张家口大境门景区商业街。

从剪纸到黑陶，从肉食到杏脯，各种带有地方特色的商品在口街上售卖。而数百年前，这里最大宗的贸易商品则是马匹、皮毛和茶叶。

相比军事用途，大境门的商业色彩要浓厚得多。其实早在1571年，大境门还未开豁建口之时，门外元宝山一带的边境贸易就十分频繁。后来形成了被称为"贡市"和"茶马互市"的边贸市场。

来自蒙古草原和欧洲腹地的牲畜、皮毛、药材、毛织品、银器等货物在此处换成丝绸、茶叶、瓷器、白糖。于是张家口便有了"陆路商埠""皮都"之称，而大境门一带也一跃成为古代中国北方国际贸易的内陆口岸。

大境门历史近400年，见证过战争的残酷，也目睹了商业的繁华。它是战争的关口，更是商业的大门。比起拒敌"关"外，大境门更多的则是开"门"迎客，这大概就是它作为长城关口，却被称作"门"的根本原因。

这一奇特细节，为长城在历史上发挥的作用给出了不一样的注脚——以防御为初衷建筑起来的长城，在更多时间里其实是民族间贸易与融合的平台。

无独有偶。

金山岭长城沙岭口。

"即便是边关最紧张的时候，这里也是内外边民进出的通道。"郭中兴带领记者走出沙岭口的小门，这是金山岭长城上建造较早的五个隘口之一。

在郭中兴看来，长城主要是为了防御而建，但历史上各个朝代向长城沿线广大地区移民、屯田，长城区域的征战本身在客观上都起到了促进民族融合的作用。

长城不单单是军事防御工程，长城所在区域更是古代各民族交错杂居，既互相对抗，又互相学习，乃至共同生活的地方，由此产生了广泛的民族融合。长城在此意义上可以说是民族融合的纽带。

"从历史地图上不难发现，明长城与秦汉长城的走向是大体重合的，但是二者在滦河流域却南北相距将近数百里之遥，从而使这个流域处于蒙古草原南部的秦汉长城和华北平原北部的明长城的包围之中。"河北省政协原副主席、河北省历史文化研究发展促进会名誉会长李月辉在对滦河流域进行深入研究时曾有独到的发现。

两大地理板块对峙状态下的缓冲，被认为是对这一现象的解释。"整个滦河流域不同时代的长城、界壕、烽燧普遍分布，它们记录了农耕与游牧民族控制界线的反复推移，从而形成了一个内容极其丰富的长城和民族关系博物馆。"李月辉认为。

2020年9月18日，石家庄理工职业学院。

董耀会受邀为学院的师生们做一次演讲。"在人类文明史上，中国长城是一个极为特殊的文化现象。"董耀会说，"在中国古代，长城存在的价值与解决人类面临的生死存亡、构建文明发展秩序、文明发展和延续三大基本问题始终息息相关。构筑长城的初衷无疑体现了一个隔离的主张，但同时修建的成千上万的关隘却是联系长城内外的。任何时期长城都不仅是隔离的屏障，同时还是联系长城内外的纽带。"

2020年9月22日，大境门东北50公里，张家口崇礼。

少有人知的是，在这片冰雪覆盖的绵延群山之上，还有许多长城遗迹纵横错落。

"近期我们将用虚拟灯光的形式，让长城在这里的山脊上重新站立起来。"常文鹏向记者透露，目前，长城国家文化公园已在建设中，崇礼长城保护展示工程项目正在推进，"长城脚下的冬奥会，历史与未来相遇，让人期待。"

第二单元 我的长城

采访｜《河北日报》记者 朱艳冰 袁伟华 史晓多 陈宝云 尉迟国利

执笔｜《河北日报》记者 袁伟华

> 📖 **阅读提示**
>
> 长城，在一千个人眼中，有一千种样子。
>
> 对于生活在长城脚下的人们来说，长城是家乡，是漂泊之后的人生归宿，是柴米油盐的生计所在，也是苦苦追寻的精神寄托。
>
> 对于曾在长城上抵御外侮的先辈来说，长城是家国，是他们抛洒热血的战场，是力量源泉，是不屈抗争的民族精神象征。
>
> 对于探究长城一砖一石的人们来说，长城是事业，是他们孜孜不倦翻阅与钻研的史书，是不遗余力推介宣讲的至宝，更是他们的责任传承。

金山岭长城　　周万萍　摄

一、长城脚下是家乡

1. 长城是"回家的方向"

2020年9月17日，金山岭。

天气晴好无风，是航拍的好时机。

金山岭长城文物管理处的航拍摄影师周杰，要在这天和同事做一场视频直播，为观众介绍金山岭长城将军楼段独特的防御体系。

"我是金山岭第一个用'上帝视角'看长城的人。"周杰一边调整无人机镜头的角度，一边用带着些许炫耀的语气问记者，"你知道那感觉有多奇妙吗？"

金山岭，位于滦平县巴克什营镇二道梁子村，1998年周杰出生的时候，这里已经是远近闻名的长城旅游目的地。坐在周杰家老屋的炕头，就能看到山脊上的长城敌楼。

"小时候长城对我来说是玩伴。孩子们放了学没事，就到山上的楼子里面去。那时候没多少游人，敌楼里黑咕隆咚的，还挺吓人。"爬着长城长大的周杰，那时候的梦想是"要走出去"。

18岁时，周杰去了120多公里外的北京。2009年京承高速全线贯通之后，从二道梁子村到北京城，最多也就两个小时。跟崇山峻岭包围着的小山村比起来，大都市就是另一个世界。

"一开始在一个传媒公司干，跟着师傅学摄影摄像，也干舞台布置等各种杂活。"周杰印象最深的是住在通州的时候，有一天看到马路边上的一条隔离墙，"一个豁口一个豁口那种，突然就想起长城上的垛口墙了。那一刻就想，或许我的人生方向还是在长城脚下。"

2020年4月，金山岭长城管理处招聘航拍摄影师，周杰决定回家来，给长城拍视频。

随着螺旋桨"嗡嗡"的低鸣声，周杰操控的无人机拔地而起，操作平台里的视野一下子越上头顶。整段长城的轮廓逐渐清晰起来。

"将军楼是保存最完整的长城指挥系统。根据史料记载，我们推断戚继光曾经在这里驻扎过，也在将军楼接待过朝廷来视察的重要官员。"无人机飞越砖垛口下的戚继光塑像时，直播主持人介绍。

这样的视角吸引了大量网友的关注，直播刚一开始，网友的提问就一条接一条。

"长城上能驻兵吗？"

"就这么一道墙，怎么防得住？"

周杰把镜头拉向将军楼，这是一座二层空心敌台，一层是券室和箭窗，二层是铺房。比较独特的是，敌楼后方还有一座类似北方民居的建筑，这是指挥作战的军官办公休息的地方。

"不要小瞧长城的防御能力，从这个视角我们可以清楚地看到，敌人在这里要想攻上将军楼可不是一件容易的事，他们至少要攻破四道防线。"主持人讲解的有些知识，连周杰也是第一次听到。

"将军楼直接向北伸出一段支墙，这也是长城线上比较独特的设计。支墙可以与东西两侧的长城主线形成包围圈，夹击来犯之敌。"同事提醒周杰将镜头推到支墙上，"支墙往上靠近将军楼的部分还有一段挡马墙，将军楼一层之下还有月墙，这是支墙后的第三道防线了。"

周杰自小在长城上玩耍，但从没有系统研究过长城的构建，同事的专业介绍，也勾起了他的兴趣。他操作着无人机上下翻飞，闪展腾挪，从各个角度配合讲解。

这场无人机视频直播持续了15分钟，直播间里的问题一直不断，连周杰都觉得意犹未尽。

"这些墙、这些楼，小时候都爬过、都摸过，就是不知道是干什么用的，像盲人摸象。现在用专业的视角一看，才知道这里面还有这么多门道。"找到了个人技能与长城最好的结合点，周杰觉得找到了自己的人生方向。

事实上，河北长城脚下的许多村庄，都处在深山或林草交界带，曾经是贫困发生最集中的地方。从20世纪80年代开始，长城旅游资源被陆续开发，越来越多像金山岭长城一样的长城段落，成为周边村庄发展旅游业的资源。在河北长城沿线走访过程中，记者见到无数像周杰这样曾经远离家乡，最终又被长城召唤回来的人。

对于他们来说，长城是什么？

"长城是回家的方向，是咱们的根。别管飘到过哪里，最终还是要在这里扎根。"周杰抬起头，透过农家院宽大的玻璃窗，看着落日余晖中的小金山楼说。

2. 长城是"梦想的方向"

"如果没有长城，我或许还在哪个工地上背砖呢！"

2020年9月18日，见到周万萍时，天已经完全黑了。他带着几位摄影师刚刚从长城上下来。

摄影爱好者是金山岭长城游客中一个特殊群体，他们常年以金山岭长城为创作对象，有人每个月都要来几次，还有的在这里一住就是几个月。周万萍的家就在金山岭脚下，那里也是很多摄影界的朋友们落脚的"基地"。

尽管周万萍一直坚称自己"是个农民"，但不少摄影爱好者都习惯叫周万萍"老师"。虽然少年时因一场意外触电事故左腿及右手致残，但在长城摄影界，周万萍成名已久。

周万萍是最早尝试用镜头记录这段长城的当地人之一。

"这台'海鸥120'是我的第一台相机，是给长城背砖赚来的。"周万萍从

长城摄影家周万萍　　周万萍　供图

书桌上拿起一台老式照相机，小心地捧在手里。

早年，二道梁子村村民祖祖辈辈都是以种地为生。周万萍家有8口人，只有2亩地。一年忙到头，地里的收入只够供一家人吃饭。读初中时，他第一次在学校见到照相机，也是从那天开始，他下定决心，将来等自己有钱了也要买一台那样的照相机。

1980年，15岁的周万萍初中毕业后辍学回家帮父母种地。其后，相关部门开始对金山岭长城的破损地段进行维修。农闲时，村里很多壮劳力都去工地背砖头。

一块砖重12公斤，从山脚下背到长城上，能赚一角钱。买相机的念头，成了周万萍背砖的动力。

整整攒了一年，他揣着背砖赚到的40元，兴冲冲地来到镇上一家照相馆。软磨硬泡了很久，老板才答应卖给他一台"海鸥120"照相机。

长城雄伟壮丽的风光每年都吸引着大量游客和摄影爱好者。周万萍发现，他们当中有不少摄影名家，这让他如获至宝。每每有摄影师到长城上，他就跟着人家跑前跑后，问这问那，从专业摄影师们一点一滴的点拨中慢慢提高自己的技术。

1986年，为了偿还欠下的胶卷钱，周万萍开始在长城上给游客拍照赚钱，业余时间自己琢磨着拍些风光片。

或许是因为从小生长在长城脚下，周万萍的长城摄影一入门就显示出极高的品位。

在周万萍的镜头里，长城具有特别的神韵，或巍峨挺拔，或气势凌云，或苍凉雄健，无不给人深深的震撼。

有一次，天降暴雨。按照周万萍的经验，雨后一般都能出好片子。爬到半山腰，大雾过来了，周万萍赶紧拿出相机拍了一组照片，画面中云雾缭绕，长城像一条龙在天际间翻滚。

周万萍将这张照片寄给了联合国教科文组织举办的"世界文化与自然遗产"摄影赛组委会，结果，他的作品从90个国家参赛的四万九千张照片中脱颖而出，获得了第二名。

2020年9月19日，离周万萍家不远的"海军农家院"，迎来北京一家公司搞团建活动的40多位客人，21间客房全部住满。

"如果不是长城,我可能还是巴克什营镇上的一个汽车修理工。"

吃晚饭的时候,老板周海军特意打开电视机,上面循环播放着他最得意的作品片段——这些用延时摄影手法拍摄的金山岭长城,经常登上央视和各大视频网站。

"我是金山岭长城最早搞延时摄影的人之一。"周海军说。

20世纪90年代,初中毕业后的周海军进装修队,当修车工,做了不少行当。2000年,眼看着来长城的人多起来,周海军有了新想法:开个农家院。从简单的板床通铺,到单独的床位、单独的卫生间,农家院的条件不断提升。

周海军又成了金山岭最早搞农家院的人之一。如今,全村90%的村民都搞起了农家院,生意还不错。

身份的转变,在周海军看来并不突兀。

"因为住客好多都是摄影师,2009年我就开始接触和学习摄影。2012年有一个纪录片摄制组住在我家,提出需要一段延时摄影素材,他们把任务交给了我。"周海军说,延时摄影需要技术和设备,更需要的是时间。一组延时摄影作品,至少需要250张照片,"有时候为了拍云海,需要在长城上蹲好几天。"

周万萍、周海军、周广山……在金山岭,逐渐形成了一个农民摄影家群体。

"长城对你们来说意味着什么?"

面对记者的提问,周万萍并没有直接回答,而是从柜子里翻出了一本书,那是周万萍用自己多年的积蓄,还借了十几万外债,出版的一部摄影集,名字叫——《我的家乡》。

"如果没有长城,我们可能在打工、种地。放下锄头,拿起相机,是长城实现了我们的梦想,改变了大家的人生轨迹。"周万萍说。

3. 在长城找到"心灵归宿"

北纬41°19′3.9″,东经115°38′65″。

海拔高度1667米。

2013年中秋前夜,月光笼罩下的独石口长城上,赤城县博物馆馆长李沐心找到了心之所向。

"那天我在长城上露宿了一晚,想明白了很多事情。"李沐心身材瘦高,戴

赤城县博物馆馆长李沐心　　李沐心　供图

着厚厚的眼镜，一头向后梳起的鬈发，像上世纪七八十年代的诗人。

李沐心也的确喜爱诗歌和散文，性格恬淡，向往浪漫和自由。琐碎刻板的现实跟诗与远方的差距，曾让他一度十分迷茫。

2013年，赤城民间长城爱好者明晓东以个人名义，在当地博物馆举办"赤城长城摄影展"，其间，跟李沐心聊起徒步行走长城的故事。

第一次行走长城时，明晓东和同伴迷路了，最终还是在深山老林里找到了长城，才找到了方向。

明晓东告诉李沐心，有了长城，便不会迷路。后半辈子要认真研究长城了，人生也不会再迷茫。

"在长城上能找到人生之路"，明晓东的一句话点醒了李沐心。这一年的中秋前一天，李沐心一个人爬上了独石口长城。

从高空俯视独石口长城的形制，就像一只尖角，三面孤悬，"角突"塞外。它身处燕山余脉那条高山走廊的尽头，由此向北10多公里，即是一马平川的草原。

这里是元代望云驿道由草原进入山地的隘口，也是明朝的"肩颈之地"——

明中期曾统理北部边防的翁万达在《请城北路内塞疏》中指出："国之后门犹人之肩背，养其肩背以卫其腹心……又以独石、马营、永宁、四海冶之间，素称险峻，朵颜支部巢处其外，尚能为我藩篱。"

但这已然是500年前的形势。

"只有站在历史的角度和空间的高度上，去回望和俯视它，才能感到丝丝冷峻。"李沐心说，曾经有一位长城专家推心置腹地嘱咐他，独石口长城在明代宣府长城防御系统中作用极为重要，"扼边地咽喉，控长城内外，交通和军事地位甲于诸路"。

但是如今的独石口，在景点众多的河北段长城中，仍鲜为人知。相比游人如织的山海关、金山岭，偏僻的独石口显得有些寂寞。

"这可能也是历史发展的必然吧，独石口作为曾经显赫一时的长城要塞，其后虽一度颓废，但历史文化价值依然不菲——长城，总是在不同的历史时期发挥着不同的作用。"李沐心说，"这就如同豪情万丈的年轻人，总要在成长中回归平凡，找到自己的位置。就像独石口那样，平凡的坚守就是一种非凡。在那个中秋之夜，我在长城的怀抱中想明白了这一点。"

事实上，独石口长城最吸引人的地方，除去独特的"凸"字形走向之外，就数粗犷质朴的干插石垒建造技法了。

修建长城一般是采取因地制宜的方式，就地取材。张家口的长城90%以上是干插石垒长城。所谓干插石垒，就是纯粹用石头片砌起来的，既不包砖，也不加糯米和白灰之类的传统黏合剂。

独石口长城的墙体一般高是4~6米，底宽为4米左右，顶宽最窄的地方仅有30厘米。或因战争破坏，或因风雨侵蚀，历经数百年的城墙有的已经倒塌。但坍塌下来的长城墙体，只是改变了它们彼此的结构顺序，却依然和站立的长城一道，坚强蜿蜒在崇山峻岭之巅。

"现在想一想，长城再雄伟，也是由这一块块的条石垒砌而成的。其实，我们每个人都像这样一块条石，在历史烟火和岁月风尘中学会坚强，善于协作，才能有所作为，这是长城给我的人生启迪。"李沐心说。

如今，他的主要工作是对赤城现存的长城段落开展研究、保护，对其文化进行推广。"做一块长城的条石"，是他的使命。

二、长城之上是家国

1. 具体的家国

2012年，秦皇岛抚宁县驻操营镇（现属海港区）板厂峪村。

一场大雨冲倒了25米明长城，显露出一通刻有"三屯营当中军守备许大成"巡视长城的记事碑。

板厂峪村民许国华听到消息后飞奔而来，捧着石碑反复端详。让他兴奋的，不仅仅是这块碑的文物价值，更是碑文上"许大成"这个名字。

2009年春，当时的抚宁县长城沿线发现大量古墓，一些古墓旁的石碑上，隐隐可见镌刻的"祖籍浙江金华府义乌县"字样。

考古学家通过考察了解到，400余年前的明隆庆年间，在这一带戍守、修筑长城的，是一群来自浙江的义乌兵。此后，这些义乌兵后裔聚居的地方，形成了散落在长城沿线的"义乌村"。在今天秦皇岛境内的明长城沿线，有158个自然村里有驻守长城的后裔聚居——义乌村百姓口口相传故乡是"金华府易武县"，就连那些故去的人，也留下一座座面向东南的坟茔。

2010年夏，在浙江省义乌市地方志的邀请下，秦皇岛市董家口、城子峪、板厂峪的义乌籍长城后裔到义乌寻根、探亲。祖辈口口相传的很多祖先名讳，竟真的在义乌当地族谱中得到查证。

"村里老辈儿人都说，我们也是义乌兵后代。"这让许国华不禁生出一些淡淡的向往。如今，这通长城里冲出来的石碑，会不会真的与自己有些渊源？

许国华马上联系了千里之外的义乌方面。很快，消息传来，据浙江义乌市许宅村许氏家谱记载，明隆庆二年（1568年），许

许国华在板厂峪长城上巡视　　牟宇　摄

氏族人许大洪带着两个儿子许伟继、许伟纯来到蓟镇。许大洪在三屯营当中军守备，后调义院口任游击将军，镇守义院口关。

最终，经考证，板厂峪碑文上写明的"许大成"就是"许大洪"，许国华和板厂峪的许氏乡亲找到了自己的祖先——他们因长城而来，因长城而落地生根，又因长城找到了自己的历史根脉。

在长城脚下长大的许国华，本来就对长城有特殊的感情。20年前，曾经是"煤老板"的他，关掉煤矿当起了长城保护员，在长城脚下发现了石雷、石炮和沉睡数百年的长城窑址群。他投资建设板厂峪长城景区，自费建起一座展馆，并把收集自民间的长城防御兵器、火铳、长城文字砖、记事碑等1300多件文物，交由文物部门指导和管理。

"那时候想得挺简单，觉得长城就是自己生长的家。现在，长城对我来说就不单是家的概念了，我们祖先从义乌到这里来为的是修长城、守长城，是为国戍边。这特别明白地说明了，家就是国，国就是家。家国家国，对我们来说，一具体，就是长城。"许国华说，他现在能做的，就是沿着先祖的脚步，在守护长城这条路上一直走下去。

把义乌兵带到长城边的，又是谁呢？

2020年10月22日，迁西。

在许大洪曾经担任中军守备的三屯营镇，镇边的三岔路口矗立着一座塑像，他身披战袍，左手拿剑鞘，右手长剑直指前方，似乎在指挥着千军万马。这就是我国历史上著名的民族英雄——戚继光。

"大家对戚继光的了解大都停留在抗倭英雄这一点上，实际上，戚继光不仅是一名军事家，还是一位建筑大师。明代蓟镇长城的防御能力得到加强，戚继光居功甚伟。"原唐山市文物管理处（现唐山市文物古建研究所）副研究员李子春说。

明隆庆二年（1568年）五月，在与俞大猷、谭纶等人平定南部倭寇之后，戚继光被朝廷调往蓟镇练兵。次年秋，他又受命担任蓟镇总兵官。

这一时期戚继光抓练兵，修边墙，并重修三屯营镇府城。

据李子春考证，戚继光曾在三屯营镇守16年，为防御蒙古诸部的袭击，他首先在此修补长城，又于明万历五年（1577年）重修镇府。重修后的三屯营镇府城固若金汤，可谓全镇塞垣之典范。

历经400余年的岁月洗礼，如今三屯营城已难觅踪迹，只有戚继光撰写的《重建三屯营镇府记》石碑得以幸存。

我们今天仍然有幸能够见到戚继光主持修筑的长城。而最能体现其中创新举措的，正是金山岭。

在金山岭长城的砖垛口，同样矗立着一座戚继光雕像。

金山岭长城文物管理处主任郭中兴介绍说，戚继光在修建长城过程中，依据"因地制宜、用险制塞"的建筑思想，山势低矮处，加高城墙；山势高峻处，修建敌楼，个别地方加修了障墙、支墙、挡马墙，全部为砖石结构或砖石木结构，使这段长城设施完备、构筑牢固、布局严谨、可攻可守。

"连绵墙体上每隔一段距离有一座形制各异的空心敌台。现代人看到的金山岭、八达岭那样经典长城样式，其实也是戚继光之后才出现的。"郭中兴说，戚继光在加固城墙的同时，又借鉴浙江台州城墙的经验，修建了空心敌台。

戚继光带来的空心敌台设计，下部为基座，用大条石砌成，高与城墙相同，中部为空心部分，有的用砖墙和砖砌筒拱承重，构筑成相互连通的券室，有的用木柱和木楼板承重，外侧包以厚重的砖墙，形成一层或二层较大的室内空间，以供士兵驻守，存放粮秣和兵器。上部为台顶，多数敌台台顶中央筑有楼橹，供守城士兵遮风避雨，也有的台顶铺墁成平台，供燃烟举火以报警。

"蓟镇长城最早修建于明朝初期，虽然到弘治、嘉靖年间长城也都有所修筑，但过于简单。真正大规模的修筑则是从隆庆至万历初由戚继光完成的。"李子春曾经参与过明长城和早期长城的调查工作，在他看来，戚继光主持修筑的、增设了空心敌台的长城样式，才是现在我们看到的最经典的长城形象。

2. 血肉的长城

2001年10月2日，河北涞源县文史展览室。

老普在一幅泛黄的老照片前停下脚步。

照片上，一座雄伟的长城敌楼巍然耸立，八路军战士们振臂举枪，正在呐喊欢呼。

作为中国长城学会理事、晋察冀抗战史图片研究专家，老普主要研究长城与

张保田在长城上　　张保田　供图

抗战老照片。在长城圈和摄影圈里,"老普"这个笔名大名鼎鼎,以至于他的本名张保田倒很少有人提起。

"我在各种老照片、电影里看到长城的影像,总想确认是哪里,然后马上再去找到这个原点,复拍一下。"老普退休前是做信息加密和解密工作的,对历史影像中隐藏的信息格外敏感。"涞源这张照片的原说明文里提到的'东团堡'是该县的一个乡,但东团堡本地并没有长城,那么这张照片到底是在哪里拍的?"

带着疑问,老普一头扎进文献资料里。

1940年9月下旬,晋察冀军区一分区部队执行八路军总部命令,发起"百团大战第二阶段涞(源)灵(丘)战役",向涞源县境内的日军发起全面进攻,先后拔除日军设在插箭岭、白石口、三甲村、北石佛等地的堡垒据点。

东团堡战斗于9月22日晚打响,八路军一分区三团在兄弟部队配合下与日军激战四天,最终,当时盘踞在东团堡的日军第二混成旅团士官教导队全数被歼。

整个涞灵战役后期,以东团堡战斗最为惨烈。

沙飞　　《河北日报》资料图片

八路军战斗在古长城上　　沙飞　摄

东团堡战斗胜利后，八路军战地记者、著名摄影家沙飞拍摄了八路军战士在长城敌楼上欢呼胜利的照片，1946年在《人民战争》中以"八路军解放东团堡"为名首次发表。

2003年8月，经过近两年的搜寻，老普和长城小站志愿者最终确认了这张照片的拍摄地——涞源县宁静庵长城。

宁静庵与东团堡相距40公里。原来，在涞灵战役中，八路军晋察冀军区一分区司令员杨成武的前线指挥所就设在宁静庵长城上。当东团堡全歼日军的消息传到宁静庵指挥所时，沙飞拍下了警卫排战士在长城上振臂举枪欢呼胜利的瞬间，从而诞生了抗战经典照片"八路军解放东团堡"。

这并不是长城与抗战首次"同框"。

2020年9月9日，山海关古城。

"城墙上这些密密麻麻的小孔，就是当年日本侵略军攻城时留下的弹孔。"原山海关文物保管所所长郭泽民，带记者来到了山海关南门外、东南角的一处城墙前，他指着城墙上几个大的、连在一起的孔洞告诉我们，那就是日军机关枪射击留下的，"这里是榆关抗战战斗最激烈的地方。

榆关是山海关的旧称。1933年1月1日～3日，日军先后出动4000余人，在上有飞机、下有坦克重炮、海上有鱼雷舰的猛烈炮火掩护下，由山海关南城墙全线攀墙而上。中国守军与日军在城头展开肉搏，刀砍、枪挑、石砸，甚至抱着日军从城墙上跳下。城破后，守军仍与日军展开殊死巷战。626团第一营营长安德馨多处负伤，仍裹创苦战，最后头、腹两处中弹，壮烈殉国。1988年9月3日落成的"榆关抗战纪念碑"，就位于安德馨当年殉国的西水门外不远。

2020年10月22日，迁西滦阳镇石梯子村。

潘家口水库北岸，喜峰雄关大刀园。

"这里是埋葬喜峰口长城抗战烈士尸骨的地方。"大刀园景区负责人张国华指着园里那把用废旧钢材制成，长29米、重19.33吨的大刀告诉我们，这寓意为29军将士在1933年血战喜峰口。

1933年1月~5月，为抗击侵华日军进攻热河，中国军队在长城的山海关、冷口、古北口、喜峰口和滦东等地作战，这就是著名的长城抗战。1933年3月，日军占领长城喜峰口第一道关口后，29军宋哲元部在赵登禹、何基沣、佟麟阁的指挥下，夜袭喜峰口日军，近敌作战，夺回喜峰口阵地。

"喜峰口的胜利，是中国军队自'九一八'以来的首次大捷。当时全国上下一片欢腾，大刀队战士们的英雄形象深入人心。这场战役也催生了著名的抗日救亡歌曲——《大刀进行曲》。"迁西县党史研究室主任马振说。

长城，就这样从古老的军事防御系统，变成了中华民族反抗侵略的精神象征，成为全体中国人的家国象征。

1933年夏，察哈尔民众抗日同盟军在长城脚下的张家口成立，并在共产党人吉鸿昌的指挥下，相继收复康保、沽源、宝昌、多伦，将日本军队全部逐出察哈尔，成为"九一八"事变以来首支从日军手中收复失地的中国军队。

1937年9月24日，八路军115师骑兵营在唐县西北60公里的倒马关，在长城关西碉堡击退日寇板垣师团一部，开八路军华北敌后抗战之先声。

1939年11月，八路军在涞源黄土岭击毙日军中将阿部规秀。当年八路军炮兵阵地的背后，就是河北现在已知的最古老的一段长城。

1945年8月30日，八路军冀热辽军区部队12团、18团经过了4个多小时的激烈战斗，最终从日伪军手中解放了长城重镇山海关。

…………

修建在自古兵家必争之地的长城，见证了抗日战场上一场场激战，也见证了"把我们的血肉筑成我们新的长城"的整个过程。

就是从涞源那张老照片开始，十几年里，老普沿着沙飞的足迹，走遍了自己能找到的、沙飞拍摄八路军在长城上战斗组照的所有地点。

1937年10月，沙飞以全民通讯社记者的身份奔赴刚刚建立的晋察冀边区抗日根据地采访，在聂荣臻的安排下来到杨成武的独立团。当时，杨成武部连续克复灵丘、涞源、易县、蔚县、繁峙、紫荆关等重镇——这一带崇山峻岭间尽是蜿蜒曲折的长城。

在涞源县城以南十几公里的插箭岭，沙飞第一次见到长城，这位从南方来的摄影青年被惊呆了。

在插箭岭、浮图峪等长城沿线，沙飞的创作激情被充分调动了起来，连续拍摄了《八路军收复插箭岭》《八路军占领长城烽火台》及最著名的《八路军战斗在古长城上》等数组精彩作品。

2007年4月，长城调查队队员们在保定涞源长城调查　　李子春　供图

"长城雄浑壮美的外观、抵御外侮的象征意义，与抗战完美契合。"老普说，"正是这些真实发生在长城上的历史画卷，讲述了在那个战火纷飞的年代，长城为什么变成了中华民族的象征。"

3. 可触摸的历史

2020年9月10日，山海关古城。

镇东楼城台外侧搭起了脚手架，相关部门正在对这段城台实施抢险加固工程。

镇东楼即大名鼎鼎的"天下第一关"箭楼，是山海关最具代表性的地标建筑。

山海关区旅游和文化广电局党组副书记郭颖介绍，不久前，山海关区通过长城险情排查工作发现这段墙体存在不同程度险情，委托专业勘查单位采用探地雷达等技术手段进行现场勘查，编制了除险保护方案，经省文物局批复后启动了抢险加固工程。

对山海关长城来说，这只是一次小规模维修。长城修复历史上最重要、过程最令人难忘，也最激发全国性爱国主义情绪的，是在1984年。

"这几尊汉白玉石碑，就是1984年上海市各界赞助修复的山海关长城纪念碑。"郭颖指着石碑上镌刻的众多人名和单位说，如今的老龙头澄海楼是当时根据历史档案重新设计修建的，靖卤台和入海石城则是根据考古挖掘再现遗址及建筑结构而复建。而这一切，都始于1984年一场名为"爱我中华，修我长城"的全国性活动。

1984年6月27日，当时的地质矿产部地质遥感中心，应用航空遥感技术对北京地区长城的调查成果在《北京晚报》发表。8天后，《北京晚报》刊发了发动社会力量赞助修建长城活动的启事。

活动启事见报的第二天，时任中共中央政治局委员、书记处书记的习仲勋同志在人民大会堂对记者说"这是一个好的活动，是个大好事"，并欣然命笔，为这次活动题写了主题——"爱我中华，修我长城"。

9月1日，邓小平同志相同内容的题词更把活动推上了一个新的高峰。

资料记载，自1984年9月起，秦皇岛市山海关区陆续收到来自全国24个省区市以及世界各地的捐款，其中，以上海市的捐款额和捐助人为最多，捐款者达86万

长城调查队队员在山海关留念　　李子春　供图

余人，捐款总计70.98万元，占老龙头第一期修复工程总费用的73.2%。

在那个走向改革开放的历史时期，以"爱我中华，修我长城"为载体，长城又一次被上升到民族精神的高度，也为今天的我们留下一段触手可及的历史记忆。

2020年10月22日，潘家口水库。

群山环抱一汪清水，快艇劈开水面，从码头向水库深处驶去。山风夹带着水面寒气刮在脸上，秋天的气息比山外更明显些。

远处山脊上隐约有长城蜿蜒而下，至水面后一头扎进水中。这里是喜峰口西潘家口段长城保护维修工程项目所在地。

河北省古代建筑保护研究所工程办主任、河北长城保护协会会长孟琦，早早站在码头边的山坡上等着我们。"这段工地的特殊之处在于，全部施工现场被水库和横亘在绝壁上的长城隔绝成一个半岛……"一个多月来，能和孟琦聊几句的"外人"不多。

喜峰口西潘家口段长城建于明洪武年间，城墙为砖石结构。20世纪70年代，潘家口水库修建后，潘家口关城和部分长城被淹没到水下，形成独特的"水下长城"景观。随着水位变化，"水下长城"时隐时现。

金山岭长城开展保护修缮施工　　　王立群　摄

国家文物局公布的信息显示，岁月的磨砺、风雪的侵蚀、战争的洗礼，加之人为的破坏，保存现状"较差""差""已消失"的长城点段，占总数的近七成。

"如今，像1984年那样的大规模长城修复已经没有了，现在对长城的维修主要是针对长城段落的不同险情进行精准维修。"孟琦说。

2018年，喜峰口西潘家口段长城保护维修工程（一期）开工仪式在宽城满族自治县举行。"这是使用社会公募资金进行的长城保护项目。"孟琦介绍，该工程一期有17.4万人参与募捐，筹款281万余元，已维修长城132米、敌楼1个。目前正在进行的是二期工程，将维修长城敌楼3个、墙体873米。

平滑如镜的水面容易给人误判，实际上，这里的很多山险如今都已淹没在水下。长城在燕山南麓依山势迂回蜿蜒，时而刺向峰顶，时而跌入山谷没入水中。

孟琦带着记者上山，"这里是水库中间，货车、塔吊均无用武之地，修缮所需砖头、石条都是用船一点一点运进来的。然后再由工人往上背，最后通过缆绳、滑道把材料运送至施工地点。"

潘家口段长城面临的主要问题是水侵蚀。

"由于水浪的横向掏蚀和正面冲击，水下长城墙体的结构和整体稳定性遭到严重破坏。"孟琦指着一段墙体说,"水的浸泡冲刷使条石基础侧滑变形,灰浆失效,墙面砖风化酥碱和剥落严重。酥碱是夯土结构长城的大问题,水库区域内的长城遇到的问题更大。"

"'隆庆□□年□□造',字迹有些不清楚了。我们在维修过程中发现了很多这样的文字砖。"孟琦指着被砌回长城墙体的一块砖向记者解释,"这些文字砖包含着丰富的历史信息,这段长城是哪年由哪些人建造的,一目了然。很多这样的细微历史信息隐藏在长城上,也将通过我们的修复继续留给后人。"

孟琦向记者说到这样一个细节:有一年在秦皇岛一段极度险峻的长城段落调查时,"在那种多少年人迹罕至的长城边上一脚踩下去,就能感觉到脚下绝对是以前有人走过的小路,跟荒山不一样。我们推测是当年修建和维护长城时古人走的路。"

作为把大半生都献给了长城的古建专家,孟琦最看重的,是这些古建会通过什么样的方式给后人讲述有关它的故事。而此次喜峰口修缮将以排险为主,本着

文保专家和技术人员对刚刚露出水面的长城敌楼进行勘查　　赵杰 摄

最小干预原则，不做过度修缮，保留喜峰口西潘家口段长城的雄关险要、风景奇秀、独一无二、原汁原味等特点。

"就是希望最大限度保留长城的历史细节信息，给通过这里认知长城的今人和后人，留下一段真实的触手可及的历史。"孟琦说。

三、长城是一生奉献的事业

1. 用脚步丈量

2020年8月24日，河北省古代建筑保护研究所。

"作为我国现存体量最大的世界文化遗产，河北境内现存有战国、秦、汉、北魏、北齐、唐、金、明代等不同时期长城，行经9个设区市59个县（市、区）。其中河北明长城，东起山海关老龙头，西至怀安县马市口，南至邯郸武

2007年6月，郭建永在保定乌龙沟长城记录　　李子春　供图

安，总长1338.63千米，长城墙体共1153段，包括单体建筑5388座、关堡302座、相关遗存156处……"

准确无误地说出这一连串的数字时，河北省长城保护协会副会长、河北省古代建筑保护研究所正高级工程师郭建永似乎并不需要时间去思考——毕竟，这里的每一个数字，都是他和同伴们用双脚一步一步丈量出来的。

2006年2月，涉及全国14个省区市的"长城保护工程"正式启动。

然而，工程面临一个核心问题：长城究竟有多长，都在哪儿，存在和保护的状况究竟如何？摸清长城的"家底儿"、开展长城资源调查、建立长城文物记录档案，成为一项紧迫的任务。

作为明长城分布里程最长的省份，2006年4月7日，河北率先启动了明代砖结构长城的调查试点。

"我所在这一组从秦皇岛的山海关出发，沿着燕山、太行山走下去。整个调查时间在一年半左右，沿着外长城、内长城行走了1000多公里。"郭建永回忆。

这其中的酸甜苦辣，基层的长城调查员最是清楚。

2007年5月22日，迁西龙井关。

参与了此次调查的李子春所在调查小队四人分成两组，分别对两段长城进行调查。

"我和一位同事去对龙井关西侧群山内的一段独立长城进行调查，另一组到遵化与迁西交界的洪山口沿长城主线向东调查。"李子春说，当时从地图上看，他们这一组的任务似乎并不难。

可走起来就不是那么回事了。跟沿途碰上的老乡一打听，要找到那段单体长城，"还需要翻三座山！"李子春暗暗叫苦——由于前一天在野外饮食不当，他和同伴这时都患上了急性肠炎，一路走一路腹痛。

强忍着翻山越岭疾行了一个多小时，总算看到了那段独立的长城墙体和敌楼——这段单体长城全长500米，两端与山险（悬崖）相接，共有3座敌楼，其功能主要是拦截跨山偷袭的敌人。

令人高兴的是，这段长城整体保存还算完好。两个人赶忙抓紧时间进行定位、拍照、记录、测量。

结束了调查工作之后，为尽快与另外一组同事会合，他们决定不再走回头

长城调查队队员李子春在张家口赤城三岔口村跟孩子合影　　李子春　供图

路,而是在墙体北侧另辟蹊径。穿过这段长城墙体和敌楼后,果然发现有条狭窄山路。

山路狭窄而弯曲,茂密的树丛将山路覆盖,两人一边走一边拨开枝丛寻路前行。而此时,雷声越来越近,雨也开始穿过峡谷缝隙打在巨石上。

"雨一旦大起来,挂满青苔的山石就会变得极滑难行。更可怕的是,大雨倾聚于山谷可能形成山洪。"事隔多年,李子春回忆起这一幕,仍禁不住皱紧眉头。

但更险的境况还在后边:走着走着,脚下的路没了,一个悬空的跳崖横在眼前。探身向下望,崖深数十米,下面是个深水潭。

怎么办?进退维谷之际,他们发现长满青苔绿草的岩壁上,似有几个脚坑隐约向上延伸,一路向东而去——过去一定有人在此处攀岩出山。

"这是今天唯一的出路了。"两人下定决心,重整行装,束紧腰带、系好鞋带,循着那几个隐约的脚坑开始了绝壁攀登。

突然,李子春脚下一滑,岩石被踩落,顿时身体悬空、下滑。他在忙乱中两手本能地顺势一抓,一把攥住树根,右脚死死蹬住了崖缝,稳住了身体。

石块翻滚而下，"咚"的一声滚至谷底。李子春头发直竖："好悬！五十岁的老命差点儿撂这儿！"

前途比他们想象的更糟糕，在不足一公里的距离内，又出现了两个悬空跳崖。两人用同样的攀岩方法，艰难寻找适合手脚蹬、爬、抓的位置，挑战体能极限，终于在大雨降临前看到了山谷出口。

三年多的时间，河北长城资源调查队的25名队员，就这样横跨全省8个地市，行程89579公里，徒步近20000公里，调查登记敌台2049座，烽燧2665座，马面637座，城堡302座……为长城河北段的保护工作留下了第一手的详尽资料。

2. 用一生阅读

1984年5月4日，秦皇岛。

淅淅沥沥的小雨，一直下到凌晨。整整一夜，时年27岁的董耀会一直处于似睡非睡的状态。

不到5点，妻子就已经起来做饭了。几个从小一起长大的伙伴也早早赶来为他送行。可董耀会还是在床上赖了半天——这一天起，他将暂时告别这张床。说是"暂时"，却也至少需要两年。

中国长城学会副会长董耀会　　史晟全　摄

"现在只记得送行的饭桌上有一盘花生米、几根黄瓜，还有西红柿，两瓶白酒。大家只是喝酒，很少说话。"董耀会至今记得，妻子煮熟饺子时已经快7点了，而出发的时间定在7点半。"离开母亲，离开老婆孩子的那一刻，我不敢和她们的目光相对，我不知道自己走了之后，她们的日子怎么过，我甚至不知道自己能不能活着回到她们面前。"

这一天，青年工人董耀会和吴德玉从山海关老龙头出发，开始自费徒步考察明长城。两个月后，东北青年张元华在北京的平谷追上他们，加入了队伍。

1985年9月24日，他们一起抵达嘉峪关城楼。

三人又于当年10月20日从辽宁丹东出发，12月28日到达山海关，徒步考察了明辽东镇长城，最终完成了首次徒步考察长城的全部旅程。

2020年9月18日，石家庄理工职业学院。

已经成为中国长城学会副会长的著名长城专家董耀会，受邀为学院的师生们做一次演讲。

"第一个徒步考察长城的必须是中国人。"谈及当年走长城的初衷，董耀会说，彼时正值改革开放初期，社会上涌动着要开创一番事业的激情与梦想。1981年，北京大学地质地理系毕业的杨联康用315天时间徒步考察黄河，给了自己很大的启发。"那时候听说有几个外国人计划走长城，对我们是一个极大的刺激。"

长城是中华民族的象征，可当时除八达岭等少数几个得到修缮开放的景点之外，绝大部分长城的资料是匮乏的，还没有人从头到尾完整地走一遍做过考察。从山海关动身，董耀会他们每天各自背着20多斤的设备和资料，天一亮就出发、日落前下山，晚上就住在长城附近的村子里。

"无论走到哪儿，当地的人听说我们是第一个徒步走长城的，都会主动给我们提供无私的帮助。"董耀会记得，有一回，他们请一个放羊的老汉带路，并想给他点钱作为报酬，老人却说，你们要是看长城我就带你们去，要是给钱我就不管了。

这一次行走改变了董耀会的人生轨迹。

"从出发的那一天开始，我再也没有离开过长城。"考察归来，董耀会到北京大学师从著名历史地理学家侯仁之先生，并在其后的36年里，一直致力于长城的研究和写作，致力于为长城的保护、维修、宣传和开发奔走。

1998年、2002年美国总统克林顿和小布什访华期间参观长城，作为国家指定专家全程陪同讲解的，正是董耀会。

他还参与创建了中国长城学会，参与研究《长城保护条例》，倡议成立长城保护基金会，与多所大学联合成立长城研究学院，到社会各界、大中小学举办长城文化讲座……最近，河北长城国家文化公园建设的相关工作陆续展开，董耀会也在积极参与。

"长城对于您来说意味着什么？"讲座上有学生提问。

"长城是一本厚重的书，那一次行走只是翻开了这本书的扉页，还有更深层次的内容，等着我和一代一代的长城人去挖掘和研究。"

壮年时曾把长城比作"老父亲"的董耀会，现在开始忙着向年轻人讲述长城。2020年，他参与了万里长城保护计划公益纪录片《筑魂华夏》的制作，并与用户群体主要为年轻人的B站进行了合作。

"长城的保护不是我们一群人、一代人的事情，我们就是要通过这样新颖的形式把保护长城这样一件文物部门一家的事变成每个中国人自己的事。"董耀会解释，"要让'90后''00后'的年轻人主动亲近长城文化，体悟长城精神，参与到世界文化遗产、中华民族图腾的保护工作中来。"

董耀会注意到，2021年3月31日，河北省十三届人大常委会第二十二次会议全票通过《河北省长城保护条例》。

在他看来，条例的出台为加强长城保护利用，阐释长城价值，推进长城国家文化公园建设，解决长城文化价值发掘和保护工作中存在的短板和弱项提供了有力法治支撑。

3. 用双手守护

2020年12月18日，秦皇岛城子峪长城。

雪后的长城上人迹罕至，山路上只留下一串奇怪的脚印。那是65岁的张鹤珊拄着一根自制的拐棍巡山时留下的。

脚蹬胶鞋、左手镰刀、右手编织袋，拾捡着游客丢弃的塑料水瓶，阻止年轻人乱写乱画，给游客讲关于长城的民间传说……这是秦皇岛海港区驻操营镇城子峪村长城保护员张鹤珊的生活常态，即便大雪封山也是如此。

从1978年起，张鹤珊巡护村子附近的明长城已经40多年了。

因为守长城，从城子峪到平顶峪10公里长的长城沿线，老张几乎每天都要走上一两趟。40多年里，光爬山的胶鞋，他就穿坏了200多双。其间的每座山包、每条小路以至长城的每座城楼每个门洞，都深深地烙印在他的脑海里。

因为守长城，老张成为中国长城学会的第一位农民会员，边保护边研究长城，他写下的笔记，放在地上有一摞子，七八十厘米高，还整理出了20多万字的长城考察笔记和故事传说。

秦皇岛市是较早试点长城保护员的地区。

15年前，城子峪村当时所属的抚宁县就成立了长城保护员队伍，制定责任制和年终考核制度，采取定地段、定专人、定责任、定补贴、定奖惩的"五定"模式运行。张鹤珊就是首批受聘的18位长城保护员之一。

"秦皇岛长城以雄奇险秀著称，但即使这样，仍有很多点段并不具备旅游开发的潜力，很难带来直观经济效益。"秦皇岛市旅游文广局文物科负责人马猛表

张鹤珊在巡视长城间隙短暂休息　　牟　宇　摄

张鹏使用无人机巡查长城　　　张　鹏　供图

示,在这种情况下,引入长城保护员等社会力量势在必行,也可缓解基层文物工作者不足的问题。

2018年9月,秦皇岛市制订长城保护条例,完善了长城保护员管理机制,为长城保护员提供人身意外伤害保险,并明确补助标准不低于最低工资标准。"如今,秦皇岛市有258名长城保护员日夜守护境内的223公里长城。有些长城段落成了景区,村民们办起农家乐享受到长城保护的红利,也自发成为义务保护员。"马猛说。

相比于张鹤珊那一辈人,秦皇岛"80后"张鹏更愿意把自己看成是长城保护员的2.0版。

迷彩服、变色镜、GPS、专业户外装备、无人机……33岁的张鹏向记者展示,"咋样,咱这身装备豪横不?"

2017年,山海关区文物局吸纳长城爱好者张鹏成为一名长城保护员。干个体经营的张鹏花了一万多元,用一个月时间考取民用无人机驾驶员执照,又购置了一架小型民用航拍无人机。

出山海关关城,东北方向8公里外,有一处"倒挂"长城胜景,名三道关。

古人在两山对峙的峭壁峡谷间设关三重:第一道设在涧口,依山傍崖,锁口若瓶;第二道悬于绝壁,险峻异常,高耸入云;第三道龙盘岭腰,巨石高筑,劈山截谷。站在涧口仰望，三道石砌长城如游龙巨蟒从崖顶逶迤而下，直插谷底，又依山背奔腾而上。

但这样坡度接近75°的段落，也给人工巡护出了难题。"无人机优势在于能对长城进行全方位拍摄观察。"说话间，无人机腾空而起，往三道关上空飞驰而去，片刻后便传回清晰的影像。

目前，张鹏和队员摸索了一整套报备、巡查、监督、反馈体系。他们拍照上传的长城建筑开裂等隐患信息，成为有关部门开展长城保护的参考。

"这是巡视状态记录软件，记录长城保护巡查人员的线路轨迹，分析路程路况……"张鹏拿出手机向记者演示。

针对传统长城保护员单独进入山林的风险，张鹏他们将巡视状态记录软件与GPS定位功能相结合，这样文管工作人员就能够在办公室实时监控保护员所处位置。

张鹏现在是山海关区长城保护员团队的队长，他的团队目前有10人，以"85后"为主。

这支队伍的成员都是从众多优秀长城保护志愿者中选拔出来的。他们来自各行各业，有退伍军人、大学老师，也有民间长城专家等。

"虽然都是兼职，但是大家热情很高，综合素质非常优秀。现在报名的排着长队，以至于我们初选时先问是不是党员。"张鹏说。

除了运用新科技力量无人机进行巡护，队员们还要结合大数据、专业应用软件等，更好地服务长城保护和宣传长城工作。

"我们致力于打造一个'长城保护员2.0版'的团队，用四个关键词来形容就是年轻化、知识化、科技化和专业化。"郭颖说，这是符合现在长城保护需求的，是最省时、省力的方式，也是未来发展的方向。

（感谢河北省文物局、金山岭长城文物管理处、秦皇岛市旅游和文化广电局、张家口文化广电和旅游局、赤城县博物馆、唐山市文化广电和旅游局、河北省古代建筑保护研究所、中国长城学会、河北地质大学长城研究院等单位和个人的大力协助！）

沟壑纵横的泥河湾盆地地貌　　视觉中国　供图

大河之北

河北人文地理解读

源流篇

第一单元 人猿揖别

采访 ◎《河北日报》记者 李冬云 朱艳冰
执笔 ◎《河北日报》记者 李冬云

📖 阅读提示

"人猿相揖别。只几个石头磨过,小儿时节。"毛泽东在《贺新郎·读史》中,用短短十几个字,凝练地概括了人类进化的漫漫长路。

河北,正是讲述百万年东方人类发展故事的最好样本之一。

位于河北阳原的泥河湾遗址群,是世界上旧石器遗址最密集、时间跨度最大的遗址群之一,是"东方人类的故乡",旧石器考古的圣地。

散布于河北各地的新石器遗址,则透视出"万花筒"般绚烂的文化,是中华文明启步之初"满天星斗"格局的地域缩影。

河北,还有中国北方迄今发现最古老的陶器残片,有黄河流域最早的植粟地,有颇具"城市规划"思想的"燕赵史前村",有兼具多种雕刻技法的最古老、最完整的陶面具……

生活在河北这片土地上的先民们,怎样走过茹毛饮血的征程,推开文明世界的大门?

泥河湾国家考古遗址公园古人类头像雕塑　　视觉中国　供图

一、东方人类的故乡

1. 超百万年的文化根系

2020年9月5日傍晚,阳原县大田洼乡油房村石沟遗址工作站。

白日有左手拿电动手铲,右手拿小毛刷,在一块犀牛腿骨化石表面铲铲、刷刷,清理化石上的杂质。

61岁的白日有,是大田洼乡岑家湾村村民。除了农民,他还有一个特别的身份:阳原旧石器考古技工。

作为一名技工,他从事考古已29年,参与了河北省内外十几个旧石器遗址的勘探、发掘。如今,包括后期动物化石清理、石器整理和拼接,他都能做。

阳原,有全国唯一一支旧石器农民考古技工队伍。老中青三代,十几人,全国很多重要的旧石器遗址,都是他们发现的。

一个县能培养一支全国考古界闻名的农民技工队伍,追根溯源,是因为旧石器考古圣地——泥河湾的存在。

距今176万年,马圈沟遗址。

距今136万年,小长梁遗址。

距今110万年,东谷坨遗址。

距今78万年,马梁遗址。

距今39万年,后沟遗址。

距今10万年~7万年,侯家窑—许家窑遗址。

距今7.8万年,板井子遗址。

距今4万年,西白马营遗址。

距今1.4万年,于家沟遗址。

距今1.2万年,马鞍山遗址。

它们,都位于东西长60余公里、南北宽10余公里的阳原泥河湾遗址群——100多万年前,泥河湾已经有远古人类活动。

2020年9月5日,泥河湾国家考古遗址公园。

站在遗址公园一处山梁上,向东、西、北三面远眺,千沟万壑,山梁纵横交错。这是泥河湾典型的景观。

遥望东北方向的山坳，能看见一座小村庄。

它，就是泥河湾旧石器传奇故事的起点——泥河湾村。

1921年，泥河湾村天主教堂神父文森特响应北疆博物院（今天津自然博物馆）创始人桑志华呼吁，在泥河湾村附近进行地质考察，发现了双壳蚌化石和哺乳动物化石。

1924年，英国学者巴尔博到泥河湾村附近进行地质考察，将含有这些化石的地层命名为泥河湾层。

自此，泥河湾考古序幕徐徐拉开。

大约250万年前，泥河湾地区发生沉陷，成为盆地，河水汇聚形成"泥河湾古湖"，它面积最大时达9000平方公里，占据了今天阳原县全部、蔚县的一部分和山西省大同、朔州的一部分。

大湖四面环山，烟波浩渺。岸上气候温暖潮湿，有辽阔的草原、高耸的山峰，可谓古动植物和远古人类繁衍生息的天堂。

直到距今七八万年前，"泥河湾古湖"逐渐干涸，变成"泥河湾盆地"。

"从泥河湾盆地发现动物化石起，一个更重要的问题悬而未决，那就是这里有没有古人类。"河北师范大学泥河湾考古研究院院长谢飞说。

突破，发生在1965年。

这一年，中国科学院古脊椎动物与古人类研究所太原工作站考古工作者王择义，在

出土于泥河湾板井子遗址的石器——凹缺刮器
《河北日报》记者　李冬云　翻拍

出土于泥河湾板井子遗址的石器——尖状器
《河北日报》记者　李冬云　翻拍

出土于泥河湾板井子遗址的石器——石锥
《河北日报》记者　李冬云　翻拍

盆地中部的虎头梁村附近,发现了泥河湾第一件石器。石器加工精致,距今大约1万年。

"泥河湾"与"古人类"真正联系在一起。

"虎头梁遗址文化时代属于旧石器晚期偏晚阶段至新石器早期,尽管年代较晚,但追索泥河湾原始人类的大门就此叩开了。"谢飞说。

那么,更早的古人类呢?

1980年,我国著名地质学家和古生物学家贾兰坡看到了一批从泥河湾送到北京的石制品和动物化石。这位北京猿人头盖骨化石的发现者,用这两个字形容其感受——"惊奇"。

贾兰坡看中的,是这些石制品的简单粗糙、类型单一,这意味着"年代古老"。

它们来自阳原县大田洼乡官厅村西北的台地,是两年前中国科学院古脊椎动物与古人类研究所尤玉柱、汤英俊、李毅等人发现的。

最终,通过地质测年技术证实,官厅村西北台地发现的这处小长梁遗址距今超过100万年,达到136万年。

在此之前,中国发现的百万年以上文化遗址只有两处,云南元谋人遗址(距今170万年)和陕西西安蓝田猿人遗址(距今110万年)。

小长梁遗址,成为中国旧石器考古发展史上的又一重要里程碑。

更重要的是,20世纪80年代,随着科学发展,人类对自身起源、迁徙等重大命题的探讨日益迫切,小长梁遗址年代古老、文化丰富,恰巧处在人类进化的这些重大命题的关键节点上。

一时间,中国乃至全球旧石器时代考古的目光都聚焦在以小长梁遗址为代表的泥河湾,人们相信,泥河湾还会有新的发现。

2. 找到石器里隐藏的秘密

2001年9月,在阳原马圈沟遗址领队考古发掘的谢飞,在清理到遗址第三文化层时,看到了"神奇"的一幕:

一根长约20厘米的大象肋骨上,不仅清晰地保留着被石器砍砸、刮削的痕迹,而且有一枚小型片状石器,刚好卡在肋骨缝隙里。

谢飞在泥河湾马圈沟遗址发掘现场工作　　　《河北日报》资料图片

这一场景记录了176万年前，泥河湾的古人类吸髓敲骨的一个瞬间。

远古人类茹毛饮血的"日常"，在这样的"组合"里，变得具体生动。

马圈沟遗址，位于阳原县大田洼乡岑家湾村西南，遗址共发现7个文化层，其中第三文化层是古人类进食的生活遗迹。

探方内遗物密集，以象的骨骼为主，骨骼分布集中而无序，中间散落着一些石核、石片、刮削器等"餐具"。另有3件石锤在外围分布，这是用来制造"餐具"的工具。

"很多动物骨骼上保存有十分清晰的砍砸和刮削痕迹，显然，古人类集体围捕了一只大象，然后在这里用石器刮削象骨，分食象肉。"谢飞形象地称之为古人类的"大象餐桌"。

人们对泥河湾的寄望没有落空，马圈沟遗址第三文化层面世，是泥河湾旧石器考古的又一重大发现。

此后，马圈沟第四、五、六文化层数百件石制品和动物化石相继出土，泥河湾古人类活动的历史，一下推进到距今176万年。

马圈沟遗址成为迄今发现的我国年代最早的旧石器遗址，是东方人类最古老的生存证据。

考古工作者能够穿越时空"围观"176万年前古人类的"一顿饭",主要功劳当归石器。

石器时代,分为新、旧两段。"旧石器时代"十分漫长,为距今300万年到1万年,这一时期古人类只会以石击石、打制石器。

旧石器考古,首先是找到这些经过古人类打制的石头,它们记录着古人类的故事。

2020年9月5日下午,阳原县大田洼乡东谷坨村北。

阳原县文物保管所原所长成胜泉在前方带路,我们要前往一处正在发掘的考古工地——距今大约39万年的后沟遗址。

所谓的路,其实已被野草遮掩,深一脚浅一脚踩下去,草里的飞虫随之飞起。

走下一处陡坡,再转过一个大弯,路延伸到一面陡坡上,坡上踩出一连串土台阶,每级仅可容两只脚。

经过一番跋涉,后沟遗址到了。

后沟遗址位于山梁的"腰"上。现场,七八位技工正在拿着铁锹、手铲、毛刷"刮地皮"。

脚下,是坚硬、平整的发掘面,有五六十平方米,用白线拉成1米×1米的探方。

"5厘米厚算一层,一层一层刮,一直刮到没有人类活动的生土为止。"成胜泉抬头向上指指,"切开"的山体,已经有三层楼高。

蹲下来凑近地面看,"长"在地上的石制品"新鲜出炉",还未被移动。

石制品不少,大的差不多拳头大小,小的、碎的只有瓜子大,有石锤、刮削器、砍砸器、尖状器等,每一件顶面上都用记号笔标出指北的箭头。提取前,考古工作者还要拍照、测海拔和经纬度,记录位置信息。

泥河湾的旧石器遗址,绝大多数是像后沟遗址这样,一点点发掘出来的。

如今,泥河湾已经发现旧石器遗址200多处,时间跨度170多万年,出土古人类化石、动物化石和石器数万件。

"这样兼具数量规模和时间纵深的旧石器遗址群,全世界独一无二。"谢飞说。

泥河湾后沟遗址考古发掘现场
李冬云 摄

泥河湾后沟遗址发掘的石器
李冬云 摄

新的考古研究，不仅要找到石制品，证明有古人类活动，还要分析其加工技术，弄清石器是怎么打制的。

2020年6月22日，河北省文物考古研究院6楼，河北省泥河湾研究中心实验室。

实验室的中央，一张大木桌，靠墙排着货架。桌上、架子上，大大小小的白色收纳盒，分门别类盛放着泥河湾出土的石制品。

"一块天然石块经过打制碎成几部分，有的成为石器，有的就是边角料，统称为石制品。我们重新拼起来，逆推当时打制的过程。"谢飞拿起岑家湾遗址一组由10件石制品合成的石块，让记者逐个细看。

每一块石头上，都有一个或多个打击点，断裂面上有不规则的放射纹理。

这些石块最初被分在一组，是因为出土位置相近，质地、颜色、结构、构造、包含物等相似。

"我们不知道石块的原始形状，也不知道遗失了多少，而且每个石块又有多个断面，要拼合，需要很强的观察力、想象力和耐心。"谢飞说。

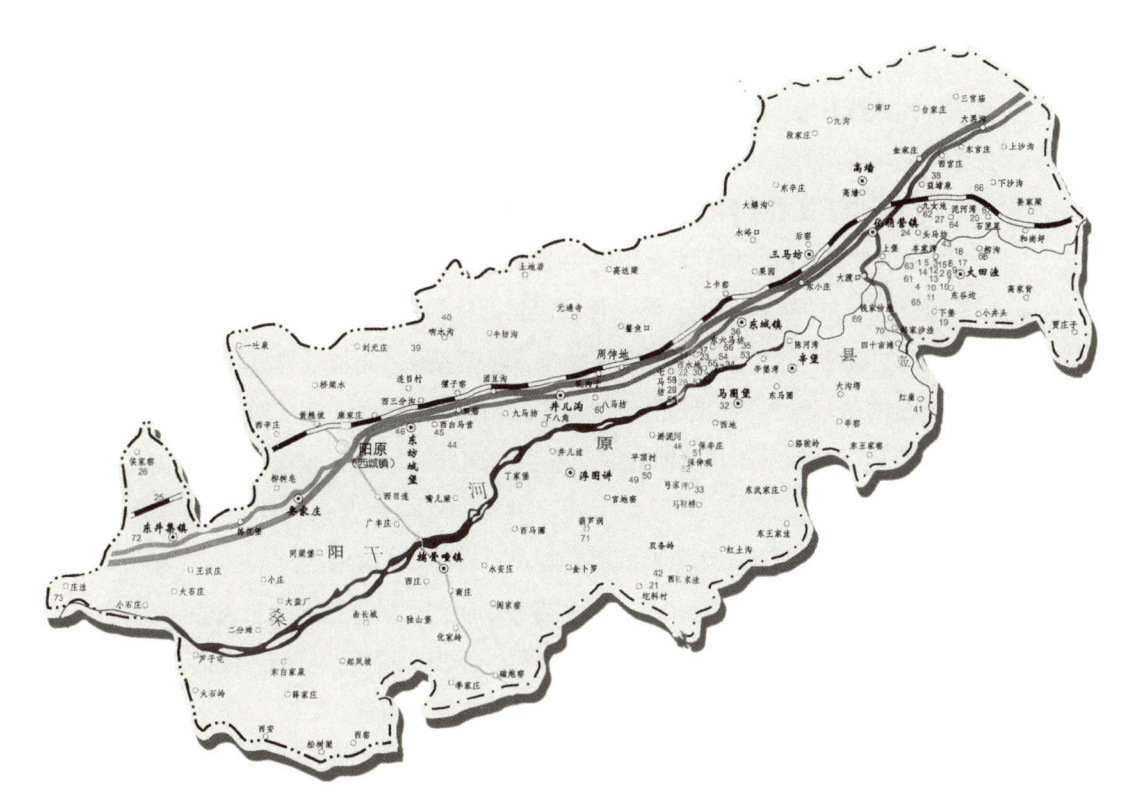

泥河湾盆地旧石器遗址分布示意图　　《河北日报》资料图片

通过石制品拼合研究,能看出古人类在原料选择、打制方式和加工修理工序上的偏好,找到不同时期石器打制技术的特征和演变规律。

中国最早的石制品拼合研究,就是从泥河湾岑家湾遗址开始的。

岑家湾遗址,距今110万年,在1986年的发掘中出土了897件石制品标本,因为数量较多,被称为古人类石器"加工厂"。

1990~1991年,谢飞等人对岑家湾的石制品进行筛选,确定了131件可拼合石制品标本,分成了49个拼合组。

最终有19件可以拼合,拼合率为14.5%。

"拼合率之高出人意料,这在当时世界范围内同时期遗址中都是罕见的。"谢飞至今提起,依然很兴奋。

此后,岑家湾遗址石制品拼合随着发掘持续进行。最终,1383件标本,有462件成功拼合,拼合率高达33.4%。

其中一块天然石块，由30余件石制品拼合而成，几乎复原了石块原貌。

如今，河北省泥河湾研究中心拼合技术研究已经世界领先。

围绕石制品加工技术分析研究，近些年又有了新的科学方法。

2020年10月20日，河北师范大学历史文化学院考古实验中心石器分析室。

副教授赵海龙戴好橡胶手套，将一件自己新近打制并使用过的石器轻轻放到超景深显微镜的载物台上，调整好显微镜焦距，让记者通过显示器观看。

这是石器的微观世界，肉眼看到的凹凸不平的石器表面在这里被放大到几十倍甚至几百倍，借助不同角度的光线，石器刃口处的崩疤、磨损、擦痕直观可见。

这是旧石器考古领域的一个重要的研究方向——石器微痕考古。

不同器物上的这些划痕和磨损是赵海龙带着学生们刮剔过千余次带肉的牛、羊骨留下的，除了兽骨，他们还会用石器刮竹片、木棍、兽皮，将留下的痕迹与出土石器上的痕迹进行对照，由此推断石器的用途和使用场景。

2014年起，作为河北省考古学的重要教研基地，河北师范大学历史学院考古学系开设了石器实验考古课程，并购进了数台高精的显微镜用于教学与科研。

"不会制作石器就不能深入理解石器，不理解石器就无法理解古人类。石器中藏着古人类生产、生活、思考方式的众多信息，是古人类活动的'证人'。"赵海龙说，破译它，才能解读古人类的故事。

3. 复合工具吹响文明前哨

1974年6月，河北与山西交界的阳原侯家窑村、许家窑村，当地的药材收购站开出高价收购一种名为"土龙骨"的药材。

龙骨，其实是古动物化石。

这件事引起了正在阳原进行野外考古调查的中国科学院古脊椎动物与古人类研究所实习研究员卫奇的注意，他开始到侯家窑村、许家窑村一带细致勘查。

1976年4月，卫奇在两村交界的人工扰土层中清理出两件早期智人顶骨化石碎片。

泥河湾第一次发现了古人类化石，这处遗址被命名为侯家窑—许家窑遗址（距今10万年~7万年）。

接着，1977年和1979年，中国科学院古脊椎动物与古人类研究所对遗址进行了三次正式发掘，获得古人类化石20余件，其中有顶骨、枕骨残片以及齿、颌骨等。

考古学家不会盯着某一个遗址孤立地思考，侯家窑—许家窑遗址被放到更广阔的地理和时间坐标下。

由此向东100公里，就是著名的北京周口店——北京猿人的发现地。

河北师范大学历史学院考古系副教授赵海龙通过显微镜观察石器微痕　李冬云　摄

考古工作者将生活在距今70万年～20万年前的北京猿人，和侯家窑—许家窑人的诸多参数进行了对比，结果发现，侯家窑—许家窑人的脑容量比北京猿人更大，而且很可能是北京猿人的后裔。

泥河湾盆地被纳入追索北京猿人来龙去脉的视野中。

从石器加工技术看，侯家窑—许家窑人比北京猿人又进化了。

2020年7月21日，河北博物院"石器时代的河北"展厅。

在众多小型石器中，侯家窑—许家窑遗址出土的几个"大块头"格外显眼——铅球大小、浑圆的石球。

靠近细看，石球加工得很匀称，球面上有很多击打修整时留下的石疤。

石球，如果只出土几个，倒不足为奇，可是当地总共发现了1079个。

这是什么"秘密武器"，做什么用？

石球是侯家窑—许家窑人最具特色的石器，直径在5～10厘米不等，最小的大约100克，最大的约1.5千克。

与石球一同出土的，还有300多匹野马的遗骨，总的动物骸骨则数以吨计，但没有一具完整的，全部被外力砸碎。

石球可能就是用于捕捉野马等野兽的武器。它们与木棒、绳索组合，变成棍棒投石、飞石索、流星索、绊马索等，可以集体远距离围猎。

很巧，石球在北京猿人遗址也出现过，但那里的石球加工十分粗糙，一件石球往往有一小半保留了砾石面，明显不及这里的规整精致，应该算是后来石球的雏形。

从单一工具到复合工具，这是古人类工具制造史上一次重大进步。

组合成器的技术思想，为旧石器晚期泥河湾另一项技术飞跃——"细石器"的出现，打下了基础。

2020年7月9日，石家庄井陉王寨村旁，滹沱河岸边。

赵海龙为协助一家拍摄人类起源纪录片的摄制组取景，来到这里。

镜头前，他一边示范一边讲解，泥河湾古人类如何打制一件"高级""精致"的石器——细石叶。

赵海龙从河边找来一块大石头做基石，左手把拳头大的石核摁在基石上，右手拿起另一块石头，看准石核边缘，快速劈下。

"当——""当——""当——"石与石撞击发出的声响回荡在山间。

"每一次击打，速度、力量、打击点、角度都有技巧。"几下之后，赵海龙在剥落的小石片中，小心挑拣出一块，递给记者，"刃很锋利，小心划手。"

石器很小，长四五厘米，宽不到一厘米，薄薄一片，两侧两道锋利的刃鲜亮得反光，让人想起家用削皮器的刀刃。

这，就是细石叶，属于细石器典型的一类，代表旧石器时代最先进的石器制造工艺。

把细石叶嵌入木头或骨头里，做成刮削器、雕刻器，这就是古人类的"刀"。

"别小看这把'刀'，它可以轻松划开兽皮，甚至动物皮下组织中那层韧性很强的筋膜。"赵海龙说。

在泥河湾，旧石器晚期遗址油房、二道梁、籍箕滩、虎头梁，考古工作者发现了大量细石叶和切剥细石叶的"坯子"——楔型石核。

"距今3.5万年到1万年，泥河湾出现细石器，这是旧石器晚期的'高精尖'技术，吹响了文明的前哨。"赵海龙说。

二、"万花筒"般的文化

1. 祖先离我们并不遥远

距今1万年前后,古人类发现,石与石之间的相互作用,除了击打,还可以摩擦。一念之间,人类开启了新石器时代。

2020年7月,河北博物院"石器时代的河北"展厅。

展厅中悬挂着一幅《河北新石器时代重要遗址分布图》,图上用红色圆点清晰地标注了河北省内重要的新石器遗址。

与旧石器遗址主要集中在张家口阳原不同,河北境内的新石器遗址每个市都有分布。

如果你生活在石家庄,距离今天石家庄东站不到5公里,有距今6500多年~6000年的南杨庄遗址;

如果你家住在唐山,路北区陡河西岸的大城山东坡上,有距今4500年的大城山遗址;

如果你在白洋淀一带长大,安新县城西1.5公里有留村遗址,距今近7000年;任丘哑叭庄村西北1.5公里,是哑叭庄遗址,距今4500年;容城县上坡村南50米台地上,有上坡遗址,距今约8000年。

…………

无论在城市还是乡村,许多河北人都能在自己家乡附近找到新石器遗址。

从地图上看,冀中南片区新石器遗址最密集的地方在邯郸。

"磁山遗址、涧沟遗址、龟台遗址、赵窑遗址、石北口遗址……"一位来自邯郸的参观者有些吃惊,他没想到在他的家乡,新石器遗址如此之多。

其实,地图上只标注了邯郸最主要的14处遗址。根据《中国文物地图集·河北分册》中的数据,在邯郸,共发现了92处新石器遗址,其中武安最为密集,有51处。

地图上,它们大部分集中在邯郸、邢台、石家庄、保定的西部地区,如武安市、涉县、永年区、磁县、邯郸县、平山县、涞水县、曲阳县、容城县等地。

"这些看似不相关的县市区,在地理区位上却有着共同的特征。"河北省文物考古研究院院长张文瑞,翻开《中国文物地图集·河北分册》,找到《河北省地势图》。

地图上，上述提到的县市区，绝大部分坐落在太行山东麓低山丘陵河谷以及山前洪积冲积平原地带，遗址所处海拔高度绝大部分在50米以上。

河北另一个新石器遗址大市，是张家口，有新石器遗址160多处。

张家口不仅是旧石器的宝库，在新石器时期，同样适宜先民居住。而且每个县都有新石器遗址分布。

"整个河北，太行山山前地带和张家口地区，是新石器时期先民居住、活动最密集的地区。"张文瑞说。

与上述区域密密麻麻的遗址红点相比，沧州、衡水、廊坊、秦皇岛，新石器遗址较少。

这些地方在当时不适合人类居住吗？

"学界主流的观点认为，那一带的新石器遗址因古黄河泛滥、泥沙堆积，被深埋在地下。不是没有，只是埋藏太深，还没能发现。"张文瑞解释。

邯郸磁山遗址，考古工作者在地表以下0.4米，就发现了新石器文化层，而沧州沧县陈圩遗址，是砖厂取土深挖6米以下的土层中才发现的。这个深度，传统田野考古地表踏查很难达到。

所以，山前地带密集，近海平原稀疏，成为河北新石器遗址分布的鲜明格局。

新石器先民的"家"，除了依山，还傍水。

"水源是先民们赖以生存的基础，几乎所有的新石器遗址，都分布在河流沿岸，我们总能在遗址附近找到古河道或仍在流淌的河。"张文瑞说。

邯郸磁山遗址旁是南洺河，唐山大城山遗址在陡河西岸，保定徐水南庄头遗址在萍河与鸡爪河之间，石家庄正定南杨庄遗址北面就是滹沱河……

滦河、伊逊河、老哈河、壶流河、桑干河、洋河、永定河……每一条河边，也都有新石器遗址分布。

当我们站在一张新石器遗址地图前，就会发现，千年、万年前的故事，并非缥缈不可追，祖先离我们其实并不遥远。

我们今天生活的地方，许多也曾是祖先们的家园；昔日哺育祖先的河流，许多今天依然在我们身边流淌。

2. 万年融汇的多元文化

2020年6月24日，河北省文物考古研究院磁山遗址文物保管室。

一进门，可见一排排浅砖红色的陶罐，排满了三面墙。大的口径有30厘米，小的只有酒盅大小，所有罐子都是上下一般粗细的直筒。

略显憨态的陶罐，考古上被称作直筒盂或直腹盆。

它们乍看上去"其貌不扬"，但40多年前在邯郸武安磁山村一出土，就震惊了整个考古界。

这就是1972年磁山遗址的发现。

这批陶器制作的技法原始、粗糙，器型样式少见、新鲜。

1977年，中国社会科学院考古研究所对河北送去鉴定的几件陶器给出预判——这很可能是我国半个世纪以来新石器时代考古的突破口。

几件"灰头土脸"的陶器，怎么就成了新石器考古的"突破口"？

邯郸磁山遗址出土的陶制直筒盂和支架　　赵　杰　摄

"在磁山遗址发现之前，国内最早的新石器遗址是西安半坡遗址，距今约6500年，而最晚的旧石器遗存距今约1万年，两者之间，有几千年的文化缺环无法衔接。"邯郸市文物保护研究所原所长乔登云解释。

很快，经中国社会科学院考古研究所C14实验室测定，磁山遗址距今7335±105年，加上树轮校正值，实际年代达8000年以上，时间跨度五六百年。

磁山遗址，正好落在这个"文化缺环"里，打开了中国新石器考古向前求索的局面。

那么，河北新石器先民最早落脚在哪里？

在新石器早期（距今10000年～7500年），先民的足迹还只是零星几处：

北部，张家口，阳原县虎头梁村的于家沟里，人们在烧制陶器；

中部，保定，徐水区南庄头村东北，鸡爪河和萍河之间，人们用石磨盘、石磨棒加工谷物；

南部，邯郸，武安市磁山村东1公里南洺河北岸的台地上，人们驯化的小米长势正好。

于家沟遗址（距今14000年～5000年）、南庄头遗址（距今10500年～9700年）、磁山遗址，这是河北早期新石器遗址的代表。

文明的星火，就这样在河北大地北、中、南陆续点燃。

到了新石器中期（距今7500年～5000年），遗址遍地开花，河北大地上热闹起来。

在冀中南，分布最广、数量最多的遗址，是仰韶文化时期遗址。保定曲阳钓鱼台遗址、邯郸百家村遗址、石家庄正定南杨庄遗址，都是仰韶文化时期遗址的河北代表。

而冀东、冀东北、冀西北的新石器中期遗址，与燕山以北遗址能找到共性。"考古发现，唐山、承德、张家口的新石器中期遗址，很多与内蒙古地区的遗址发展同步，年代相近、文化面貌相似。"张文瑞说。

唐山迁西西寨遗址、东寨遗址，有内蒙古兴隆洼文化的特征。

承德围场北梁遗址、承德滦平县后台子遗址、唐山迁安安新庄遗址等，出土器物带有内蒙古、辽宁红山文化的元素。特别是北梁遗址，曾发现红山文化典型玉器玉环和玉猪龙。

张家口蔚县三关遗址，更是出现了仰韶文化彩陶和红山文化彩陶共出的现象。

到了新石器晚期（距今5000年~4000年），河北境内新石器遗址的"朋友圈"越扩越大，与周边省份山东、河南、山西、陕西等地有了更深入的文化交流。

新石器晚期黄河中下游地区分布最广、影响最大的龙山文化，在邯郸、唐山、张家口均有分布，且多与山东、河南两地文化面貌相近。

"仅邯郸一市，就发现了龟台遗址、台口遗址等60余处龙山文化遗址，密度之大在黄河中下游罕见。"乔登云说。

"大部分省份新石器遗址文化面貌相对单一，没有哪个省份像河北这样复杂、多元。"曾参与蔚县三关遗址考古的河北省文物保护中心原主任任亚珊说。

是什么，造就了河北复杂、多元的新石器文化？

3. "满天星斗"的河北样本

2020年10月19日下午，张家口蔚县蔚州博物馆。

建筑面积1.3万平方米，上至旧石器时代、下至明清，各类藏品1.1万余件……普通游客可能想不到，一座县级博物馆这么大，而且藏品时间跨度大，类型丰富多样。

这些文物能摆在这里，而没有沉睡地下，要感谢一位出生于河北高阳的著名考古学家——中国科学院考古研究所（今中国社会科学院考古研究所）研究员苏秉琦。

1979年4月，23岁的任亚珊刚调入张家口市文物保管所不久，他接到通知有几位吉林大学考古系师生要来蔚县，与河北省合作，在蔚县壶流河流域开展田野调查和发掘工作。

考古合作持续了4年，成果丰硕。

在此之前，张家口地区新石器遗址只发现了十几处。从1979年到1982年，考古队在蔚县调查面积数百平方千米，发掘面积数千平方米，出土了丰富的遗址、遗迹、遗物。

"遗址年代从距今7500年到春秋早期（距今2700年），一下为冀西北先秦考古年代序列树起了一把标尺。"任亚珊说。

极力促成这次考古调查的，正是苏秉琦。这也成了蔚县在中国考古界大放异彩的开端。

在蔚州博物馆的展墙上，有一张拍摄于1982年的珍贵老照片。

"照片中间坐着的是苏秉琦先生，站在后边的就是我。"任亚珊指着照片说。照片拍摄于蔚县三关遗址的考古现场，当时，中国考古界一场重要的学术研讨会在此召开，核心议题，是从史前到商周时期，中原文化区和北方文化区的古文化发展和相互关系。

苏秉琦观摩了三关遗址出土的仰韶文化和红山文化彩陶，以及筛子绫罗遗址出土的龙山文化袋足器标本，最终提出了一个重要观点，"张家口是中原与北方古文化接触的'三岔口'，又是北方与中原文化交流的双向通道。"

这就是后来张家口被称为文化交融"三岔口"的由来。

怎么是"三岔口"呢？

1982年夏，考古学家苏秉琦（前排左一）在蔚县三关遗址与考古工作者交流　　蔚州博物馆　供图

张家口东北方，辽西地区，是红山文化—夏家店下层文化；

西南方，山西、陕西一带，是仰韶文化（庙底沟类型）—夏商文化；

西方，内蒙古地区，是河套地区新石器文化—青铜文化。

三个方向，三类文化，在蔚县"碰撞"。

"三岔口"只是个"小课题"。1981年，苏秉琦在探索中国文化起源和文明起源上，提出了更为宏大的课题：《关于考古学文化的区系类型问题》。

文中，苏秉琦将中国人口分布稠密地区的考古学文化分为六大区系：

以燕山南北长城地带为重心的北方；以山东为中心的东方；以关中（陕西）、晋南、豫西为中心的中原；以环太湖为中心的南部；以环洞庭湖与四川盆地为中心的西南；以鄱阳湖—珠江三角洲一线为中轴的南方。

"它不单单是一个考古学理论学说，而且关系中华民族的起源，是在探索怎样从精神上将十几亿中国人、56个民族凝聚在一起。"蔚州博物馆馆长李新威说。

河北的考古学研究，因此被放到了更大的考古学文化体系框架内。

李新威展开一张蔚县地图，直指穿县境而过的北纬40度线。

苏秉琦所指的在中华文明形成过程中占有重要地位的"燕山南北长城地带"，正是以北纬40度线为轴线南北铺开。

蔚县，北纬39度33分到40度12分，成了这一区域新考古工作的突破口。

很快，考古队就在包括蔚县三关遗址在内的多个遗址，发现了北方文化因素和中原文化因素共存的器物例证。接着，在辽西和内蒙古东南地区，发现了红山文化等多支从史前到商周前的古文化。

苏秉琦传神地将中华大地上的文明状态形容为"满天星斗"，认为多元的文化通过"裂变""碰撞""融合"等多种形式，汇聚成后来的中华文明。

"满天星斗"说，也给河北文化带来新的解读方式。

依据"满天星斗"说，回看整个河北新石器时代的时空、文化分布，南北文化并蒂开花，复杂、多元的文化次第闪耀，交流融合，这才成就了今天文化有如"万花筒"般绚烂的河北。

河北，正是苏秉琦"满天星斗"说最典型的地域样本和考古缩影。

三、考古见证的文明

1. 农业：文明的先声

2020年6月24日，河北省文物考古研究院磁山遗址文物保管室。

河北省文物考古研究院研究馆员、磁山遗址发掘报告撰写人之一高建强打开保管箱，小心翼翼拿出两件器物——磁山遗址出土的石磨盘和石磨棒。

记者接过石磨盘掂一掂，沉甸甸的。摸摸，表面有明显的磨砂感。

石磨盘和石磨棒，是磁山遗址最早的考古线索。

1972年初冬，武安城南16公里，南洺河北岸的滨河台地上，磁山第二生产大队（今磁山二街）在开挖水利沟渠。

"谁认识这是啥？"一块鞋底形状的石板被铁锹挖了出来，大约50厘米长，25厘米宽，一面还有四个2厘米高的短腿儿。

"还有呢！"接着，队员们又挖出一根石棒，大约30厘米长，中间粗两头细，最粗的地方直径大约4厘米。

这个消息辗转传到了当时的省文物管理处（今省文物考古研究院），出土器物被收存上来，磁山考古就此拉开序幕。

这外观奇特的石器，怎么确定是磨盘和磨棒呢？

高建强让记者靠近了仔细看。

"看石板没腿儿的一面，还有石棒这个侧面，有反复摩擦的痕迹，很可能是粮食脱粒工具。"他把石棒放在石板上，向前平推磋磨，示范当时给粮食脱粒的过程。

磁山遗址最终出土了100多组石磨盘、石磨棒，数量惊人。

粮食脱粒工具多，储粮的窖穴和粮食也多。

磁山遗址第一次发掘共发掘灰坑468个，其中88个长方形的窖穴底部堆积有灰化粮食，层厚0.3米至2米，其中10个窖穴的粮食堆积厚在2米以上。

"窖穴分布范围之广，密度之大，数量之多，在当时新石器遗址中是不多见的。部分粮食刚出土时，一粒一粒粘在一起，还能看得很清楚。"乔登云说。

这是什么粮食？

武安小米，是武安优势主导农产品，国家质检总局认定的"地理保护标志产品"。武安市年种植谷子面积近30万亩，产值超过7亿元。

这片土地，其实早在8000年前后，就适宜谷子生长。在磁山遗址窖穴中，考古工作者发现了粘在一起的粒状物，经鉴定是粟（俗称谷子）。

"磁山人在采集野生'狗尾草'过程中，逐渐掌握了它的生长规律，经过无数次选育、栽培的实践，驯化成粟，栽培种植。"乔登云说。

在此之前，农业史学界普遍认为粟起源于埃及、印度。磁山遗址粟的出土，把我国黄河流域植粟记录提前到距今8000多年，也修正了世界对人类植粟年代、发源地的认识。

磁山遗址出土的器物，70%以上是农耕和脱粒工具，加上众多的窖穴和灰化的粟，说明磁山原始农业已经有很大发展。

磁山人不仅驯化了野生植物狗尾草，也驯化了野生动物，比如野猪。

"通过对磁山遗址上百块猪骨的DNA检测研究，我们最终确认磁山遗址为中国北方家猪的起源地。"

2012年11月22日，在中国考古学会第十五次年会上，中国农业大学动物科技学院教授赵兴波，发表了对磁山出土猪骨的研究成果。

此前，磁山遗址出土的猪骨，是野猪还是家猪的，一直悬而未决。

古生物实验中，判定野猪、家猪主要有两个标准：牙齿长度与死亡年龄。

"磁山遗址中，猪的下第3臼齿的平均长度为41.4毫米。普通家猪为40毫米以下，已经很接近。"赵兴波在报告中阐明，磁山遗址超过60%的猪在0.5到1岁时就被宰杀，这种死亡年龄结构不像是狩猎的结果，而是人为控制。

"家庭饲养业的出现，是以有剩余粮食为前提的，并有粮食贮藏，饲养数量不多的家猪和其他家畜是完全可以实现的。"乔登云说。

这再次说明，磁山文化时期原始农业生产已有相当的水平。

磁山遗址的发现，把中国北方的农业文明带到了新的高度。

2. 制陶：土与火的交融

在河北博物院"石器时代"展厅，"旧石器时代"向"新石器时代"主题的过渡展区，有一张照片。

照片上，是一块出土于阳原于家沟遗址的陶器残片，黄褐色，巴掌大小。专家推测，这是一件陶器的底部，当时的烧制温度大约为800℃。

这是中国北方迄今发现最古老的陶器残片，距今11000年。

制陶技术，起源于中国，是可与农业、磨制石器比肩的人类划时代的创造。

2020年7月20日，河北省文物考古研究院磁山遗址文物保管室。

"外壁这一圈圈的浅棱，其实是一圈圈搓好的泥条摞在一起留下的。"乔登云指着架子上的一件小口壶，示意记者摸摸看。

这是最原始的陶器制作法之一——泥条盘筑。之后，制陶经历了慢轮修坯成型、快轮拉坯成型的技术升级。

陶器不仅有棱，而且磨手，这是因为其中夹杂了砂砾。

夹砂陶，是河北新石器早期陶器主要的一类。

"夹砂陶的原料是没经过淘洗的黏土，且掺入砂粒，虽杂质较多，质地粗糙，却耐高温，有韧性。距今大概6000年，根据需要人们还学会了淘洗，出现了杂质更少或光洁、吸水性小的泥制陶、细泥陶。"乔登云说。

陶器的变化较快，地方特征也比较显著。所以考古工作中一般把陶器作为识别"文化"，区别"类型"，划分"时期"的重要依据。

给陶器分型、分式，是乔登云和高建强撰写磁山遗址考古报告过程中一项重要工作。

"谁和谁长得像，可能是一家子，谁是爷爷，谁是爸爸，谁是儿子，我们要通过观察、比对，给陶器分堆儿、排队。"高建强说。

一类最具代表性的陶器——磁山人用的"锅"，他们就通过分型、分式，找出了五六百年里演变的规律。

磁山人的"锅"，是复合炊具。上面的"盂"，是圆筒形陶罐，相当于锅，下面的三个分体支脚，相当于锅架。

单看一个支脚，不稀奇，但这类复合炊具在出土陶器中占了七成，放一起对比，差别就出现了——越晚的地层出土的支脚，顶面越窄，与锅的接触面越小。

"支脚顶端缩小，锅底儿受热面积增大，这就提高了煮饭效率。"乔登云说。

这看似并不显著的变化，正是一代代先民经验的积累、集体智慧的凝聚。从这细微的演化中，我们看到的就是文明发展的具体印记。

这种复合炊具，此后并未消失，在年代晚于磁山的遗址中，考古工作者找到了它的"进化"版。

正定南杨庄遗址考古中就发现了和磁山遗址带支脚直腹盆很像的"锅"。

只是锅从平底儿演变成圆底儿，支脚为了贴合锅壁，演变成马蹄形弯把儿。

圆底儿锅和弯把儿支脚合体，就是后来的"鼎"。

南杨庄遗址，是河北典型的仰韶文化遗址之一，还出土了泥质敞口红顶钵、彩陶钵、敞口红顶碗……

看过磁山遗址陶器的"素面朝天"，再看这些有黑色、红色彩色纹饰的陶器，让人眼前一亮。

彩陶出现，是仰韶文化的显著特点。

河北彩陶，出土数量较多的，有正定南杨庄、永年石北口、曲阳钓鱼台遗址等。

由于河北没处在仰韶文化核心区，因此彩陶数量较少，纹饰简单，颜色以红彩、黑彩为主，往往绘在陶器腹部或口沿上。

陶器上最多见的纹饰，是竖线组成的平行线纹、平行斜线组成的正倒相间空心三角纹，其次是斜线组成的交叉网状纹，或者仅在器口涂一道或几道宽带纹。

河北新石器时代的陶器，绝大部分是生活用具，器型有盂、钵、壶、罐、鼎等，功能分为炊具、盛储器和汲水器，不过通常一器多用。

这些陶器是在哪里烧制的？

河北新石器时代早期遗址，都未发现陶窑。

考古专家推测，当时陶器烧制，一是采取露天形式，即把手工制作成型的陶坯放入火堆中，几个小时后，陶坯变硬，就成了陶器，但火候相对较低。

二是采用平地封护形式，即将适量的木材等燃料与器物陶坯堆放在平地上，四周用木棍等支撑为伞状，其上覆盖树木枝条、苇箔或草席，并用草拌泥将其封严，仅留点火孔和烟孔，当大量燃料全部燃尽，陶器即已烧制成功。

河北迄今发现最早的陶窑，出自邯郸磁县下潘汪遗址，属仰韶文化时期，距今6500多年。尤其磁县南城遗址还发现龙山文化时期的陶窑群，距今约4500年。

"当时的陶窑都是窑室在后上方，火膛设在窑室的前下方，窑床上开有树枝状火道，烟火通过火道进入窑室，陶器烧成温度能达到1000℃以上。"乔登云说。

在磁县下七垣遗址（距今4000年～3600年），考古工作者发现，陶窑结构升级了。

火膛改建到窑室正下方，这一改良，将窑室加热温度提高到1100℃。

这个温度，已经接近陶与瓷的临界温度，为河北瓷器的出现奠定了基础。

3. 居所：从生到死的庇护

在河北博物院"石器时代的河北"展厅，有一座房屋模型。

房子地基近正方形，圆角，南北长3.9米，东西宽3.85米，屋内地面在地平面下0.5米深，地面烧烤成红褐色硬土。屋子中央垒石支灶，灶旁小坑堆柴灰。

门在北面有一坡道通向地面。房子主体框架由墙四壁内置的13根木柱支起。

建造这座房子的，是一户生活在易县北福地的先民，他们还有11户邻居，距今8000年～7000年前他们一起居住在易水河畔的台地上。

这是迄今河北最早的新石器时代村落遗址。它们分布密集却不零乱，甚至有些"村庄规划"的味道，被称为"燕赵史前村"。

和居住遗址一样，墓葬也是考古要寻找的一类遗址要件。

2020年9月5日，张家口阳原县西水地村东，姜家梁遗址。

"就是在这里，我省发现并发掘了第一座新石器时代大型墓地。"成胜泉绕到遗址碑后面，指着土梁上一块长条形土地说。

遗址发掘面积1600平方米，1998年发掘后已经回填，荒草下隐约还能看到考古探坑的轮廓。

河北博物院展示的北福地遗址先民建造的半地穴式房屋复原样式　　赵 杰 摄

1995年、1998年，姜家梁墓地分两次发掘，共发现距今5000年的墓葬117座。

遗址墓葬形制分为竖穴土坑墓和洞式墓两类。整个墓区除两座为仰身直肢外，其余皆为仰身屈肢葬。以单人葬为主，也有双人葬和多人葬，最多的墓穴葬有五人。

"墓葬文化面貌具有浓郁的北方文化特色，年代相当于母系氏族社会向父系氏族社会转变的过渡阶段。"成胜泉说。

1998年，姜家梁墓地被评为全国十大考古新发现之一。

但如此大型的墓地，埋葬的究竟是何人，还有待进一步考证。

考古发现，常伴随新的未解之谜，对远古人类精神世界的探寻更是如此。

在河北博物院的展柜中，有一个人脸形状的方形陶面具。

面具由碎成的六大片拼成，面部上宽下窄，鼻子、嘴是浅浮雕，两只眼睛是透雕，面具的四角，有四个小穿孔。

面具雕刻技法上，阳刻、阴刻、镂空相结合，把写实性、象征性、装饰性融为一体。

这件陶刻具，就出土于易县北福地遗址，距今已有7000年～8000年。

遗址共出土了10多件陶面具，形制有大有小，大的有真人面部大，小的只有10厘米见方。

这是目前我国年代最早、保存最完整的史前面具作品，不仅把中国的雕刻艺术向史前推进了几千年，还为研究史前宗教、巫术提供了资料。

陶面具，显然不是一件生活用品，应该是精神生活的一部分。

考古工作者推测，它们可能是一种原始宗教或巫术的辅助用具，由祭祀者或巫师使用。

先人们已远去，留下房址的柱洞、古老的墓地、祭祀的面具，向我们诉说，他们和我们一样，曾用心生活，并对自然和祖先充满敬畏。

保定易县北福地遗址出土的陶面
赵 杰 摄

-081-

第二单元 人文初祖

采访 ◎《河北日报》记者 李冬云 朱艳冰
执笔 ◎《河北日报》记者 李冬云

阅读提示

河北，中华民族的发祥地之一。

涿鹿之战后，黄帝、炎帝、蚩尤三祖融合，终成华夏。

保定唐县，传说中尧的初封之地。

邯郸邱县，大禹曾于此治水的故事流传至今。禹分九州，以冀州为首，河北的简称"冀"自此而来。

邢台，曾是商王朝前期的王都之一。

石家庄藁城，曾矗立着殷商的北方重镇台西。

"燕赵"的版图，则奠定于战国。

边疆苦寒的燕、四战之地的赵、国祚短暂的中山，孕育了燕赵大地勇武任侠、慷慨悲歌之风。

从涿鹿之战，到燕赵并立，河北一步步见证了中华文明的孕育，也一步步确立了自身独特的人文气质。

易县燕下都城墙（西城南垣） 《河北日报》资料图片

一、文明的初曙

1. 三祖融合成华夏

2019年12月15日，阳原。

一件重要文物在严密护送下，从河北省文物研究所（今河北省文物考古研究院）出发，历时4个小时、经337公里行程，被转运至位于这里的泥河湾博物馆。

这是一次"回家"之旅——在出土24年后，这件文物回到了阔别已久的"故乡"泥河湾。

"它一回来就成为我们的镇馆之宝。原本我们准备在春节之后为它举办一个欢迎仪式，因为疫情防控没能举行。"泥河湾博物馆馆长侯文玉至今觉得"亏欠"了它。

它究竟是什么"宝贝"？

2020年9月6日，在泥河湾博物馆一楼新石器时代展厅，我们见到了它——玉猪龙。

它很小，高3.3厘米、宽2.6厘米，要透过展柜的放大镜，方能看清阴刻的纹理。它脱胎于一块环形玉，有着猪首、龙身，身体卷曲，首尾相接，因此得名"玉猪龙"。

1995年，在阳原姜家梁墓地，考古工作者在距今5000多年前的一座墓中发现它时，它静静躺在墓主人颈部右侧。

它是迄今在河北境内保存的唯一一条新石器时代的"龙"，对于河北考古界，弥足珍贵。

龙，中华民族的图腾和象征。我们都是"龙的传人"。

其实，在两千多年前，便有一个人来到河北，探寻中华文明的渊源。

公元前107年，西汉靠近北境的涿鹿古城，一位39岁的史官，细细考察涿鹿古城的遗

泥河湾博物馆镇馆之宝、迄今在河北境内保存的唯一一条新石器时代的"龙"——玉猪龙

泥河湾博物馆　供图

- 083 -

迹，耐心向当地老人询问古城与黄帝、炎帝、蚩尤等原始部落有关的民间传说，为他正在写的一部史书收集素材。

他就是西汉著名史学家司马迁。

司马迁到访的这座古城，城址就在今天张家口市涿鹿县城之下。今天的考古发掘表明，这座古城始建于战国时期，在这里发现的秦砖汉瓦，虽然并未见证炎黄时代的风云际会，但或许真的曾迎接那位亲访古迹的太史公。

最终，他把考察的收获结合史料，写入了《史记·五帝本纪》。

黄帝"以与炎帝战于阪泉之野。三战，然后得其志"。"蚩尤作乱，不用帝命。于是黄帝乃征师诸侯，与蚩尤战于涿鹿之野，遂禽杀蚩尤。"黄帝胜利后，"合符釜山，而邑于涿鹿之阿"。

这是今天我们在记载中能看到的关于中华民族源流较早的记述。

史籍记载，距今大约5000年前，黄河中下游分布着众多规模大小不一的部落，其中三个最强大的，首领分别是黄帝、炎帝和蚩尤。

在部落间征伐中，黄帝经过"阪泉之战""涿鹿之战"，征服了炎帝、蚩尤部落，统一华夏。

黄帝、炎帝、蚩尤被尊为"华夏三祖"。

涿鹿一带，就是中华民族第一次大规模战争的古战场。

"通过战争，黄帝、炎帝、蚩尤领导下的三个主要部族，在这里实现了中华民族历史上第一次大融合。"河北省社会科学院历史研究所原所长夏自正说。

考古发现也在印证，这一带有着多元文化的交汇融合。

2020年10月19日，蔚县蔚州博物馆。

馆长李新威指着馆中两件器物的图片，"要放在一起看，才能发现深意。"

一件是蔚县三关遗址出土的红山文化的典型器——龙鳞纹彩陶罐。龙鳞纹由平行的单向曲线构成，线条为红彩，从口沿一直延伸到腹部。

一件是蔚县琵琶嘴遗址出土的仰韶文化典型器——玫瑰花彩陶盆。彩陶盆为泥质红陶，敛口平沿，圆唇鼓腹，陶盆肩、腹部用黑彩绘有玫瑰花卉纹图案。

一种考古学观点认为，这一"龙"一"花"在众多器物上的出现，有规律可循。

"龙"，多出现在黄帝部落主要活动区红山文化区；"花"，也就是

蔚县三关遗址出土的红山文化典型器——龙鳞纹彩陶罐　蔚州博物馆　供图

蔚县琵琶嘴遗址出土的仰韶文化典型器——玫瑰花彩陶盆　蔚州博物馆　供图

"华",多出现在炎帝部落主要活动区仰韶文化区。

"龙"和"花(华)",正是中华民族文明起源中最重要的两个徽标。

"炎、黄两大部落的典型器在蔚县共出,说明壶流河一带是仰韶文化、红山文化等多文化交流融合的通道,也是中华民族文化融合的重要地区之一。"河北师范大学泥河湾考古研究院院长谢飞说。

回到地图上,蔚县距离司马迁考察的涿鹿古城并不远,直线距离只有80多公里。

千古文明开涿鹿。

"史料与考古发现让我们看到,中华文明的初曙之光,在河北闪亮。"夏自正说。

2. 神话时代的河北

2020年7月9日,唐县。

"尧山""唐尧路""唐尧公园""大白尧村""尧都瑞府""尧康医药"……来到唐县,经过的乡村、社区、公园、企业、医院,在名称中有一个字出现频率极高——"尧"。

唐县人用这种命名的方式,纪念传说中曾居住在这里、被历代帝王奉为典范的上古部落联盟首领——尧。

尧,五帝之一,传说中黄帝的玄孙。

唐县,在古籍记载中,是尧被封侯时的封地,所以尧又称唐尧。

《后汉书·郡国志》唐县条注:"《帝王世纪》曰:'尧封唐,尧山在北,唐水西入河,南有庆都山。'"

尧受封来到唐地,这里北有尧山、南有都山,唐地的治所在尧山脚下,尧的母亲庆都住在都山,尧登尧山向南眺望母亲居住的都山,便有了"望都"一词,这就是望都县名的由来。

今天的望都县城,依旧在唐县的东南。

唐尧文化研究者考证推测,今天唐县、顺平、望都三县交界一带,大致就是尧受封唐地的中心地带。

尧在位期间,一直面临一个重大挑战——水患。

当时的华北平原，并不像今天这样一马平川，沃野千里。那时气候湿润、雨量丰沛，加之古黄河水系的存在，河泽遍布。

"距今约5500年，由于渤海海侵，海平面上升，华北平原只局限在今天馆陶—邢台—宁晋—清苑—北京（马驹桥）一线以西的太行山山前部分。"河北省科学院地理科学研究所学术委员会原主任、研究员吴忱说，华北平原这种"湿润多雨"的状态，直到距今3000年前后才向干燥少雨转变。

地貌学家的科学研究，为上古时代的传说提供了最好注脚。

而尧治下的唐县、望都一带，正处在湿润多雨期的古黄河水系滹沱河流域。

史料记载，因饱受水患之苦，尧决定带领部落向西迁徙。

一条可能的路线是，他们顺着太行山东麓南下，从唐地一路向南经过行唐、灵寿、平山、井陉，之后过娘子关到达太原，在汾水流域定居下来。

在这一路，尧留下了许多故事。

"行唐"，同样是一个古老的地名。

在战国时，这里是赵国属地，名为"南行唐"邑，西汉时置"南行唐"县。而"南行唐"，其实是"于唐南行"的倒装句，是对帝尧"于唐地向南行过此地"的纪念。

唐县、望都、行唐、顺平、定州……今天，在我省中南部这些县市的地方志中，都有关于尧活动的记载。

为了治水，不久后，又一位上古帝王——禹踏上河北的土地。

《史记》记载，"禹行自冀州始"。

这个"冀州"，并非今天我们熟知的衡水冀州区，而是当时禹划分的九州之首。

唐代张守节撰写的《史记正义》记载："东河之西，西河之东，南河之北，皆冀州也。"

东河、西河、南河指的是黄河的不同河段。

"东河，指的是黄河下游近南北流向的部分；西河，指黄河中游陕西、山西交界处自北向南流的部分；南河，指黄河中下游自西向东流的部分。"吴忱说。

也就是说，当时的冀州，至少包括今天河北古黄河西北的部分、山西全境以及河南黄河以北。

《尚书·禹贡》详细记载了禹在冀州治水的路线："既载壶口，治梁及岐，既修太原，至于岳阳；覃怀底绩，至于衡漳。"

"衡漳"是大禹治水的重要一站，专家推测在今天的邯郸邱县一带。

2020年9月9日，邱县人文历史博物馆。

博物馆中厅的浮雕墙上，雕刻着一幅大禹治水的浮雕。浮雕上，黄河之水弯曲而下，大禹率众疏黄河水入漳河。

邱县，地处太行山前冲积平原，土地肥沃，先民们在古黄河两岸繁衍生息。

至今邱县还有大河套、黄河套、波流固、大临河等39个村庄因临近或环绕古黄河而得名。

禹的足迹，不止到达邱县。在河北古黄河故道沿途的城市临漳、成安、曲周、临西、清河等地，人们用建大禹公园、塑雕塑、办文化宣传栏等方式，纪念这位上古帝王的治水功绩。

历时数年，大禹带领族人通九泽、决九河，终于解除了自尧以来水患的威胁。

"冀州"，这个大禹命名的地名，历史上许多朝代设置行政区划时继续沿用，并逐渐落在了河北。

现在，"冀"便是河北省的简称。

东汉刘熙《释名》一书中，解释了"冀州"的由来："其地有险有易，帝王所都，乱则冀治，弱则冀强，荒则冀丰也。"

或许在上古帝王心中，河北就已经是一片被寄托了太平、兴旺美好愿望的土地。

二、商文化的"老家"

1. 商先祖故地

2020年11月13日，邯郸市博物馆新馆正式开馆。

在"'甘丹'风华——邯郸历史文化陈列"展厅，几件长着三只袋状足的陶罐，在众多陶器中形制显得有些特别，看上去萌态十足。

它们叫"鬲"（lì），出土于邯郸涧沟遗址、下七垣遗址等多个遗址，是一种生活炊具，用来炊煮加热，相当于今天的锅。

虽然几件鬲高矮胖瘦不同，但有一个辨识度很高的共同特征——三个中空的袋状足。

"袋状足的出现，使锅有了连体支脚，受热面积更大，加热效率更高。"邯郸市文物研究所原所长乔登云说。

鬲是商文化的传统炊具。

这种升级了的"锅"，距今4000年到3600年，开始在河北中南部流行。创造和使用它们的，是商人的祖先。

商代文明，是人类文明史上一支占有重要地位的中国古代文明。

提到商，大家往往首先想到的是殷商。其实殷商是因为商王盘庚迁都殷而得名，而早在商王朝建立前，商部族就经历了数百年的发展。

那么，商文明究竟在哪里孕育？

《尚书·商书序》记载："自契（xiè）至于成汤八迁。汤始居亳（bó），从先王居。"

商王朝的开国之君成汤，最初居住的"亳"这个地方，这里也是商的"先王"居住的地方。

商的"先王"，指的是商的始祖契。商民族的形成以契为开端，所以找到契的居住地，就确定了商民族发祥地。

契，曾住在哪里？

《世本·居篇》云："契居蕃（bō）。"

关于契的史料很少，这三个字，成为史学界和考古界探寻商民族起源的切入点之一。

"蕃"，是今天的哪里？

因为还缺乏确凿考古实证，学界尚无定论，但目前有石家庄、邯郸、保定等多种说法。

考古学家邹衡、丁山考证认为，今天平山县古地名为"蒲吾"（亦作"番吾"）城，就是"蕃"地所在。

也有一些学者认为，音韵学上，滴、漳二字音近，且古可通假。甲骨文中记载商人起源于滴水流域，就是邯郸磁县附近的古漳水流域。

还有学者根据孟子所说"汤居亳，与葛为邻"推断，葛城，是今雄安新区安新县安州镇的古称，所以商部族起源于保定一带古博水流域……

尽管"蕃"的地理位置说法众多，但从大多落在河北境内来看，河北是先商文化的重要分布区，这一点是确定无疑的。

2008年9月，邯郸市磁县南城乡南城村西北。

古洺河主河道南岸台地上，为配合南水北调工程的开展，南城遗址考古发掘正在紧张进行。

在遗址Ⅱ区M3发掘地一处墓葬发掘中，最先露出的是一枚大蚌壳。

这个蚌壳比成年人的巴掌还大，覆盖在女性墓主人的面部，在墓主人脖颈周围，还散落着许多小型的贝壳饰件。

根据出土器物判断，这是一处先商墓葬，这位墓主人，是先商先民。

2007年9月至2008年12月下旬，河北省文物研究所（今河北省文物考古研究院）和邯郸市文物保护研究所组成联合考古队对南城遗址进行发掘，确定了82座先商墓葬，它们集中分布在遗址北部，南北长50米、东西宽约25米的范围内。

这是河北境内首次发现如此大规模、保存这么完整并且相对集中的先商墓群。

"蚌覆面"，可防止泥土直接覆盖在死者脸上，这种现象，在南城遗址发现了多处。

值得注意的是，这些蚌是海蚌，不是河蚌。

南城遗址属于内陆地区，距离海比较远，先商的先民能用海蚌做随葬品，考古工作者推测可能是贸易的结果。

先商时期，农业、畜牧业快速发展，农牧产品过剩，催生了贸易的出现。

这在史料中是有记载的。

《竹书纪年》中写道："殷侯子亥宾于有易，有易杀而放之。"

亥，商部落首领，是契的六世孙。他曾亲自赶着驯养的牛羊，到各部落以物易物进行贸易。然而，在易国（今易县一带）遭遇了抢劫，亥被杀害，牛羊被夺走，随行人员被赶走。

"亥开创了商业贸易的先河，今天贸易活动称'商业'，从事贸易的人称

'商人',交换的物品称'商品',大致来源于此。"夏自正说。

根据《中国文物地图集·河北分册》的统计,迄今为止,河北中南部已经发现先商文化遗址百余处。邯郸市磁县下七垣遗址、邢台市邢台县东先贤遗址、石家庄市鹿泉区北胡庄遗址、保定市容城县午方遗址等,都有丰富的先商文化遗存。

正如北京大学教授、"夏商周断代工程"首席科学家李伯谦所言,河北的先商遗址分布面更广、起源更早,在先商文化的研究中占有更加重要的地位。

河北,是商代文明早期形成的重要区域,可谓商文化的"老家"。

2. 殷商的先声

2020年11月14日,邢台园博园南广场。

在广场的中轴线上,矗立着一组雕塑,雕塑最前方,八位士兵手持战旗、身骑骏马为后方的车驾开路,车上站着气宇轩昂的首领和他的王后,身后仪仗相拥,气势宏大。

这位首领,是商朝第十四代君王祖乙。这组雕塑名为"祖乙迁邢"。

"祖乙迁邢",最早见于《竹书纪年》:"商祖乙九祀圮于耿,迁邢。"《史记·周本纪》也有"商祖乙迁于邢"的记载。

约公元前1600年,商王朝建立,定都殷前,曾五次迁都,迁邢是第三次,称为邢商时期。

邢地,据考证,大致在今天邢台市一带。

河北商代早期的文化遗存,集中在邢台、邯郸,邢台尤其密集,发现了东先贤、葛庄、西关外、贾村、曹演庄等几十处商代早期文化遗址。出土的高等级陶器、卜骨等器物,为商王朝曾经建都于此提供了佐证。

"如葛庄遗址,出土的仿青铜器的大型兽面鬲足和兽面陶鼎等陶礼器残件,明显是君王和高等级贵族葬礼、祭祀用的礼器,而非平民所能用。"邢台博物院院长李恩玮说。

河北不仅有商的王都,还有拱卫王都的大型城邑。

2020年11月15日,河北博物院"河北商代文明"展厅。

我国目前出土年代最早的铁器——铁刃铜钺;

我国目前出土保存最完整的酿酒作坊遗址;

全世界目前出土的最早的平纹绉丝织物——縠；

全世界目前出土的最早的脱胶麻织品——麻布残片；

全世界目前出土最早的实物酒曲。

这么多的"全国之最""世界之最"，都出土自同一个遗址——石家庄藁城台西遗址。

人们不禁要问：台西，在商代，是一座什么级别的城？

在展厅中，有一组台西出土的漆器残片的照片——为减少光线因素的影响，目前，实物只能存放在库房。

"或朱地黑漆、或黑地朱漆的漆器残片，表面绘制着饕餮纹、蕉叶纹、云雷纹等精美图案，漆地油亮，花纹纤细精巧、比例匀称，有的漆器上还嵌有绿松石或贴有金箔片。"河北省文物研究所（今河北省文物考古研究院）已故研究馆员唐云明，生前在《台西遗址漆器的渊源及遗址文化性质的探讨》一文中，曾细致描绘了这些华丽的漆器。

"这是只有王室和贵族才有资格使用的'奢侈品'。而在台西，这些漆器残片主要被发现在房址中，说明是日用品。"唐云明在文中做出这样的推断。

藁城台西遗址出土的陶将军盔（上）和酒曲（下） 《河北日报》资料图片

台西出土漆器的房址，规模不小，由六间房组成，其中，还发现了类似门楼的建筑装饰，以及高等建筑才会用到的石柱础。

台西遗址还出土了高级丝织品、珍贵的白陶，而且台西的宫殿建筑要用人头骨奠基，这些，都反映了奴隶制时期上层统治阶级的富有和残酷。

唐云明由此作出判断，"台西遗址可能属于诸侯一级的重要城邑"，即等级上，可能仅次于商的王都殷，是拱卫王都的北方重镇。

在河北，还曾建有商代的王室园林，也是中国最早的古典园林——沙丘苑台。

2020年9月10日，邢台市广宗县大平台村南，沙丘平台遗址。

这里，如今只是一处高不足2米、周长十几米的"土疙瘩"。处在周边农田和民居间，并不起眼。

3000多年前属于沙丘的恢宏和喧嚣，我们如今只能通过史料来感受了。

《竹书纪年》记载：自盘庚徙殷至灭亡，以殷为中心，"南距朝歌，北距邯郸及沙丘，皆为离宫别馆"。

《史记·殷本纪》记载，公元前1075年，商纣王帝辛，"益广沙丘苑台，多取野兽蜚鸟置其中……大聚乐戏于沙丘，以酒为池，悬肉为林，使男女倮相逐其间，为长夜之饮"。

能容"野兽蜚鸟"的地方，说明沙丘林木繁茂，面积广大；能"大聚乐戏"，有"酒池肉林"，而且"长夜之饮"，可见宴乐场面宏大，且持续到深夜，食物保障十分充足。由此也可看出商末上层统治者的奢靡之风。

"要支撑这样一座规模宏大的王室乐园运转，从苑区的保卫、动物饲养管理，到食物和酒的运输、存储，所有人的食宿后勤服务保障等，都要有相当高的水平。这表明早在商代，邯郸、邢台一带，在农业、畜牧业、酿酒业等方面，都有了很大的发展。"夏自正说。

考古发现，也印证了这一判断。

邯郸赵窑遗址，发现了70余座商代贵族及平民墓葬，出土了大量商代后期的青铜器、玉器等精美器物。邢台东先贤遗址，邯郸涧沟、彭家寨、龟台寺遗址等也发现了丰富的商文化遗存。

回望商文明，从始祖契定居"蕃"，祖乙迁邢，到纣王肇建沙丘苑台，公元前约1046年商王朝覆灭，前后近一千年的发展史中，河北始终占有重要地位。

3. 文化的交融

2005年8月的一个晚上，沧州任丘，哑叭庄遗址出土文物临时保管所。

河北省文物研究所（今河北省文物考古研究院）研究馆员高建强端详着十几件刚出土不久的陶罐和陶鬲，纳闷地嘀咕："怎么这些陶罐大多数都没底儿，陶鬲大多数都没有口沿呢？"

突然，他灵光一闪，拿起一件没底的陶罐，架在了一件没口沿的陶鬲上——竟然对在了一起！

原来这是一件陶器的上下两部分。

他兴奋得差点儿跳起来，继续！很快，按照这个办法，又有好几对陶罐和陶鬲"配对"成功。

拼合而成的这种器物，叫甗（yǎn），是古代蒸煮用的炊具，相当于现在的蒸锅。它有上下两层，中间有箅子。上层叫甑（zèng），是笼屉，下层叫鬲，可盛水加热。

甗，在新石器晚期最早出现，通常上部呈敞口浅盆型。但哑叭庄遗址一期出土的甗的上部，呈深腹罐型，所以起初高建强没把两部分往一处想。

任丘哑叭庄遗址，是新石器时代至东周的一处聚落遗址，包含龙山文化（距今5000年～4000年）、燕南夏家店下层文化（距今4000年左右）、西周、东周等多时代的考古学文化类型，文化内涵丰富。

高建强拼对的这类甑部呈罐型的甗，是哑叭庄遗址一期"龙山文化哑叭庄类型"具有鲜明自身特征的一件器物。

"通过出土器物形制比较，哑叭庄一期遗址的文化面貌，与地处河南省永城市的龙山文化王油坊类型、地处河北唐山的大城山T8②层文化比较接近。"高建强说。

根据《河北省任丘市哑叭庄遗址发掘报告》，哑叭庄遗址二期出土的肥袋足甗等器物，与京津唐、张家口地区的夏家店下层文化同类器物基本相同，同时与中原地区的先商文化和二里头文化遗存也存在着比较密切的联系。

一处任丘哑叭庄遗址，已经展现出从龙山时代到夏商时期中原与北方文化的交流。

同样地处拒马河流域的容城白龙遗址、上坡遗址三期、易县七里庄遗址等，也都具有此类特征：处在中原、北方文化摆动的边界上，出土的很多器物都同时具有中原、北方两地文化特征。

2020年11月14日，0：47，张家口南火车站。

一阵电铃响起，K962次列车准时出发，它载着从张家口上车的旅客，一路先向东南，经北京、廊坊，再折而向东，过唐山，上午8：52，到达了河北最东面的海滨城市秦皇岛。

这是一次从山到海的旅程。火车一路穿行而过的河北北部城市，无论从地理风貌还是人文风俗，都差异很大。

这种差异，并不是到近现代才形成的。早在夏商时期，河北北方的文化，就呈现出类型众多、特点各异、交错分布、复杂多样的特征。

河北省文物保护中心原主任任亚珊翻开《中国文物地图集·河北分册》中的《河北省地势图》，圈出夏商时期北方文化的三个小区：冀北山地区、燕山南麓区、蔚阳盆地区。每个小分区，又有多种文化类型。

——冀北山地区，有李大人庄类型、小白阳类型、夏家店上层文化等。

——燕山南麓区，有大坨头类型、围坊三期文化、张家园上层文化等。

——蔚阳盆地区，有壶流河类型、海河北系类型等。

"河北北部地貌复杂多样，又处于东北地区、太行山地、华北平原交接的前沿地带，来自内蒙古、辽宁、山西和河北中南部各种类型的文化在这里碰撞、交融，使得遗址文化面貌像个'万花筒'。"曾多年在张家口从事考古工作的任亚珊说。

至今，考古学界对这些遗址的文化面貌、性质尚没有统一的认识。但总体来看，它们主要是以戎狄部族为主的族群建立的活动区，曾长时间与中原的夏商部族并存。

2021年5月20日，河北博物院"石器时代的河北"展厅。

展柜里并排摆放着两枚带孔的铜片，一枚长4.6厘米、宽3.6厘米，一枚长5.8厘米、宽4.1厘米，厚度大约5毫米。铜片表面凹凸不平，边缘厚钝无刃，各有一个两面对穿的圆孔。

它们是我省迄今发现的最早的铜器，出土于唐山大城山遗址，距今约4500年，推测是利用天然铜锻造而成，用途尚不清楚。

人类利用金属的历史自铜开始。

河北步入青铜时代在夏早期（距今约4000年），青铜技术最早由西向东传入燕山南北。

尽管当时大城山的先民，可能还没有掌握青铜冶炼技术，但已经有了利用天然铜和铜矿石的意识。

然而，北方"万花筒"般的文化布局，最终没有凝聚形成像中原夏文化、商文化一样的强势文化，延续发展。它们正是考古学家苏秉琦所表述的新石器时代中华文明的"满天星斗"，最终成为中原的周文化圈的拱卫之星。

中国历史上，这种以中原为中心的发展格局，直接影响了今天河北"燕赵"版图的形成。

三、燕赵的由来

1. 苦寒图强的燕国

公元前227年的一天，燕下都西郊，北易水河畔。

燕国太子丹一行人为壮士荆轲送行。荆轲和随从秦舞阳要从这里出发，沿北易水向西，过紫荆关，经蒲阴陉，穿越太行山，再横渡黄河，前往秦国"咸阳宫"（今陕西西安市西），利用进献燕国督亢（kàng）地图和秦国叛将樊於期首级的机会，刺杀秦王。

这次行动就是著名的"荆轲刺秦"。

用来迷惑秦王的那幅督亢地图，价值何在？

督亢，据考证，在今涿州、易县、固安一带，是燕国非常富庶的地区。

《史记》卷三十四《索隐》云："督亢之田在燕东，甚良沃。"

然而，这样的良田沃土，燕国并不多。

公元前1044年，西周初年，周武王将弟弟召公封于燕地（今北京房山琉璃河一带）。

诞生之初的燕国，地处王朝北部边疆，又赶

荆轲塔，又名圣塔院塔，为纪念古义士荆轲所建，是国家重点文物保护单位，始建于辽乾统三年（1103年）

李冬云 摄

上华北地区一次重大气候变化，后世文献中常用两个字形容当时燕国的自然地理环境——"苦寒"。

"距今大约3000年前，河北大平原气候转冷、雨量减少，海平面逐渐下降，海岸线开始从孟村—沧州—青县—天津—曹妃甸—乐亭一线后退，平原开始出露。"吴忱说。

所以，燕国适宜耕种的土地资源有限，并不像今天华北平原北部这样辽阔。如《禹贡》记载，沿海区域"厥土惟白壤"，也就是土壤盐碱化。

缺少良田，养育的人口就有限。

史料记载，战国七雄并立时期，燕国人口约150万，其余六国，人口都在300万以上。

而且，燕国的外部环境，也十分艰难。

司马迁在《史记》中形容燕国处境："燕北迫蛮貉，内措齐、晋，崎岖强国之间。"

河北对于燕国最重要的考古发现，来自易县燕下都遗址。这里记录了鼎盛时期的燕国。

在河北博物院"慷慨悲歌——燕国故事"展厅，可以看到，燕国的极盛时期，浓缩于一件摄人心魄的宫殿"门环"——透雕龙凤纹铜铺首。

铜铺首出土自燕下都遗址，兽首衔环样式，高74.5厘米，重21.5千克。在目前发现的铺首中体量最大，堪称"铺首之王"。

兽首，是怪兽饕餮，它怒目圆睁，头顶立凤，脸颊两侧攀着两条蛟龙，立凤伸出利爪，抓住挣扎的游蛇；饕餮衔的铜环内径16厘米，外径29厘米，环上攀着两条浮雕蛟龙。

"如此巨大的门环，该装在多有气势的殿门上！……"曾主持燕下都考古的河北省文物研究所（今河北省文物考古研究院）原研究馆员石永士感慨。

燕下都，位于今易县县城东南2.5公里。近80年的考古接力，重现了一座总面积近50平方公里的煌煌国都。

燕下都考古证实，战国中晚期的燕国，不仅能铸造精美的青铜器，冶铁技术也十分高超。燕下都就是燕国的冶铁中心之一。

燕下都遗址21号手工作坊，就是一处重要的战国中晚期冶铁遗址。

"这里共出土了861件铁器，几乎囊括了已知铁器的所有类别，而且部分铁器使用了锻造和淬火工艺，生产出了硬度更高的钢。"石永士说。

铁制农具和兵器的广泛使用，提高了农业耕种的效率，改善了军队的装备，提高了战斗力。

这是战国时期燕国国力提升、跻身七雄的重要原因之一。

2021年5月10日，易县城西，紫荆关。

紫荆关，号称"畿辅第一雄关"，它东为万仞山，西有犀牛山，北傍拒马河，南靠黄土岭。一夫当关，万夫莫开。向西，就是进出太行山的要道之一——蒲阴陉。

这个关口，这条要道，在战国时期，对燕国抵御西面赵国、秦国的东进至关重要。因此，燕昭王（公元前311年—公元前279年）下令扩建武阳城，定为燕下都。

武阳城距离紫荆关只有不到40公里，在此建都，就像在太行山东出要道插上一颗楔子，将太行山真正变成一道坚实的屏障。

然而，对于强敌环伺的燕国，这还不够。于是，燕国又在南北构筑了人工战略防线——长城。

燕南长城首先建立，大致在燕昭王时期。

在《中国文物地图集·河北分册》的《河北省历史图（战国时期）》地图中，燕南长城的大致走向西起涞源乌龙沟，经易县紫荆关、徐水区遂城、雄县张青口、文安县新镇、苏桥、左各庄、滩里，向南过黄甫、德归，至大城县刘固献村南子牙河畔。

今天的雄安新区，就处在燕南赵北的融合之地。

公元前300年，燕将秦开"东胡却千余里"，将燕国边境线向东推进了500多公里，直至今天韩国安州。

至此，燕山以南，西至河北宣化东北，东到韩国安州，成为燕国北部边境。

鼎盛时期燕国国土面积达20万平方公里，占据河北北部和辽宁西部，仅次于秦国和楚国。至公元前222年秦灭燕，延续800余年，六国中仅次于楚国。

内部条件、外部环境都不占优的燕国，最终在战国舞台上跻身七雄。

燕国在苦寒环境下锻就的勇武任侠、慷慨悲歌的人文气质，也留在了河北。

2. 国祚短暂的中山国

2020年7月2日上午，行唐县南桥镇故郡村北，行唐故郡战国墓葬遗址考古现场。

实验室内，河北省文物考古研究院研究馆员、故郡遗址考古发掘项目负责人张春长拉下一只巨大木箱顶上的苫布，木箱内是一辆从土里整体提取、经过初步清理的东周时期高等级马车。

第一眼，是金光。

被挤压变形的马车车厢外围，贴着一片片似龙似虎神兽金箔。金箔表面还有凸起的细腻纹理。车厢四周的立板表面，还有繁复的髹漆彩绘图案。

两只巨大车轮向内歪斜，倚靠在车厢两侧。1根、2根、3根……每个车轮有38根辐条。

经过测量，这驾马车车轮直径约1.4米，一个成年人要水平张开双臂才能摸到两端。车厢残高50多厘米，车轴残长近2.8米。

行唐故郡遗址考古实验室内，考古工作者对出土文物进行清理和保护　　赵 杰　赵海江 摄

这是一辆巨大且装饰华丽的马车。

这还只是车马坑中的"头车",在它身后,还有4驾马车一字排列追随头车。

这样豪华阵容的马车,它的主人会是谁?

跨过车马坑东部一道生土隔梁,考古工作者又发现了一个4米见方的殉牲坑,坑内埋葬着近400只动物的头骨和前蹄。

"这要杀死37头牛,27匹马,313只羊——这样的殉牲规模,可见墓主人的身份地位之高。"张春长说。

然而,这种车马坑连通殉牲坑的布局,从没有在燕国和赵国的区域内出现过,尤其是马牛羊头蹄葬,显然是一种北方族群的风俗。

北方民族,曾生活在河北平原,会是什么人?

一件带有文字的陶壶,带来了新的发现。

陶壶上的"丘"字,和距故郡30公里的平山战国中山国遗址出土的《公乘得守丘刻石》上的"丘"字,写法完全相同,说明它们同属中山国文字系统。

"结合墓葬发现的北方民族丧葬习俗、特色器物和文字,综合分析,我们确认,故郡遗址的性质和内涵,都指向中山国,绝对年代属于战国早期。"张春长说。

2017年,故郡遗址入围全国十大考古发现终评。

中山国成为考古领域备受瞩目的焦点,这不是第一次。早在20世纪70年代,便声名鹊起。

1974年3月的一天,平山县上三汲公社。

省文物管理处(今河北省文物考古研究院)的工作人员刘来成、尤道源骑着租来的自行车,沿着乡村小路,进行考古调查。

"隔着滹沱河,我们就远远看见两个并排的大土丘,有十几米高,目测每个直径有90多米。"后来主持战国中山国考古的河北省文物研究所(今河北省文物考古研究院)研究馆员刘来成回忆。

在刘来成看来,这两个土丘大得有些不寻常。

走近了,他们看到村民正在土丘顶上取土,挖出的一些筒瓦、板瓦的碎片就堆在一旁。土丘附近有一座古墓,墓口已经在取土时露了出来。

这就是战国中山国遗址最初的考古发现。

关于战国中山国的记录，史籍中非常少，它几乎被人遗忘。中山国考古，唤醒了这个沉睡两千多年的神秘国度。

"战国中山国的先民是狄族一支——白狄鲜虞，他们原本生活在陕西西北部一带，因受秦国、晋国打压，向太行山东麓迁徙。"刘来成说。

《史记》记载，春秋晚期，公元前506年，白狄鲜虞在中人城（今唐县西北）建立中山国，后两次被灭国又复国，公元前380年前后定都古灵寿城（今平山上三汲村），公元前295年被赵国所灭，存世210年。

2020年7月2日，行唐故郡遗址考古现场。图为战国早期中山国具有北方民族丧葬风格的积石墓

李冬云 摄

位于平山的中山国王陵陈列馆　　赵海江　摄

中山国国祚虽短，但却深受中原文化之风影响。

在河北博物院"战国雄风——古中山国"展厅，可见中山王𰯼（cuò）墓出土的三件最重要的带有铭文的青铜器——中山王𰯼铁足大铜鼎、胤嗣刻铭铜圆壶、夔龙饰刻铭铜方壶，合称"中山三器"。

中山三器铭文总计1123字，其中鼎铭文469字，仅次于西周宣王的毛公鼎，创下战国青铜器长铭之最。

这些文字，填补了史书记录稀少的不足，记录了中山在大国夹缝中博弈求生的历史。

其中一件铜方壶上，用小篆写有这样一段话：

"夫古之圣王，务在得贤，其次得民，故辞礼敬则贤人至，愿爱深则贤人亲，作敛中则庶民附。"

敬贤爱民，这是中原文化中君王治国的重要核心思想之一。中山王𰯼将它刻于铜壶，传于子孙，可见已经受到中原文化的深刻影响。

战国中期，中山国国力逐渐强盛。强盛时期的疆域，包括今河北保定市南部、石家庄市大部、邢台市北部及衡水市西部，南北约200公里，东西约150公里。

今天生活在燕赵大地上的我们，脚下有很大一部分土地，其实曾经属于古中山国。

平山战国中山王䜑墓出土的铜方壶　　河北博物院　供图

公元前296年，几乎完全华夏化的中山国，却被一支穿着西北戎狄之服的骑兵军团灭国。耐人寻味的是，这些骑兵来自一个中原正统国家——赵国。

3. 四战之地的赵国

2020年9月，张家口蔚县代王城遗址。遗址周边的农田里一片金黄，粟谷被沉甸甸的谷穗压弯了腰。

遗址地处小五台山国家级自然保护区，这里有着适宜谷子生长最佳的气候和自然环境。

同一时间，在邯郸市赵王城遗址周边，也是一派丰收景象，联合收割机正在收割玉米，颗粒饱满的玉米棒从收割机的翻斗倒入农家的电动三轮车里。

蔚县代王城，东经114.68度，北纬39.90度。

邯郸赵王城，东经114.43度，北纬36.57度。

河北这两座几乎在同一经度的古城，南北相距372公里之遥，它们无论地理环境、气候、主要粮食作物、民风民俗都有着巨大差异。

但在战国时期，蔚县代王城、邯郸赵王城属于同一个诸侯国——赵国。

在很多人的认知里，燕赵的"赵"在冀南，怎么会和张家口有关系？

这要从赵国的开国之君赵简子说起。

在赵国的历代国君中，赵武灵王知名度可能最高，而他在推行胡服骑射时曾说："简、襄主之烈，计胡（北方少数民族）、翟（翟国，在今天的陕西省耀州区、富平县一带）之利……今吾欲继襄主之迹，开于胡、翟之乡。"赵武灵王的叔父公子成也说："今吾将继简、襄之意以顺先王之意。"

可见在赵氏子孙心目中，赵简子是立国始主。

赵简子，春秋时期晋国六卿之一，三家分晋前晋国的实权人物。

在他事晋期间，最大的功业是制定了以晋阳（今太原）为中心，向南、北发展的战略。南，是冀南豫北一带；北，是当时的代地，今山西大同、河北蔚县一带。

正是赵简子的这一战略布局，使自己及其后代从"山西卿相"变成了"河北王侯"，也使赵得以和燕并称，成为后世河北的共同源流。

其实，据《史记》记载，早在春秋晚期（至迟公元前551年），邯郸已成为赵氏封邑，但一直被赵氏的庶传支族控制，不在赵简子之手。

赵氏南北扩张的战略，经父子两代人接力完成。

公元前490年，赵简子在晋国贵族内战中胜利，夺取了冀南豫北控制权；公元前475年，其子赵襄子，吞并代国，将赵氏的北疆推进到今天桑干河、洋河一线。

这两个地区，也成为后来河北境内战国赵的关键版图。

在今天的河北博物院，有一段按考古发现复原重现的赵王城城墙，它展示了

河北博物院按考古发现复原重现的赵王城城墙，可见两千多年前战国都城城墙已经具备较为完备的防雨排水系统　赵杰 摄

两千多年前战国都城城墙较为完备的防雨排水系统。

"板瓦、筒瓦铺在城垣内侧台阶面上，雨水顺着瓦面汇入陶制排水槽，再下泄到城墙脚下0.6米～1米宽的鹅卵石散水面上排走。"河北博物院讲解员用激光笔辅助讲解排水"路线"。

就这样，铺瓦、排水槽、散水面组成一个城墙排水系统，大大减少了雨水的侵蚀破坏。

这座城的大规模建设，始于赵国迁都。

公元前386年，赵敬侯迁都邯郸，大兴土木，在此建立王城。至公元前229年秦军攻陷邯郸，这座城市作为赵都的历史共计158年。

赵王城遗址，位于邯郸市西南，是赵都宫城，也是中国目前保存最为完好的战国时期古城址，属第一批全国重点文物保护单位。

考古勘探发现，邯郸赵王故城总面积1887.9万平方米，其中王城面积512万平方米，由东城、西城、北城三个小城呈"品"字形排布。

今天来看，这座城无论建筑规模还是形制，比燕国燕下都、齐国临淄城都更大、更完整。

邯郸——为什么赵国最终把政治中心选在了这里呢？

"邯郸是最佳选择。"邯郸市博物馆原馆长、研究馆员郝良真解释，"韩、赵、魏三家分晋后，赵国正式加入诸侯间逐鹿中原的战争，所以要选一个靠近中原、有经济基础、军事地理位置优越的城市，邯郸三个条件都满足。"

实地踏访，从赵王城沿省道315一路向西南，进入邯郸峰峰矿区石鼓山中，在滏阳河畔，有一条向西能通往山西上党（今长治）的滏口古道。

这里也是太行山的一个"豁口"，太行八陉第四陉——滏口陉，也是八陉中河北最南的一陉。

滏口陉山高岭深，形势险峻。一座廊桥横跨在滏口河上，河岸的山坡上耸立着一座古塔，塔下是"响堂山石窟博物馆"。

地图上，从这里往赵王城遗址拉一条直线，距离只有26公里。

赵国控制区内，太行山东麓的南北大道上不止邯郸一座城，最终选在这里，与滏口陉的存在关系密切。

"邯郸自古是'四战之地'。尤其是太行山东麓的南北大道与山西上党东出太行的滏口陉的交汇处，形势险要，历来为兵家必争之地。这里北通燕、涿，南有郑、卫，靠近中原，又临近齐、魏，是赵国进取中原、争衡天下的理想出发地。"郝良真说。

而且，邯郸具备了成为都城的经济基础。

这里南临漳河，土地肥沃，交通便利，商业发达。早在春秋后期就是晋国东部地区重要的农业产区和手工业、商业城市。

在公元前275年前后，经过赵武灵王等几代君王的开疆拓土，赵国的疆域比定都邯郸时扩大了三倍，进入全盛。

向北，到达今内蒙古南部，向西，到今山西省中部和北部，向东到达山东省西部，向南，到达河南省北部，河北境内完全占据燕南长城以南。

司马迁在分析燕赵风气时曾说：代地靠近胡人，经常受到侵扰，师旅屡兴，所以那里的人民矜持、慷慨、嫉妒、好气、任侠为奸，有"赵之风"；中山"地薄人众……民俗懁急，仰机利而食。丈夫相聚游戏，悲歌慷慨"；燕地距离内地遥远，"人民希，数被寇，大与赵、代俗相类"。

这表明，从战国至秦汉，燕、赵之风已相融合，并已形成一个具有自身特点的文化区域。

自此，燕赵作为一个独立的人文系统正式形成。

（感谢河北省文物局、河北省文物考古研究院、河北博物院等单位和个人的大力协助！）

位于磁县的北朝考古博物馆　李冬云　摄

大河文化

河北人文地理解读

文物篇

第一单元 奇珍重宝

采访 ◎ 《河北日报》记者 李冬云 朱艳冰
执笔 ◎ 《河北日报》记者 李冬云

> 📖 **阅读提示**
>
> 河北大地上的先民，创造了灿烂文明，留下了宝贵、丰厚的历史文化遗产。
>
> 目前，河北在全国可移动文物普查平台登录可移动文物322610件（套），实际数量1402448件。其中，珍贵文物60109件（套），包括一级文物1313件（套）。
>
> 当我们走进其中，尤其是包括河北18件国宝文物在内的20余件奇珍重宝，更能领略这片土地上孕育传承的人文根脉，感受到历史深处射来的中华文明的光亮。

满城汉墓出土的刘胜金缕玉衣　赵杰 摄

一、文物的时空

1. 玉衣中的王者

在河北博物院"大汉绝唱——满城汉墓"展厅,镇馆之宝西汉中山靖王刘胜的金缕玉衣,总是能吸引众多慕名而来的游客。

关于这件享誉中外的国宝级文物,似乎永远有讲不完的传奇和故事。

1968年7月20日,保定满城。

在距离县城以西1.5公里的陵山一处巨大山洞里,考古工作者正在清理不久前发现的一座汉代大墓。

这一天,要重点清理墓主人的棺椁。

棺椁已经腐毁,表面有一层厚厚的积灰。清除积灰,最先露出了一些圆形大玉璧。而在玉璧下,出现了排列整齐的玉片,隐约能看到连缀玉片的金丝。

长毛刷不停地刷着,越清理,玉片面积越大。最后,出现了一个扁平的人形轮廓。

"金缕玉衣?!"围拢过来的考古人员中,有人脱口而出。

2017年1月,河北省文物研究所(今河北省文物考古研究院)原所长、研究馆员郑绍宗面对面向记者讲述他亲历的这一幕时,一切都仿佛"宛如昨日"。

"这下咱们可要出名了。"巨大的惊喜笼罩了现场每个人。

金缕玉衣,是汉代最高等级规格的丧葬殓服。

西汉笔记小说集《西京杂记》记载,汉代帝王下葬都用"珠襦玉匣",形如铠甲,用金丝连接。这种"玉匣"就是今天所说的金缕玉衣。

据《后汉书》记载,玉衣按穿缀的丝线区分规格等级,皇帝用金缕,诸侯王、列侯、始封贵人、公主用银缕,大贵人、长公主用铜缕。

然而,在其后两千多年里,没有一件完整实物出土,人们并不知道真正的金缕玉衣究竟是什么样子。

刘胜的金缕玉衣,成为我国首次发现的、规格最高、最完整的汉代金缕玉衣实物,填补了历史空白。

诸侯王刘胜,为什么能穿皇帝专用的金缕玉衣?

一种研究认为,西汉时金缕玉衣的使用还没有东汉这样规定严格,诸侯王也可用金缕。但即便在西汉，也并不是所有诸侯王都有此待遇。刘胜能使用金缕，与中山国在汉王朝的战略地位相关。

刘胜，汉景帝刘启之子，汉武帝刘彻的异母兄长，受封中山国，号中山靖王。汉中山国，在今石家庄东北、北京西南。辖区范围，大致在无极县以北、新乐市以东、保定市区以西、易县以南。治所在卢奴县（今定州市）。

这是个战略地位极为重要的地方。

它处于太行山东麓至古黄河西北岸之间的扇形冲积平原上，土壤肥沃，河道纵横，灌溉便利，十分适合农业生产。

而当时的河北西南部，不但是西汉王朝主要的农业经济区之一，也是关东地区城市最为密集的区域之一。

除了中山国，如真定（今石家庄正定）、广平（今邯郸广平）、信都（今邢台信都）、河间（今沧州河间）四国，巨鹿（今邢台平乡、巨鹿）、清河（今邢台清河）两郡都地处这一带。

汉景帝将儿子刘胜分封在中山国这片富饶之地，汉武帝即位后，继续给予中山王室礼遇，并恩准刘胜使用"金缕玉衣"。

帝王的格外优待与恩赏，凸显出其受封之地的重要。

目前，全国出土且经过修复的金缕玉衣共9件，其中只有刘胜和其妻窦绾的这两件金缕玉衣，是没被盗掘过的，可谓"最完整"。

而其余7件，包括河北定州发现的中山怀王刘修金缕玉衣，江苏发现的西汉楚王刘戊、广陵厉王刘胥、江都易王刘非夫妇金缕玉衣，河南发现的西汉梁共王刘买、梁夷王刘遂金缕玉衣，因历史上均遭盗掘，大部分金丝被抽走，只剩散乱残碎的玉片。

2002年，刘胜金缕玉衣被列入我国首批64件（组）"禁止出国（境）展览文物"。

文物，根据等级可分为珍贵文物和一般文物。珍贵文物，又分为一级、二级、三级文物。而一级文物过去还分为甲、乙两等。我们所说的"国宝"，通常指"一级甲等"文物。

一级文物中，列入"禁止出国（境）展览文物"名单的，迄今全国共195件（组），即便在"国宝"中，它们也是弥足珍贵。

"中山靖王可能有'啤酒肚'！"展厅中，一位参观者蹲下来，仔细观察金缕玉衣腹部微微鼓起的玉片。

这"啤酒肚"，体现的正是西汉金属和玉器制作工艺的高超水平。

为了贴合刘胜的身材，工匠需要将玉衣上身前幅胸部、腹部处制作成隆起状，上身后幅臀部自然收分，这使得玉衣不仅有腹，还有胸、有臀。

制作这样一件造型精巧、曲线柔和、前凸后翘的玉衣，要耗费巨大的人力、物力。

刘胜的金缕玉衣长1.88米，共用玉片2498片，用于连缀的金丝重1.1千克。窦绾的金缕玉衣长1.72米，共用玉片2160片，金丝约700克。

数以千计的玉片，主要为长方形和正方形，也有梯形、三角形和不规则四边形、多边形。最大的玉片长4.5厘米、宽3.5厘米，用在脚底。最小的玉片，指甲盖大小，用在手套上。

玉片经过抛光、钻孔等多道工序，才加工完成。

值得一提的是，玉片硬而脆，但上面的钻孔，直径最小大约1毫米。

比玉片制作更精细的是金丝。

"编缀玉片的金丝，采用了汉代金属'拉丝'工艺，再通过'退火'，使金丝软化，增强韧性。"定州博物馆副馆长杜会平解释。通常，金丝长4~5厘米，最细的金丝直径仅有0.08毫米，用在手套部位，这相当于人头发丝的细度。

金丝编缀玉片，组成头罩、上衣、手套、裤筒和鞋等部分，入殓时，再连为一体。

根据西汉手工业的生产能力，制作这样一件中等型号的金缕玉衣，需要花费一个技能娴熟的玉匠至少十年时间，制作成本相当于当时100多户中等家庭的财产总和。

所以，金缕玉衣不是今天才成为"国宝"的，2000多年前在西汉诞生时，它已是稀世珍宝。

2. 燕赵文物地图

2020年12月18日，河北省文物局博物馆处。

"这就是河北18件国宝文物的名单。"处长李宝才递给记者一张刚打印出的表格，表格上每一件文物的最后，都有一个"国宝☆"的标记。

国宝名单是1993年国家文物鉴定小组在各省鉴定评选出来的，代表了各省文物的顶级水平。

河北18件国宝文物出土自7处古遗址、古墓葬。

战国中山国遗址，7件：中山王𰯼铁足大铜鼎、错金银四龙四凤铜方案座、错金银虎噬鹿屏风座、十五连盏灯、银首人俑铜灯、夔龙饰刻铭铜方壶、错金银铜板兆域图。

西汉满城汉墓，5件：错金博山炉、长信宫灯、刘胜金缕玉衣、窦绾金缕玉衣、透雕双龙纹高钮白玉谷纹璧。

这两处遗址、墓葬，是河北最具分量的考古发现，出土的国宝合计占到了河北国宝文物总数的三分之二。

东汉中山穆王刘畅墓，2件：透雕神仙故事玉座屏、龙螭衔环谷纹青玉璧。

战国燕下都遗址，1件：透雕龙凤纹铜铺首。

元代窖藏遗址，1件：青花釉里红开光贴花盖罐。

静志寺塔基地宫，1件：定窑白釉龙首莲纹净瓶。

万堤古墓群，1件：何弘敬墓志铭。

李宝才翻开国家文物局出版的《中国文物地图集·河北分册》，找到"文物专题图"中《河北省已发掘的重要古遗址和古墓葬图》，将上述遗址一处一处"放回"到地图上。

中山国遗址，石家庄平山；

满城汉墓，保定满城；

刘畅墓，保定定州；

燕下都遗址，保定易县；

元代窖藏遗址，保定市区；

静志寺塔基地宫，保定定州；

万堤古墓群，邯郸大名。

在地图上将这些地点串联起来，河北珍贵文物空间分布一个重大特征赫然出现——它们几乎全部在"太行山东麓大道"之上。

"太行山东麓大道"，一条平行于太行山、南北走向的山前廊道，河北最重要的文明发祥地。

这是一条"盛产"古都的廊道，自商代至隋唐以前2400多年岁月里，先后出现了商都"邢"（今邢台一带），燕下都（今易县一带），战国中山国国都（今灵寿一带），赵都邯郸，曹魏、后赵、冉魏、前燕、东魏、北齐都城邺城（今临漳一带）"五大古都"。隋唐之前，这样的都城数量、密度，在全国首屈一指。

都城集中于此，国宝也集中于此。

2021年3月12日，河北博物院"慷慨悲歌——燕国故事"展厅。

进门处，是18件国宝之一、河北博物院另一件镇馆之宝——透雕龙凤纹铜铺首。

铺首，有驱邪之意的传统门饰，大多为兽首衔环状，通俗讲就是"门环"。

这是中国目前所见的最大铜铺首，也是河北18件国宝中年代最久远的。

硕大的造型，透着王者之气。

这个巨型"门环"出土于燕下都宫殿建筑基址老姆台东30米，应为燕国宫殿大门上的构件。

"如此巨大的门环，该装在多有气势的殿门上？殿门如此，宫殿将是何等壮丽？被司马迁称为'崎岖强国之间，最为弱小'的燕国尚且如此，我们中国在那个时代，生产力该何等先进、文化该何等发达？"穷半生之力致力于燕下都考古发掘的河北省文物研究所（今河北省文物考古研究院）原研究馆员石永士曾这样感慨。

2200多年前铸造的"巨无霸"铺首，就这样成为探究河北厚重历史、中华灿烂文明的一把钥匙。

2012年，全国启动第一次可移动文物普查工作。通过这次普查，河北全面摸清了自己的文物"家底"：

河北省在全国可移动文物普查平台登录可移动文物322610件（套），实际数量1402448件。

其中，珍贵文物60109件（套），包括一级文物1313件（套）（实际数量9187件、占比0.65%）、二级文物13446件（套）（实际数量15125件、占比1.08%）、三级文物45350件（套）（56377件、占比4.02%）。

"河北是文物大省，文物总量大，文化承载力高的早期珍贵文物数量多，集

易县燕下都遗址出土的透雕龙凤纹铜铺首　　河北博物院　供图

中在战国至汉代。更重要的是，这片土地是中华文明最早孕育的地方之一，上至旧石器时代，下至元明清，文明源远流长。"李宝才说。

3. 融合的前沿

2020年6月12日，苏州博物馆。

这里正在为从河北远道而来的164件（套）文物举办一场特展："鲜虞风云——古中山国文物精品展"。

特展设计的海报上，为战国中山国文物"代言"的，是一件中山国特有的青铜艺术品——错金银双翼神兽。

神兽形象夸张奇特，体形像狮虎，四肢弓曲，利爪抓地，昂首挺胸，怒目圆睁，咆哮状，同时两肋生翼，跃跃欲试。

抽象、夸张、变形，将飞禽走兽的特点集于一身，这样的奇思妙想，正是中山国游牧民族个性的表达。

《史记·货殖列传》中记载："丈夫……作奸巧冶，多美物。"可见在西汉人眼中，中山国就有了"工艺华丽精巧"的"文化个性"。

至今，国内尚未在任何出土文物中发现同样造型的神兽。

工艺品奇特的造型艺术，与中山国的由来分不开。

中山国，是一支名为白狄鲜虞的北方游牧部族建立的国家。

这一部族从陕西迁徙到太行山以东，公元前380年前后，在今天平山县三汲乡一带定都。

鼎盛时期的古中山国疆域，地处"燕""赵"之间，包括今天石家庄的大部、保定南部、衡水西部，南北跨度约200公里，东西跨度约150公里。

河北在"燕赵"之外，为何能同时崛起一个外来的"中山"？

"这并非偶然，事实上，河北地处农耕和游牧文化的过渡带，一直是多民族文化融合的前沿阵地。中山国的文物，除了体现本民族的文化元素，还有很多吸收了中原文化，如篆书文字、礼仪制度等。"河北省文物考古研究院研究馆员张春长说。

和错金银双翼神兽一样，在河北很多文物身上，都能找到多元文化融合的印记。文化多元，正是河北文物的一大特征。

2020年9月15日，河北博物院"名窑名瓷"展厅。

在众多光洁硬朗的瓷器中，有一件瓷器看上去却"柔软细腻"，皮革质感十足。

这就是一级文物唐代邢窑白釉凤首盖贴花皮囊壶。

扁圆形的壶身，由"三张柔软的皮页""缝合"而成，"缝合线"随壶的轮廓串走，"针脚"规整细密。壶身两侧各"搭"一片五边形鞍鞯花毯，鞍鞯花毯上刻画、戳印着圆形、条形、麦穗形、钱形等装饰花样。皮条编结的花坠，自然"垂"在壶的前后。

如果不仔细看，竟会忘了，这是一件硬邦邦的瓷器。

皮囊壶，本是北方游牧民族随身携带的皮质水壶；制瓷，典型的中原技艺。两种文化元素，凝聚在了这一件器物上。

这件皮囊壶上，中原制瓷各种装饰手法几乎都有所应用。

皮囊壶缝合线起伏的褶皱，用堆贴凸线技法表现；壶身上的铆钉，用模印贴花技法呈现；鞍鞯的轮廓采用浅浮雕；鞍鞯花毯的图案，用戳印法制出几何纹；神采奕奕的凤眼，运用了点彩技法点睛。

而皮囊壶的造型，也为了方便中原定居生活，进行了改良。皮囊壶增加了提梁，壶底部加上中原瓷器式便于稳定的圈足。

河北还有一些文物，来自遥远异域，凝结了欧亚文化交流的印记。

2020年12月25日，邯郸磁县，北朝考古博物馆。

展馆里的两枚"古罗马拜占庭金币"金光闪闪，散发着异域气息。

"这两枚金币是我从成堆的墓土里一筛子一筛子筛出来的。"河北省文物鉴定专家组成员、邺城北朝史学会会长马忠理，清晰记得发掘时的情景。

那是1979年底，茹茹公主墓地考古已近尾声，但一件珍贵瓷器上所缺的一小块瓷片还没找到。马忠理决心一个人把清出的墓土再筛一遍。

筛着筛着，一点亮光闪过。马忠理将其拣出仔细辨认，不是瓷片，竟是两枚圆形金币，上面还刻着罗马字母。

古罗马金币！

经过鉴定，两枚金币为东罗马帝国皇帝阿纳斯塔修斯一世、查士丁一世金币，分别铸造于491年～518年、518年～527年，被列入国家一级文物。由于墓

故城县出土的唐代邢窑白釉凤首盖贴花皮囊壶
李冬云 翻拍

茹茹公主墓出土的古罗马金币
北朝考古博物馆 供图

曾被盗扰，金币散落墓土中，专家推测，茹茹公主入葬时，这样的金币可能远多于两枚。

茹茹公主，是来自东胡柔然（今蒙古国、俄罗斯贝加尔湖地区）的和亲公主，东魏丞相高欢第九子高湛的幼妻。

茹茹公主去世于550年，这一年与金币的铸造时间只相隔二三十年。

"金币能在这么短的时间内流入中国，可以想见，当时东魏都城邺城与东罗马帝国贸易交流多么频繁。"北朝考古博物馆馆长李江说。

这段文化贸易交流的历史，刻在了博物馆前广场骆驼雕塑的基座上，这就是《北朝古丝绸之路线路图》：丝路东起点邺都（今邯郸临漳），在当时是具有国际影响力的大都会，贸易路线经由山西、陕西、甘肃等地，穿越中东，一直通往意大利罗马、埃及开罗。

两枚古罗马金币表明，在1400多年前，河北已处在域外贸易交流的前沿。

这样的域外贸易交流，到了元代依然在继续。

保定窖藏发现的国宝文物元代青花釉里红开光贴花盖罐，就是例证。

它通高41厘米，口径15.5厘米，足

保定永华南路元代窖藏出土的青花釉里红开光贴花盖罐　　河北博物院　供图

径18.5厘米，纹饰丰富，层次清晰，有缠枝牡丹纹、忍冬纹、如意云头纹等纹饰10余层。素雅的青花与浓艳的釉里红交相辉映，堪称中国乃至全世界最完整的青花釉里红极品。

在烧制青花釉里红瓷器的原料中，最关键的钴料"苏麻离青"，则主要从中东进口。

目前全世界元青花完整器存世量仅三四百件，我国各地博物馆收藏的元代青花瓷器仅120余件。

之所以国内存量不是很多，一个重要原因，是元青花瓷的对外贸易性质——它是中西文化交流的产物，许多精品烧成后就走出国门。

这一进一出，让元代青花釉里红开光贴花盖罐成为对外文化交流的又一缩影。

二、技术的巅峰

1. 铜铁兴替

2021年6月30日，河北博物院"石器时代的河北"展厅。

在众多的石器文物中，有一组特别的金属展品，两枚大城山遗址（距今4300～3800年前后）出土的梯形穿孔铜片。这组国家一级文物，是我国考古迄今出土的年代最早的铜制品之一。

铜片一枚长5.9厘米，宽4.2厘米，厚0.2厘米，另一件略小。两枚铜片均呈梯形，表面凹凸不平，上端各有一小孔，边缘厚钝无刃。

根据《唐山市大城山遗址发掘报告》，两个小孔是"两面穿成"，"与石器的钻孔法相同"。

两枚小小的铜片，恰如石器时代和金属时代的"接力棒"。自此，河北大地金属利用的历史序幕拉开了。

在河北博物院，还有一件划时代意义的金属文物，它的发现，是我国古代金属史上的一件大事。

1975年的一天，中国社会科学院考古研究所考古学家夏鼐，找到了中国金属物理奠基人、冶金学家、材料学家柯俊，拜托他鉴定一件考古界争议不小的文物——3300多年前的商代铁刃铜钺。

钺，是古代形似板斧的一种兵器，是古代权力的象征。

它1972年出土自石家庄藁城台西遗址，残长11.1厘米，阑宽8.5厘米，铜身铁刃，上部有一穿孔，两面各装饰有两排乳钉纹。铁刃宽约6厘米，但铜外部分已经断失，嵌入铜钺内的部分深约1厘米、厚0.2厘米。

虽然它个头不大，颜值不高，但残存的铁刃，却是我国最早的铁制品，代表了当时最先进的生产力。

而争议就在于，这究竟是人工炼铁还是陨铁锻造？

这个事关中国冶铁技术史的谜团，受到中国社会科学院考古研究所的高度重视。

"夏鼐先生不相信那个时候有人工冶铁。他送到几个地方分析，最后得不到结果，就找到我了，我们就这么开始的。"柯俊曾在他的个人传记中，如是回忆最初与铁刃铜钺的结缘。

通过金相、X射线荧光、电子探针、扫描电镜能谱仪等当时最先进的试验方法，柯俊和研究人员对铁刃铜钺的铁刃进行分析，最终确定它符合陨铁的特征。

悬案破解，铁刃是陨铁锻造而成的薄片。

铁刃铜钺的发现，表明早在3300多年前，河北大地上的先人已经开始认识铁这种金属，懂得铁的锻打嵌铸加工，而且专门用在刃部，已经初步认识了铁比铜硬度高。

战国中期以后，河北地区铁器取代铜器，成为主要的生产工具。

距今2300多年，冶铜、冶铁两项古代重大科技进步成果在河北一件国宝文物身上完美"合体"——战国中山王䥽铁足大铜鼎。

在河北博物院"战国雄风——古中山国"展厅，体型硕大的中山王䥽铁足大铜鼎格外引人注目。

平山战国中山王䥽墓出土的铁足大铜鼎　　河北博物院　供图

鼎通高51.5厘米，口径42厘米，最大径65.8厘米，重60千克，扁鼓形的鼓身为青铜制，三个蹄形足为铁制，是迄今我国考古发现战国时期最大的铜铁合铸器。

2014年，河北省文物保护中心编制的《战国中山王墓出土铁足大鼎保护修复方案》获得国家文物局批复，同时需要按照1∶1比例制作两件复制品。

没想到，复制时在铜铁合铸上遇到了难题。

"青铜熔点约为800℃，生铁的熔点约为1200℃～1300℃，如果将铜身、铁足直接焊接，巨大的热量会使铜身上鼓起许多小包，严重时甚至引起整个鼎身的变形。"河北省文物保护中心主任雷金明说。

氩弧焊、冷焊、浇铸……无论用现代技术，还是用传统方法，都没能成功。摸索了两个多月之后，雷金明发现了其中奥秘。

"我们通过探伤发现，制作者预先在铁足上留出了若干个微小的孔洞，在浇铸铜身时让铜水同时流入空洞，凝固后形成咬合力，这才是铁足能与铜身合体的关键工艺。"雷金明说。

金属冶炼技术在河北起步早、发展快，主要原因之一，是河北的矿产资源，特别是铁矿资源丰富。

早在战国时期，河北就已经形成了赵国都城邯郸、燕国都城燕下都两大在北方颇负盛名的冶炼中心。

司马迁在《史记·货殖列传》中，就记载了以冶铁致富的赵国大铁商卓氏和郭纵——"卓氏之先，赵人也，用铁冶富"，"邯郸郭纵以铁冶成业，与王者埒富"。

依靠冶铁，富比王侯，可见当时冶铁作坊和生产规模之大。

赵都邯郸故城和燕下都的考古成果，也佐证了当时冶铁生产规模之大。

在对赵都邯郸故城的考古发掘中，考古工作者先后发现有炼炉残址20多处，在遗址附近沼河流域发现的炼铁遗址也分布密集，这些遗址以邯郸为中心，放射状分布。

而在燕下都城址考古中发现的冶铁遗址，总面积达30万平方米。其中21号作坊遗址，是我国著名的战国时期冶铁遗址，出土铁器数以千计，几乎囊括了已知铁器的所有类别。

河北得天独厚的自然禀赋，孕育了起步早、成熟早的冶炼技术，造就了众多文物瑰宝，在古代冶炼史上留下了浓墨重彩的一笔。

2. 金银异彩

神秘的中山国，立国之王的几案，会是什么样的造型？

中山王䰮墓错金银四龙四凤铜方案座的出土，或许会让很多人慨叹古人想象力的丰富。

案，是古人日常放置物品的小桌子。这件方案案面原为漆板，已腐朽不存，只剩下支撑的方案座。

这个方案座，是战国时期河北地区铸造技术的典范。

方案座底盘为圆形，由四只跪卧的梅花鹿承托，上面昂首挺立着四条双翼双尾的神龙。龙的双翼在内部中央聚合成半球形，双尾向两侧环绕，反钩住头上双角。龙尾盘绕处连接四只展翅的凤鸟。四条龙的龙头分别托起一件斗拱，斗拱托起案框。

这样一件造型复杂、玲珑剔透的青铜器，究竟是如何铸造的？

中国古代青铜器铸造有两种主要方法：范铸法和失蜡法。

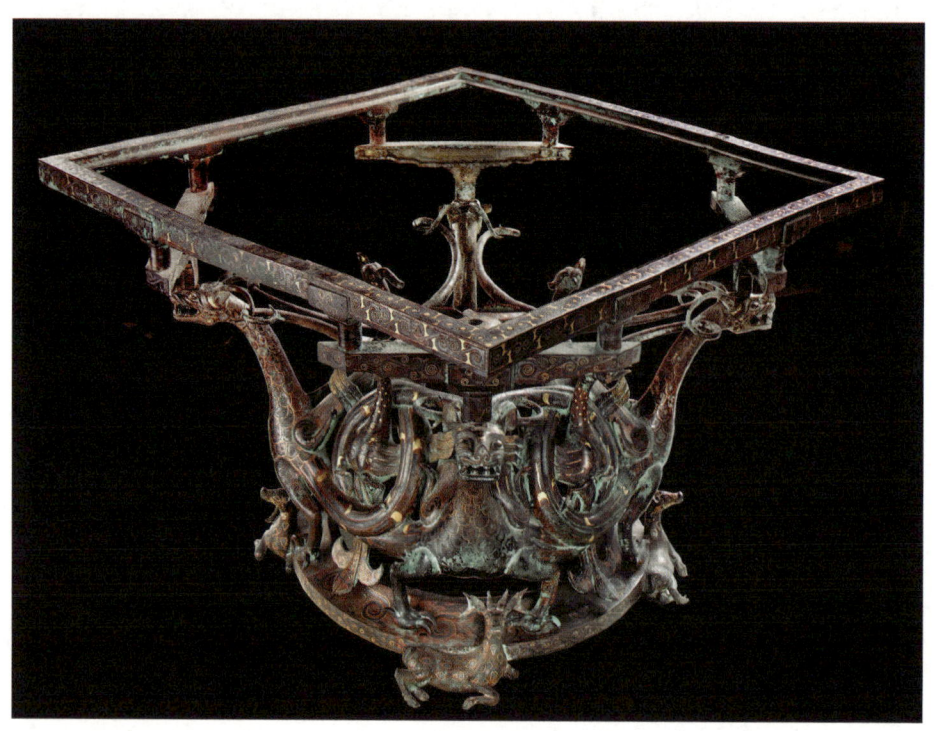

平山战国中山王䰮墓出土的错金银四龙四凤铜方案座　　河北博物院　供图

范铸法是先制作器物泥胎，再依据泥胎制造内外范模，向合范后的范模间隙灌注铜水，铜水冷却后即是青铜器；失蜡法则是用蜂蜡制作器物模型，再用耐火材料填充包裹蜡模，加热烘烤，蜡油受热流出，再往剩下的空壳中灌注铜水，制成青铜器。

两种方法铸造的器物，最大区别在于前者有范线和扉棱，即"接缝"，后者则是"一体成型"，往往更加精美。

然而，错金银四龙四凤铜方案座却因为制作太过精美而险遭误判。

"它曾被误认为是失蜡法铸造，因它的铸痕都打磨得太过平整，再加上覆盖铜锈，肉眼几乎看不出接缝。"最初负责修复这件文物的雷金明说。

事实上，错金银四龙四凤铜方案座采用了当时流行的分型铸造及铸焊拼合技术，称为"全分铸式"。

整个方案座由78个分别铸造的部件组成，这些部件又经过22次铸接、48次焊接，再将铸接痕迹打磨平整，最后通体用错金银装饰完成。整个铸造过程使用了188块陶范。

78个铸件浑然一体，几十条铸缝、接缝毫无痕迹，足见战国时期河北铸造工艺的高超。

与铸造工艺一样，河北青铜器的装饰工艺也堪称精湛。其中，最突出的是错金银工艺——这是中国古代青铜装饰工艺的顶级技艺。

2020年9月25日，河北省文物局博物馆处。

为解释错金银工艺，李宝才在一张白纸上画下一条凹槽。这条凹槽，正是对错金银工艺核心技术最直接的描摹。

错金银工艺，始于春秋，盛于战国。做法是，先在青铜器表面预先铸出或錾刻出图案、铭文所需的凹槽，然后嵌入金银丝、片，捶打牢固，打磨光滑，达到装饰效果。

中山王䜈墓出土的错金银铜器，数量之多、工艺之精在中国考古史上是不多见的。其中上乘之作代表之一，便是错金银虎噬鹿屏风座。

这是一扇屏风的底座，长51厘米，高21.9厘米，重26.6千克。器座上，老虎双目圆睁，两耳直竖，正在吞噬一只柔弱的小鹿。

鹿身的梅花斑、虎背的条斑，虎背上弯曲的脊柱，虎颊上坚硬的咬肌，肩胛

平山战国中山王𰯼墓出土的错金银虎噬鹿屏风座　　河北博物院　供图

处扭动的关节……形状各异的金银纹饰，将老虎积蓄万钧之力却引而未发的捕食瞬间活现出来。

"这些金银纹饰，打破了青铜器模铸纹饰的呆板与拘束，突破传统的图形表象对称格式，出现了许多故事题材的片段描写，内容丰富活泼。"李宝才说。

最细的线条，比发丝还要细。

把如此细小的金银丝嵌到器物上而经久不脱落，是如何做到的？

奥秘在凹槽。

"这个凹槽不能直上直下，要内宽外窄，将金银丝、片咬合住，还要给金属的热胀冷缩留出空间。"李宝才在纸上边画边说。

2000多年后，虎、鹿身上的错金银装饰不但没有剥落，金黄、银白的璀璨在锈蚀氧化的青铜映衬下，愈发光亮。

错金银工艺，在汉代被改良升级，又成就了新的国宝艺术珍品——西汉错金博山炉。

2021年7月8日，河北博物院"大汉绝唱——满城汉墓"展厅。

这是刘胜墓出土的一件高级"香炉"。身似豆形，高26厘米，分炉座、炉盘、炉盖三部分。

炉座盘踞着三条出水蛟龙，向上托起炉盘，炉盘呈半圆形，点缀着错金流云纹，炉盖为透雕的尖锥状山峦，山间装饰有错金的猴、虎、野猪和猎人等形象。

保定满城汉墓出土的错金博山炉　　赵　杰　摄

当薰香点燃，香烟穿过炉盖的间隙升腾，呈现出云雾缭绕山间的仙境效果。

仙山，在汉代称为"博山"，博山炉因此得名。

然而，同样使用了错金银工艺，在香炉的"错金"部分却没有看到凹槽。

"根据对'错金'脱落部位的观察研究，认为'错金博山炉'采用了新的工艺'鎏制法'。"河北省文物保护中心科技保护部副主任梁书台说。

鎏制法，首先需配置"泥金"，一种约400℃下金与汞按1:7混合后的溶液。将泥金涂饰在青铜器上，用无烟炭火温烤，汞沸点远低于金，受热蒸发后，黄金纹饰就留在了器物表面。

"鎏制法，省去了嵌错法预制凹槽、镶嵌、打磨等环节，使汉代错金银青铜器的制作相对更加容易，促进了西汉错金银青铜器的快速发展。"梁书台说。

一件件流光溢彩、巧夺天工的错金银青铜器，足以惊艳世人。然而，2000多年前的它们，比如今更闪耀夺目。因为青铜器本是"金黄色"，现在的"青绿色"是氧化后铜锈的颜色。

青铜器当初那熠熠生辉的华美，今天唯有通过想象去还原了。但它所代表的史诗般伟大的青铜时代，早已融入我们的文化记忆。

3. 山岳精英

2020年12月23日，定州博物馆"汉家陵阙"展厅。

镇馆之宝东汉龙螭衔环谷纹青玉璧被放在射灯之上，光线自下而上穿过玉璧，整件文物发散出朦胧的青绿色光。

玉璧通高30.5厘米，直径24.4厘米，厚1.1厘米，为整块新疆和田青玉雕琢而成。

这件玉璧出土于定州东汉中山穆王刘畅墓，是我国目前发现的最完整、最大的一块玉璧。

玉璧玉质呈青色半透明状，外沿处有宽带一圈，内饰规整的谷纹。上方凸出透雕相对的一龙一螭，以阴刻线勾勒口、眼、鼻、耳及足爪和云气纹，两兽同衔一环，腾云翻转，动感十足。

玉璧，是中国玉文化中最核心的一种玉器。这种在圆形轮廓的内部或外部雕刻龙纹、螭纹等镂空纹饰的玉璧形制，被称为"出廓璧"。

- 128 -

定州东汉中山穆王刘畅墓出土龙螭衔环谷纹青玉璧　定州博物馆　供图

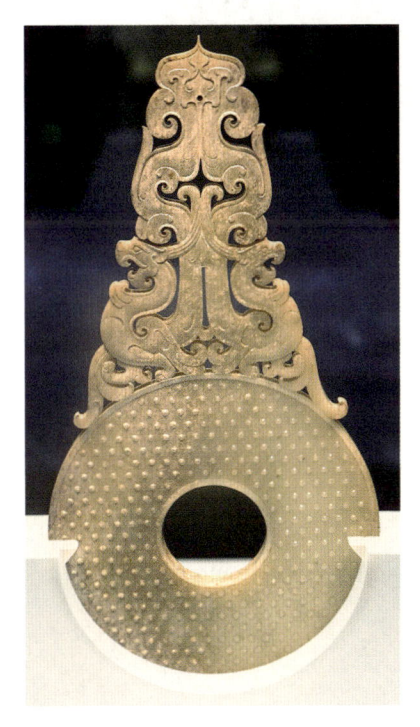

保定满城汉墓出土透雕双龙纹高钮白玉谷纹璧　赵杰摄

"出廓璧的技术工艺远胜于圆形圆孔的传统玉璧,囊括了透雕、圆雕、线雕等技法,代表当时最高的玉器设计和雕刻水平。"杜会平说。

河北出土的经典出廓璧除了这一件,还有满城汉墓刘胜墓出土的透雕双龙纹高钮白玉谷纹璧、东汉中山简王刘焉墓透雕双螭纹青玉璧等。

距离龙螭衔环谷纹青玉璧不远,陈列着定州博物馆另一件镇馆之宝,同样是出土于刘畅墓的玉器。就玉器形制而言,它是文物中的一件孤品——透雕神仙故事玉座屏。

这件玉座屏是由四块镂雕玉片插接而成的屏风状玉器,两侧各有一片玉片为支架,中间两片玉片两端有榫可插入两侧支架,高16.9厘米,长15.6厘米,为新疆和田黄玉。

"传统玉器基本形制都是单形器,这样拼插组合的玉器形制,十分罕见。此前汉代玉座屏只见于文献记载,这是唯一一件实物。在玉器发展史上可谓一枝独秀。"杜会平说。

玉座屏不仅形制罕见,屏风上雕镂的纹饰题材也非常独特。

两侧支架上透雕青龙、白虎,中间上屏片正中为"西王母",周围有朱雀、九尾狐、三足乌,下屏片为"东王公",周围有羽人、熊、玄武、玉兔。

这些形象并不容易辨认,它们大多是在透雕基础上,结合线雕阴刻技法呈现的。

东汉中山穆王刘畅墓出土的透雕神仙故事玉座屏　　　定州博物馆　供图

线雕，即用线条的形式雕刻出图案，分为阴刻、阳刻，阳刻是凸起的棱线，阴刻是凹陷的沟槽。

为了让参观者看清玉座屏上如游丝一样纤细的刻线，定州博物馆专门制作了解读视频，让玉座屏中一个个神话形象从玉座屏中"飞升"出来。

"这些道教题材的神话形象，在汉代壁画、画像砖上并不少见，但出现在玉器上，还是第一次。"杜会平说，这反映了当时汉代贵族对道家思想的推崇。

河北的玉器，从个体上看，不乏精品和孤品，若论最大规模的玉器考古发现，当属满城汉墓。

根据《满城汉墓发掘报告》，刘胜、窦绾两座大墓共出土160余件（套）玉器，其数量之多，在汉墓中仅次于广州南越王墓和徐州狮子山楚王墓，所展现出的制作水平也已经十分成熟精湛。

然而，河北并不产玉，这些精品玉器的玉料出自哪里？

为了解满城汉墓玉器玉料来源，20世纪70年代，中国地震局地质研究所选取了10件玉器残片标本进行鉴定，通过分析标本的主要矿物，最终得出结论：玉料来自辽宁岫岩地区，这是汉代玉料的主要产区之一。

汉代是中国玉器发展的巅峰时代，河北玉器，特别是西汉满城汉墓的玉器，展现出汉王朝最强盛时期的琢玉工艺，同时也成为汉代社会人文风貌的缩影。

三、文物不远人

1. 历史的"透镜"

1975年春，平山县上三汲公社附近的一处高大土丘上，河北省文物管理处（今河北省文物考古研究院）的考古人员正在对一座战国墓葬进行抢救性发掘。

发掘人员、河北省文物管理处（今河北省文物考古研究院）刘来成小心翼翼捧起一件铜方壶，尽管壶外壁覆盖着厚厚的铜锈，但仍能依稀看到上面刻有铭文。

"中——山——王。"刘来成读出了铭文中最易辨认的三个篆体古文字。

就在这历史的瞬间，从两年前发掘伊始就困扰考古队的问题"墓主人是谁"，终于有了答案。

这座战国墓葬，为几乎湮没于历史两千多年的神秘古国中山国的王墓。

为"中山国"正名的这件铜方壶，就是后来被誉为"中山三器"之一的夔龙饰刻铭铜方壶。

所谓"中山三器"，是在这次考古发掘中出土的三件刻铭青铜礼器——中山王䂨铁足大铜鼎、夔龙饰刻铭铜方壶、胤嗣刻铭铜圆壶，它们因刻铭文字长、历史文献价值高、器物制作精美闻名考古界。

"中山三器"共刻有篆体铭文1123字，其中大鼎铭文有469字，仅次于西周宣王的毛公鼎（497字），中山方壶铭文450字，也是刻铭青铜器中难得的珍品。

对于史料匮乏的中山国，这是一份十分珍贵的史料。

清理铜器，制作铭文拓片，全国多位古文字专家释读。1979年，历史学家、

战国"中山三器"之中的夔龙饰刻铭铜方壶上的铭文"中山王"　　郝建文　供图

古文字专家李学勤就释读结果和中山国相关研究，发表了《平山墓葬群与中山国的文化》一文。

这穿越时空的1123字铭文，究竟讲述了什么？

这是2300多年前，由一场伐燕之战引发的治国思考。

公元前314年的一天，战国历史上发生了一件大事。

齐国集合10万大军趁燕国内乱对其发动大规模军事进攻，仅仅用了50天，齐国就占领了燕国国都蓟城（今北京市西南），杀死了燕王哙与相邦（先秦官名，即后来的相国）子之。

"这场战争，与燕、齐两国相关的史料均有记述，但在一组重要文物出土前，世人都不知道，战争还有中山国这个第三参战方。而它，也从自己的视角，记录了那场战争。"河北博物院研究馆员郝建文说。

大鼎的铭文，首先斥责了燕国国君哙，指出他不该受相邦子之的迷惑，禅让王位，造成燕国内乱，最后被齐国讨伐，落得国破身亡。接着，颂扬本国相邦司马赒（一说为"司马贾"）谦恭忠信，率师征燕，扩大疆土数百里，占领城池数十座的战功。最后，告诫子嗣，不要忘记吴国吞并越国，越国又覆灭吴国的教训，时刻提高警惕，维护本国安全。

方壶铭文与大鼎铭文主题相近，也是告诫嗣王要吸取燕国"子之之乱"的教训，颂扬司马赒的忠信和伐燕的功绩，并阐明治国要招纳贤能、使百姓归附和巩固政权。

圆壶的铭文歌颂了先王的慈爱贤明，同时赞扬了司马赒伐燕的战果。

铭文的内容体现了儒家礼贤思想。

方壶上说："夫古之圣王，务在得贤，其次得民，故辞礼敬则贤人至，宠爱深则贤人亲，籍敛中则庶民附。"

"中山的统治者认为伐燕是拯民于水火，是维护'礼义'。铭文的思想，反映出战国中期将结束时，白狄出身的中山，至少其统治阶级，已经深深地被华夏文化影响。"郝建文说。

从2000多年后回看，这些铭文如同架设在时间隧道一端的"透镜"，通过它们，我们看到的是一段民族文化交汇融合、华夏大地从诸侯并立走向大一统的历史。

如今，带有鲜明地域特征的中山篆，作为中山文化的载体和重要组成部分，吸引众多书法爱好者研究、临习与创作，已成为河北的一张文化名片。

2. 传世的荣光

2020年4月26日，南京博物院。

一楼展厅内，一场由南京博物院、河北博物院联合举办的特展《兄弟·王》正在进行，游客如织。为了满足游客观展需要，原本计划在2020年3月29日结束的特展，延期到了5月下旬。

被放置在展厅中轴线上迎宾的，是来自河北的国宝文物、"中华第一灯"——长信宫灯。

特展之所以定名为《兄弟·王》，是因为文物全部来自汉代两位诸侯王墓葬，江苏盱眙大云山汉墓和河北满城汉墓，墓主人刘非和刘胜，是一对亲兄弟。

长信宫灯，是河北博物院国宝中的"明星"，它的借展行程总是非常满，几乎每年，都要"出访"全国各大博物馆。

不仅是国内，长信宫灯还是中国1973年第一批带出国门、参与"文物外交"的国宝之一，其后又在2002年被列入全国首批"禁止出国（境）展览文物"。

长信宫灯究竟有什么魅力？

2020年12月1日，河北省文物保护中心。

"它实在太耀眼了！在众多锈迹斑斑的青铜文物中，一眼就会注意到它。"梁书台30多年前曾参与长信宫灯的修复，他至今记得见到长信宫灯时的第一印象。

1988年，由于修复能力有限，河北省博物馆（现河北博物院）将长信宫灯送

保定满城汉墓出土的长信宫灯　　《河北日报》资料图片

到中国历史博物馆（现中国国家博物馆）修复。梁书台随同前往北京参与该项工作。

梁书台从办公室电脑中调出一张拍摄于1988年夏的黑白老照片。照片上，他与长信宫灯"对坐"，用工具小心翼翼除锈。

"在满城汉墓出土的众多青铜器中，长信宫灯锈蚀并不算太严重，这与它通体鎏金的工艺有关。"梁书台说。

通体鎏金，等于将鎏制法发挥到极致。整个宫灯有了一层金箔的保护，极大减缓了被氧化锈蚀的速度。

灯体通高48厘米，重15.85千克。"这么大个儿、年代久远、通体鎏金的文物，是非常罕见的。"梁书台说。

今天我们眼中传世的国宝，很多在当年只是一件实用的器物。

当长信宫灯只是一件灯具时，它曾属于谁，又如何使用？

长信宫灯出土于满城汉墓刘胜妻子窦绾墓。

铜灯灯体上有九处铭文，共计65个字。从其中"长信尚浴""阳信家""长信家"等铭文，历史学者推测，长信宫灯曾在汉代几个贵族家族中流转，最后才属于刘胜家族，由刘胜妻子窦绾使用。

这样的王室专用身份，也让长信宫灯有了更高的"身价"。

除了通体鎏金、王室专用，长信宫灯在造型上应用了汉代照明设计的创新样式——釭（gāng）灯。

釭灯，是一种有中空导烟管的新灯型。

每件釭灯的外形不同，但核心构造相同：均带有可调节灯光方向、强弱的灯罩，有导烟管，有中空的灯体可以储烟。

长信宫灯的外形是一宫女跪地持灯，宫女左手持灯，右臂高高举起，垂下的袖管成为灯罩。宫女的右臂（发挥导烟管作用）和体内中空，灯火燃烧时产生的烟灰会沿着宫女的右袖进入宫女体内。

这位持灯的宫廷女子面容清丽，头梳锥髻，衣纹疏密有致，衣领和袖口处多件衣物层次分明，优雅端庄，动人气质。

1980年，长信宫灯赴美参加"伟大的中国青铜时代展"，并成为展览名录上的"封面女郎"。"很多外国人认识中国青铜器，就是从长信宫灯开始的。"梁书台说。

长信宫灯，绝不只是一件设计精巧实用的灯具，它凝固了汉代宫廷生活的瞬间，是大汉气象的生动展现，诉说着中华文明的传世荣光。

3. "活"起来的文物

2021年7月10日，定州博物馆。

馆藏高3.1厘米、长3.9厘米、宽1.5厘米的东汉"掐丝金天禄"旁，展馆张贴了一个"河北数字博物馆"的二维码。

仔细观察，在展馆中很多重要文物旁边，都有这样一个二维码。

手机扫码进入，文物，就真的"托"在了参观者手上。

这是名为"河北数字博物馆"的网站，2019年6月上线，由河北省文物局联合河北铁道大学共同开发。

点击进入，能看到首页包括"河北文物""三维文物""数字展览"等栏目，进入"三维文物"，可全方位互动式观看，而且可对文物进行虚拟拆解，了解文物内部结构、纹样、铭文等详细信息。

定州博物馆的东汉"掐丝金天禄"，由掐丝工艺制成的神兽，身上堆叠的金丝、镶嵌的宝石繁复精致。

这件文物非常袖珍，为了便于观众了解文物的细节，博物馆通过数字技术构建了它的三维立体图像。正面、侧面、背面、底部，旋转、放大，观众可以无死角欣赏把玩文物。

"河北数字博物馆"像一个可随身携带的"口袋博物馆"。目前它已经装入了河北博物院、石家庄市博物馆、邯郸市博物馆、定州博物馆等省内多家单位的300多件珍藏。

文物与科技的深度融合，让博物馆中的文物，向观众又迈进了一步。

2021年4月25日，全国文化创意产品推介展在北京开幕，展出入围终评的文创产品。

河北博物院艺术设计文创经营部主任曹雪，向记者展示了河北博物院两款入选全国百佳文化创意产品：汉代绢纹系列和山字形器包系列。

河北博物院汉代绢纹系列文创产品创意来源于汉代刺绣绢纹，产品包括桌旗、相框等客厅装饰用品和针线包、首饰包等个人用品。

山字形器包系列创意来源于战国中山国山字形器，产品将山字形图案进行创意排列，以纹饰形式设计在丝巾、领带、手绢和包袋上。

"从丰富的文物藏品中吸收灵感，再将文物藏品的特有元素转化到文创产品上。"曹雪说，"这样的设计理念，正在销售端产生效果。"

2021年7月1日，磁县北朝考古博物馆。

讲解员肖梦将观众带到一件大门吏俑前。"这是迄今发现的北朝时期最大的门吏俑，高1.42米。门吏俑头戴平巾，上身穿朱红色高领宽袖衣，外面罩一件两裆衫，大家看这两裆衫是不是有点像吊带背心？"观众们笑笑点头。

肖梦，31岁，高校毕业后，于2020年考入磁县北朝考古博物馆，成为一名讲解员。

在肖梦的小背包内，装着为讲解准备的笔记本，面对观众们的提问，如果暂时不能解答，她会记下来等讲解结束后查阅补漏。

近年来，越来越多像肖梦一样的年轻讲解员，在市县博物馆上岗。他们对历史文化有热情，能讲标准流利的普通话，讲解兼顾专业性和趣味性，无论与外来参观者还是本地游客沟通，都更加专业、热情又充满自信。

北朝考古博物馆2020年9月在邯郸磁县开馆，是中国唯一一座集中讲述北朝历史文化的考古博物馆。

这样建在县城的博物馆，在河北省内已经不止一座。

蔚县蔚州博物馆、山海关长城博物馆、临漳县佛造像博物馆、磁县磁州窑博物馆、临城县邢窑博物馆……

"博物馆建在县城，让很多居住在县城、乡村的游客有了更多走进博物馆、感受家乡文化的机会，也给许多热爱家乡文化的高学历的年轻人提供了留在家乡工作的机会。"李江说。

这些年轻的讲解员，是文物和公众之间最好的桥梁。

（感谢河北省文物局、河北省文物考古研究院、河北博物院、定州博物馆、北朝考古博物馆等单位和个人的大力协助！）

第二单元 省外拾珍

采访 ○ 《河北日报》记者 王思达
执笔 ○ 《河北日报》记者 王思达

📖 **阅读提示**

　　河北是文物大省，河北的珍贵文物也并不局限于省内所藏。

　　今天，河北以外的许多著名博物馆、图书馆，也收藏着数量众多或出自河北、或和河北密切相关的珍贵文物。

　　书法界公认的"隋代第一碑"出自河北，"天下第二行书"的诞生和河北息息相关，古代丝织技艺的巅峰自河北肇始，中国古代官窑白瓷首先在河北烧制成功并走上兴盛……

　　一件件被收藏在省外的奇珍重宝，同样展示着燕赵大地的人文风华。

龙藏寺碑及碑文（部分）　　《河北日报》资料图片

一、翰墨风流

书法，中国文化中表现文字美感的一种独特艺术形式。

从"隋代碑帖第一"到"天下第二行书"，从书史专论第一人崔瑗到"唐宋八大家"之一苏东坡，许多经典名篇和书法大家都曾和燕赵大地结缘。

1. 隋代第一碑：承上启下的"独木桥"

上海市徐汇区淮海中路，上海图书馆。

作为首批国家重点古籍保护单位，这里保存着超过25万件碑帖拓片。在这些浩如烟海的碑帖拓片中，能称为善本者有3000多件，能够达到国家一、二级文物标准的，则只有300余件。

其中，名气最大的是国宝级善本——明中期《龙藏寺碑》诸星杓拓本。

该拓本究竟有何独特之处，能在诸多国家级文物中非同一般、最受关注？

上海图书馆工作人员告诉记者，除装订精美、保存完好、年代久远等因素外，《龙藏寺碑》拓本之所以如此珍贵，是因其本身在中国书法发展史上无可取代的重要地位。

而这一拓本的出处，已历经1400多载风雨的龙藏寺碑，就伫立在河北正定隆兴寺内。

2021年4月28日，正定隆兴寺。

暮春时节，风吹过古树沙沙作响。大悲阁旁的千年古槐下，一方不起眼的石碑静静竖立在栅栏后的碑亭里。

隔着栅栏仔细打量，虽然许多字迹已经有些模糊，但仍能看出，其字体结构朴拙、方正有致，虽为楷书，但仍留有隶意。

龙藏寺碑，全称"恒州刺史鄂国公为国劝造龙藏寺碑"，立碑时间为隋开皇六年（586年），与龙藏寺（今隆兴寺）同年兴建。碑通高3.15米、宽0.9米、厚0.29米。碑文楷书30行，每行50字，共1500余字。

"承上启下，震古烁今。"谈到龙藏寺碑，正定籍书法家赵志强脱口而出。对龙藏寺碑这样的高度评价，并不是赵志强的个人看法，而是古今中外大部分书法研究者的共识。

龙藏寺碑，为何如此重要呢？

"在几千年的文化发展史中，中国书法种类曾经有几十种之多。经大浪淘沙，至今被公认的有五种书体——篆书、隶书、草书、楷书、行书。"赵志强介绍，"从书法发展角度来看，隶书的重要性尤为关键。它在汉代发展成熟并达到顶峰，之后开始发生裂变：一支从隶书产生了草隶；而另一支，则从隶书发展成为带隶书笔法的钟繇楷书，再发展成为唐代的颜（真卿）柳（公权）楷书。"

近代金石学大家康有为甚至将龙藏寺碑比喻为连接魏晋南北朝书法和唐代书法的一根"独木桥"——它上承隶书，并凝聚多种碑文的优点，下开唐代书法楷则。既无北魏的寒俭之风，又非唐碑的全失隶意，字体结构朴拙，用笔忱挚，给人以古拙幽深之感。

因此，有人说它为唐代的天下第一楷书《九成宫醴泉铭碑》和虞世南的《孔子庙堂碑》开了先河，也有人说此碑为褚遂良、薛稷书法风格做了铺垫。

康有为将此碑与唐碑的关系总结为："盖天将开唐室文明之治，帮其风气渐归于正，欧阳公谓有虞、褚之体，此实通达时变之言，非止书法小道已也。"可见，初唐书法诸家大多从此萌芽。

河北省书协原主席、著名书法家旭宇在《重读隋龙藏寺碑》一文中评此碑书法，"瘦劲宽博，方整有致，具有古朴秀雅之美，静穆幽深之境。此碑用笔方圆结合，刻工精细，即如发丝粟米，犹见鲜活清晰，可谓书刻双绝。"

人们不禁要问，这样一块极具文化内涵的碑石，为什么会出现在河北正定？

隋朝初年，随着统一大业的基本完成，河北地区的社会经济得到进一步发展，有"燕南赵北，实为天府"之称。史料记载，仁寿四年（604年）全国户口数达890万，而冀州（大部分为今河北区域）一地便占100万。河北在当时的富庶、繁荣程度可见一斑。

位于河北省中部的正定，西扼井陉口，南临滹沱河，地理位置险要，为历代兵家必争之地。"中国咽喉通九省，神京锁钥控三关。地当河朔称雄镇，虎踞龙盘燕赵间。"古人曾这样描绘正定古镇的地理位置。

早在398年，北魏皇帝拓跋珪，北望滹沱河北岸的一处军事堡垒"安乐垒"，因其在河之阳可避开水患，便将郡城迁到此，从而开启了正定城的历史。

到隋代，真定被设立为恒州常山郡治，重要性进一步加强。

因正定地处要冲，兵家相互争夺，战事连连，人民苦不堪言，求神庇佑、渴望和平的思想普遍而强烈。在统治阶层对佛教的积极倡导下，正定佛教得到迅速传播、发展。如今正定闻名遐迩的"八大寺"，有3座建于唐代以前，其中就包括建于隋代的龙藏寺。

和龙藏寺同年而立的龙藏寺碑因此应运而生。

"中国书法的发展、演变深受其所处时代之经济社会影响，因此，龙藏寺碑在正定的出现并不偶然。"书法家赵生泉认为，"隋朝实现统一后，南北朝时期不同的书法文化开始碰撞、融合。在此过程中，章法严密整齐又自然天成的龙藏寺碑，就这样出现在了当时地处南北要冲的正定。该碑文既有北朝碑学的遒劲，又有南朝帖学的圆融，体现了书法文化大融合的面貌。"

2. 天下第二行书：盛衰兴亡的淋漓写照

龙藏寺碑诞生仅100多年后，另一件享誉中国书法史并且同样和正定有着千丝万缕联系的作品出现了。

在台北故宫博物院保存的近70万件各类珍贵文物中，有一件横59.6厘米、纵29.2厘米，仅相当于两张A4纸大小的书法作品，却被公认为当然的镇院之宝。

它就是有着"天下第二行书"之称的颜真卿《祭侄文稿》。

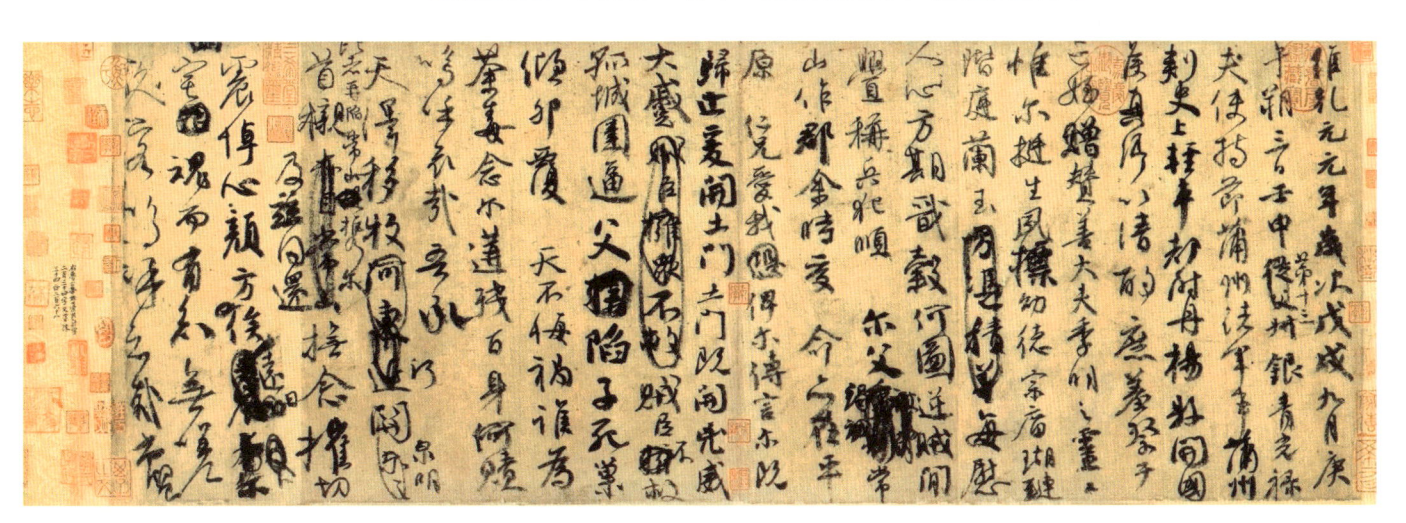

藏于台北故宫博物院的颜真卿《祭侄文稿》　　台北故宫博物院　供图

在中国书法发展史上，颜真卿被认为是王羲之后声望最大的书法家。千年以来，颜真卿的书法影响了无数中国人。苏轼曾说，"诗至于杜子美，书至于颜鲁公。"

在颜真卿的众多书法作品中，《祭侄文稿》是为历代书法家所公认、仅次于王羲之《兰亭集序》的"天下第二行书"，可见其重要。

《祭侄文稿》为何如此受推崇？它和正定又有着怎样的联系？

2021年6月15日，石家庄正定开元寺南侧。

晚8时，开元寺南广场遗址华灯初上。温馨柔和的灯光照进遗址内，清楚地展示着唐、五代、北宋、金、元、明、清7个历史时期的连续文化层叠压。

2015年，河北省文物研究所对开元寺南广场遗址开展了考古勘查工作，这是河北历史上第一次城市考古项目。5年多来，考古发掘出土了2000余件珍贵文物，明确了遗址内存在的开元寺寺庙建筑系统，晚唐五代时期城墙防御系统，北宋、金、元、明、清时期民居、街道系统等三大系统。

一幅延续千年的古城居民市井生活图卷，一座承载着军事、商贸使命的"九省通衢"，日渐清晰地露出真颜。

唐代以来，正定一直是河北中部的重要区域中心城市。初唐时期，正定许多居民以蔬菜种植和贩卖为生，正定南门外出现了繁荣的交易市场，正定生产的丝罗制品是入选进宫的皇家贡品。

唐代开元年间，边塞诗人高适到达正定时，此处已升格为边关雄镇。从高适笔下的"城邑推雄镇，山川列简图"，不难想象出当时正定的城市规模。

唐朝后期，正定作为成德军节度使驻地，更成为河北中部地区的军事、政治、经济、文化中心。

如今闻名海内外的正定"四塔"，有3座始建于唐代，正定"八大寺"则有4座建于唐代，也从侧面说明了唐代正定的重要地位。

"事实上，不只是正定，整个河北在唐代的版图中都起着举足轻重的作用。"河北省社会科学院研究员孙继民认为，"当时，河北地区称为河北道，这里水利灌溉系统十分发达，土地肥沃，曾广开稻田，幽州、蓟州、平州、檀州、妫州还存有大量军屯。"

史料记载，唐朝前叶，永济渠河北段商旅往来十分频繁，沿岸城市商旅云集，江淮货物充斥于市。

唐玄宗天宝十年，李华的《安阳县令厅壁记》中还记载着"以河北贡篚征税，半乎九州。"意思是说，河北地区征收上来的赋税，占了全国近一半。

《祭侄文稿》的出现，便和唐代河北地区的繁荣富庶有关。

唐天宝十四年（755年），身兼范阳、平卢、河东三镇节度使的安禄山在范阳（今河北涿州）起兵反唐，"安史之乱"爆发。

有史学家认为，"安史之乱"爆发的原因之一，便是河北地区经济繁荣昌盛，而地处统治中心区域的关中地区在经济上逐渐式微。在区域经济发展不平衡的背景下，唐朝中央和地方军阀势力之间的矛盾加深，最终导致"安史之乱"爆发。

安禄山起兵初期，兵锋所到之处，各州郡县皆闻风而降。危急时刻，时任平原（山东德州）太守的颜真卿，联络其从兄常山（今河北正定）太守颜杲卿，起兵讨伐叛军。

唐至德元年（756年）正月，叛军史思明部攻陷常山，颜杲卿及其少子颜季明被捕，并先后遇害，颜氏一门30余口就义。

唐肃宗乾元元年（758年），常山收复。颜真卿命人到正定寻访，仅寻得兄颜杲卿一足、侄颜季明头颅而归，不禁悲愤交加，挥泪写下祭文《祭侄文稿》。

普通人第一次看到《祭侄文稿》，都会有一个感觉："乱"。在常人看来，地位如此崇高的《祭侄文稿》，却"字迹潦草"，到处都是涂抹修改痕迹。全文仅234字，却有30多处涂改。

然而，了解《祭侄文稿》背后故事后，每位读者都能从字里行间感受到颜真卿写作之时那种愤懑、怀念和痛苦之情。

刚开始书写时，颜真卿似乎在强压悲痛，字迹尚且工整克制。

当他开始回忆侄子生前时，写到"宗庙瑚琏，阶庭兰玉，每慰人心"，百般滋味涌上心头，字迹松弛起来。

写到"贼臣不救"时，这位老人已经完全被情绪吞没，涂抹修改开始多起来。他顾不上整理笔锋和及时蘸墨，枯笔擦过纸面，仿佛看到一位涕泪满面的老者在颤抖。一路写到"呜呼哀哉"时，他的字迹已近草书，似乎已痛哭失声，无力再写下去了。

满怀至悲至痛之情，颜真卿写下了极富艺术感染力的《祭侄文稿》。

因此，元代书法家鲜于枢说："唐太师鲁公颜真卿书《祭侄季明文稿》，天下行书第二。"

这篇传世祭文，也成为那个时代盛衰兴亡的写照。

3. 《中山松醪赋》：苏轼的定州回忆

2020年12月22日，沈阳，辽宁省博物馆。

户外已近严冬，馆内"山高水长——唐宋八大家主题文物展"现场则满是热情的参观者。

二楼一处展柜前，人们争相围在一幅数米长的书卷前。展柜内，是在此借展的吉林省博物院镇院之宝、苏轼晚年书法作品《洞庭春色赋·中山松醪赋》。

《洞庭春色赋·中山松醪赋》（以下简称"《洞庭中山》二赋"）由7张白麻纸接装而成长卷，横306.3厘米、纵28.3厘米。《洞庭春色赋》在前，《中山松醪赋》在后，两赋前后总计684字。

吉林省博物院陈列部主任张磊介绍，这件作品是苏轼存世真迹中字数最多的一件，也是此次展陈作品中字数最多、卷幅最长的一件。

"这件书法作品是苏轼晚年成熟之作，也是我们的镇院之宝，平时极少对外展出。"张磊记者说，"这幅作品跟河北定州颇有渊源，作为河北人，你能跟它相遇真不容易。"

这件书法作品，和定州大有关联。

"洞庭春色""中山松醪"，只看题目，很多人会觉得苏轼在写景色。其实，它们是两种黄酒的名称。

苏轼一生爱酒。林语堂在《苏东坡传》中曾评价："苏轼的一生本就拥有着多重的身份，他是散文作家，他是士大夫，也是酿酒实验家……"

苏轼不但喝酒，还尝试酿酒。"中山松醪"，便是苏轼在定州任知州时酿造的一种酒。

元祐八年（1093年）九月，年过半百的苏轼被罢去礼部尚书一职，以端明殿学士、翰林侍读学士的身份，担任河北西路安抚使兼马步军都总管，出知定州。

定州曾为中山国所在，宋代是抵御契丹的军事重镇。

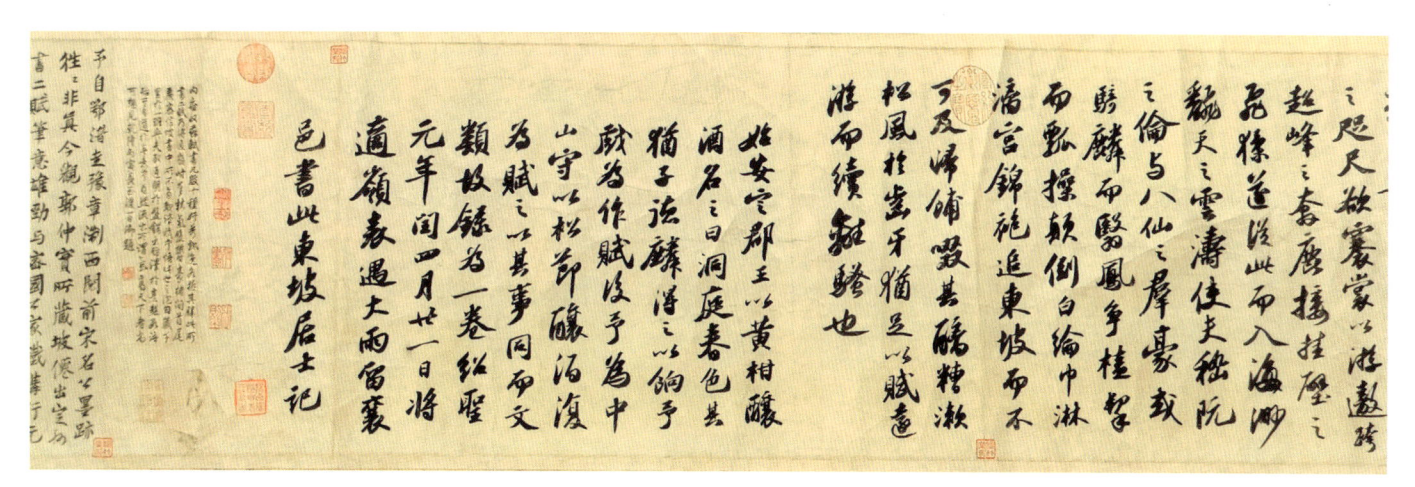

在辽宁省博物馆借展的《中山松醪赋》局部　　王思达　摄

　　苏轼到任伊始，即到各地考察。发现市井萧条，边防薄弱，军纪松散，将骄卒惰。目睹这一状况，他上奏朝廷，提出整饬军纪、修葺营房、惩创贪污、部勒战法等一系列措施，着手进行军政和民政改革。

　　在定州任上，苏轼还忙里偷闲酿制中山松醪酒。

　　他对原有的松醪酒进行了创新，通过烹煮松节取出枝中脂，跟黍米、麦子一起煮熟，并以此为原料酿酒。酿出的酒初味甘甜，余味略苦，酒体幽雅，独具风味。据说，苏轼喝了自酿的松醪酒，可以把拐杖扔了走路，也不用小童每天捶背按摩了。

　　《中山松醪赋》，讲述的便是苏轼酿制中山松醪酒的经过。在中国古代，给中山松醪酒作赋的，仅苏轼一人。

　　不过，如今人们看到的《中山松醪赋》，并不是苏轼在定州所书，而是书写于他离开定州之后。

　　苏轼的一生，历经坎坷。绍圣元年（1094年）四月，任定州知州刚满半年的苏轼被取消端明殿学士、翰林侍读学士称号，贬往更偏远的岭南地区。行至河南睢县，遭遇大雨，行程受阻。在雨夜的客栈中，他感慨万千，写下了"《洞庭中山》二赋"。

　　在长卷的自题中，苏轼这样写道："后予为中山守，以松节酿酒，复以赋之……"

— 145 —

"苏轼在书写'《洞庭中山》二赋'之时59岁,正是笔力鼎盛、老辣之时。整幅长卷结体短肥,笔意相通,娴雅飘逸。有人评其字'如棉裹铁',又如'老熊当道',在平实、朴素中汪洋浩荡。展现出的是一种悠然自得、不温不火,看破红尘、参透生死的超脱。很难相信这种恬淡的心境,出自一位贬谪途中的失意之人之手。"张磊评价。

当年的苏轼恐怕怎么也想不到,他在被贬途中即兴书写的长卷,历经近千年竟让一代又一代的后人为之倾倒。

清乾隆皇帝十分喜爱"《洞庭中山》二赋",曾4次在此卷上题跋,赞其"精气盘郁豪楮间,首尾丽富,信东坡书中所不多觏"。

此外,该卷拖尾处还有元人张孔孙,明人黄蒙、李东阳、王辞登、王世贞、张孝思等的题跋和题诗。

"其实,苏轼这幅长卷不只是一件书法作品,它背后反映的是定州在北宋时期的特殊地位。"定州市开元寺塔文保所研究员王丽花表示。

北宋初期,定州地处宋辽边境。宋朝廷曾以数万军队驻守定州,诸多高级将领、皇亲国戚等在此任职。对于定州的重要地理位置,宋代知州宋祁亦在《论镇定形势疏》中写道:"天下根本在河北,河北根本在镇(正定)定(定州),以其扼贼冲,为国门户也……"

大量军队驻扎,也促进了定州城市建设和经济发展。北宋时期,定州所出产的"定瓷"和"缂丝"十分有名,每年指定向朝廷进贡罗、大花绫等特产。另外,由于位于辽宋边界地带,定州建有榷场,是辽宋重要的交易城市。此外,定州酿酒业也十分发达,酒税在政府收入中占有相当大的比例,属于支柱产业,主要用于军费开支。

二、登峰造极

隋唐到宋金时期,是古代河北经济最发达、文化艺术发展最繁荣的阶段。

史料和如今的考古发掘已经表明,这一时期的河北,不但是草原文明和农耕文明交汇的重要区域,更是全国重要的经济中心区域。

从官窑白瓷到精美丝绸，从石雕绝技到皇家建筑，各种在当时堪称登峰造极的工业制品和手工技艺，在燕赵大地不断涌现。

1. 官窑白瓷的巅峰

2021年3月4日，陕西考古研究院考古陈列室。

靠着墙边一处并不起眼的位置，一个器型小巧、玲珑剔透的瓷杯静静躺在玻璃展柜里。

这是一只未对大众公开展示过的广口圈足白瓷杯，口径约8厘米、高约7厘米。乍一看，它似乎没有什么特别之处。

只有仔细观察，才能发现它的特别：胎体洁白细腻、釉色均匀，器壁厚1毫米左右，用强光照射，能达到光照透影的奇特效果。

这件器物，就是曾颠覆了考古界对中国瓷器认知的隋代邢窑透影白瓷杯。

烧造于河北临城和内丘一带的邢窑，是我国最早生产白瓷的中心窑场，被称为"中国白瓷的发祥地"，有中华白瓷鼻祖美誉。

邢窑兴于隋，盛于唐，生产的瓷器洁白似雪、规范如月，在盛唐时代和南方的越窑并驾齐驱，形成了陶瓷史上"南青北白"的局面。

瓷器专家们认为，从青瓷到白瓷，是中国古代瓷器烧造的一次飞跃。

那么，白瓷到底有何可贵之处？它又为何首先出现在河北呢？

"在中国陶瓷发展史上，从商周以来，一直是青瓷一统天下的局面。正是邢窑的成功兴起，宣告了这种单一格局的结束。可以说，邢窑白瓷在中国陶瓷史中的地位是划时代的。"已故中国陶瓷考古研究权威叶喆民生前曾如此评价。

邢台市邢窑研究所所长张志忠告诉记者，瓷器的颜色基本是由瓷土原料而定，一般瓷土和釉料，都或多或少含有一些氧化铁，器物烧出后必然呈现出深浅不同的青色来。

而相对来说，邢窑窑区所产的原料大多是质量较好的次生黏土，这类黏土中含铁量明显低于南方瓷土，这是白瓷诞生的自然基础。

"即便如此，想要烧出白瓷，仍然要在瓷土的加工和瓷器烧制上不断尝试、精益求精，只有保证瓷土中铁元素含量小于0.75%时，才能烧出真正的白瓷。"张志忠说。

就这样,到北朝末年(550年前后),邢窑终于创烧出了最早的粗白瓷。

白瓷的烧制成功,也从一个侧面反映出当时河北在全国的经济地位和社会生产力水平。

粗白瓷烧制成功后不久,随着隋代的统一和社会生产力的提高,代表邢窑白瓷的巅峰代表作出现了——透影白瓷。

时间来到2009年3月。

西安近郊,陕西考古研究院的工作人员正在小心翼翼地清理一座隋代墓葬。

除去棺木上面沉积千年的泥土,他们发现了一件如玉一般的白瓷杯,杯中还有些湿土。

"小心翼翼地将杂质清除,轻飘飘、透光见影、玲珑剔透的瓷杯就捧在了手中。白瓷杯器壁最薄处仅厚1毫米,其釉色均匀、光照见影,真是精美绝伦。"多年以后,时任发掘队领队的李岗如是描述初次见到透影白瓷杯的情景。

出土墓志显示,这座隋代墓葬年代为隋大业四年(608年)。这件邢窑透影白瓷,也是我国考古发现的首例保存完好的隋代邢窑透影白瓷实物。

"透影白瓷,这种代表了当时古代最高陶瓷技术的官窑器物,毫无疑问是皇家专供。此外,它的发现还刷新了人们对于中国陶瓷史的认识。"张志忠说,"叶喆民先生所著的《中国陶瓷史》中写道:'薄胎瓷开始于明永乐时期,但永乐的薄胎只是半脱胎,到成化时,其薄的程度才达到了几乎脱胎的地步。'而邢窑隋代透影白瓷的厚度仅1毫米,已达到了半脱胎的地步。"

这一发现,将我国薄胎细白瓷的创烧时间提前了近10个世纪。

不过,由于烧造技术难度过高,使得透影白瓷产量少之又少。加之其本身作为官窑贡品,只在上流阶层中流传,即便是狂热的瓷器鉴赏家也

北宋定窑刻花缠枝牡丹纹梅瓶(故宫博物院藏)
《河北日报》资料图片

难得一见。隋代以后，透影白瓷就渐渐消失了。

虽然透影白瓷只是昙花一现，但邢窑白瓷的其他产品，却随着唐代的统一走上巅峰。

唐代中叶，邢窑达到极盛时期。邢窑白瓷胎质坚实细腻、釉色纯白光亮，器物种类增多，制瓷工艺达到了纯熟的地步，产量大大超过隋代细白瓷，以至进贡皇室，远销海外。

当时，邢窑白瓷和越窑青瓷成为唐代宫廷的主要生活用瓷。有些器物底部刻有款识，以"大盈""盈"字最多，这是唐皇室"百宝大盈库"的缩写。

因此，唐代李肇在《国史补》里写道："内丘白瓷瓯、端溪紫石砚，天下无贵贱通用之。"

如果说邢窑白瓷代表了唐代白瓷工艺的巅峰，那么燕赵大地彪炳于中国陶瓷史的另一个名窑，则在邢窑极致工艺的基础上，进一步展现了伴生于这片土地上的智慧和灵巧。

它便是中国白瓷的另一座高峰、宋代五大名窑之一的定窑。

2021年3月6日，北京故宫博物院武英殿陶瓷馆。

"名窑迭出"展位，玻璃展柜内，一尊白釉刻花花卉纹梅瓶吸引着人们的目光。

事实上，不只是故宫博物院，几乎在国内外任何大型博物馆，都收藏着大量定窑瓷器精品——

纽约大都会博物馆的北宋定窑玉壶春瓶、大不列颠博物馆的北宋定窑刻花直颈瓶、东京国立博物馆的北宋定窑白瓷莲花纹皿、中国台北故宫博物院的北宋定窑白瓷婴儿枕……

它们中的每一件，都是堪称"国宝"的同时期瓷器精品。

同样是白瓷，定窑瓷器和邢窑瓷器，究竟有何不同？

"作为宋代五大名窑之一的定窑，是中国历史上贡御时间最长、文献记载最多的窑口，"定瓷非遗传承人庞永辉介绍，"也是宋代五大名窑中唯一生产白瓷的窑口，其窑址位于今天的河北曲阳境内。"

不同于隋代邢窑追求的洁白，定窑釉面多为乳白色，白中闪浅米黄色，呈现出象牙般的质感，柔和悦目、温润恬静，被人誉为"中和之美"。

定窑遗址　　《河北日报》资料图片

　　和纹饰较少的邢窑瓷器相比，定瓷的最大特点，则在于装饰工艺的进步——它以灵动变化的装饰艺术见长，刀刻、竹划、模印……如今我们在素色陶瓷装饰上能看到的装饰技法，几乎都被定窑探索到极其成熟的程度。

　　收藏家马未都认为，定窑白与邢窑白的区别，"不仅是技术上的革命，更是思想上的飞跃"。

　　从色彩、质感，到装饰技法，盛于唐的邢窑和盛于宋的定窑代表了中国古代官窑白瓷的巅峰，堪称浓缩了元青花出现以前的"半部中国陶瓷发展史"。

　　而以邢窑、定窑等为代表的官窑白瓷，不但在燕赵大地落地生根、开花结果，更在之后的千百年里走出了燕赵大地，对中国古代瓷器体系产生了深远影响。

2. "丝中圣品"缂丝

　　2021年3月13日，北京故宫博物院。

　　在这个中国最大的古代文化艺术博物馆，和众多人们耳熟能详的珍贵文物相比，有一件入选过故宫"十大镇宫之宝"的丝织品，却因极少公开展出而略显低调。

　　这就是出自河北定州人沈子蕃之手的缂丝《梅鹊图》。

　　在故宫，仅织绣藏品就有13万余件。《梅鹊图》缘何能成为织绣之宝？

　　缂丝，又称"刻丝"，中国传统丝绸艺术品中的精华，是中国丝织业中一种极具欣赏装饰性的丝织品，被誉为"丝中圣品"。

由于缂丝《梅鹊图》几乎从不公开展出，我们无缘得见其真容。但从公开的照片和介绍中，我们可以一窥它的精妙。

整幅作品纵104厘米、宽36厘米。图轴为丝质，依《梅鹊图》画稿缂织而成。图轴以十五六种色丝装的小梭代笔，巧妙搭配，画面色泽和谐。所用丝线之经密度每厘米20根，纬密度每厘米44～46根，精工细密，还原了原画稿疏朗古朴的意趣，画面生动、清丽而不失典雅，是宋代缂丝工艺杰出的代表作。

不同于一般纺织品"通经通纬"的织造方法，"通经断纬"是缂丝织造的最大特点——以素色生蚕丝作经线，彩色熟蚕丝为纬线，织作时同色纬线并不贯通全幅，而是根据纹样轮廓或画面色彩的变化不断换梭，分块缂织。

这种织造方法，让花纹与素地、色与色之间的交界处呈现一些互不相连的断痕，仿佛刀刻。同一织物上，所用纬丝颜色甚至可多达6000种。这种工艺让整个编织过程极为复杂，但可以自由变换色彩，特别适合摹缂书画作品。

在印象中，丝织品多出自江南地区。作为"丝中圣品"的缂丝，为什么会发源于河北？

"中国是世界上最早发明养蚕技术和丝纺织技艺的国家，而河北正是中国最古老的桑蚕养殖技术和丝纺织技艺的发祥地之一——早在距今7000多年前，磁山文化（位于邯郸武安）的先民就已开始使用纺坠。"河北省政府文史研究馆馆员梁勇介绍。

距今5500多年前，正定南杨庄的先民就制作了陶蚕蛹，使用陶纺轮和骨匕来纺丝。这说明，商代之前，河北地区的丝纺织技艺已经十分先进。

2021年3月3日，河北博物院三楼"河北商代文明"馆。

"这展板上介绍的不是丝织物吗，怎么展柜里不见丝绸，却放了个青铜器？"站在"最早的平纹绉丝织物"展台旁，游客们不禁发出这样的疑问。

"您看到的这个敞口细腰的青铜器叫觚（gū），是盛行于商代和西周早期的一种酒器。这件觚出土于石家庄藁城台西商代遗址，这个遗址出土的文物创造了七项世界之最，其中之一就是当时发现的世界上最早的平纹绉丝织物'縠'（hú）——它刚出土时是附着在这只觚的表面上。"志愿者讲解员解释说，由于不易保存，这块弥足珍贵的縠，一直被保存在河北省文物研究所的库房内，极少公开"露面"。

讲解员介绍，这块小小的縠，至今仍是世界上出土年代最早的平纹绉丝织物——比著名的马王堆汉墓出土的同类品早了1000多年。

秦汉时期，丝织业进入成熟期的河北成为全国最重要的丝绸产区之一。其中，钜鹿（今河北平乡、藁城一带）、清河（今河北清河、故城、山东临清一带）、房子（今河北高邑）等地的丝织业曾多次被当时的史料记载。

此后的1000多年里，河北一直是全国重要的丝纺织中心。到唐中期以后，河北甚至成为全国丝纺织业技术最发达、丝纺织品产量最多的地区。

根据杜佑《通典》记载的信息，在古代丝绸之路达到全盛的唐天宝元年，全国10道318郡总计向朝廷贡赋丝织品达到3400多匹——其中河北道常贡丝织品数量就有1765匹，占全国总量的50.9%，居全国之首。史料记载，盛唐时，仅定州一地贡赋的8种丝织品，数量就占当时全国总量的40%以上。

由于丝绸既具有实用价值又有交换价值，在唐代，它还作为实物货币被广泛使用。由此不难看出，丝绸在当时社会经济中所占的地位何等重要，而作为全国丝织中心的河北又是何等富庶繁华。

发达的丝织产业，推动了丝织业中最奢华的工艺品——缂丝的发展。

北宋时期，定州缂丝发展达到巅峰。当时，地方供给皇族贵戚的最富丽、最精绝的丝纺织品就是定州缂丝。如今故宫所藏缂丝《梅鹊图》的作者沈子蕃，正是土生土长的定州人。

靖康之役后，北宋灭亡。两宋迭代之际，以沈子蕃为代表的许多北方工匠纷纷南迁，将缂丝技艺带到了吴山越水。

南宋以后，随着经济中心往东南转移，缂丝的生产中心已转移至苏州一带。

缂丝，这种发源于燕赵大地的丝织绝技，被继续发扬光大，并传承至今。

3. 石雕技艺的传承

2021年3月7日，北京故宫。

太和门前广场的金水河上，五座并列单孔拱券式汉白玉石桥跨河而立。

这就是已经历数百年风雨的内金水桥，石桥的精美雕工令人惊叹。

而金水桥的最初设计者，是河北曲阳石匠——杨琼。

在国家博物馆展出的王处直墓彩绘浮雕武士石刻

王思达 摄

地处保定西部山区的曲阳，是如何与北京城内的皇家建筑产生联系的呢？

位于曲阳城南的黄山，盛产的汉白玉大理石，洁白无瑕、经久耐磨，是雕刻的上等石料。《曲阳县志》载："黄山自古出白石，可为碑志诸物，故环山诸村多石工。"得天独厚的自然禀赋，加上世代传承的雕刻工艺，使曲阳成为著名的"石雕之乡"。

据考证，满城刘胜墓出土的汉白玉男女俑就是由曲阳黄山汉白玉雕刻而成，这也是目前发现的年代最为久远的曲阳石雕作品。

魏晋南北朝时期，佛教盛行。全国各地建寺修庙、凿山开窟，规模浩大，盛况空前，曲阳石雕由此得到了飞速发展。曲阳石雕艺人们也由此走向全国各地。

曲阳石雕，在唐代进入快速发展时期，并成为我国北方的雕刻中心。这时的曲阳石雕作品，雕刻技法精湛，人物形象丰满，衣饰清晰；飞禽走兽、花鸟静物等轮廓清晰、线条流畅，达到了很高的艺术水平。

唐末五代时期王处直墓中发现的彩绘浮雕，便是当时的曲阳石雕代表作。

故宫正南方向不远处，是中国国家博物馆。

在其地下一层，"古代中国陈列展"隋唐五代时期展厅内，有两尊唐末五代时期的汉白玉彩绘浮雕武士像——其中一名武士脚踏卧牛，头顶落凤，宝剑的剑尖指向卧牛口中的荷花；另一名武士脚踏卧鹿，头顶盘

— 153 —

龙，宝剑的剑尖指向卧鹿口中的荷花。两名武士表情威严，气势凛然。

这两尊浮雕武士像的原主人，是晚唐时期的节度使王处直。两位武士，最初"守护"的是位于河北曲阳县的王处直墓，是墓室门口的一对"门神"。

在王处直墓后室东西两面墙壁上，还镶嵌着汉白玉质地的人物群雕，主题为侍女图和散乐图。

侍女群雕，雕刻精细、人物造型各异，完整展现了五代时期贵族家庭的侍女群像。而散乐图，则将五代时期乐队演奏的瞬间，用浮雕真实地记录了下来，可以说是精雕细刻、细琢传神。

如今，这两组人物群雕被精心保存在河北博物院。

元代，曲阳雕刻达到历史上的鼎盛时期，技艺高超的曲阳石雕艺人在元大都兴建中发挥了重要作用。

明、清时期，在皇家宫殿、陵墓和园林的营建中，曲阳石雕艺人们将他们精湛的雕刻技艺尽情发挥，几乎达到登峰造极之境。在颐和园苏州街北岸的两块护岸石上，留有"曲阳匠师"的刻字，成为曲阳石匠参与京城园林建设的珍贵史料。

"石头不易损坏，可以长时间保存，所以我们今天见到的古代石雕都是对历史的镌刻和记录。从汉代直到新中国成立后，曲阳石雕文化一脉相承、从未中断，精品石雕作品也是层出不穷。"历史文化学者、《曲阳问匠》作者韩振书说。

北京，天安门广场。

这个广场不仅见证了若干重大历史事件，依托它形成的各种建筑，也成为代表新中国的国家符号。

在天安门广场中心位置，便是人民英雄纪念碑。

人民英雄纪念碑大须弥座四周共有10幅浮雕。浮雕上刻着的170多个人物形象，连环画般概括着中国人民100多年来反帝反封建的革命斗争史。

这些浮雕，正是曲阳石雕匠人留在天安门广场上的杰作。

"60多年前参与人民英雄纪念碑石雕工作的曲阳石匠都是当时技艺最成熟最精湛的工匠，年龄多在30～50岁之间，所以至今仍健在的人已没有了。"韩振书感叹。

经过十几年调查走访，韩振书终于查清了12位参与主雕工作的曲阳石匠的名字,他们是:冉景文、刘润芳、刘秉杰、曹学静、王二生、高生元、刘志杰、刘兰星、王胜杰、杨志卿、杨志全、刘志清。

"为保证人民英雄纪念碑的浮雕雕刻工作顺利进行,在雕刻工程正式开始时,又从曲阳选调了近百名雕刻高手担任浮雕的助雕任务,他们中的大多数承担了月台栏板的雕刻和安装。"韩振书介绍。

1958年4月,人民英雄纪念碑正式建成。

人民英雄纪念碑完工后,周恩来亲自作出指示:"曲阳石匠是国家的宝贝,他们和外国雕刻家相比,毫不逊色,应充分发挥他们的特长,要把他们留下来。"

"在周总理的具体关怀下,以参加人民英雄纪念碑雕刻工程的百余名曲阳石匠为骨干力量,成立了北京建筑艺术雕塑厂(简称北雕)。由此造就了新中国第一代雕刻艺术队伍的骨干力量,也为曲阳雕刻艺人们提供了更广阔的用武之地。"韩振书介绍。

从古代皇家建筑到人民英雄纪念碑,再到各类现代石雕、石刻,曲阳匠人将石雕技艺一脉相传。他们的贡献,也被镌刻在历史之中。

人民英雄纪念碑底座上的浮雕作品,是曲阳石匠当年的杰作　　鞠焕宗　摄

三、京畿文韵

南宋以后，随着中国经济重心南移，河北在全国的经济地位开始下降。但随着元明清三代先后定都北京，河北的军事、交通地位更加凸显。这一阶段，服务首都的京畿文化逐步成为河北重要的地域文化特征。

一些在很长一段时间内都作为"皇家专属"的高级手工艺的传承，以及雕版印刷、毛笔、古籍等文化产业的发展，便是这一时期河北京畿文化属性的具体体现。

1. 花丝镶嵌：华美至极的皇家工艺

2021年3月7日，北京。

中国国家博物馆地下一层，"古代中国陈列展"明清时期展厅内，有一件富丽堂皇的凤冠——用漆竹扎成帽胎，以丝帛制成面料，前部饰有九条金龙，口衔珠滴；下有八只点翠金凤，后部也有一金凤，共九龙九凤。冠上还镶嵌着数千颗未经加工的天然红宝石和珍珠。

它就是和后母戊鼎、四羊方尊等"国之重器"并列为国家博物馆十大镇馆之宝的明孝端皇后九龙九凤冠。

"极尽奢华，极致工艺。"有收藏家曾对凤冠作出如是评价。

极尽奢华，指的是其所用材料惊人——重达2300克以上的九龙九凤冠仅金丝用量就达500克以上，还镶嵌天然红宝石115块、珍珠4414颗。

极致工艺，则体现其制作之复杂——这顶通高不过48.5厘米的凤冠，采用了花丝、点翠、镶嵌、穿系等多种工艺。

专家推测，即便是数位能工巧匠合作，制作一顶凤冠也需要数年。

而制作凤冠的能工巧匠们，大多来自临近北京的一个小县城——廊坊大厂。

2020年10月31日，大厂回族自治县。

良盛达花丝镶嵌特艺有限公司制作车间内，工人们正心无旁骛地盯着眼前的作品忙碌：制胎的拿着小锤在银质薄片上叮叮当当敲着，錾刻的将图样覆在胎体上小心刻下精美花纹，画筋的手执蘸有红色釉料的毛笔轻轻划下……

"这边的工人在把金、银抽成细丝，称为花丝。那边的工人在把金、银薄片

明孝端皇后九龙九凤冠
《河北日报》资料图片

锤打成器皿，錾出图案，再镶以宝石，称为镶嵌。这是两种独立的工艺，但常在一起使用，花丝镶嵌的说法由此得来。"公司负责人、花丝镶嵌制作技艺国家级传承人马福良介绍。

经过堆、垒、编、织、掐、填、攒、焊等八大工序，一根根金属细丝和一片片金属器皿，最终被制成造型各异的工艺品和精美雅致的首饰。

如今，能完成传承花丝镶嵌工艺的艺人已经不多。他们中的多数，都集中在大厂。

大厂，地处通州核心辐射区，与北京副中心仅一河之隔。得天独厚的区位优势，让大厂成为花丝镶嵌工艺的诞生、传承和发展重地。

资料显示，大厂花丝镶嵌工艺最早可上溯到汉代。至明代，大批回民迁入大厂，将伊斯兰文化与当地艺术相结合，使花丝镶嵌工艺提高到一个新水平。明清两代，大厂花丝镶嵌被指定为专职供奉，其工艺也因此声名远扬。

"今天，我们虽然已无法查证工匠的具体姓名，但明代皇家凤冠的制作流程中，肯定少不了大厂艺人的贡献。"马福良说。

清朝灭亡后，大批皇家工匠回到民间。但由于成本极高、工艺繁琐，花丝镶嵌工艺逐渐式微。到今天，63岁的马福良已是国内为数不多的花丝镶嵌技艺传承人。

"我们现在编制的一根花丝直径仅0.3毫米，比明代的凤冠用的花丝还要细。工艺非常繁琐细腻，烧制的时候温度跨度非常大，必须掌握好火候，一件大的作品甚至需要几年才能完成。"马福良介绍。

"大厂对于花丝镶嵌工艺的保留和传承，恰恰反映了古代河北地域文化特征中的一个重要转变，即从中古时期（魏晋南北朝、隋唐五代辽宋金）的融合文化向近古时期（元明清）的京畿文化的转变。"河北省社会科学院研究员孙继民认为。

孙继民介绍，中古时期，河北虽然不是王朝的统治核心地带，但长期处于农耕文化与游牧文化双向交流的碰撞、融合地带，地理位置重要、经济繁荣，文化交流活跃，文化融合的特点和趋势十分显著。

隋唐和北宋早期，河北更是成为当时全国经济最发达、赋税收入最多的核心区域。龙藏寺碑、《中山松醪赋》以及邢窑、定窑、缂丝等的出现，正是河北这一时期经济、文化地位的最好体现。

到近古时期，随着经济重心南移，河北在全国的经济地位开始下降，加之北京成为首都，服务首都的京畿文化逐步成为河北重要的地域文化特征。

花丝镶嵌工艺在大厂的保留、传承，正是这一时期河北京畿文化的一种直观反映。

除了花丝镶嵌，大厂还保留了另外一项传承至今的皇家工艺。

2021年3月6日，故宫博物院东北角，梵华楼。

6座雄伟壮观的铜制佛塔在楼内静静矗立。每座佛塔通高均为231厘米，底径94厘米。佛塔主体以黄色珐琅为地饰填彩釉的缠枝花卉纹和蓝色的梵文，座以蓝色珐琅为地饰狮纹和缠枝莲纹。座上部出台正面中央有蓝地鎏金"大清乾隆甲午年（1774年）敬造"九字款。

这是中国古代掐丝珐琅工艺的巅峰之作——乾隆掐丝珐琅佛塔。

铜胎掐丝珐琅，中国古代特有的特种金属工艺品。其制作工艺是一种在铜质的胎型上，用柔软的扁铜丝，掐成各种花纹焊上，然后把珐琅质的色釉填充在花纹内烧制。

铜胎掐丝珐琅，听起来似乎有些拗口。因其在明朝景泰年间盛行，使用的珐琅釉多以蓝色为主，因而有了一个更为普通百姓熟知的名字——"景泰蓝"。

景泰蓝的制作，相传起于13世纪的云南，后来传到北京，并设有专门的官办作坊。

"景泰蓝的蓝，并不单指蓝色釉料，而是把所有的釉料统称为蓝。在此基础上，衍生出点蓝、补蓝、烧蓝等行业特有名词。几百年过去，景泰蓝的工艺一

大厂回族自治县一家工艺品有限公司的工作人员在对景泰蓝工艺品进行上色　　王晓 摄

直保持着传统的纯手工制作风格，它的掐（丝）、点（蓝）、烧（烘烧）、磨（光）、镀（金），环环相连，浑然一体，相互辉映。"81岁的景泰蓝工艺美术大师李荣魁告诉记者。

据考证，早在明代之前，精美华贵的景泰蓝器物就受到帝王的喜爱。而素有金属器加工制造传统的廊坊大厂一带，不乏技艺精湛的能工巧匠，他们不断被召入京城，进入宫廷造办处，在严苛的管制下，倾尽所能，躬身景泰蓝制作。当时的景泰蓝作坊分别设在紫禁城和圆明园，春夏秋都在烧造。

因其制作工艺复杂，景泰蓝成本十分昂贵，于是便有了"一件景泰蓝，十箱官窑器"之说。

"到了晚清年间，随着时局动荡，景泰蓝制作难以维系，行业逐渐衰落。"李荣魁介绍，许多散落民间的大厂工匠陆续回归故里，也带回了这门手艺。

从花丝镶嵌到景泰蓝，这两项代表古代金属工艺极致的皇家技艺，在大厂匠人的手中，正不断焕发新的生机。

2. 宁晋刻书：区域文化中心的形成

北京市中关村南大街33号，中国国家图书馆。

这里是世界最大、最先进的国家图书馆之一，也是国家古籍保护中心。

馆内保存着两本被鉴定为国家一级文物的金代刻书——蔡松年著《萧闲老人明秀集注》和韩道昭撰《崇庆新雕改并五音集韵》。

刻书，全称为雕版刻书，是用雕版印刷术印制书籍的通称。而雕版印刷，指的是在一定厚度的平滑木板上，雕刻工人用刻刀刻出字体凸出的阳文。印刷时，在凸起的字体上涂上墨汁，然后把纸覆在上面，轻轻拂拭纸背，字迹便清晰留在纸上。

作为最早在中国出现的印刷形式，雕版印刷对书籍的普及和文化传播起到了至关重要的作用。

根据目前考证，雕版印刷术起源于唐代早期，并在唐朝中后期普遍使用。

至宋金时期，雕版刻书业已经相当发达。但由于战乱，金代刻本流传下来的极少。国图所藏《萧闲老人明秀集注》和《崇庆新雕改并五音集韵》，便是目前全国仅存的八种金代刻书中的两种。

这两本极为珍贵的金代刻书，出自位于河北中南部的宁晋。

2021年3月1日，邢台宁晋县城。

屋内，一位须发皆白的耄耋老人手握一把巴掌长的小刻刀，在一张提前处理好的光洁的木板上聚精会神地雕刻着。

老人运刀干脆利落，不着痕迹。随着木屑不断掉落，一个个遒劲有力的阳刻字形逐渐显现。

这位老人，是如今宁晋县唯一熟练掌握雕版印刷全部技艺的传承人闫惠民，今年已86岁高龄。

闫惠民告诉记者，一本雕版刻书的诞生，要经历写样、刻字、印刷、分书、折书、齐栏、切书、装订等诸多步骤。

"刚才的步骤就是刻字，运刀时需要集中精力，谨慎行事。刀要沿着木板上提前印好的墨迹走，要有始有终，不能中断笔画，也不能冲撞到周围其他的文字。可以说，刻字是制作雕版刻书过程中最为基本和重要的一环。"闫惠民说。

"如今，完整掌握雕版印刷技术的人可谓少之又少。"宁晋资深文化学者郭嘉宁介绍，"据我所知，目前能掌握雕版印刷技艺的机构和个人，除北京故宫博物院古籍修复部和浙江天一阁修复部的部分技术人员外，全国可能都超不过百人。河北范围内只有宁晋还有保留。"

宁晋的雕版印刷技术，是如何形成并传承至今的呢？

史料记载，由于地处河北中南腹地，宋代时宁晋地区文化繁荣，文化交流频繁。这一文化特点，催生了雕版印刷业的诞生和发展。

据宁晋县志和地方文献记载，宁晋雕版印刷起步于北宋崇宁年间。

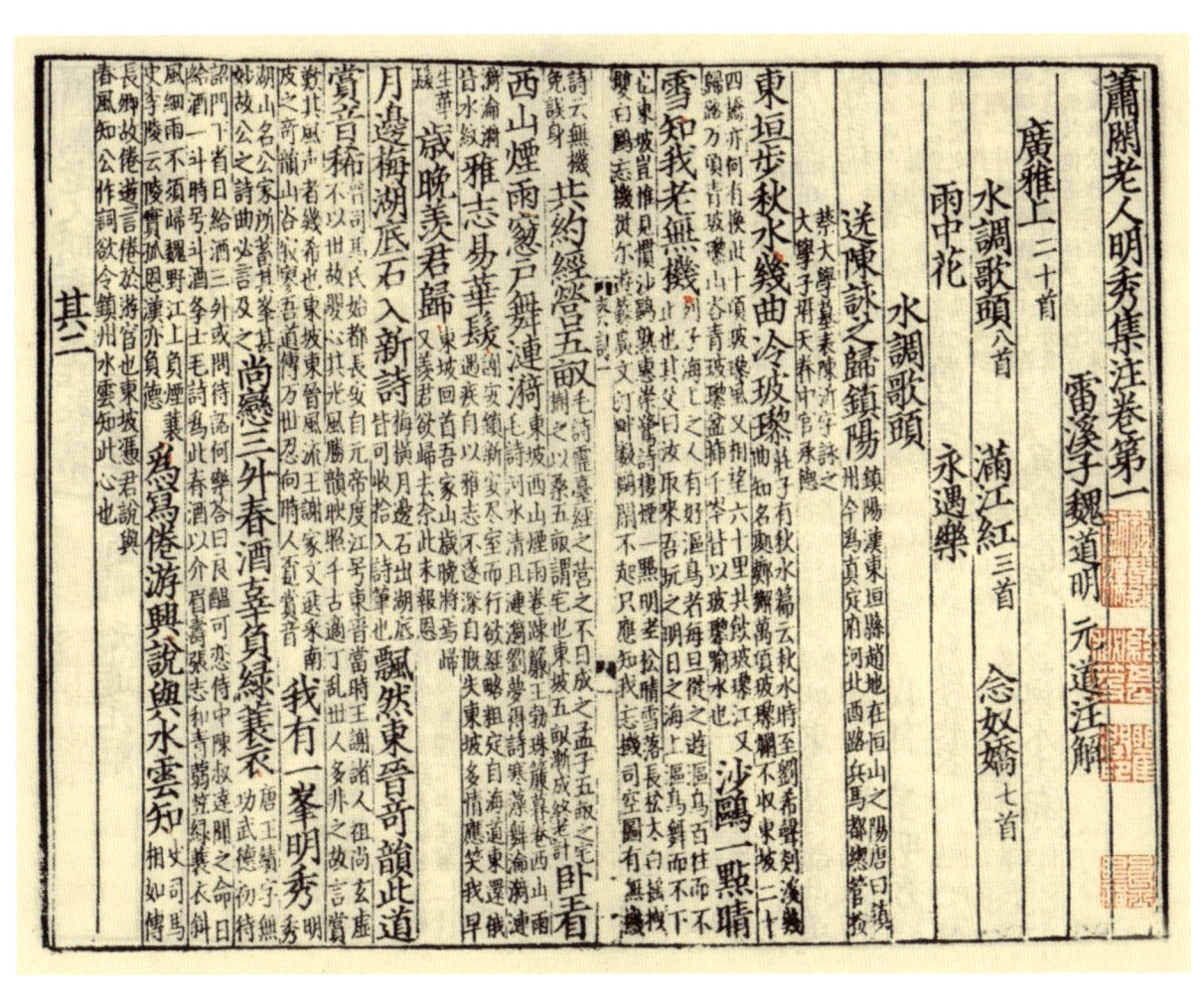

金代刻书——蔡松年著《萧闲老人明秀集注》书页　《河北日报》资料图片

"北宋时期，私塾在宁晋民间大量出现，全县150多个村，几乎村村建有私塾，出现了'家有诵读之声，坊传丝竹之乐'的景象。"郭嘉宁说。

进入金代，河北之地归于一统。在金世宗统治的近30年间，推行了一系列休养生息政策。金代在教育上沿袭宋制，文庙兴盛，私塾遍及各个乡村，金代宁晋共考中5名进士，出了20多名四品以上的官员。而科举之路，都需要通过读书实现。

到金代初年，宁晋县雕版印刷作坊已发展到10多家。其中，实力最强、延续时间最长、影响最大的是金代荆氏雕版书坊。《萧闲老人明秀集注》和《崇庆新雕改并五音集韵》，就出自金代宁晋荆氏雕版书坊。

史料记载，宁晋荆氏雕版书坊的雕版刻书，以"印模精、敷墨匀、取值廉、售者广"著称，书美价廉，市场广阔。

为扩大荆氏刻书市场影响力，对远途如山西、山东、河南、关外、内蒙古等地的客商，凡初次来购书者，荆氏书坊都以成本价稍加利润供应，并安排食宿。一时间客商云集，荆氏雕版书籍畅销黄河上下，大江南北。

在此后数百年间，宁晋荆氏书坊还刻印了《左传》、《搜神记》、《山海经》、《说文解字》20卷、清康熙《宁晋县志》12卷、清光绪《宁晋县地理志》等典籍，以及多部当地名门望族的家谱，如清光绪十二年版《高氏家谱》30卷、光绪版《王氏家谱》30卷等。荆氏书坊刻印的这些传世书稿，如今多被各地图书馆或藏书家珍藏。

荆氏雕版从金天会六年（1128年）创立，至清末停止雕版印刷业务，前后近800年，传30代，经历了10多次战乱。

"先有市场、有需求，才有产业、有产能。宁晋雕版刻书产业自宋金而兴，历经元明清三朝长盛不衰的深层次原因，是因为周边有这样的文化土壤和文化需求。"孙继民说。

"元明清时期的河北已经不再是国家的经济重心所在，但其军事、交通地位仍在，在服务都城北京的过程中，位于进京走廊地带的冀中南地区逐渐形成了一个服务北京的区域文化中心。"孙继民解释。

在这片区域文化中心，不但有宁晋刻书，还形成了衡水毛笔、冀州书商等一批相关文化产业。

衡水毛笔产于衡水市侯店村。当地制笔业盛于明永乐年间，笔长杆硬，刚柔相济，含墨饱满而不滴，行笔流畅而不滞。光绪年间，因制作技艺精湛，被奉为御用，光绪帝立碑表彰，称之"御笔"。民国初年，衡水毛笔还曾在巴拿马万国博览会上获奖，侯店也获得了"毛笔圣地""北国笔乡"的美誉。

在距侯店不远的冀州，则诞生了冀商群体中最早的书商。

清末民初时期，琉璃厂共有书铺200多家，而冀州商人开办的书铺就有100多家，占了琉璃厂古籍业半壁江山。到1956年，琉璃厂最大的3家书店都是由冀州人经营。

因此，我国古籍版本学家郭纪森先生认为，是衡水冀州人延续了北京琉璃厂的文脉。

20世纪20年代，冀州商人开办的荣宝斋　　《河北日报》资料图片

河北省平山县西柏坡纪念塔　　牟宇　摄

河北人文地理解读

红色篇

大河之北

第一单元 革命热土

采访◎《河北日报》记者 周聪聪 朱艳冰 赵泽众 赵晓清
通讯员 乔宾娟 尹翠丽
茅海波 王 丽 王培杰 赵平安 邢建军
史克己 高 贺 杨 磊

执笔◎《河北日报》记者 周聪聪 朱艳冰

阅读提示

从建党初期到新中国成立，河北在中国革命史中始终占有独特的地位。

这里，是中国共产党人率先建党的重要基地，是北方革命运动高潮迭起的重要策源地；

这里，是华北敌后抗日的主战场，是创建敌后抗日根据地的起点，是模范的敌后抗日根据地，是敌后全民游击战的典范；

这里，是解放战争的重要战场和夺取全国革命胜利的战略基地，是新中国的政权基石与蓝图。

拨开历史的烟尘，循着红色轨迹，再一次审视身畔的山脉与河流、田野与村庄，就可以深刻理解，我们脚下的这方土地缘何是一块革命的土地、英雄的土地、新中国从这里走来的土地。

八路军129师纪念馆景点之一将军岭　赵杰 摄

一、星火从这里燎原

1. 历史的特殊起点

火,燃起来了!

1919年5月4日下午,19岁的冯品毅在北京赵家楼胡同,看着一把大火从曹汝霖的宅第熊熊燃起。

亲历这一历史瞬间的这位河北大名学子,当时也许未曾想到,眼前这把爱国主义的烈火最终将以燎原之势燃遍中华大地。

红色火种,最初正是从燕赵大地上点燃的。

3个多月后,北京以东280公里,昌黎五峰山上。

一位来自邻县乐亭的北京大学教师在这里完成了一生中最重要的文章之一——《我的马克思主义观》。

这篇文章,后来被誉为中国人系统介绍和分析马克思学说的开山之作。

这篇文章的作者,正是在中国率先举起马克思主义旗帜的李大钊。

"李大钊是中国最早的马克思主义者,也是中共北方党组织的奠基人和创建者。"中共河北省委党史研究室副主任宋学民介绍。1920年春天,李大钊与陈独秀"相约建党",共同发起中国的共产主义运动,揭开了创建中国共产党的帷幕。

一群年轻的知识分子很快聚集到李大钊身边。

他们中,有来自北京大学的邓中夏、罗章龙、高君宇、刘仁静等,也有来自北京高等师范学校(北京师范大学前身)的冯品毅。1920年10月,北京共产党早期组织成立,北京成为马克思主义者的集聚中心。李大钊的故乡、毗邻北京的河北,首先成为他宣传马克思主义并进行建党活动的基地。

1920年4月,唐山。

一个年轻的北京大学学生走下火车。

他就是罗章龙,马克思学说研究会核心成

李大钊　《河北日报》资料图片

员,受李大钊指派来唐山进行社会调查。初次来唐山的罗章龙发现,在唐山这座新兴的北方工业城市里,有很多广东籍工人。

"到1919年五四运动前后,河北的产业工人已有大约20万人,占全国产业工人总数的1/10。"宋学民说,伴着近代工业一起在唐山落地生根的广东籍工人,是他们中素质、觉悟较高的一批。

在街上,罗章龙与偶遇的一位广东木工攀谈起来。

"唐山有个广东会馆,那里的一部分广东籍工人技术较高,也有文化。"对方不经意的一句话,让罗章龙找到了工作的突破口。

1920年4月25日,唐山广东会馆西南1.3公里,印度房头条胡同1号,京奉铁路唐山制造厂广东籍工人邓培的家中。

慕名而来的罗章龙,第一次见到了已来唐山工作20多年的邓培。在上一年的五四运动中,正是邓培在唐山组织了声援北京学生的工人运动。

虽然两人年龄、出身、经历截然不同,却聊得十分投机,遇到方言障碍时,他们甚至还用英语辅助交流。邓培第一次感觉,"找到了组织"。

会面后仅一个月,邓培就加入了"北京大学马克思学说研究会",后又加入北京共产主义小组,继而向党组织提出了入党申请,由此成为河北第一位工人党员。

1922年春,邓培又在唐山发展社会主义青年团团员和工人积极分子阮章、许作彬、田玉珍等人入党,建立了唐山地方委员会——这也是河北最早建立的党的地方委员会。

受李大钊派遣到河北传播马克思主义的,不止罗章龙一个。

1921年3月,邓中夏到保定直隶高等师范学校任教,他联系实际,向学生们通俗地讲解马克思主义的基本原理和基本观点,还组织王森然、阎

邓培　　河北省退役军人事务厅　供图

仲容等人成立进步团体，传播马克思主义。

1922年，何孟雄到保定育德中学任国文教员，他在课堂上向学生公开讲解《共产党宣言》。

在此先后，罗章龙、史文彬、何孟雄等还到石家庄、张家口等地，向正太铁路、京绥铁路的工人朋友，讲解革命道理……

在李大钊提出的"把知识阶级与劳工阶级打成一气"和知识分子要"做民众先驱"的思想主张影响下，借助北京共产党早期组织这个传播马克思主义的"核心圈"，距离北京最近的河北最先接受着马克思主义的启蒙。

当一群年轻人从李大钊身边走向燕赵大地工矿、农村的同时，另一群年轻人却正从全国各地聚集到河北保定的一个小村庄，并以这里为起点，走向遥远的欧洲，寻求救国救民的良方。

2020年7月30日，高阳县布里村，留法工艺学校。

一棵高大的洋槐树引人注目。

历经102年岁月沧桑，这棵蔡和森当年亲手栽下的洋槐依然茂盛。

在留法勤工俭学运动兴起和发展的过程中，河北尤其是高阳，曾起过核心作用，在运动早期的倡导者中，原籍高阳的李石曾是一位核心人物。

"为使留法青年在出国前掌握一些简单的法语和粗浅的技艺，留法勤工俭学会先后在高阳、保定、北京等地开设了留法预备学校（班），布里村留法工艺学校是开设最早的一所。"文史专家、高阳文化馆创作员史克己介绍，"到1920年底，全国留法勤工俭学人数1700余人，为中国的各个领域造就了一批栋梁之材。"

以留法勤工俭学为起点，蔡和森、赵世炎、周恩来、邓小平、陈毅、聂荣臻、李富春等中共重要领导干部，踏上了远涉重洋追寻救国救民道路的旅程，并在欧洲先后接受了共产主义思想。

"早期马克思主义传入中国主要有日本、法国、俄国三条渠道。俄国十月革命的胜利使李大钊成为中国最早的马克思主义者。留法勤工俭学运动也是渠道之一。"宋学民认为，早期马克思主义传入中国的主要渠道中，两条渠道的形成和发展都明确地与河北密不可分。河北成为全国传播马克思主义最早的地区之一，这为河北党组织的建立奠定了坚实的思想和组织基础。

2. 工运的深厚土壤

2020年11月2日，唐山开滦博物馆。

这里最新展出了一件珍贵的馆藏——一张1954年再版的老报纸《每周评论》。

"在唐山的地方，骡马的生活费，一日还需要五角。万一劳动过度，死了一匹骡马，平均价值在百元上下，故资主的损失，也就是百元之谱。一个工人的工银，一日仅有两角，尚不用供给饮食。若是死了，资主所出的抚恤费，不过三四十元……"

这张老报纸《每周评论》所刊发的《唐山煤厂的工人生活》一文，原刊发于1919年3月9日，署名"明明"。这其实是李大钊的笔名。

"工人的生活，尚不如骡马的生活，工人的生命，尚不如骡马的生命。"李大钊在文中一针见血地指出。

"河北成为李大钊北方建党活动的基地，并不仅仅是因为毗邻北京，更重要的是，河北是中国近代工业的摇篮。"宋学民介绍，到1914年前后，中国近代工业按地理分布，形成了六个较为集中的区域，其中之一便是唐山—秦皇岛地区，有开滦煤矿、山海关造船厂、唐山制造厂等大批近代工业企业，同时，京汉、京绥、京奉、津浦、正太等几条铁路也途经河北，河北矿山、纺织、铁路、码头等行业兴盛。

1921年6月，张太雷在共产国际第三次代表大会上的书面报告中专门提道："党特别重视唐山地区，因为它是中国最大的一个工业中心。"

大量产业工人的聚集，迫切的革命诉求，使河北成为中国共产党人率先建党的重要基地。

除了唐山地方委员会成立，建立中共河北历史上第一个地方党组织之外——

1922年5月至6月，何孟雄在张家口成立第一个党小组；

1922年9月，王尽美在山海关发展工人党员，成立秘密党小组；

1922年，中共保定党小组、中共磁县党小组相继成立；

1923年，石家庄第一个党小组成立……

党组织的相继建立和发展，推动了第一次工人运动高潮的兴起。

1922年5月直奉战争结束后，李大钊利用直奉矛盾，征得交通部总长高恩洪同意，向京汉、京奉、京绥、津浦、正太等五条铁路各派一"密查员"，从而利用合法地位，加速了工人运动的开展。

"在共产党创建初期，河北是全国革命斗争，特别是工人运动风起云涌的活跃地区，是北方革命运动高潮迭起的重要策源地。"宋学民说，"当时全国能数得上的工人大罢工总共不过四五次，地处河北的京汉铁路北段工人大罢工和开滦五矿工人大罢工便占据两席。"

自燕赵大地上的工人阶级觉醒的一刻开始，党组织在工人中遍地开花，工人运动此起彼伏，从铁路工人、煤炭工人到电灯工人、印刷厂工人、造纸厂工人、制瓷工人、盐民，不论革命处于高潮低潮，战斗再未停止。

2020年9月3日，位于冀南的磁县直南党史馆。

这里，展陈着一份《敬告民众书》。

"药货钱一吊，双扣底二百六，银元又多算一吊多，剩下十来吊钱……血汗挣来几个钱，却被他们巧取豪夺，没法子才叫咱们把车搁……"

由于年代久远，传单上的字迹已经模糊，但从依稀分辨出的只言片语中，依

1922年10月13日，唐山制造厂3000多名工人因向厂方提出的增加工资、改善待遇、承认工会等要求得不到答复，举行了罢工。厂方勾结军警逮捕了工人代表，离间工人，破坏罢工。经过8天不懈斗争，罢工终获胜利。图为大罢工时的情景　　中共河北省委党史研究室　供图

1927年3月，成安县天门会、红枪会武装起义，3月19日攻下县城，冲进奉军驻地，查抄了反动豪绅的家，砸了监所，开仓给群众分粮。图为直南一带红枪会会众活动时留影
中共河北省委党史研究室　供图

然能感受到控诉者所受的剥削与压迫。

这是小车社编发的第一份传单。

磁县，古称磁州，是磁州窑文化的发祥地，现位于峰峰矿区的彭城镇是磁州窑的主要产地。当地不仅催生了大批制瓷工人，还催生了很多靠推车运瓷器为生的工人。

中共磁县县委党史研究室主任崔利民介绍，1932年彭城大旱，运瓷工人激增，窑主和瓷商趁机盘剥运瓷工。中共直南特委书记王子清、磁县中心县委组织部长王维纲等帮助车工及时组成小车运输社并成立小车工会，进行了长达4个月的罢工，终获胜利。

据不完全统计，仅1932年至1934年间，河北各大煤矿、纱厂、铁路和其他行业的工人，在党的领导下，罢工共202次，人数达16万余人。

3. 革命火种撒遍燕赵

当工人运动在河北大地如火如荼地展开时，另一位河北人率先走向了一片更加广阔的天地。

河北省档案馆，一册泛黄的日志将时间倒回到90多年前。

"在1923年7月由本村弓仲涛（韬）介绍加入共产党，我与他是乡亲关系，又是师生关系，仲涛（韬）家生活很好，入党前我经常和他出门或帮助他家做零碎活，我和我父母均以我经常和仲涛（韬）在一起为光荣……"

这本日志的作者是弓凤洲，中共历史上最早的一批农民党员之一。他在日记中所提到的"弓仲韬"，是他的入党介绍人。

弓仲韬，安平县台城村人，毕业于北京法政大学。1923年4月，弓仲韬由李大钊介绍加入中国共产党，并受李大钊派遣回原籍传播马列主义。

办平民夜校，编平民《千字文》教材，建农会……回乡的弓仲韬积极为建立和发展党的农村基层组织开展活动。1923年10月，安平县台城村特别支部成立，成为全国第一个农村党支部，开创了中国农村党建的先河。

一个沉睡的阶级正在被一点点唤醒。

"党的组织在城市建立后，逐步向农村发展。尤其是党的四大后，北京区委对开展农民运动提出了重点任务，同时根据当时行政区划确定冀东、大名、津南、保定四个农民运动工作区。"中共河北省委党史研究室编研三处处长阎丽介绍。

安平以南260公里，邯郸大名，直隶省立第七师范学校。

1926年10月的一个夜晚，在这里担任英语教员的冯品毅收到了一封言辞恳切的学生来信：

"如能介绍我们入党，则生我者父母，成我者师长……"

虽然年仅26岁，但冯品毅此时已是一名颇有资历的党员。1926年暑假，冯品毅受校长谢台臣邀请到大名七师任教，他编写新教材，积极宣传马列主义和共产党的主张，组织发起读书会，吸引了一大批进步学生向党组织靠拢。

但因为工作需要，3天后，他将离开这里前往广州。

当晚，在冯品毅的介绍下，写信的赵纪彬和刘大风以及他们的好友李大山加入中国共产党。第二天，成润、吴益普入党，大名七师党支部成立。

冯品毅在大名七师任教仅3个月，但七师这颗革命的火种却在冀南大地上开始燃烧。

1930年春，大名七师党员和党的外围组织反帝大同盟成员等加在一起，占全校总人数的三分之二以上。在校外，大名七师党员先后在大名（含今魏县）、沙河、磁县等20余县创建党的组织，点燃了燎原的星火。

民国时期的河北，单师范学校就有16所之多，北有二师（保定）、南有七师、中有八师（正定）……到处都是这样的例子。

当时的基层建党工作不再单纯依靠党的精英分子，而是借助学校师生等大批普通知识分子，深入农村，通过积极动员青年农民与小学教员、创办农民夜校等方式，和农民紧密地结合起来，使马克思主义迅速实现了本地化。

红枪会起义、魏县蔡小庄农民暴动、两河盐民斗争……在直南地区，农民运动风起云涌。与此同时，北部的玉田、蔚县、迁安，东部的沧州，南部的磁县，中部的完县五里岗暴动，阜平成立苏维埃政权、高蠡暴动，革命烈火燃遍燕赵大地。

到1937年全面抗战爆发前，共产党员在京东地区发展为460余人，在保定地区发展为800余人，华北城乡已计有共产党员约7000人。

二、根据地在这里创建

1. 敌后抗日根据地的起点

1937年9月下旬，太行山深处，阜平。

土生土长的阜平姑娘范景新，遇到了卢沟桥事变爆发后自己见到的第一位抗日军人。

此时，日军在华北战场长驱直入，国民党军队一路溃退，一位佩戴崭新八路军臂章的年轻共产党人竟出现在阜平这样的深山僻壤之中，令进步女学生范景新甚为惊讶。

她遇到的这位八路军，就是后来的开国上将王平。

两年后，两人结为伉俪。

这对红色恋人的浪漫邂逅，并非完全出于偶然。

"七七事变后，中共中央在陕西省洛川县举行了政治局扩大会议，决定放手发动独立自主的山地游击战，配合正面战场、开辟敌后战场、建立敌后抗日根据地。"中国抗战史学会专家组顾问、河北省社科院研究员谢忠厚介绍，"1937年8月

1937年10月，八路军骑兵部队挺进敌后　　沙飞　摄

下旬，中国工农红军主力改编为国民革命军第八路军，迅速越过黄河出师华北。"

1937年9月25日，八路军115师在平型关取得出师华北后的第一次大捷。

平型关大捷刚结束，王平便接到指示，由他和刘秀峰、李葆华三人组成晋察冀临时省委，立即赶赴阜平，发动群众，组织抗日武装，为开辟敌后抗日根据地做准备。

阜平，地处太行山东麓，山地面积占75%，山多、坡陡、沟深，西连山西，北连察哈尔，东南连接整个燕赵大平原。

得天独厚的地理条件，使它成为创建根据地的绝佳选择。

"阜平是一片红色的土地，早在1925年阜平就创建了党组织，1931年还曾建立北方第一个红色政权——阜平苏维埃。"晋察冀边区革命纪念馆资料科科长栗静介绍。

群众基础深厚的阜平，使远道而来的八路军很快在此扎根、壮大。

阜平开辟的根据地，成为模范根据地——晋察冀边区建立的起点，更成为整个河北敌后抗日根据地的起点。

-175-

1937年11月7日，晋察冀军区正式宣布成立，聂荣臻任司令员兼政治委员，下辖四个军分区。随后，各地区党的特委和县以下组织也相继建立。12月，各军分区主力部队均整编为支队。至此，晋察冀边区山岳地区根据地基本形成，阜平便是根据地的中心地区。

2020年10月14日，阜平东南180公里，晋州小樵村。

一座新建的人民自卫军纪念馆即将面向公众开放，馆内展陈已经布置完毕，正在紧锣密鼓地粉刷外墙。

83年前的这一天，一位东北军军官，就是在这里召集全团官兵举行抗日誓师大会，烧毁无线电密码本，毅然断绝了同国民党部队的一切电讯联系，成立冀中"人民抗日自卫军"，加入我军的作战序列。

这位几个月前刚刚秘密加入中国共产党的东北军军官，就是后来的开国上将吕正操。

这就是改变了冀中抗日格局的"小樵改编"。

此前，受毛泽东委派、孤身从延安到河北，协助当地党组织开辟敌后抗日根据地的蠡县籍红军干部孟庆山，正依靠地方党组织，在多地举办游击战争训练班。

1938年1月，晋察冀边区政府成立。不久，成立冀中区政治主任公署，吕正操部人民自卫军与冀中地方党组织及孟庆山部河北游击军，统一改编为八路军第3纵队，并成立冀中军区，吕正操任纵队司令员兼军区司令员，孟庆山任副司令员。至此，冀中平原抗日根据地形成。

"冀中、冀热察等根据地的开辟与发展，使晋察冀边区抗日根据地连成一片——这就是广义上的'晋察冀'。"谢忠厚说。晋察冀边区是中国共产党在敌后创建的第一个抗日根据地，被誉为"敌后模范的抗日根据地及统一战线的模范区"，在中国革命历史中占有极其重要地位。

至今，在晋察冀边区革命纪念馆展板上，还展示着1943年1月晋察冀边区第一届参议会召开时，聂荣臻为大会亲笔题写的一副对联：

我们屹立在五台山、太行山、恒山、燕山，旌旗指向长白山；
我们驰骋在滹沱河、永定河、潮河、滦河，凯歌高奏鸭绿江。

这副对联，清晰地勾勒出晋察冀的地理位置及其在敌后抗战中的重要意义。

2020年10月28日，太行山南部，涉县赤岸村，八路军129师司令部所在地。

蒙蒙细雨中，村北的山丘秋色愈浓。

前来游学参观的邢台逸夫小学的学生们，站在山底矗立的巨大石碑前，静静仰望着邓小平题写的三个烫金大字"将军岭"。

"这本来是座无名小山。1986年，开国元帅刘伯承逝世后，家人遵照其遗嘱，将刘帅部分骨灰安放在这里。随后，开国元帅徐向前、开国上将李达等20位老首长逝世后，相继将骨灰安放于此，这座山由此得名'将军岭'。"八路军129师纪念馆文研室副主任李美菊介绍。

抗日战争全面爆发后，八路军129师东渡黄河，挺进华北，创建以太行山为依托的敌后抗日根据地。1940年5月底，在师长刘伯承、政委邓小平等率领下，129师司令部从山西迁驻涉县常乐村，同年12月4日迁驻涉县赤岸村。

随着冀南、晋冀豫等根据地相继开辟、巩固与壮大，连成一片，广义上的晋冀鲁豫抗日根据地形成。

"抗战时期，河北地跨晋察冀、晋冀鲁豫和山东三大根据地，为巩固和发展敌后抗日根据地提供了有力的支撑和基地。"谢忠厚介绍。晋察冀、晋冀豫是中共最先在山岳地带创建的两块抗日根据地；冀中、冀南则是中共最先开辟的两块平原抗日根据地。山地与平原敌后抗日根据地的创立，标志着中共中央和毛泽东关于开展独立自主的游击战争，开辟敌后战场，建立敌后抗日根据地的理论与决策在实践上获得了成功，并成为八路军向冀、鲁、豫三省广大地区和华中等地实施战略展开的前进阵地。

2. 全民敌后游击战的范例

2020年11月7日，涞源与易县交界处，黄土岭战役纪念展室。

展室外，天高云淡，南北两侧山峰绵延，中间一条四五百米宽的山谷中，荣乌高速和241省道顺着山势向东西延伸。

岁月峥嵘，山河无恙。

81年前的这一天，一个同样的深秋，号称精锐之师的日军独立混成第2旅团，共1500余人，在我军巧妙诱敌之下，被压缩在这条山谷中，死伤900余人。

这，就是著名的黄土岭之战。日军"名将之花"阿部规秀命丧于此。

黄土岭一战，仅仅是八路军敌后作战的一个典型代表。

齐会战斗、大龙华战斗、陈庄战斗以及著名的百团大战……在坚持独立自主的山地游击战的同时，八路军不放松有利条件下的运动战，在华北地区经常抗击和牵制着日军约13.5个师团30万人的兵力。

"河北是敌后华北抗战的主战场之一，是联系延安与华北、华中各抗日根据地及东北抗日联军的枢纽，不仅在军事上、战略上，有力地配合了国民党正面战场，而且使日本法西斯既无法抽兵北攻苏联，也不得不推迟南下开辟太平洋战场的时间。"谢忠厚说，"河北是坚持华北敌后和全国持久抗战的坚强堡垒，是对日反攻的前进阵地。"

大战之外，河北敌后抗日根据地军民还创造和展开了多种机动灵活的战法。

1941年8月，黄土岭以南100公里，曲阳县中佐村、口头村一带。

日伪军正列队快速接近。

敌人在沟口停下的一瞬，"啪"的一声枪响，一名军官应声落马。眼见山顶冒出几缕硝烟，鬼子吼叫着爬至山顶，却不见人影。这时，南山梁上又几声枪响，鬼子返身扑去，一无所获……当敌人气喘吁吁地在山脚下的一洼清水边休息时，"轰"的一声巨响，倒下一片……

这次战斗，曲阳县尖地角村党支部书记、民兵队长李殿冰，只带了3个民兵，就打死打伤30多个敌人。

忽来忽去、时聚时散，如同麻雀啄食，避实击虚，相机而动，这就是麻雀战，被称为世界反法西斯战争中创造的15种特殊战术之一。

"曲阳，西北高东南低，六山一水三分田，是典型的半山区县，麻雀战以少胜多的战绩，源于对山地地形的巧妙应用。"李殿冰的孙子李孟章一语点破麻雀战的精髓。

河北地理单元丰富，地道战、地雷战、麻雀战、破袭战、水上游击战……抗日战争中，根据地军民因地制宜创造的游击战法，在燕赵大地留下独特的人文历史景观。

2020年9月，国务院公布第三批国家级抗战纪念设施、遗址名录，位于峰峰矿区山底村的冀南山底抗日地道遗址位列其中。

雁翎队　　　《河北日报》资料图片

这是继清苑冉庄地道战遗址后，我省被列入该名录的第二处地道遗址。

从地处太行山南段东麓的山地平原过渡地带，到沃野千里的冀中平原，两处地道遗址相距300多公里，足见地道战之普遍。

"电影《地道战》拍摄之初，正定高平、峰峰山底、清苑冉庄……我们曾到河北20多个村进行了大量的采访，电影里的各种地道样式、作战方法，是我们集合了好几个不同地方的素材，经过艺术加工而展现出来的。"已故的电影《地道战》导演任旭东生前接受本报采访时曾道出这样一番实情。

时至今日，北起北京南郊，西到保定中部偏南，东到沧州以西、廊坊偏南，南至衡水中北部地区以及邯郸地区，仍存在着一条抗日地道遗址带。

地势坦荡辽阔、占河北总面积43.4%的平原，厚度达300～600米的土层为这条"地下长城"提供了最坚实的支撑。

河北抗战，被誉为全民敌后游击战的范例，这份殊荣，并不仅仅是因为河北创造了多种游击战法。

如今94岁高龄的山底村村民董伏吉，在抗日战争时期，曾是一名护村自卫队队员，主要负责在村口埋地雷。虽然他当时只有十几岁，但在30多个自卫队队员里却是年龄最大的，"再大点儿的能当民兵，能走的都走了"。

-179-

冀中民兵配合主力作战，在日军必经之路埋上地雷　　沙飞　摄

自卫队、县大队、区小队……无论是晋察冀还是晋冀鲁豫，当年到处都有这样的脱产、半脱产的民兵组织，他们主要负责武装保卫本乡本土，配合主力作战，必要时也可补充或升级为主力部队。

他们，拿起枪是战士，放下枪是农民。

夺取战争胜利最深厚的根源，正蕴含在这之中。

3. 中国抗日战争的"坚强堡垒"

1941年开春的一天，夜幕降临。

深泽县铁杆镇后马里村村民赵小柱、李庆周、赵文全目不转睛地盯着平汉铁路上的风吹草动。

和他们一起的，是一支2万多人的运粮队伍。他们每个人的肩头上都鼓起一个又粗又圆的布袋——有偏在一个肩头上的，有两耷头套在脖子上的。每条布袋里装的是40斤小米。

离铁路越近，气氛越是紧张，接力式的口令不断由前往后传去：

"离铁路还有20里！"

"还有几里了！"

"不要吸烟，咳嗽时把嘴用袖口堵住……"

在被日本人视为交通大动脉的平汉铁路两侧，"护路沟"足有两丈深、两丈宽，每隔1公里左右就设有岗楼，装甲车不断地在铁路上来回巡逻，还有不少百姓被强制在沿线轮班打更。

当天傍晚，运粮队从当时的定南县东里村出发，在夜色掩护下，要择机跨越铁路，狂奔几十里，赶到目的地——大户村。最终，这些粮食被源源不断地供应到百团大战前线。

这就是鲜为人知的冀中大运粮。

"东里村、大户村，可能均不是真实村名，且可能是某村的一带地方。东里村，有可能是现在定州的东里元村一带，大户村可能是曲阳留百户村一带，这在今天，已很难查清。这段回忆，是南线运粮的后半段，在历史上更为艰难，往往只有领队等极少数人才知道真实地名。"谢忠厚解释说。

1939年，晋察冀边区遭遇特大水灾，地处山区的北岳区出现了粮食供应紧张的局面，到1940年更为严重。而边区的冀中平原在水灾后恢复较快，为帮助北岳区渡过难关，晋察冀边区政府决定将冀中平原的粮食向西部山区调剂。

从1940年7月到1941年4月底，先后有冀中62万民兵穿越敌人封锁线，靠车拉肩扛运送了2000万斤军粮，其中160余人为运粮献出了生命。大运粮极大地改变了边区的物质条件，保证了主力部队的行动，也为"百团大战"提供了粮食保证。

这只是河北敌后抗日根据地艰难奋争的一个小小的侧面。

"晋察冀敌后根据地能在敌人腹心地区建立、发展、壮大，本身就是对中国人民的抗日战争和世界反法西斯战争的巨大贡献。"阎丽表示。

晋察冀是联系华北、东北乃至华中各抗日根据地的枢纽，冀热辽抗日根据地更是建立在抗日斗争的最前沿，严重威胁着日军后方统治的安全和日军南下运兵和运送给养、北上运输掠夺资源的生命线。

这片土地，是除东北三省外遭受日本帝国主义侵略摧残时间最长的地区，却也是日军始终未能彻底征服的地区——日军掠夺资源粮食的计划经常被破坏，日军所占的城镇和交通要道的设施经常被攻击，神出鬼没的游击战让日军日夜难安、疲于奔命。

这片土地，始终与盘踞在东北的侵华日军兵锋相接，横亘在东北与华中之间，令日军南下进犯如鲠在喉。

据不完全统计，日寇对关内中共抗日根据地万人以上兵力的"大扫荡"达50次以上，其中2/3以上涉及河北。《小兵张嘎》的作者、曾担任冀中六分区锄奸科干事的徐光耀回忆，他当年不止一次听老红军说："就是长征，所经历的也没有这些'扫荡'残酷！"

1941年秋季，日军对晋察冀北岳区和平西区进行了著名的"铁壁合围大扫荡"，这是抗战进入相持阶段日军在华出动兵力最多的一次战役，时任日军华北方面军司令的冈村宁次在日记里写道："我们以65%以上的兵力对付共产党，以35%的兵力对付国民党……"

"由此我们也可以看出，所谓'敌后无大战'的论调，纯粹是对历史的一种误读。"中共河北省委党史研究室编研一处二级调研员王林芳表示，"华北各根据地的历次'扫荡'与反'扫荡'斗争，无论从兵力规模、持续时间以及战略意义上看，都不亚于正面战场的各大战役、会战。"

河北敌后抗日根据地在艰难中发展壮大，一批批优秀的燕赵儿女前赴后继，义无反顾地走向全国战场。

2020年10月8日，新疆生产建设兵团第1师阿拉尔市1团金银川镇。

在这个距离河北3000多公里的小镇上，有一个以河北平山命名的小区——平山小区。

其实，这千里之外的缘分只因为一个光辉的名字——平山团。

平山团，抗战时期，全国唯一由一县组建整团并直接编入八路军主力的部队，曾被聂荣臻誉为"太行山上铁的子弟兵"。1949年新疆和平解放后，平山团这支曾南征北战的英勇铁军随部进驻阿克苏，自此再也没有离开祖国那片西北边陲。

平山团组建时，距离七七事变只有4个多月，短短一个月零三天，全县有1700名青壮年赶来参军，其中1500多人组成了平山团。"聂荣臻受命创建晋察冀抗日根据地时总兵力不过3000人。1500人，相当于它的一半。"王林芳介绍，档案资料显示，全面抗战8年中，当时只有25万人口的平山县为八路军各部队输送优秀儿女12065名，占当时青年男子的15%。

从河北大地走出来的不仅仅是平山团。

抗战时期，河北各地群众踊跃参军，还组成了整建制的阜平营、灵寿营、回民支队等。河北，是八路军最稳定的兵员补充基地。到抗战胜利，晋察冀所属正规部队由3000余人发展到32万人，民兵从无到有，发展到90万人；晋冀鲁豫所属正规部队由9000人发展到30万人，民兵发展到40万人。

三、新中国从这里走来

1. 战略基地："发动五千万人民统一的力量"

2020年12月3日，石家庄市栾城区西营乡赵家庄村南，石家庄市栾城区烈士陵园。

"早年这个烈士陵园20多亩地都是一个个坟包，埋了300多位为解放元氏牺牲的烈士，后来大多陆续迁走了……"76岁的赵家庄村民郝永贵说。

陵园北端的革命烈士合葬墓中，至今长眠着76位为解放元氏而牺牲的烈士。

1947年12月3日，元氏解放。

人民解放军接管旧石门市政府　　《河北日报》资料图片

元氏，太行山东麓、河北省中南部的一个普通小县。然而，若将视野放眼当时的华北解放全局，这个小县的解放却极不普通。

1947年11月12日石门（今石家庄）解放后，方圆千里，国民党统治的区域仅剩下元氏一座孤城。

1947年11月17日至12月3日，冀中军区独七旅、独八旅、太行军区30团、35团，及元氏、高邑、获鹿独立营，参加了解放元氏县城的战斗。战斗中牺牲的一部分烈士安葬在了30多里地外的栾城赵家庄。

元氏的解放，标志着石家庄全境获得解放。

摊开一张地图，石家庄市政协原副秘书长、文史委原主任栗永一一指点：

1947年1月，保南平汉铁路沿线作战，使冀西和冀中基本上连成一片；

1947年4月，正太战役，石家庄外围栾城、正定、井陉、获鹿，以及山西的盂县、阳泉、定襄、平定、寿阳相继解放，华北重镇石家庄成为一座孤城；

1947年10月，清风店战役，歼灭石家庄国民党守军14000人，为夺取石家庄创造了条件；

1947年11月12日，石家庄解放；

1947年12月3日，石家庄境内国民党军盘踞的最后一个县城元氏解放，石家庄全境解放。

"石家庄全境解放，使晋察冀与晋冀鲁豫两大解放区连成一片，奠定了华北解放区在军事、政治、经济上统一的基础，为两大解放区合并创造了条件。中共中央及时作出两大解放区合并的战略部署。"栗永说。

1948年3月20日，还在转战陕北的毛泽东在党内通报中，明确提出："目前我们正将晋察冀区、晋冀鲁豫区和山东的渤海区统一在一个党委（华北局）、一个政府、一个军事机构的指挥之下（渤海区也许迟一点合并），这三个区包括陇海路以北、津浦路和渤海以西、同浦路以东、平绥路以南的广大地区。这三区业已连成一片，共有人口五千万，大约短期内即可完成合并任务。""该区的领导中心设在石家庄。"

"这两大解放区合并与统一后，即成为关内的基本解放区，发动五千万人民统一的力量，去支援西北、中原与华东，是不可限量的。"时任中央工委书记的刘少奇提议合并晋察冀和晋冀鲁豫两大解放区时，曾作出这样的论述。

1948年，人民解放军的力量不断壮大，给国民党反动势力以毁灭性的打击。国民党军队被迫由战略进攻转变为"全面防御"。

在战争形势发生根本转变之时，1948年5月20日，根据中共中央指示精神，晋冀鲁豫及晋察冀两大解放区宣告合并。1948年9月26日华北人民政府正式成立，人口4500万，占当时解放区总人口的近1／3。

在党中央领导下，华北人民政府调动一切人力、物力、财力，完成了华北区的统一和支援全国解放战争的任务，为新中国的政权建设和经济建设摸索、积累经验，为中央人民政府的成立做了政治上、思想上和组织上的准备。

石家庄一带成为新成立的华北解放区事实上的中心。

这不仅为中共中央立足华北，靠近交通线和大城市，指挥战略决战奠定了基础，也为中共中央在西柏坡建立最后一个农村指挥所创造了前提条件。

2020年9月17日，西阜高速。

作为太行山高速最晚开通的一段，西阜高速穿越太行山重丘区腹地，桥隧比高达47%。通过这条高速，从阜平直达西柏坡仅需两个小时。

然而，从创建第一个敌后抗日根据地到党中央进驻西柏坡，这段路，中国共产党却走了11年。

1947年初夏的一个夜晚，时任朱德机要秘书的潘开文露宿在滹沱河沿岸一个寂寥的小村庄。

"星星很亮，我们吃过东西后在村边转悠。"潘开文发现小村外有一片苇地，与滹沱河之间有一条大路，可通大车，而苇地里边与村间还有一条小路，保密工作很好做。

这意外的发现，令潘开文兴奋不已。

当天，他受命来到滩地肥美、物产丰富的平山县山前一带考察，为中央工委驻地选址。选址时潘开文一行需要重点考察这样几个因素：一是村子要适当集中；二是交通要便利，便于和各解放区联系；三是要考虑安全问题，要保密；四是有一定的居住条件。

潘开文等人骑马沿滹沱河考察，途经洪子店、郭苏、夹峪等村，当他们折返走到一个叫西柏坡的小村时，天色已晚，便在此露宿一夜。

正是这意外的投宿，令潘开文等人最终选中了与四个选址条件都非常符合的西柏坡村。

不久,中央工委进驻西柏坡办公。1948年5月,毛泽东率领中共中央机关与中央工委在西柏坡会合,人民解放军总部亦同时进驻。

名不见经传的西柏坡,就这样与中国革命的前途命运紧紧联系在一起。

指挥三大战役、筹备召开政治协商会议、起草共同纲领、筹划建立新中国、召开七届二中全会……随着毛泽东和党中央的进驻,西柏坡成为解放战争后期决定中国前途命运的关键时刻的全国战略指挥中心,成为中国共产党在民主革命时期最后一个农村指挥所。

2. 后方基地：人、财、物力辐射全国

"边区人民修筑的这条'栈道',传奇般地将黄色炸药运往淮海前线,若晚十分钟,炸药跟不上,黄维就会跑掉。"

2020年8月21日,江苏徐州。

淮海战役纪念馆展板上,写着刘伯承元帅这样一句话。

这条攸关淮海战役战局的"栈道",正式名称是邯涉铁路,远在500多公里外的邯郸。淮海战役期间,正是借助这条"栈道",一趟能运30吨弹药的军列,从涉县到邯郸,只需几个小时便可到达。若换成牲畜,运送这些弹药需要400头牲口,最快也要3天。

涉县,位于太行山东麓深山区。此处太行余脉盘亘全境,峰峦叠嶂,山间河谷纵横交织,盆地点缀其间。抗日战争和解放战争时期,独特的山岳地貌,使涉县以及周边的太行山区广泛分布着兵工厂及物资供应站,是我军军需物资供应的重要来源。

1947年2月,为更好利用太行山里的工业资源支持全国解放战争,邯涉铁路修建工程正式启动。

邯涉铁路是中国共产党领导修建的第一条铁路。筑路过程得到了边区人民的全力支持。仅1948年2月至6月,涉县就出动民工约15万人次。

邯涉铁路的通车,连通了平汉铁路、陇海铁路。随着解放战争形势的发展,我党在郑州接收陇海、平汉铁路,打通商丘,建立总兵站,胜利架起了"太行山—淮海大陆桥",形成一条火车、汽车联运相结合的千里后勤保障线,拉近了

河北解放区支前大军运送军鞋　　中共河北省委党史研究室　供图

燕赵大地与解放战争最前沿的距离。

"每当提到淮海战役，人们更为熟知的是陈毅元帅说的'淮海战役的胜利，是人民群众用小车推出来的'，而邯涉铁路在淮海战役中的巨大作用，让我们了解到河北人民对全国解放战争的支持和贡献。"中共涉县县委党史研究室原主任张献伟说。

不仅是邯涉铁路，解放战争中，河北作为战略大后方，对前线可谓是"倾家荡产"式的支援。

华北人民政府成立后，华北解放区人民展开了空前的支前工作，支援了淮海、平津、晋中、太原、张家口、新乡、安阳等诸多重大战役，组成了东起冀东、冀中，西至太岳、晋中，南至冀鲁豫，北至绥远、察哈尔长达两千余里的供应线。

仅平津一次战役中，冀中区动员组织的支前民工、民兵，即达215万人。

河北，不仅是重要的粮棉产区，而且一直具有"南下北上""东出西联"之利。独特的区位优势和地形特点，让河北大平原长期以来形成了若干重要通道，也是解放战争后期大军南下的必经之路，由此，物资运输和抢修铁路线成为全区人民支前任务中的重要内容。

1949年1月至3月，华北人民政府除担负南线、西线、北线战争运输外，最紧迫浩大的工程是抢修三大干线（平汉、平大、津浦公路）。

"时值旧历年关，地冻天寒，雪花纷飞，长达20992公里的公路干线，沿线数十万群众只用了两个月完成通车。"阎丽说，所修路面"平光坚实，碾轧如场面"，为保证百万大军顺利南下创造了条件。

华北解放区人民，还全力参加刘邓大军与华北区各兵团前线供给与大批干部南下等任务。

"河北的干部输出，贯穿了整个解放战争时期，是解放战争时期调干频次和调干人数最多的省份之一。"王林芳介绍。

抗日战争胜利前夕，1945年8月，河北2500余人随军挺进东北；

1947年，大批河北籍干部战士又随刘邓大军挺进大别山，其后中央又于1948年从冀中、冀南等地南调干部数千人；

渡江战役开始，很多河北籍干部随中国人民解放军南下长江以南诸省区。这一阶段，干部南下规模更大，数量更多，最后达到20000多人。

3. 实践基地：新中国从这里走来

1948年8月7日，石家庄，晚上7点刚过。

一群人从各自居住的地点悄悄出发，沿着大街小巷，匆匆赶往中山路南侧的人民礼堂（即今位于石家庄万象城东侧的民间艺术博物馆一带），参加一个对外称为"石家庄生产工作会议"的大会。

晚上8点整，大会正式开始。

一位小个子的四川人作为来宾代表在会上讲话："今天的大会，一定会鼓舞全国人民……因为他们知道，华北家乡是巩固的、在建设的，他们会有更大信心更高勇气和敌人作战。"

这位来宾正是邓小平。

这里正在举行的，其实是紧锣密鼓筹备了两个多月的华北临时人民代表大会。

华北临时人民代表大会为确立新中国根本政治制度——人民代表大会制度，开了先河，提供了范例。同时，也为中国共产党领导的多党合作和政治协商制度积累了成功的经验。

此时，一张宏伟的蓝图正逐渐浮现。

"中共中央和毛泽东主席在西柏坡指挥解放战争战略决战的同时，着手谋划建立新中国，就新中国的政体、政治制度、经济体制、政权设置，以及用什么方式建立新中国等一系列重大问题，进行探索研究和实践。"栗永表示。

1948年9月8日，中共中央在西柏坡召开了中共中央政治局会议，史称"九月会议"。会议围绕党的战略方针和战略任务、建立人民民主专政的国家政权、新民主主义国家的经济形态等问题，进行了充分深入的讨论，研究决定了准备夺取全国胜利的一系列重大问题。

董必武在华北人民政府主席就职典礼上讲话　中共河北省委党史研究室　供图

这是一次为迎接战略决战和筹备建立新中国，确立军事上、政治上方针政策的重要会议，为最后打倒蒋介石，夺取全国胜利，建立新中国，从军事上、政治上、组织上和思想上都作了重要准备。

伴随着解放战争的胜利进程，这张恢宏的蓝图上高潮迭起，华北人民政府的成立，便是其中之一。

石家庄西北40公里，平山县王子村。

漫步村中，崭新的民房中还能看到很多始建于20世纪二三十年代，剥落了泥皮的土坯房四合院。这些其貌不扬的民居，曾是华北人民政府司法部、教育部、华北人民银行、财经委员会等部门的办公地。

1948年9月20日至24日，华北人民政府委员会第一次全体会议在王子村召开，选举董必武为华北人民政府主席。王子村是华北人民政府的重要驻地。每逢重大纪念节点，很多部委都会来"寻根"。

1948年9月26日，华北人民政府成立。华北人民政府，被誉为"新中国中央人民政府的雏形"。正如董必武在华北人民政府第一次临时会议上指出的那样："华北人民政府的功能……是具有中央与地方双重性的。"

在存续的13个月里，华北人民政府所创立的各项管理体制，成为新中国建立初期经济、科技、教育体制的蓝本，有些成为新中国的基本经济、教育体制，对新中国成立后由新民主主义过渡到社会主义乃至社会主义建设事业的发展产生了极为深远的影响。

它的组建和运转过程，不仅为中央人民政府的创建提供了组织基础，也为新中国的各级政权机构建立了基本的政权体制和管理体制。

到1949年10月31日，华北人民政府结束时，中央人民政府的内务部、财政部、交通部、农业部等部门在华北人民政府各部的基础上迅速建立起来。

华北人民政府驻平山期间，其驻地在前后阶段是有变动的。除了王子村，东冶村、孟堡村、范西冶村、南铜冶村……该县县城一带十多个村庄，驻过华北人民政府所属十几个不同的部委办机构。

这些小村庄见证了华北人民政府这段珍贵的岁月，也见证了新中国政权建设探索的宝贵经验。

1949年3月在西柏坡召开的七届二中全会，就建立新中国的一系列问题作出了决策，决定全党的工作重心由乡村转移到城市，明确提出，要在北平召集政治协商会议，成立联合政府，建立一个"无产阶级领导的以工农联盟为基础的人民民主专政"的国家。

"新中国的蓝图是在石家庄西柏坡绘就的。在这里，中共中央完成了对新中国政治制度、经济体制的设计，制定了建立新中国的路线图。"栗永表示，中共中央是带着新中国的蓝图从石家庄西柏坡进入北京的。

随着新中国成立以及河北建省提上日程，一身兼两职的华北人民政府职能逐步退出历史舞台。

1949年8月1日，河北省人民政府正式成立，在此半个多月前的7月12日，中共河北省委恢复建立。1949年10月31日，华北人民政府正式撤销。

河北——这一省级行政区从此出现在即将诞生的新中国行政版图上。

然而，建省之初的河北版图却与现在有所不同。

泛黄的《河北日报》老报纸，清晰地记录着这样两条消息：

1952年11月，中央人民政府委员会决议，撤销察哈尔省建制，将察哈尔省的察南、察北两专区和张家口、宣化两市划归河北；

1955年7月，中华人民共和国第一届全国人民代表大会第二次会议决议，撤销热河省建制，其所辖的承德市和丰宁等8县改属河北。

"经过这两次大的调整，河北省的版图由此基本确定下来。"宋学民介绍，"此后，除1958年至1966年天津曾划归河北省和1958年、1973年先后将京津周围的河北省若干县划归北京、天津两市外，河北省行政辖区的变化仅为个别县的划出或划入和辖区内的区划调整。"

东临渤海，西靠太行，南跨漳河与河南省相望，北越燕山和内蒙古、辽宁交界，腹地有中央直辖的北京、天津两市，我们今天所看到的辽阔的河北版图也自此确定下来。

第二单元 红色档案

采访 ◎ 《河北日报》记者 周聪聪 朱艳冰 汤润清 王雅楠
通讯员 南宝通 何晓芳 董常春 付文昊 耿国栋
李红叶 马梦瑶 许晓杰 鄢华东

执笔 ◎ 《河北日报》记者 周聪聪

阅读提示

聚焦中国共产党百年党史，河北是可以完整见证百年党史的省份之一。

至今，这片英雄的土地上，仍留有大量不同时代的红色印记：

它是一本日记，记录着我党早期艰难探索历程；

它是一根绳子，见证着这片红色热土的"深厚伟力"；

它是三把植苗锹，浓缩着塞罕坝人为京津重塑生态屏障的一路艰辛；

它是一篇论文，透露着李保国精神世界中的"小秘密"……

贯穿中国革命、建设、改革和新时代的宏大叙事，燕赵大地上，这样的红色印记太多太多。它们铭刻着中国共产党在长期革命实践中逐渐成熟的历史轨迹，也彰显着一代又一代燕赵儿女不变的初心。

邢台前南峪村　　杨世尧　摄

一、探索

1. 缩影：一本日记里的艰难求索

封皮略有破损，纸张微微泛黄。

2020年11月27日，南皮县档案馆。

这座县级档案馆中，珍藏着一件国家一级文物——《张隐韬烈士日记》。20世纪80年代，它的发现曾轰动了全国史志档案界。

张隐韬，一个今人听来十分陌生的名字，他的日记何以如此珍贵？

中国共产党自诞生之日起，就在不断探索马列主义普遍真理如何与中国革命具体实践相结合。而这本日记，不妨看作我党早期艰难探索历程中一个具体而微的缩影。

"张隐韬，1902年生于南皮县唐家务村，1918年高小毕业后，因贫困无法继续求学，便到天津铁路局当了一名见习警察。"日记的发现者、南皮县原党史办研究员王玉良介绍。

1919年五四运动中，张隐韬受进步思想影响，于1921年成为北京大学马克思学说研究会的天津通讯会员，并于1922年春加入中国共产党。

张隐韬　《河北日报》资料图片

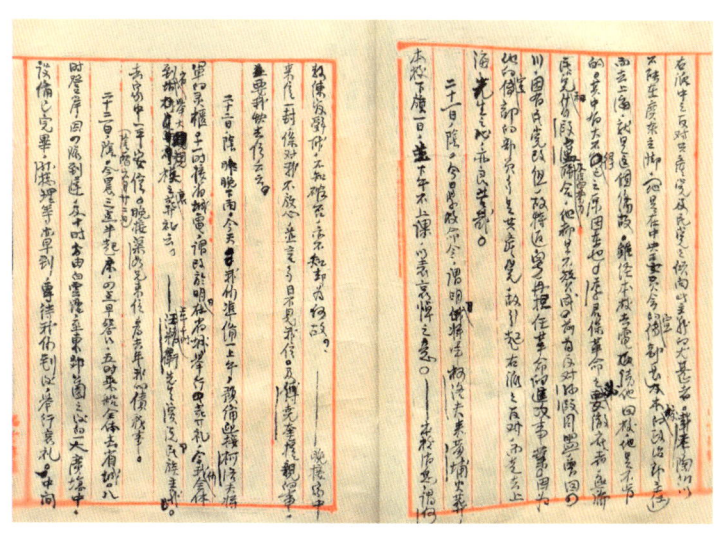

张隐韬日记　南皮县档案馆　供图

— 193 —

其后，借助铁路警察的身份，他受党组织派遣，奔波于北京、天津、唐山、张家口等地，活跃在京绥、京奉、京浦、正太等铁路线上，组织领导早期工人运动。

张隐韬的早期革命经历，如同一个缩影，生动地勾画出中共北方党组织创建初期的发展脉络。

1924年，受中共北京区委遴选，张隐韬考入刚刚创建的广州黄埔军校，成为著名的黄埔一期学员。在参加平定广州商团叛乱的战斗中，张隐韬敏锐地注意到，农民军和学生军协同作战，发挥了重大作用。

"安徽发起的大刀会，迷信太重，无一点计划，现在已失败，主要是缺乏中国共产党的领导……这些民众活动，若有部分觉悟分子参加，一定大有可为……"在日记中，这位年轻的共产党员工工整整地写下这样一番感悟。

发动农民，这是一个年轻的普通党员结合亲身经历的现实感悟，也是一个年轻的无产阶级政党在中国革命基本问题上作出的必然选择。

1924年7月，就在张隐韬与农民军并肩作战前夕，在第一次国共合作背景下，广州农民运动讲习所正式开学。与此同时，在张隐韬的家乡河北，农民运动的火种也已经开始播撒。1923年10月，全国第一个农村党支部在安平县台城村建立；1924年，中共北京区委成立了农民运动委员会。

1925年春，在开封的一家旅馆，从黄埔一期毕业的张隐韬在一次谈话中表示："在黄埔由我们党、团员组成的军官革命团，在东江战斗中攻无不克，勇不可当。这充分证明，我们党应该组织自己的军队，像苏俄那样，建立工农苏维埃政权。"

随后，他便受党组织派遣，到河南国民军第二军四旅开展兵运工作。仲秋时节，国民军出击天津的奉军，张隐韬感到组建工农武装的时机成熟。1925年11月，"津南农民自卫军"在泊镇宣告成立，张隐韬任司令兼党代表。

"在党史界，我党直接领导下的第一支革命武装公认为是1925年10月在广东肇庆成立的、以共产党人叶挺为团长的国民革命军第四军独立团。而张隐韬领导的这支津南农民自卫军，成立时间仅比其晚一个月。"王玉良表示。

建党初期的河北，既有军阀混战，又处于帝国主义侵略中国的前沿，饱受半殖民地半封建社会摧残。共产党的革命主张，唤醒了具有革命诉求的农民阶层。

一个发现了农民力量的政党，开始向燕赵大地深处播火；一群发现了真理的农民，开始朝着革命的光明聚集。在最深沉的夜色里，蕴藏在燕赵大地深处的力量一点点被引燃。

1927年10月，在中国共产党的领导和精心组织下，玉田及邻县2万余农民举行玉田农民暴动，在北方打响了武装反抗军阀的第一枪。之后完县、磁县、灵寿、高阳、蠡县、冀南等一次次农民暴动接踵而至，在中国北方产生了重大影响。

1931年保定阜平中华苏维埃阜平县政府的成立，更是将华北地区的革命斗争推向一个新高峰。虽然仅存在半个月的时间，但它却是我党北方第一个县级红色政权。3个月后的1931年11月，在南方革命运动的中心江西瑞金，中华苏维埃临时中央政府宣告成立。

从1920年李大钊开始将革命的火种播撒在燕赵大地，至全面抗战爆发前，普照大地的光焰将这里燃烧成一方红色热土，为之后河北敌后抗日根据地的创建打下坚实基础。

2. 模型：两大根据地的光明图景

"石工56507个；木工8933个；土杂工54009个；用木材五把粗以上树木1192棵；钢铁7600斤；石灰110万斤；炸药7478万斤；粮食，共用19万余斤……"

2021年5月20日，邯郸涉县档案馆。

一份名为"修建漳南大渠简况"的档案里，列着这样一串长长的数据。

从遥远的历史深处，这份档案轰然凿开一段晋冀鲁豫军民攀岩悬壁、刨洞劈崖的历史，也凿出一段根据地军民患难与共的记忆。

1941年冬到1942年秋，涉县遭受日寇"扫荡"，又遭受前所未有的旱灾和蝗灾，根据地军民的生活进入最艰难的时期。在一河之隔的河南境内国统区，此次灾荒造成300万人死亡、200多万人逃荒。

为缓解旱情，驻涉县的八路军129师、中共太行分局、晋冀鲁豫边区政府等领导机关共同商议，决定修建漳南大渠。为此，边区党政军干部和工作人员紧缩开支，提出每人每日节约小米二两或一两捐救灾民，还规定抽出时间参加修渠工作。刘伯承、邓小平等领导也到工地劳动。

1943年2月动工，历时一年多时间，水脉悠长的清漳河穿石渡谷，终于被引

— 195 —

上了太行山。漳河沿岸的3500亩旱地变成了旱涝保收的水浇田，每年得以增产70万斤粮食。青山悬白练，漳河渠水一刻不停地流淌到了现在，如今仍是涉县农田灌溉的重要水利工程。

放眼河北各抗日根据地，漳南大渠的修建并非孤例。

《晋察冀抗日根据地财政经济史稿》一书中列出了这样一组数据：

1939年水灾前两年中，北岳区共计整理旧渠2743道，共开新渠1290道，凿井2088眼，共恢复和增加灌溉面积达539637亩；

冀中区在1939年秋大水灾后，修堵了大小决口215处；整修险工53处，长2380.1丈；复堤筑堤38条，长528.5里；疏浚淤河9段，长165.45里。

其中，对新乐县西里村决口和饶阳县五岗决口的治理，都是几十年从未完成的艰巨工程……

在中国古代农耕文明诞生发展的历史上，河北大平原有着独特的历史地位，作为我国重要的农业大省和粮棉主产区，河北部分区域是世界上最适宜冬小麦生长的地方之一。然而，到抗战时期，长年战乱导致这里水利工程年久失修，水旱灾害频仍，令本就艰难的敌后根据地粮食供应雪上加霜。

因此，各根据地都把兴办水利、治理水灾作为发展农业生产的重要措施，孤悬敌后的抗日根据地也得以保持粮食基本自给。

兴修水利，只是河北各根据地建设的一个方面。

"当时河北各根据地较早地实施了新民主主义制度，在军事、政治、经济、文化、法制、社会等方面，进行了多方开拓和创造，使社会结构发生了根本性的变化，树立了新民主主义新中国的'模型'，使全国人民看到了新民主主义新中国的光明前景。"中国抗战史学会专家组顾问、河北省社科院研究员谢忠厚表示。

其中，晋察冀边区被毛主席誉为"抗日模范根据地"。

一个铁球，一面镜子，一套针线。

今天，在晋察冀边区革命纪念馆展陈着这样三件展品。饱经岁月风霜，这些展品已经渐失了金属光泽而略显斑驳。

虽是再寻常不过的物件，但在80年前，三件展品却被赋予了特殊的含义。

1940年9月1日，边区新民主主义运动帷幕拉开后，25岁的陈舜玉当选为唐县县长，庆祝大会就开在唐县西杨庄村。

当年群众送给女县长陈舜玉的三件礼物和她使用的望远镜　　周聪聪　摄

"一选选出来个女县长,长脸儿,个子不低,很英气。"这一幕曾深深地震惊了唐县西杨庄村民邸改先,当时的她还是个女娃娃。生前接受本报记者采访时,邸改先连连赞叹:"那时候女的都是在家干活、养孩子,真没想到女的还能这么有本事,当选县长还是全票通过!"

虽然那时候边区不讲请客送礼,可陈舜玉一当上县长,就收到了百姓送的这三件礼物。

"送铁球,是希望她把全县人民团结得像钢铁般坚固;送镜子,是希望她办事清正廉明;送针线,是希望她在各阶级之间穿针引线。"晋察冀边区革命纪念馆资料科科长栗静介绍,三件礼物饱含着群众对新生政权的殷殷希望。

处在敌后抗战最前沿的河北,始终走在根据地开创与建设的前沿。

3. 子弹:第一套人民币的发行

2021年5月27日,石家庄市中华大街55号,中国人民银行成立旧址纪念馆暨河北钱币博物馆。

一楼展厅中间的玻璃罩里,静静地陈列着一件国家一级文物——第一套人民币伍圆"帆船"券石印版。

石印版由坚硬的石灰岩打磨而成，表面呈淡淡的乳黄色，温润光滑。整齐排列的27枚票样上，还残留着均匀的蓝色油墨。

1948年12月1日，第一套人民币在此发行，加速了人民解放战争的胜利进程。

战争，并非简单的军事角逐，经济上的较量同样关乎战争走向。作为一套战时货币，第一套人民币曾被刘少奇比喻为一颗必要时才能发出的"子弹"。

那么，这颗攸关解放战争全局的"子弹"，因何放在华北解放区的"枪膛"里？它又是如何从燕赵大地被最终击发的呢？

1946年9月，邯郸郊区庞村。

上党、平汉战役胜利后，晋冀鲁豫中央局在这里召开了一次事关全局的财经工作会议。这次为期半个月的会议，只为"从根本上解决"一个问题——财经工作如何长期支持部队作战、抵御国民党在军事上的全面进攻。

若我们将视线升高，距离庞村不到10公里，就是当时贯通中国南北的交通命脉——平汉铁路。抗战结束后，国民党妄图打通平汉铁路向华北、东北推进，先

中国人民银行成立旧址纪念馆暨河北钱币博物馆展陈的第一套人民币"帆船"券石印版　　史晟全　摄

后发动了上党战役、邯郸战役。地处华北战略区南大门的晋冀鲁豫解放区首当其冲，最早经受了大规模兵团作战的考验。

巨大的战争消耗，让晋冀鲁豫中央局意识到集中各战略区分散经营的财经、货币工作的重要性。

"经过半个多月的研究，庞村会议决定全区的财政方针、负担标准、对外贸易、货币发行数量等，由晋冀鲁豫中央局集中统一领导。中共中央很快就将庞村会议提出的问题和形成的经验转发给各解放区。"中国人民银行石家庄中心支行事后监督中心主任、河北钱币博物馆原馆长崔仁斌介绍。

就这样，从大兵团作战得来的"晋冀鲁豫经验"，使河北成为一场更大范围的财政经济统一工作的中心地带。

1947年3月25日，同样是在邯郸，在冶陶镇一所小学，一次更大范围的财政经济会议召开，持续了近两个月。

这就是中央指示召开的华北财经会议。

虽然此次会议冠名"华北"，但会议却召集了除东北以外，晋察冀、晋冀鲁豫、华东、晋绥、陕甘宁等五大解放区的财经工作负责同志。

在解放区货币统一和相互流通问题上，各区代表都意识到，整个解放区在政治领导上是统一的，在军事指挥上也是统一的，而财政经济却还分散管理，不能适应大兵团作战的需要，应当在经济上尽快实现统一。

我党统一财经、货币的工作由此拉开帷幕，解放区统一货币呼之欲出。

"华北财经会议后，经济上的统一工作已经得到了初步成功，但各区货币只做到了相互支持，尚未做到自由流通，统一发行，这使各区间的物资交流仍遇到严重困难。"崔仁斌说。

1947年10月2日，伴着"滴滴答答"的敲击声，一封电报从平山县夹峪村发送到两公里外的中央工委驻地西柏坡。

电报中，时任华北财经办事处主任的董必武提出，"银行名称拟定为'中国人民银行'，是否可以？请考虑示遵。名称希望早定，印钞票时要用。"

1947年10月8日，中共中央对董必武"关于建立全解放区银行的建议"做出批示："目前……进行准备工作是必要的。至于银行的名称，可以用'中国人民银行'。"

就这样，创建中国人民银行的序幕正式拉开。

1947年冬天，平山县夹峪村一座农家小院的门前，挂出了"中国人民银行筹备处"的牌子。与此同时，各解放区银行的印钞厂开始紧锣密鼓地改组，分工印刷首批人民币。

其中，位于阜平的晋察冀边区银行印刷局改组为中国人民银行第一印刷厂，负责设计和印制第一套人民币50元券。而第一套人民币的10元券印制地，正是现位于石家庄市新华区的柏林庄学校。

"当时我们学校有六间宽敞的大教室，中国人民银行的直属印钞厂迁入后，教室全部改成了印钞车间。学校外边挂的是'民众书店'的牌子，门口总有人站岗值班。"柏林庄学校副校长史会锦介绍。

1947年11月12日，石家庄解放，原来被分割的晋察冀和晋冀鲁豫两大解放区连成一片，奠定了华北解放区在军事、政治、经济上统一的基础，使建立全国性政权和发行统一货币成为可能。随后晋察冀与晋冀鲁豫两大解放区合并为华北解放区，更使华北成为全国解放战争的后方基地。

1948年7月22日，冀南银行和晋察冀边区银行奉命合并，改称"华北银行"，结束合署办公，实现完全合并。10月1日，华北银行正式成立。华北解放区实现货币统一。

"子弹"已经上膛，何时才是它的最佳发射时机？

第一套人民币作为一套战时货币，它的发行与解放战局的推进息息相关。

1948年11月，东北全境解放，淮海战役顺利推进，平津解放为期不远。中国的军事形势进入一个新的转折点。

人民币这颗"子弹"也迎来了最佳发射时机。

"配合军事上的转折点，经济上，中国人民银行的成立和人民币的发行，要作为全国统一的象征，将国民党统治下几十年通货膨胀和中国近百年外币、金银币在市场流通买卖的历史永远埋进历史的垃圾堆，开启中国货币史上唯一统一的时代。"崔仁斌说。

1948年12月1日，就在位于石家庄现在的中华北大街55号这座小灰楼里，中国人民银行宣告成立，并宣布发行"伍拾圆""贰拾圆""拾圆"三种面额票券。

当天上午9时，中国人民银行总行发行科将新印刷的第一批50元券人民币交付给前来取款的平山县银行，人民币正式发行、流通。人民币所到之处，公营贸易公司和商店事先都调拨来花色品种齐全的商品，人们用新发行的人民币买到了足额的生活物资。

就这样，虽然没有贵金属储备，但人民币依靠稳定的物资供应和政权信誉，在河北站稳脚跟，走向全国。

二、奉献

1. 典范：三地展品背后的"深厚伟力"

在位于今天邯郸涉县赤岸村的八路军129师纪念馆仓库里，保存着一条麻质大绳。

绳子长50多米，褐色，绳面光滑。

这是一件藏品，也是抗战岁月里八路军和人民唇齿相依的见证。

1942年5月，涉县庄子岭村的农家妇女李才清正是用这根绳子，将54名伤病员

"八路军的母亲"李才清当年救助伤员所使用的麻绳　　八路军129师纪念馆　供图

拦胸、拦腰绑住，拖到村后山腰间50多米高的山洞里，使他们顺利逃过了日军的疯狂"扫荡"。

在敌人近20天的轮番"扫荡"中，面对日寇的刺刀威胁，甚至被放火烧房子，李才清一家始终没有吐露半个字。直到1985年，抗战胜利40周年，老人面对当地宣传部门的采访，仍对当年的事守口如瓶："不能说，组织上交代的，杀头也不能说。"

李才清被党和政府授予"八路军的母亲"称号。

在腥风血雨的抗战岁月里，燕赵大地上活跃着许许多多这样的"母亲"：

在太行山脚下，平山下盘松村，面对鬼子的"扫荡"，"子弟兵的母亲"戎冠秀让负伤的八路军双脚踩着她的肩膀向上攀爬，安全躲进山洞；在冀中平原，安平报子营村，"冀中子弟兵母亲"李杏阁用嘴为伤员吸吮脓血；在雾灵山深处，兴隆达峪村，"麻利嫂"张翠屏临产前带着300多名八路军紧急转移，在冰上产子……

河北省的老区占到全国老区县的十分之一，几乎每个老区的村庄，都有过为抗战无私奉献的革命母亲。

冒着生命危险，给奋战在敌后的干部、战士送饭送水，照顾转移伤员，侦察报告敌情……她们每一个人都是"子弟兵的母亲"——"娘"，这曾是子弟兵对她们的共同称呼，起初是为了避免暴露，后来却是发自内心的呼声。

毛泽东曾在《论持久战》中指出："战争的伟力之最深厚的根源，存在于民众之中。"

在位于今天唐县军城南关的晋察冀烈士陵园，北侧平台处有一个长30多米的碑廊，呈东西方向排列矗立着十通碑刻。汉白玉石碑上，整齐地镌刻着2528名唐县籍烈士的名字。

"这些烈士中，有1300多人牺牲在抗日战场上。"唐县政协原副主席宗健介绍，在抗日战争期间，时有人口18万的唐县，有7385名优秀青年参军入伍，2664名干部南下北上。

而唐县，只不过是河北众多县市中的一个。

抗日战争时期，河北是八路军最稳定的兵员补充基地。到抗战胜利，晋察冀所属正规部队由3000余人发展到32万人，民兵从无到有，发展到90万人；晋冀鲁豫所属正规部队由9000人发展到30万人，民兵发展到40万人。

在晋察冀边区革命纪念馆，珍藏着一册冀中区行署教育科于1941年4月14日编印出版的老课本——高级小学用《政治常识》第二册。

由于当时边区印刷条件简陋，老课本使用的纸张大多为民间自己制造的"土纸"，图案字迹不甚清楚，装帧简单。但泛黄的纸张中，字里行间透露出对侵略者的同仇敌忾，浮现着全民皆兵、全民抗战的身影。

抗日战争时期，河北大地上村村是堡垒，人人是战士。

工救会、农救会、青救会、妇救会、文救会、儿童团和自卫队……根据地里，几乎任何一个人都有组织归属，创造出一整套适合于人民战争需要的后勤供给、兵员补充、伤员救护、敌情侦察、通信联络等作战保障工作系统。

"晋察冀的组织，简直是神秘微妙、不可思议的组织。老百姓可以随便用一个眼色，一个手势，就互传讯息，传递抗日军所要的消息，而且传递的速度，比电报、电话还要'快速'。"在大龙华之役缴获的日寇文件中，敌酋桑木师团长就曾这样哀叹。

这就是真正的人民战争。

2. 屏障：三把植苗锹的"瘦身"

在今天的塞罕坝展览馆，陈列着这样三把植苗锹：

右数第一把形似我们常见的铁锹，锹头和锹柄都由生铁制造，锹头宽厚；

第二把与第一把锹头大小相仿，不同的是，锹柄改为木质，锹头顶部两侧突出，更方便踩踏；

第三把锹头变细变窄，形似"长矛"，锹背上还焊接了横梁脚踏板，手持轻便，入土锋利。

植苗锹，在塞罕坝机械林场最不起眼，却又是应用最广的植苗工具。在115万亩有林面积中，塞罕坝逾半林海都是用植苗锹一锹一锹种出来的。

植苗锹，见证着塞罕坝几代建设者科技兴林的探索，也浓缩着塞罕坝人为京津重塑生态屏障的一路艰辛。

"创业初期，第一代建设者连一把合适的植苗锹都没有。"指着橱窗中锹头已经氧化变黑的"第一把植苗锹，林场林业科副科长范冬冬介绍，第一代植苗锹

塞罕坝展览馆陈列的三把植苗锹　　赵 杰 摄

名为苏制克洛索夫植苗锹,还是当时林业部的领导到苏联考察不远万里给塞罕坝带回来的。"

但"远道而来"的植苗锹很快便遭遇了"水土不服"。

相比苏联人,当年的中国人身形瘦小、力气较小;当时苏联造林地块普遍土质松软,植苗锹很容易插入土中,而塞罕坝立地条件差、砂石多。克洛索夫植苗锹并不适合坝上造林。

这把"抡不动""铲不进"的植苗锹,从一个小小的侧面,映照着塞罕坝的创业之艰。

摊开一张河北地图,华北平原和内蒙古高原交接的地方陡然升高,一个东北—西南走向的大台阶分割出上下两种地貌。

这个台阶就是塞罕坝,海拔1010~1940米。

天地造化,使这里的森林成为阻挡北方风沙南侵的天然屏障,但高纬度和高海拔也令这里冬季寒冷漫长,最低气温-43.3℃,年均无霜期仅64天。不仅寒冷,塞罕坝风沙还异常大。当地有句谚语称"一年一场风,年始到年终"。

独特的气候与地貌，也让塞罕坝在全国造林行业，成为一个特殊的存在。

建场初期，林场的树苗都是从外地引进的。1962年，林场种植了1000亩树苗，到了秋天，发现成活率不足5%。1963年春，塞罕坝又种植1240亩树苗，成活率也不足8%。

"后来人们知道，树种和苗木本身没有问题，而是在调运中，树苗失水、伤热，且适应不了塞罕坝气候造成的。"范冬冬介绍。

怎样摸清塞罕坝的"脾气"，在这片土地站住脚、扎下根，是摆在塞罕坝第一代建设者面前最现实的问题。

林场前两年连续造林失败使一些职工心灰意冷，林场"下马风"甚嚣尘上。这时，老书记王尚海，场长刘文仕，副场长张启恩、王福明，反而把全家老小从北京、承德和围场，搬到条件极度艰苦的塞罕坝。

"军心"稳定后，塞罕坝第一代建设者从改进育苗方法和造林机械入手，从科学技术上寻找前期造林失败的原因，开始了一段自力更生的创业史。

植苗锹的"瘦身"便是其中一个重要的章节。

如果说第一代植苗锹见证了创业之艰，第二代更加轻便的植苗锹则见证了苦干实干的激情。

一份刊载于1966年《林业实用技术》、署名"河北承德塞罕坝机械林场生产办公室"的文章《落叶松植苗锹》中记载：林场自使用新式植苗锹后……原来每3～5人一组流水作业，用锨、镐平均每人每天栽250株树苗，改用植苗锹后，1人平均每天可栽植600株。

塞罕坝人对这个速度仍不满意，植苗锹被不断改进，它的身形越变越窄，头也越来越尖，第三代植苗锹应运而生。它单脚轻踩便可直插土中，而狭窄的缝隙，更利于防止树苗根系透风跑墒。

配合植苗锹的改进，塞罕坝人独创"三锹半人工缝隙植苗法"，比行业通用的"中心靠山植苗法"造林功效提高一倍，同时能节省造林成本，该技术已被广泛应用于三北防护林工程建设。

一锹一锹，五十多年如一日，塞罕坝的绿色高效延展，叠加出一个塞罕坝百万亩荒原变林海的奇迹。

到2017年，塞罕坝整个林场仅剩下10000亩石质阳坡尚未造林。

"在这样的山上挖树坑其实就是凿石头，一凿下去，震得手疼。"范冬冬说，"坡陡山高，机械上不去，浇水后重达七八斤的容器苗全靠人扛骡子驮，就连骡子都经常累得撂挑子。"

在让第三代植苗锹也"败下阵来"的困难面前，塞罕坝人却向这"最后的硬骨头"发起了总攻。截至2018年底，塞罕坝林场石质荒山攻坚造林任务基本完成，造林成活率达到99%。幼树成林后，这片世界最大人工林场，森林覆盖率将达到86%的饱和值。

不过，植苗锹不会就此退出塞罕坝的历史。

现在，为改变造林树种单一，丰富林种树种结构，塞罕坝正向着营造复层异龄混交林的目标迈进。

虽然现在塞罕坝大部分树种都采用容器苗种植，但塞罕坝的主要树种之一落叶松，仍要借助植苗锹来栽种。

三把植苗锹，见证了塞罕坝机械林场从何处来，又将继续见证塞罕坝走向一个更加高质量的未来。

塞罕坝已经成为著名的生态旅游区　　《河北日报》资料图片

3. 跨界：一位博导的博士论文

2004年夏天，一位46岁的中南林学院博士完成了他的毕业论文——《红富士苹果优质无公害栽培理论及配套技术及其应用的研究》。

论文以河北省内丘县岗底村的红富士苹果为研究对象，用详实的数据，分析了产地环境、土壤和叶片矿质元素、主要栽培措施等对果实品质的影响。

其实，当时他已是河北农业大学博士生导师。

这个人，就是今天我们熟知的"太行山上的新愚公"李保国。

常言道"人过三十不学艺"，当时的他作为博导，却要"自降身段"再读博士，这个决定令很多人难以理解。

然而，通过这位博导的博士论文，这位埋首脱贫攻坚一线的知识分子的初心，却愈发清晰。

1996年8月的邢台岗底村，是这篇论文的起点。

当时，这个太行山中南部的小山村，刚刚经历了一场特大洪涝灾害，村里仅有的200多亩耕地全被大水冲成了河滩地，很多村民想离乡打工，甚至有村民因秋收无望选择喝药自杀。

就是在这种情况下，李保国作为省科技救灾组的一员，来到了这里。

在村里看了一圈，李保国看到了村后沟里的苹果树。

眼前的苹果树虽然没有被大水冲垮，但因病虫害严重，长势很弱。

从20世纪80年代起，岗底村便开始种果树，但由于没有科学的果树管理技术，并没能改变岗底村村民的贫困面貌。

"你们要是相信我，我教你们管理苹果树。"

就这样，李保国"包"下了岗底村。

当时的李保国，是山区小流域综合治理方面的专家。在前南峪，为了提高当地百姓绿山的积极性，他曾指导老百姓种果树，走出了一条生态效益、社会效益、经济效益协同发展的扶贫之路。

不过，相比在前南峪，为了更大幅度提高果农收益，李保国暗暗定下了一个更高的目标——在岗底生产出优质无公害的苹果。

虽然现在农产品的安全标准已经提高到绿色、有机，但在20世纪90年代，无公害却是个很超前的概念。

而这个目标意味着，李保国又要从头开始。

"老百姓需要什么，他就研究什么，他从不怕从头开始。"李保国的爱人、河北农业大学林学院研究员郭素萍说。因为对于李保国来说，"学啥都是为了全心全意为老百姓服务"。

但这份担当背后，是常人难以想象的辛苦付出。

李保国的这篇博士论文近8万字，仅实际采集试验数据制成的图表就有70多个。

这些一手数据的来之不易，李保国的助手、他当年带过的研究生们再清楚不过。

2000级研究生秦立者的研究方向是病虫害。有的小虫晚上活动，所以秦立者的研究几乎都得夜间上山，观察病虫害的活动规律，几乎都是和师父、师母一起，"当时我半夜上山做我的课题，师父平时回保定上课，一有时间回了岗底也是半夜扎在山上做他的博士论文研究。"

2012年4月13日，李保国教授在临城县为农民讲解薄皮核桃高接换优技术要领　　赵永辉　摄

虽然种果树是"半路出家"，但李保国的专业水平，常常令科班出身的同行都刮目相看。

从选配最佳授粉品种、给苹果套袋、测土配方施肥、节水灌溉、建立无公害病虫害防治方法、省力化修剪、果实品质检测、建立气调库和苹果采后加工等，李保国带着学生将涉及苹果的方方面面进行了系统研究。

李保国生前接受采访时，曾当面告诉记者："不管生态的、土壤的、肥料的、栽培的、生理的，一直到分子生物学的，从宏观到微观，从单项技术到宏观产业设计，我几乎都懂。"末了，他反问道，"要想干成事，不较劲还行？"

"当时他读这个博士，大家都觉得他不为评职称不为啥，何苦还要读博士，况且他还坚决要自己考，考上了上，考不上不上。"别人不理解，但郭素萍明白，"其实，他就是想实实在在学点儿新东西。"

从1996年来到岗底，到2004年博士毕业，这篇论文凝结了李保国扎根岗底八年的心血。

但最为可贵的是，这篇论文没有仅仅停留在纸面上。

借助这篇论文翔实的试验数据，一系列的苹果管理新技术获得突破。通过大面积推广优质无公害苹果规模化种植，为"富岗"这个全国知名的品牌奠定了坚实基础，该项目最终荣获河北省科技进步二等奖。

2001年，富岗苹果便通过了绿色食品认证。现在，随着技术的进步和消费的升级，岗底苹果果品质量仍在不断提高。

岗底村民因此走上了富裕之路，住上了楼房，开上了小汽车，过上了好日子，这份科技巨作被成功地"写"在了太行山上，把过去的"荒山秃岭"变成了岗底人民的"金山银山"。

"为什么老百姓都说他出的招儿管用？因为这些招儿绝大多数都是李老师带着学生一点点做试验得到的结果，又用最通俗的语言告诉老百姓，再用'盯死，死盯'的精神指导农民把各项措施落到实处。"秦立者说。

巍巍八百里太行，撑起了整个河北的骨架，也曾是河北贫困人口的主要集中区域之一。

在河北脱贫攻坚的日子里，无数像李保国这样的科技工作者，前赴后继，把致富的火种播撒在太行，也将太行山走成了一条道路、一种精神。

三、忠诚

1. 初心：一位县委书记的名利观

在今天迁西县前韩庄村韩东征纪念馆，有一张珍贵的照片，是1949年出席全国政协第一次会议期间各解放区农民代表合影。合影前排左三的冀东代表，就是韩东征。这张合影拍摄后不久，他便参加了开国大典，并受到党和国家领导人的接见。

韩东征，首任中共迁安（西）县委书记。新中国成立后曾任河北省水利厅副厅长等职。

在中共首任县委书记这一特殊群体中，韩东征在新中国成立后担任的官职不算大，名气也不算高，但他一生恪守的名利观，堪称一代干部的"标杆"。

韩东征　　马振　供图

1928年11月25日，迁安县第一个党小组在前韩庄村诞生，韩东征任小组长。不久，前韩庄建立了党支部，韩东征又担任书记。

但追溯这个党组织的历史，韩东征的入党介绍人韩文华的贡献不可不说。

大革命失败后，黄埔军校第四期入伍生韩文华受党组织派遣返回家乡，在前、后韩庄一带主办农民讲习班，秘密宣传革命。正是受韩文华的启迪，韩东征接受了马克思主义，成为党在迁西地区发展的第一个中国共产党党员。

既然党组织由韩文华"播火"，书记为何却由韩东征担任？

"这样安排完全是出于工作的考虑。韩东征是当地土生土长的农民，出身贫困，由他负责领导开展工作更容易得到群众的支持。事实上，韩文华此后一直在协助韩东征工作。"中共迁西县委党史研究室主任马振表示。

不讲条件，不计个人得失、地位高低，自觉地坚持一切从实际出发，这是韩东征的入党启蒙，也成为他政治生涯永恒的底色。

1933年，受党内"左"倾错误的影响，京东特委决定在迁安举行农民暴动。韩东征等曾因拒绝接受特委发动武装暴动的错误指示，被撤销领导职务。但政治上遭到的打击，丝毫没有影响韩东征的革命热情。

1934年1月迁安暴动失败后，他主动承担起收拾残局的重任，深入到金厂峪金矿，领导金矿工人罢工斗争，为恢复地方党组织做了大量艰苦的工作。长城抗战爆发后，他还和高机先一同组建起百余人的"抗日自卫团"，配合29军于喜峰口、董家口等长城要隘抗战，亮出了共产党坚决抗日的鲜明旗帜。

1934～1935年间，为支援民族英雄孙永勤抗日义勇军，韩东征秘密派中共党员进入孙部，为该军政治整编创造了条件。

直到1936年，刘少奇同志奉命到北方局主持工作，纠正了组织内"左"倾的错误路线，韩东征才被恢复了组织关系和领导职务，第二次出任迁安县委书记。

1942年春，由于工作需要，韩东征再次欣然接受由县委书记改任县委组织部部长。

战争年代如此，和平年代亦然。

新中国成立后，韩东征一直从事水利战线的领导工作。先后任蓟滦河务局局长、河北省水利厅农田水利局局长、河北省水利厅副厅长、水电部漳卫南运河管理局副局长兼党委副书记，后又兼任潘家口水库工程局副总指挥等职。

大河之北，河湖众多，中华人民共和国成立初期，河北水患严重。从北到南，又从南到北，韩东征几乎走遍了河北各大流域。

用今天很多人的眼光看，韩东征这一次次的调动，并非都是"升迁"，但根据河北各地与干旱、洪涝斗争形势的变化，韩东征完全服从党的工作需要，始终奋战在急难险重的岗位。

河北，是全国建党比较早的地区之一，又是革命老区，这块土地上培养出一大批像韩东征这样久经考验、革命意志坚定的优秀干部。

"事实上，在解放战争后期，华北解放区被中央作为了一个培养教育干部的基地。"中共河北省委党史研究室编研三处处长阎丽介绍。

早在1948年6月，中央就委托华北局开办华北局党校，主要目的就是培养干部。平津解放后，中央又指示华北局，从社会青年学生中大量吸收培训干部，于1949年2月成立华北人民革命大学，先后入学者达12000余人。

1948年11月，华北局作出《关于在职干部教育的决定》，其中就明确提到，由于人民解放军的胜利进军，华北解放区已处于巩固的地位，可以而且必须比较有计划有步骤地进行新民主主义国家建设工作,这就要求我们党能提供更多优秀干部,担负目前的工作。又由于革命日益接近全国的胜利,也要求华北局党的组织提供更多的优秀干部到其他各地去工作。

就这样,在中华人民共和国成立前后,大批优秀的河北干部或走向全国或留在河北。

他们有的从华北人民政府走向北京,构成新中国中央人民政府最初的班底;有的抛家舍业、随军南下,投身南方的解放和建设事业,担当起重要的领导责任;还有很多人像韩东征一样,成为河北地市级干部的中坚力量。

2021年是建党百年华诞,中共中央首次颁发"光荣在党50年"纪念章,河北省有47.97万老党员获得了这份沉甸甸的荣誉。

"光荣在党50年",表达的是党和人民对他们的深深敬意,而他们也用兢兢业业为党工作的汗水和平凡岁月的坚守告诉世人,党员的初心是什么,永远有多远。

2. 牺牲:两枚弹头的震撼回响

2020年9月中旬,纪念中国人民志愿军抗美援朝出国作战70周年之际,保定高阳县文物保护管理所的革命文物清单上增加了两件特殊的文物。

这是两枚子弹弹头,笔筒形状,豇豆大小,像两块烧焦的煤炭。

它们来自遥远的抗美援朝战场,曾在一位军人体内"陪伴"他走过了近70年的人生。

2020年9月2日,95岁的高阳籍抗美援朝军人李景湖在北京病逝。殡仪馆工作人员在收集老人骨灰时,发现了这两枚弹头:一枚在头部位置,一枚在腰部位置。

两枚弹头"咣当"落入托盘,这是李景湖留给世界最后的声音,也是英雄的河北儿女在抗美援朝战场上的震撼回响。

1951年,李景湖踏上了抗美援朝的战场。

那时候的他,是一名已经参加过抗日战争和解放战争的老战士。

李景湖参军时只有13岁。当时日军在他的老家高阳制造了惨案,杀害了180位八路军和村民。惨案之后八路军很快又在博士庄跟鬼子打了一仗。感到八路军是真心抗日,李景湖第二天就参了军。

当时和李景湖一起跨过鸭绿江的燕赵儿女,不仅有他那样身经百战的老战

李景湖　　李文新　供图

士，还有踊跃报名的新兵。

抗美援朝战争爆发后，成千上万的燕赵儿女义无反顾地走向了朝鲜战场，从1950年12月至1951年1月15日，仅仅一个半月，河北就有1879名青年学生和699名青年工人报名参军，超过原定目标的11.6%。到1953年1月20日，全省共47385名合格新兵参军入伍。

1951年初，李景湖来到朝鲜战场，在63军187师担任通信科长，负责埋管布线，保障整个师的信息联络。

不久，他便参加了抗美援朝的关键一战——铁原阻击战。

在战场上经历过什么，李景湖几乎对家人只字未提。但在相关资料里，我们了解到这场战斗打得多么惨烈：当时2万多人的63军几乎把能调动的所有兵力都投入战斗，相关干部、通信员，甚至连炊事员都上了战场。

铁原阻击战，美军创造了1小时打出4000吨炮弹的纪录——比美军标准弹药消耗多了5倍。这场惊天动地的大战足足打了13天。在美军的重火力下，63军全军官兵的衣服被美军燃烧弹烧破，战斗结束时，战士们身上只剩一条裤衩和弹仓空空的步枪。

经过铁原阻击战一役，美军再也无法承受越来越多的伤亡，1951年6月10日转入全线防御。

因通信保障工作有力，李景湖在这场战斗中荣立三等功。

铁原阻击战的惨烈，只是抗美援朝战争之残酷的冰山一角。但面对当时世界上最强大的敌人，一位位河北儿女打出了血性和威名：

河北籍志愿军李凤林被授予一级战斗英雄、特等功臣，河北籍志愿军赵先有被授予特等功臣，他们的事迹被巴金写进小说，成为电影《英雄儿女》英雄王成"向我开炮"光辉形象的原型之一；

高阳籍女志愿军解秀梅，是抗美援朝战场唯一一位女一等功臣，也是电影

《英雄儿女》中王芳的原型之一；

朝鲜战场上曾产生6位立下赫赫战功的空军一级战斗英雄，其中，就有两位河北籍英雄——刘玉堤和孙生禄；

2021年建党一百周年，唐山籍抗美援朝老兵王占山荣获"七一勋章"……

抗美援朝战场上，这样的燕赵儿女太多太多。牺牲在抗美援朝战场的河北籍烈士可查证的就达11853人。他们中，有家喻户晓的英雄，也有无数李景湖这样默默无闻的战士。

1953年7月，李景湖在朝鲜坪山南村战斗中负伤致残。填写于1958年的《军官退出现役申请报告表》显示，李景湖"健康状况"为"头疼""右手及右脚各负伤一次，已残疾"。

"我父亲一辈子走路抬不起腿。"李景湖的小女儿李文新说。直到2001年，李景湖在做CT检查时，才发现大脑中的"金属异物"——从负伤直到去世这漫长的60多年，李景湖一直被头疼所折磨，在生命的最后几年，往往疼得彻夜难眠。在李景湖体内作祟的，正是这两枚从朝鲜战场上带回的子弹。

"为什么战旗美如画，英雄的鲜血染红了它。"

硝烟远去，透过两枚子弹，在这场跨越70年的"对话"中，李文新读懂了父亲，我们也读懂了那许许多多河北英雄儿女无声的爱和誓言。

3. 使命：一件写满签名的"战袍"

在今天的河北医科大学校史馆，珍藏着一件特殊的白大褂。

白大褂上，红色、黑色，大大小小的签名遍布全身。这是武汉市第七医院最后一个新冠肺炎病区关闭时，所有当班的河北支援湖北医疗队队员和武汉第七医院的部分医护人员，以及武汉当地的大巴司机、交警等共同签下的。

白大褂的捐赠者，就是首批河北支援湖北医疗队队长袁雅冬。

2020年1月27日，大年初二，这件白大褂被袁雅冬整齐地放进行李箱——此行的目的地，是当时的疫情风暴中心武汉。

2003年战"非典"，2009年斗甲流，武汉之行已经是袁雅冬的第三次逆行应征。

这次新冠肺炎疫情，是中华人民共和国成立以来在我国发生的传播速度最

袁雅冬的白大褂上，写满了医护人员、当地民警、志愿者等人的签名　　　赵海江　摄

快、感染范围最广、防控难度最大的一次重大突发公共卫生事件。和她一起奔赴武汉前线的，还有来自省市各级医院的149名队员。

"医疗队员们，都是普通人，有的比我的孩子还小，哪一个不是家里的宝。那种情况下到武汉，谁不怕？"回顾当时的情形，她下意识地挺直身子，"但越是这种时候，越要意识到自己是医护人员，是党员，肩上是有责任的。"

1月27日凌晨4时，这件白大褂随着袁雅冬抵达武汉。

但由于新冠肺炎病毒的超强传染性，当袁雅冬进入武汉市第七医院的"红区"时，它只能被留在行李箱里了。

而袁雅冬必须在刷手衣外边，套上严严实实的防护服。

这副装扮，对袁雅冬这位抗疫老将来说，也是第一次。

"当时物资供应紧张，防护服穿一套就消耗一套。"由于此前防护服不属于各大医院的储备物资，河北支援湖北第一批医疗队出发时，只有袁雅冬从河北医科大学第二医院带去的600套防护服。但这，几乎也是该院全部的"家底儿"。

为了节省防护服，150名队员练习穿脱防护服，都是边学边干，从没有专门拿出一套来练。有的队员鞋套踩破了，就只能用垃圾袋把鞋套上。甚至，有一次袁雅冬只能穿着一件薄如蝉翼的隔离服进入红区，四处漏风只能用胶带粘。

不过，令袁雅冬感到安心的是，防护服短缺的问题，迅速得到了缓解。

在距离武汉900多公里的河北家乡，医药企业第一时间开足马力、争分夺秒地复工复产。

一组数据是最有力的证明：2020年1月19日至4月15日，国家累计从河北调拨医用口罩410.12万只，医用防护服99.04万套，隔离面罩68.03万套。其中防护服和隔离面罩高峰时调拨比例分别达我省日产量的70%、100%。

身在武汉，河北医疗队员们最幸福的一件事，就是深夜到火车站，接收"老家"运来的物资。

隔离服、护目镜把人包得严严实实，医护人员需要在隔离服上写上名字，方便交流。袁雅冬写得异常凝练，只有五个字——"河北袁雅冬"。

"不管具体来自哪个医院，我们都代表着河北。"袁雅冬说。

打出河北医疗队的水平，平平安安把队员们带回来，这是袁雅冬出征时定下的两个必须完成的任务。但与前两次抗疫不同，这次袁雅冬是带了一群陌生的同事，跨地域作战，疫情重、时间短、挑战异常大。

当时武汉七院没有呼吸科，但河北选派的医疗队员几乎都是与呼吸、感染、重症相关的专业医护人员。

"这时候，我们必须得把这个担子担起来，尽量收治更多患者。"袁雅冬说，绝大多数医疗队只对接一个病区，但首批河北支援湖北医疗队几乎是接管了一家医院，包括4个病区和重症监护室以及检验科的工作，在此基础上又不断扩大病区增加病床，大大缓解了住院难。

"正常的医护配比在武汉七院应该是医师数与床位数之比0.5∶1，护士与床位数之比1∶1，但是我们面对的病人远超过我们的人手。此外，住院患者中有70%的重症，治疗难度很大。"

作为队长，袁雅冬的责任除了救人，还承诺团队零感染。

从到达武汉的第二天，袁雅冬要求每一名医疗队员在离开酒店前和回到酒店前测量体温。队员全部上报体温常常要到半夜，可不管多晚，袁雅冬都要等汇总完体温再休息。

由于测温部位不同、测温时间差异或处于生理期，一些队员测温时会超过

37℃，为了帮他们缓解心理压力，她还要挨个去房间或打电话了解、慰问。

"当时也不知道困不困了，反正你就知道你每天有这一堆事儿要干，干不完就休息不了。"在武汉的两个多月，袁雅冬没有轮休过一天。

巨大的消耗，令她脱发严重。

"当时我每次一回宾馆，就看见我床上一层头发。"床上头发太多，以至于很长一段时间，袁雅冬总怀疑是有人趁她没在时到她床上睡觉了。

"从武汉回来，我这头发细了一半，这个卡子都卡不住了。"袁雅冬摸摸头上的一个淡紫色发卡说。

在袁雅冬的带领下，第一批医疗队重症救治成功率在武汉排名前三，累计收治病人429人次，全体医疗队员零感染。

武汉市第七医院最后一个新冠肺炎病区关闭当天，袁雅冬想着要请大家留下"墨宝"，作为武汉抗疫的纪念。虽然隔离服是当之无愧的"战袍"，虽然当时防护服的供应已经十分充足，但拿一件崭新的隔离服签名，"怎么想都舍不得"。

思来想去，她还是请大家把名字签在了白大褂上。

2020年3月20日，经历了50多个昼夜的奋战，袁雅冬终于凯旋。

和她一样安然归来的，还有1000多名在隔离服上写下"河北"二字的医护人员。

2020年12月20日，袁雅冬将这件白大褂捐赠给母校——河北医科大学。

这是从武汉踏上归程的一刻，袁雅冬认定的必须要做的一件事。

"新冠肺炎疫情是我从医生涯中第一次以医务人员为'作战'主体的重大事件……再遇到这种情况的时候，我们后面的医者能否像我们这样知重负重，专业执着，勇于承担，勇于奉献，我们把所有的希望寄托在你们身上。"捐赠仪式上，袁雅冬寄语年轻的医者。

（感谢河北省委党史研究室、河北省档案馆、西柏坡纪念馆、晋察冀边区革命纪念馆、八路军129师纪念馆、中国人民银行成立旧址纪念馆、唐山开滦博物馆、磁县直南党史馆、冀南革命纪念馆、直隶省立第七师范纪念馆等单位和个人的大力协助！）

位于平山县的战国中山国遗址　田明　赵海江　摄

河北人文地理解读

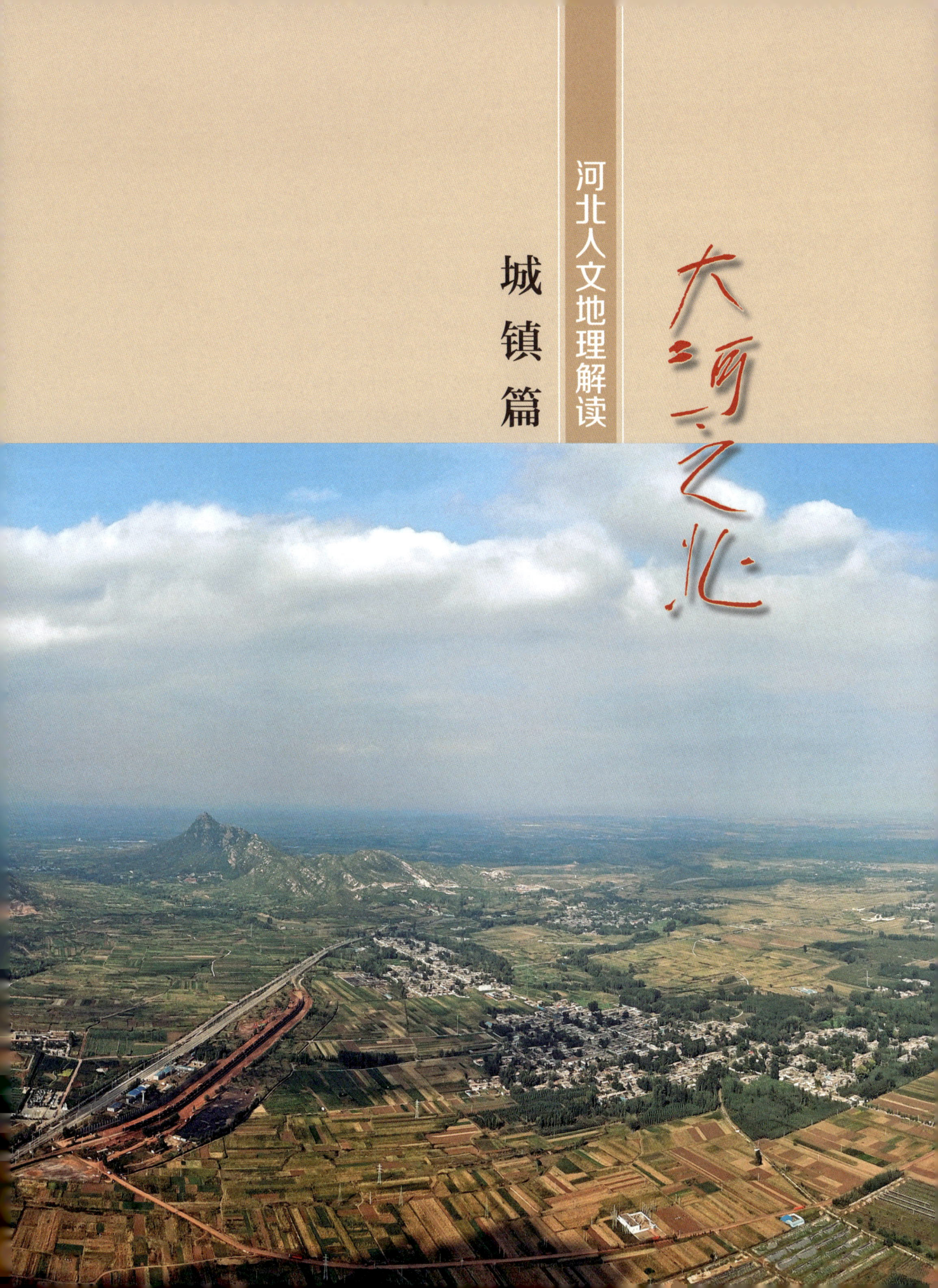

城 镇 篇

大河之北

第一单元 都市沧桑

采访◎《河北日报》记者 王思达
执笔◎《河北日报》记者 王思达

📖 阅读提示

河北，中国城市文明发源较早的地区之一。

从距今约4200年前的新石器时代城址邓槽沟梁，到华北平原最古老的城市邢台；从我国保存最为完好的战国古城址邯郸赵王城，到被公认为"中国古代都城建设典范"的邺城……千百年来，燕赵大地的城市文明在中国的历史长河中熠熠生辉。

进入近现代以后，河北各城市又因各自不同的自然条件和发展机遇，呈现出迥然不同的发展特点。

让我们一道探究河北城市的源头和未来，一起寻找河北城市的打开方式。

邢台市区图　赵永辉　摄

一、古代城市的先声

1. 河北最古老的城

2020年9月22日，秋分。塞外山城张家口，已有些许寒意。

上午10时，天朗气清，崇礼区高家营镇大水沟村西侧阶地的考古作业现场。

"看！那就是张家口的北大门——大境门，距离这儿的直线距离也就六七公里，开车最多10分钟。"河北师范大学历史文化学院副教授崔英杰站在一处高坡上，往西南方向指了指。

"自古以来，大境门就是扼守张家口的北大门，而我们脚下的这块土地，可以说是'最早的张家口'。二者距离这么近，你说是不是巧合呢？"崔英杰神秘地笑了笑。

大水沟村仅有的几十户人家，还是20世纪90年代从别处搬迁至此。为什么这里能被称为"最早的张家口"呢？

"长期以来，提到河北建城时间最早的城市，考古界比较公认的是拥有3500年建城史的邢台。但最新的考古挖掘越发清晰地表明，位于崇礼大水沟村周边阶地上的邓槽沟梁遗址，建城史可以上溯到约4200年前。"崔英杰介绍。

通俗地讲，邓槽沟梁遗址就是河北目前已知的最古老的城。

这是一个足以改变人们对河北城市发展史认识的新发现。

崔英杰和邓槽沟梁遗址的第一次相遇，是2014年年底。当时，在刚刚结束的第三次全国文物普查中，邓槽沟梁遗址被当地文物部门发现并上报。受学院委派，崔英杰第一次踏上这片土地。经过初步考察，他判断，这里是一片新石器时期遗址。

2015年，崔英杰带领河北师范大学考古系学生开始了对邓槽沟梁遗址的试掘。

石护坡、灰沟、夯土墙基、房址……随着发掘的深入，越来越多的遗迹开始超出了普通新石器遗址应有的内容，在崔英杰的脑海中，勾勒出一座新石器史前城的模样。

对于新石器考古已经许久没有突破性进展的河北来说，这是一个惊人的发现。

2017年5至11月，河北师范大学考古系与河北省文物研究所、张家口市考古所、崇礼区文广新局组成联合考古队，对该遗址进行正式勘探与发掘，对周边区域的考古调查也同时展开。

新的发现不断印证着崔英杰的判断：考古队挖掘出土了大量陶片、石器及少量的骨器和蚌器，采集了大量动物骨骼及土壤样品。

更为重要的是，考古队发现了多段夯土墙基、多座房址和多个灰坑。这些夯土墙基，正是当年的城墙遗址。专家们根据墙基遗迹推测，当年的城墙沿山梁而建，呈不规则形状，城内面积达40多万平方米。

"在古代，'城'和'市'是两个不同概念。'城'是指城邑四周的墙垣，而'市'指的是交易场所。"崔英杰解释，"早期人类出现时，只有聚落，没有城。在考古工作中，只要一个遗址有范围确定的城墙和城内的一些高规格建筑，基本就可以认定其为城。"

这里，真的曾经存在一座城。而且，是河北迄今发现的第一座史前城。

对部分出土器物的精确测年结果显示，邓槽沟梁遗址的年代跨度也令人惊讶——从距今8000年前到距今4200年前。如此长的时间跨度，几乎覆盖了新石器早期到晚期的大部分阶段。

即便在历史的长河中，4000年也绝不是一个短暂的概念。邓槽沟梁的文明延续为何如此长久？

研究发现，邓槽沟梁文明的延续并不是单一变迁的过程，而是多种文化交流融合的结果。

目前的挖掘结果显示，位于邓槽沟梁遗址文化层最下层的文化遗存，距今8000年左右。这些遗存包括一些方形石灶、肩石锄、圆形磨棒及筒形罐，还有在房址中埋人的现象——这些文化遗存和文化现象，和同一时期的北方兴隆洼文化高度相似。

在邓槽沟梁距今6000年～5000年前的文化层中，考古工作者们则发现了大量彩陶——这些彩陶和同一时期的石家庄正定南杨庄仰韶文化遗址十分近似。

而在距今4000多年前的邓槽沟梁遗址发展晚期，面貌又与位于其正西方位约200公里外的内蒙古老虎山文化极为相似——正是在这个阶段，遗址中的城墙夯土基址、夯土台基、白灰面房子等大量出现。也就是说，在这个阶段，真正意义上的城出现了。

"早期受来自北方的文化影响，中期受来自南方的文化影响，晚期又受来自西方的文化影响，邓槽沟梁文化的延续发展过程，堪称一部史前文明交流史。"

崔英杰认为，这也是其文化延续如此之久的重要原因。

"邓槽沟梁遗址的文化变迁说明，地处京、冀、晋、蒙四省（区、市）交界处的张家口一带，在史前时期就已经成为文化交流的重要区域。"河北省文物考古研究院院长张文瑞认为。

历史总是惊人的相似，大自然在人们尚未察觉之时就悄悄埋下了伏笔。1644年，在张家口市区北端，万里长城中的一座关隘拔地而起。它，就是大境门。

作为扼守张家口乃至北京的北大门，大境门自建成起，便成为连接边塞与内地的交通要道。来自蒙古草原和欧洲的牲畜、皮毛、药材、毛织品、银器等和来自中国内地的丝绸、茶叶、瓷器、白糖在这里交易买卖，大境门成为我国北方国际贸易的内陆口岸。

虽然时间已过数千年，但从邓槽沟梁到大境门，文化交流中心的位置却仅挪动了几公里。

"这是巧合吗？"崔英杰笑着，又问了一遍。

2. 从山前到水边

"谈到河北的城市发展史和古城，首先绕不开的就是邢台。"

面对着一张河北地图，河北省建设厅原副巡视员、高级规划师刘运琦把手指向了位于河北省中部、太行山东麓的邢台。

"3500年前，商朝第十四任君主祖乙迁都于邢，邢台因此成为华北地区最古老的都城，也是中国北方最早形成城市的地区之一。此后，层层叠压的夯土、灰坑，直接记录了古城历经秦、汉、唐、明多个时期的信息。"刘运琦说，邢台也因此长期被史学界誉为黄河以北地区"第一城"。

为什么是邢台？

首先是得天独厚的地理位置。

邢台，地处太行山东麓，古黄河下游，太行山东麓洪积平原最早出露，土地肥沃、气候宜人，因此成为人类早期聚居生息之地。

邢地土肥水丰，百泉竞流，故称"井方"。邢人凿井筑邑，后来合"井""邑"二字为一字，这就是"邢"字的起源。

《竹书纪年》记载："甲辰九祀，祖乙徙都于邢。"《史记》中，也有"商祖乙迁于邢"的记载。如今，随着邢台考古研究的不断深入，许多人都对邢台古城最早的形成过程耳熟能详。

"但有一个细节很容易被忽略，那就是祖乙迁邢之后的第二次小规模迁徙。"刘运琦说。

根据记载，祖乙迁邢次年，邢地遭山洪冲击。于是，祖乙率领商王室贵族再次作小范围近距离迁徙，并于5年之后，大兴土木建城。

根据专家考证，这次小规模迁徙的距离并不远，大概只有十几公里。但是，这次迁徙的意义却很重大。

"当时，位于山前平原地带的邢台频发水患，祖乙经过考察，最终选择把城址迁到了富水区附近的一处海拔相对较高的高地之上。"刘运琦解释。

2020年10月21日，邢台市信都区。

达活泉公园内层林尽染，湖畔点缀着亭台，远山近水与城市融为一体。

这里，是河北面积最大的城市内公园。公园内的达活泉，更是邢台地下泉群中的重要泉眼，开凿历史可以追溯至汉光武帝时期。历史上，这里曾经"水涌百穴，甘露争溢"。

航拍位于邢台经济开发区东汪镇武家庄村的狗头泉　　赵永辉　摄

太行山东麓冲积扇及主要古都分布示意图

战国中山灵寿故城
战国燕下都
商代邢都
战国赵王城
北朝邺城

历史可追溯到商代的现代聚落
历史可追溯到周代的现代聚落

王戬芬 制图

根据考证，达活泉以及其他地下泉群集中分布的邢台市区西部地区，就是祖乙第二次迁徙最有可能的落脚地。

在亿万年沧海桑田的变化过程中，发源于太行山的各水系由于地势高差，从太行山中挟带泥沙，向东奔涌而出，一个个冲积扇在山前堆积。肥沃的土地、充足的水源正适合先人们在此聚居生息。

从最早的人类聚落出现，到最早的古城、古都的孕育……沿着太行山东麓平原，一条人类文明走廊逐渐形成。

许多可以上溯到早期历史阶段的商周两代的县城，几乎无一例外地沿着太行山东麓这条早期文明走廊密集分布。

时光跨越千年，大量古都、古县历经朝代更迭留存至今。

"民政部、联合国地名专家组中国分部和中国地名文化遗产保护促进会曾共同评选过中国'千年古县'。"刘运琦介绍，入选标准包括置县1000年以上，专名沿用千年以上或者历史上有短暂变更但又恢复使用至今。

评选中，河北省有20个县入选，"千年古县"数量仅次于山东，位列全国第二。

涿鹿、滦州、涿州、定州、灵寿、元氏、赵县、武安、魏县……细数河北"千年古县"可以发现，它们中的绝大部分都位于太行山东麓或燕山南麓山前平原或山间盆地。

然而，在这20个"千年古县"里，有一个县既不位于太行山、燕山山麓地

-225-

带，也不位于山间盆地之中。从自然地理角度看，它甚至有些远离文明最早发源的山前地带。

它，就是地处河北省东南平原腹地的衡水武强。

2020年5月20日，小满。

武强县街关镇周边的耕地上，金黄的麦粒已经饱满，麦收即将开始。

这片如今位于武强县城西南与深州、武邑交界的区域，在历史上数百年的时间里，曾经一直是武强老县城所在地。

沿街关镇洛湾村由南往北直至县界，有一条时断时续的古堤。这就是历史上著名的溃水堤。如今的溃水堤大部已经被庄稼覆盖，偶有幸存残堤，长度仅有数米，远看犹如一段段小土丘。

清道光《武强县志》载："古堤，县治四面皆有，相传为宋杨延昭决水灌河而筑。"

根据考证，溃水堤在武强县境内长达15公里，犹如千里平原上的一道水长城，故又有长城堤之别称。

水，正是武强区别于其他千年古县的关键词。

"如果说其他大部分古县形成都离不开'山前'这个关键词，那么武强则离不开另一个关键词——'水'。"武强县退休干部、文化学者刘金英告诉记者。

武强一带早期文明和水的渊源，甚至可以上溯到东周时期。

2004年4月21日，武强县北代乡杜林村村南。

一只独木舟在村民取土时被偶然发现。经中国社会科学院考古研究所取样进行碳-14检测后，确认其年代为距今2537年（±39年）的东周时期。

"发现东周时期独木舟，在整个河北考古史上尚属首次。"刘金英表示，这次独木舟的出土，证明早在2500多年前的东周时期，武强一带就有了人类活动，且当时的武强一带水网密布。

在此后的2000多年里，武强境内的水资源一直十分丰富。从战国时期到明清时代，滹沱河、漳水、滏阳河、龙治河、朱家河等多条河流曾长期同时流经武强境内。

"从3500年前太行山前最早的古都邢台，到因水而兴的千年古县武强，恰好反映出河北古代文明的发展规律——最初的文明、聚落、古城在山间及山前发源、兴起，随着河流的延伸和平原的向东堆积，逐渐延伸、扩大。"刘运琦分析。

3. 浓缩的古代城市规划史

2020年10月1日，石家庄。

河北博物院南区二层"战国雄风——古中山国"展区内，一件其貌不扬的文物静静躺在玻璃展柜内。

这是一块遭受过火烧和压砸的长方形铜版，2300年的光阴在它本已凹凸不平的身上漫漶开斑驳的青色铜锈。

这就是错金银铜版兆域图，如今世界范围内已知最古老的建筑平面设计图。

"1977年秋，古中山王陵1号墓的发掘进入尾声。一天，两位清理考古现场的人员将在墓坑西侧发现的、一块扭曲变形的大铜版，连同这块铜版的一些碎片，拿到了我跟前。"如今已经83岁高龄的古中山国考古亲历者、河北省文物研究所原研究馆员刘来成，对兆域图出土记忆犹新。

经过修复和认真研究，专家们确定，这是一幅王陵的建筑设计图，它的价值体现在很多方面。

"兆域图上数字注有38处。这是世界发现最早用数字注记表示的地图。"刘来成说。

此外，通过将测量兆域图上标注的长度和兆域图图示的实际长度进行测算，专家得出，兆域图的比例尺为1∶500。这个发现，将我国用比例尺画图的历史提前了6个世纪。

"兆域图的发现，说明当时的河北以及周边地区，在建筑设计方面已经出现程式化、制度化的规划设计图。"刘来成表示。兆域图的发现，毫无疑问地表明了当时河北在陵墓建筑设计规划方面的领先地位。

而差不多在同一时代，河北南部建起的一座宫城，则显示了河北在古代宫殿设计领域的高超技艺。

古中山国遗址往南约240公里，邯郸市区西南，有一座气势恢宏的宫殿遗址。

这就是战国赵王城遗址。遗址周围，高达数米的夯土城墙蜿蜒起伏。遗址内部，是布局严整、星罗棋布的建筑基台，四周有多处城门遗迹。

赵王城建于赵国迁都邯郸前后，是我国保存最为完好的战国古城址，也是第一批全国重点文物保护单位。

"战国邯郸城由赵王城（宫城）和大北城（居民城、郭城）两部分组成，总面积约1887.6万平方米。其中，大北城的面积达到15平方公里——比1970年时的邯郸城区面积还要大。"邯郸市博物馆原馆长郝良真介绍，而经过合理规划、严谨设计的赵王城，则代表了当时宫城设计的最高水准。

赵王城由东城、西城和北城组成，平面呈"品"字形布局，属于统一规划、同一时期施工修建的工程。其中，西城之中高台建筑基址数量最多、规模最大，其南北排列的布局形制也最为规整。

"因此基本可以断定，西城应为赵王城的主要建筑，是赵王城中真正的宫城，东城和北城则可称之为亚宫城。"郝良真介绍，赵王城的这种宫城与亚宫城组成的布局，体现了十分鲜明的宫殿设计思路。后来，这种设计理念又为西汉都城——长安城所沿袭。

而赵王城正南方向40多公里处，还有一座后来被考古学家们评价为"在中国都城发展史上具有划时代的意义"的城市。

2020年10月5日，临漳，邺城遗址博物馆。

邺城——曾经辉煌了四个世纪之久的古都。三国两晋南北朝时期，这里曾先后为曹魏、后赵、冉魏、前燕、东魏、北齐六朝都城，创造了辉煌的历史文化。

其中，邺城的城市设计更是被考古学家们公认为"中国古代都城建设的典范"。

"在中国建城史上，邺城是中国第一个依据城市规划有步骤建设的都城。"中国社会科学院考古研究所研究员徐光冀说，"它强调中轴对称，分区明显。城内一条东西大街将城划分为南北两城，邺北城设置宫殿和衙署，邺南城主要是居民区、商业区和手工业区。"

徐光冀介绍，秦汉时期，都城都是按照多宫殿制设计建造，即都城内不止一座宫殿。而隋唐以后的都城，如长安、北京，格局都是按照一宫殿制设计的。

从多宫殿制到一宫殿制设计理念的转变，便肇始于邺北城。

"邺北城是中国历史上第一个单一宫城制度的都城，其中轴对称城市格局、明确的功能分区布局，具有划时代的意义。"徐光冀说。

二、近代城市的发轫

1. 第一个近代工业城市

2020年11月7日，立冬，唐山。

上午6时，天刚蒙蒙亮，唐山开滦国家矿山公园里，"唐山矿"的机器已经开始轰鸣。

唐山，河北重要的工业城市，中国近代工业的发祥地之一。而唐山的城市起点，正是140多年前开平煤矿（开滦煤矿前身）的建立。

唐山市历史学会会长闫永增告诉记者，始建于1878年的开平煤矿，是中国大陆第一座采用西方机器设备和技术进行生产的近代大型煤矿。

唐山，北依燕山，南临渤海，地质运动较为频繁活跃。距今约3亿年前的石炭纪，唐山开滦地区地壳下降，形成了今天唐山的煤炭层。此后的亿万年里，后续地质活动又抬升了该地区，并挤压形成燕山。这使得唐山的部分煤矿有了易于开采的特点。

1878年10月，开平矿第一钻开始钻探，唐山的近代化进程由此发端　　开滦博物馆　供图

"在中国古代，一个地区成为城市的最重要标志就是城郭的出现。古代唐山一直没有形成城郭，因此城市的概念也不存在。"闫永增说，直到开平煤矿建立前，唐山市区大部仍是一片荒野，仅有几个自然村零星分布。

改变始于1876年的秋末冬初的一天。

这天，小镇开平（今唐山市开平区）迎来了一群特殊的外来者——他们着装体面、多数操南方口音，还有高鼻梁的外国人。其中为首的是广东人唐廷枢。

他们在开平附近方圆50多公里范围内勘测、记录，寻找在当时被称为"黑金"的一种重要能源——煤炭。

"开平一带自古就有许多小煤窑，据史料记载，当地百姓从明朝永乐年间便开始用土法取煤。洋务运动开始后，一心想创办大型煤矿的李鸿章听说后，便委派自己的得力干将唐廷枢赴唐山找煤。"开滦博物馆特聘研究员杨磊说。

根据勘探和化验结果，勘探者们发现，距开平以西20里的乔家屯一带土法开采的煤比别处煤品更高。唐廷枢决定，把开平矿务局的第一眼井放在乔家屯西南。

乔家屯，这座当时尚属滦州府开平镇治下、仅有十几户人家的小村庄，就这样成为一座百万人口现代化工业城市的起点。

1878年7月24日，开平矿务局正式挂牌成立。因矿址位于唐山南麓，唐廷枢为这座中国近代北方第一座现代化煤矿取名"唐山矿"。

"唐山，原名大城山，是唐山市区东北几座小山峰的统称。"杨磊说，"唐山"这个地名最早可以追溯到贞观十九年（645年）二月，当时唐太宗李世民亲率10多万唐军东征高丽，曾在大城山上屯驻，以后此山遂名"唐山"。

此后，在开平矿的带动下，工业和资本在唐山不断聚集。经过近半个世纪的发展，到20世纪二三十年代，唐山已经形成了以开滦煤矿、铁路工厂、启新、华新纺织厂等大企业为骨干的近代工业体系。唐山，成为中国近代北方工业的摇篮。

闫永增认为，唐山以工业立市，这是近代城市区别于古代城市的重要标志。

唐山南湖景区。唐山是河北第一个近代工业城市，唐山的近代化进程和开平煤矿（开滦煤矿的前身）息息相关，如今的南湖景区正是由开滦采煤沉降区修复而成

赵 杰 摄

2. 最早的组团城市

2020年11月15日，初冬的秦皇岛港。

港外锚地数十艘船舶正在等待进港，港池内巨轮停靠，装船机上下挥舞着巨大的手臂……

自近代开埠以来，秦皇岛港已有120多年历史。

秦皇岛，河北城市中一个十分特殊的存在，独特的地理位置，使之成为河北近代唯一一个因港而兴的城市。

"秦皇岛背靠燕山，西南面向京津与工业基地唐山，东北通过辽西走廊通向

辽宁，自古便是北方交通枢纽与军事重镇。"秦皇岛港史志工作者王庆普介绍，除便利的交通之外，秦皇岛还拥有渤海西岸最优良的天然港口条件。

平均海拔600～1500米的燕山山脉阻挡了冷空气南下，加之周遭没有大河注入，海水含盐量高而冰点低，世界第二大暖流黑潮暖流从印度尼西亚的爪哇岛经菲律宾群岛、台湾海峡、琉球群岛北上，打在秦皇岛的海岸线上，给秦皇岛带来了暖冬，形成不冻港。同时，秦皇岛港港阔水深，航道深，规模大，万吨巨轮可以自由出入。

然而，在农耕文明时代，秦皇岛优良的港口条件难以得到施展。直至清朝中

秦皇岛港西港区。因港而兴的秦皇岛，是我省第一个组团城市　　林雨丹　摄

期，秦皇岛还只是一个近岸海岛，城市雏形远未形成。

直到晚清洋务运动之后，秦皇岛才逐渐被重视起来。

唐山开平煤矿建立后，煤炭外运需求日益增加。1898年，清政府批准秦皇岛为自开口岸，开启了秦皇岛的港口历史。

秦皇岛开埠后，城市开始迅速形成、发展。

随着秦皇岛城市发展的加快，位于其南部不远的一片滨海湿地也逐渐发展起来。

秦皇岛市区以南十几公里，就是北戴河海滨。

在许多外地人眼里，北戴河的名气甚至比秦皇岛还大。北戴河"海滨避暑胜地"的美誉早已深入人心。

事实上，北戴河的开发并不是在中华人民共和国成立之后。早在秦皇岛开埠之初，位于秦皇岛市区南部的北戴河就已经作为避暑胜地被开发利用。

北戴河周遭入海河流不短不长，携带的泥沙粗细适中，形成了柔软、洁净的金色沙滩。1898年，秦皇岛开埠的同一年，清政府就应驻京西方使节的要求，开辟了北戴河为"准中外人士杂居"的避暑区，很快，来自世界各地的官员富贾、学者名流纷纷在北戴河修建别墅，形成了风格迥异的世界建筑群。

北戴河从此成为中国近现代旅游业的发祥地。

改革开放以后，北戴河作为中国旅游业的标杆重新开张。不少地处内陆地区的北方人甚至是在这里第一次看到了海和沙滩。

港口、铁路、旅游，特殊的城市形成条件，让秦皇岛的城市发展从一开始就走上了不同于普通城市的道路。

"早在20世纪20年代，秦皇岛的城市发展就出现了功能分区的概念：港口附近以经济和贸易为主的工业区，以最早铺设的水泥马路开平昌道两侧为核心逐渐发展起来的居住和商业区，以及北戴河一带的休闲旅游区。"河北省规划院原院长邢天河认为，这已经具有了组团城市的雏形。

组团城市是20世纪90年代出现的现代城市发展理念。其要义在于，根据地缘特点将城市整体功能分解为相互联系的不同局部的组团功能，实现城市功能在大空间上的重新整合。

可以说，秦皇岛特殊的城市发展模式，让其在20世纪初就成为河北最早的组团发展城市。

一个世纪过去，秦皇岛组团发展的特点已愈加鲜明——如今，由山海关组团，海港组团，北戴河组团，滨海生态新城组团，昌黎、抚宁组团构成的"4+2组团"式城镇空间发展布局结构已经初步成型。

在今天的秦皇岛市域范围内，北戴河站、秦皇岛站、山海关站三座高铁站让秦皇岛的城市组团联系更加紧密——从北戴河站到秦皇岛站，最快只需11分钟，而从秦皇岛站到山海关站，最快只需14分钟。

3. 火车拉来的城市

提到火车拉来的城市，大部分人首先想到的，是石家庄。

如今许多人耳熟能详的说法是：1907年，石家庄被选定为正太铁路和京汉铁路交会点，并自此逐渐成为交通要塞，发展壮大。

很多人并不了解的是，位于北京东南、石家庄东北约300公里处的廊坊，也是火车拉来的城市。

2020年10月23日傍晚，廊坊市跃华路北头、银河大桥西侧，华灯初上。

这里，是"十一"期间刚刚开街面世的"廊坊1898"文化商业街。街头，"廊坊原点城市记忆"的字样提醒人们，这里是廊坊最初的发源地。

"我们所在的这条商业街，恰好位于当年的廊坊老火车站西南方向。"站上一处地势较高的台阶，78岁的北京铁路局丰台工务段退休职工、廊坊市民韩宝善用手指了指东北方向，"看见那条铁路了吗？那就是京沪铁路，当年叫（北）京山（海关）铁路。以老火车站为圆心，附近这方圆几百米的区域，就是最早的廊坊城区。"

不过，要寻找廊坊真正的城市原点，其实还要向东北方向再走上几百米。

韩宝善带着记者从高架桥上穿过铁路，虽然和刚才的商业街仅相隔一条铁路，这边的繁华程度却差了不少。韩宝善告诉记者，这里，老廊坊人口中的"三角地"，才是廊坊的城市原点和名字来源——"郎房村"。

这一切，都要从100多年京山铁路的修建说起。

直到19世纪末，今天的廊坊还是东安县（今安次区）管辖下的一个只有几十户人家的偏僻小村——郎房村。说它偏僻，是因为当时的廊坊虽然地处京津中枢，但当时京津之间的交通线并不经过廊坊，而是沿着运河走北京—通州—武清—天津一线。

改变始于1896年。当年，筹建中的京山铁路在郎房村设了一座车站。

1897年6月30日，京山铁路全线竣工通车。"也许是由于工作人员笔误，将'郎房'二字写作了'廊坊'，车站也被写成了廊坊站，于是廊坊二字第一次出现在历史中。"韩宝善介绍。

廊坊设站之后，以火车站位和郎房村为圆心，逐渐发展成集镇。这成为近代廊坊发展的开端。

1905年，当地商号鸿升号的经理王少升在廊坊老火车站以东盖起三间坐东朝西的房子。由于铁路沿西北—东南方向穿过，使这块地方形成了一个三角形，人们便逐渐称其为"三角地"。

围绕老车站和三角地，廊坊的城市雏形开始形成。中华人民共和国成立后，廊坊先后成为县级行政中心和县级市。

1989年4月，原廊坊地区行政公署改为廊坊市（地级），原廊坊市（县级）则改为市辖区——安次区。地级市的设立，为廊坊的城市发展揭开了新篇章。

设市后的30多年里，廊坊的铁路和火车站也经历着变迁。

1989年9月9日，廊坊成为地级市不久，运行近百年的廊坊老火车站正式停用，取而代之的是老火车站以东约800米处的新火车站。随着老火车站的停用，老"三角地"作为廊坊城市中心的历史使命也正式结束。

2010年，京沪高铁开始动工。已经退休的"老铁路"韩宝善那段时间天天泡在工地，拍照片做记录。

2011年6月30日，京沪高铁廊坊站正式开通。从此，京沪高铁廊坊站取代了1989年建成的廊坊火车站，此前的廊坊火车站改名为廊坊北站。高铁通车后，廊坊站到北京南和天津西的时间分别被缩短至21分钟和18分钟。

"从某种意义上说，已经拆除的老火车站，和如今的廊坊北站、廊坊高铁站一起见证了廊坊的发展。作为土生土长的廊坊人，70多年来，我有幸目睹了三座车站的变迁和这座新兴城市的成长。"韩宝善说。

三、现代城市的变迁

1. "回归"的中心城市

2020年11月4日,河北省档案馆。

一份67年前的档案被工作人员取出,摆在了记者面前。

这是一份编号为"省委之855-2-558卷"的档案,纸张微微泛黄,大字标题却依然清晰——《关于省会迁石家庄市的请示》(以下简称《请示》)。

翻开档案,《请示》中这样写道:

"河北省自建省以来,省会就设于保定市,该市虽经几年来的恢复与发展,但由于建设工业的条件缺乏,将来也很少可能成为工业城市。而国家已进入社会主义工业化有计划建设时期,省的领导重心必须转向城市特别是转向工业城市。省会设于保定,实难适应新的领导任务。"

"我省石家庄市,地处平汉、正太两铁路干线的交点,工业比较发达,也将是全国重要工业城市之一,且为军事要地,在国家建设发展中,该市势必成为全省经济文化中心。为了便于领导工业推动全省建设工作,特呈请将省会迁往石家庄市……"

这份由河北省人民政府向中共中央华北局和中央人民政府政务院提交的《请示》,落款时间是1954年1月8日。

根据目前的公开档案资料,这已经是1952年以来,河北省人民政府第三次向华北局、中央请示,建议将河北省省会由保定市迁移到石家庄市。

3个多月后的1954年4月27日,中央人民政府政务院终于批复,同意河北省省会迁往石家庄市,但同时明确"经费由河北省自筹"。

"虽然后来为集中力量完成第一个五年计划,此次省会搬迁石家庄未果。但这个报告足以说明,当时的石家庄已经成为中央和河北省委、省政府心中作为省会城市的理想选择。"河北省小城镇规划建设协会专家委员会主任刘秉良说。

"长期以来,提到石家庄,很多人甚至认为它是一座'没有历史的城市'。对于石家庄成为河北省会,一些人则认为这是特殊历史时期下的偶然结果。"刘秉良说,但以上档案中的内容已经表明,石家庄成为省会并不是偶然。

在刘秉良看来,即便在古代,如今的石家庄市区及周边区域都曾长时间作为河北中南部的重要中心城市存在，石家庄近现代发展和崛起背后，有城市发展客观规律的支撑。

"至晚在商代，滹沱河流域已经出现城市萌芽。距今3500多年、创下7项世界之最的石家庄藁城台西商代遗址，就是当时这一区域文明的代表。"刘秉良说。

到春秋战国时期，这一区域的城市数量和规模迅速发展，一大批城垣陆续崛起，出现了较为密集的城市群，成为中国古代史上城垣密集、中心城市起源较早的区域。

2020年11月28日，石家庄市长安区。

沿体育大街一路向北，出北二环几百米，路边的一片小树林里，一片有些杂乱的土堆上，有一座文物保护碑：东垣古城遗址。

很多人不知道，这片如今看起来不起眼的遗址，不但是第七批全国重点文物保护单位，更是石家庄在历史上成为滹沱河流域中心城市的源头。

刘秉良告诉记者，这片区域的历史，甚至可以追溯到2300多年前。

石家庄滹沱河两岸的城市群　　骆学峰　摄

公元前381年前后，为了更好地和周边大国抗衡，当时控制滹沱河流域的战国中山国，在这个北濒滹沱河、西扼井陉口的区域建立了一座城邑。

公元前305年，赵武灵王攻中山，取鄗、封龙、石邑之后，占领了这个战略要地。因当时赵国在山西已有一座"垣邑"，而这座城位于"垣邑"以东，故名之为"东垣"。

公元前228年秦灭赵国之后，在东垣设立恒山郡，管辖着北岳恒山以南，方圆500里区域的石邑、井陉、下曲阳、南行唐等十几座城邑。东垣作为滹沱河流域中心城市的序幕由此拉开。

"我们因此可以说，东垣是石家庄作为区域中心城市的历史源头。"刘秉良说。

此后2000多年里，滹沱河流域的中心城市受滹沱河泛滥影响和政治、军事的需要，不断伴滹沱河南北迁移，中心城市的名字、城址也经历了多次更迭，但其辐射范围却大致没有改变。

时间来到近代。

1903年，正太（今石太）铁路动工兴建，为了减少费用，避免在滹沱河上架桥，设计者将正太路起点由正定改为石家庄。

1907年，正太路全线通车，从此，石家庄村东成了京汉、正太两条铁路的交汇点，石家庄成为重要交通枢纽，开启了近代化城市的发展历程。

"从东垣，到正定（真定），再到石家庄，区域中心城市的变迁，都是环滹沱河而移动，城址之间的距离，甚至没有超过20公里。这说明，滹沱河流域石家庄地区的基础因素决定了该区域必然会产生中心城市。"刘秉良认为。

中华人民共和国成立后，石家庄成为石家庄专区所在地，辖正定、获鹿等17个县。

1953年，我国开始了大规模工业化建设，石家庄被确定为"一五"期间重点建设城市。城市建设围绕工业化发展，有步骤地开始了大规模的新建、扩建或改建。

"当时，河北省委已有将省会迁往石家庄之意，并据此编制了第一期城市总体规划（1955～1975）。"刘秉良说。

1955年，经国家建委和国家计委正式批准，规划正式实施。石家庄城市建设

- 239 -

遵循"有利生产、方便生活"的方针，开始按规划进行建设和发展。随着以华北制药厂为代表的一大批工业项目在桥东落地，石家庄工业中心开始由桥西移到桥东。

在当时，不但火车站新址的规划选在了桥东，而且火车站开口方向安排为向东，市中心位置也随之东移。

1968年，经中共中央批准，河北省会从保定迁到石家庄。

在第一期城市总体规划的指导下，到1975年，石家庄城市人口规模和用地规模分别达到50.2万人和48平方千米，市区道路基本形成了"棋盘加放射"的市区道路骨架体系。

如今，谈及石家庄的城市特点，很多外地人会提到一个词——横平竖直。

作为主城建成区面积近500平方千米、主城区常住人口超过320万的区域中心城市，石家庄绝大部分街道都是南北、东西正向分布，东西走向的称为路、南北走向的称为街，横平竖直、十分好记。

"如此简洁、笔直的棋盘式路网设计，放眼国内大中城市也不多见。"刘秉良说，这正是石家庄在60多年前制作第一期城市总体规划时打下的基础。

后来，石家庄又先后进行了数次城市总体规划，但在城市路网设计方案上，基本沿用了棋盘式方格网主次干道相连接的格局。

进入新时代，石家庄城市发展迎来新机遇。

2021年7月，河北省委、省政府出台《关于大力支持省会建设和高质量发展的意见》。据此，石家庄将按照"依山拥河、组团布局"的空间规划策略，加快构建"一主、四辅、一带、多点"的城市空间结构。

"一主"指主城区，是城市高端综合服务和高端产业功能的集中建设地区；"四辅"指藁城、鹿泉、栾城、空港组团城区，承担主城人口疏解和产业疏解功能；"一带"指滹沱河生态经济带（中心城区段），是省会"拥河发展"的标志性地区；"多点"指石家庄经济技术开发区、装备制造基地、循环化工园区、正定新区拓展区、铜冶、上庄、冶河等7个重要的功能节点。

"这样的城市规划布局，有利于摘掉制约石家庄加快发展的'紧箍儿'，为城市建设拓展巨大发展空间。届时，滹沱河将成为一条'城中河'，拥河发展、一河两岸的美好愿景将变为现实。"刘秉良分析。

2. 重生的城市

2020年11月12日，唐山河北里社区。

这个位于开平区大庆东道以南、河北路西侧的大规模社区有数十栋5层老式住宅楼。

虽然大部分住宅外墙已有些斑驳，但简洁大气的楼体风格和并不十分落伍的户型设计，让人很难想象，这是一个已有41年历史的"高龄"社区。

从1979年首批完工至今，在许多老唐山人口中，这个社区还有一个更响亮的曾用名——河北1号小区。

"从名称编号就可以看出，河北1号小区是唐山震后重建的第一个居民小区。"86岁的原唐山市规划局副局长赵振中曾全程参与唐山震后的规划、建设，他感慨地说，"河北1号小区是唐山震后住宅楼重建的开端和缩影。"

唐山，是一座重生的城市。

1976年地震发生时，赵振中正在承德开会。"满目疮痍，一片废墟，不堪回首。"回忆起震后首次回到唐山时见到的情景，赵振中用了这样几个形容词。

震前已拥有百万人口的唐山，94%民用建筑震毁，90%的工业和其他建筑倒塌或遭受不同程度破坏。

地震发生后仅仅几天，在中央的统一协调下，全国各地的规划、建筑专家就已经开始赶赴唐山支援，唐山重建事宜也被提上日程。

建设未动，规划先行。此时，专家们面临的首要问题就是，新唐山建在哪儿？

"由于地震几乎将唐山老城毁坏殆尽，起初，有些领导和专家倾向于彻底放弃老城区，重新选址另建一个'新唐山'。"赵振中说。

但经过仔细考察，专家们认为唐山老城区仍具备较好的重建和发展基础，不能全部弃用。此外，在新址平地建起一个"新唐山"，成本大、时间长，在当时的条件下很难实现。

最终，经过反复比较，来自中央和各省的规划专家们共同确定了重建方案：只保留地震损毁相对较轻的路北区，本着分散建设的思想进行部分异地重建，即总体规划布局从"两大片"向"小三角"转变。

"小三角"指的是：老城区、东矿区和丰润新城区。新规划采取组团分散，相对独立的土地利用规划思想，每个组团之间相隔25千米，三个城区之间共享基础设施，但空间上相对分离。

规划还确定，每个城区的功能包括四个部分：轻工业区、居住区、仓储区和休闲区。其中，老城区规划人口25万人，在原来的路北区重建；东矿区人口30万人，在原地恢复重建；丰润新城区规划10万人，由于没有依托老城建设，属于完全的新区建设。

"这种明确划分城市功能分区、城市组团建设的理念，在当时的国内是十分先进的。"赵振中说。

1977年5月14日，中央批准了唐山的恢复建设规划，唐山重建正式开始。

"震后唐山重建经历了'三座城市'。"当年曾亲历唐山震后重建的刘运琦说，"一座是震后短期出现的'窝棚城市'，一座是后来的'简易城市'，一座是恢复重建的新城市。"

刘运琦告诉记者，唐山重建走的是"农村包围城市"的道路。市中心的废墟来不及清理，就先在郊区空地上建。建起一片小区，就拆除一片简易房。

1979年，河北1号小区在唐山老市区以北拔地而起时，周遭还是一片农田。

此后，为加快建设速度，专家又提出"不能一栋一栋设计"的理念，于是面向全国7家设计院征集了10套"标准设计"作模板，每个小区拿一套来用。就这样，简易房越来越少，规规矩矩、四平八稳的"单元房"在唐山一片一片冒出来了。

"当时的口号是建设现代化新城市。"赵振中回忆，"但在重建之初，全国各地的专家们讨论时就遇到了难题——什么是现代化城市？"

赵振中说，因为当时全国还没有"真正现代化的城市"，后来讨论确立的唐山标准就已经是当时专家们想象中的最高水平了：比如"城市干道搞立交"，而当时只有北京二环路出现了立交；城市供电方面，要采用多电源环形供电；城市通信方面，有线无线结合，机房分开建设；小区的楼房间距，采用檐高1.7倍进行布置；城市划分功能分区，小区要搞配套设施和绿化；住宅单元式，即"家家独立的厨房、厕所"，而"当时北京最好的单元房也只能达到两户共用"……

这些今天看起来再平常不过的标准，在当时的国内城市里绝无仅有。

对唐山老百姓而言，"现代化"的最显著体验就是震后住上"小区"。

赵振中告诉记者，在我国，"小区"概念是在唐山重建时第一次提出。这些小区采用相同标准，不仅外观相似，体量也大致相同：每个小区1万人左右，4~5个小区组成一个居住区。小区内设居委会、小学、幼儿园、粮店、副食店、小吃店等。居住区设有街道办事处、派出所、百货、邮电、储蓄、电影院、药店、煤气调压站、热力点等。

居民住宅的内部户型也大致相同，楼宇以四五层的条式楼为主，适当安排一些六层点式楼。每户建筑面积在40~50平方米，平均建筑面积42平方米。

"户型有一居室、两居室、三居室3种，内部均设有独立厨房、卫生间，大部分住户有室内壁橱、吊橱和煤气、暖气设施，水表、电表、煤气表到户。住宅建筑间距一般为1:1.7，采光充足。"赵振中说，这些标准，在当时的国内是绝对领先的。

此外，为了应对可能再次发生的地震，唐山的重建小区都规定了一条不可逾越的红线——"八度设防"。"八度设防是什么标准呢？再来七八级地震，可能

1976年大地震后，唐山仅用10年便基本完成重建　　《河北日报》资料图片

会有损坏，但绝对不会倒塌。"

到1986年，唐山共建设各类建筑1800万平方米，其中住宅1122万平方米，占62.3%，工业及其他公共建筑678万平方米。市区141万人口、23万户入住，占总户数的98.5%，人均居住面积7平方米以上，居当时全国之冠。同时，工业生产全面恢复，工业总产值78.39亿元，是震前的214%。

至此，一座功能分布明确、布局合理、环境优美、生产生活方便的新型城市已基本建成。

1990年11月，唐山市政府因为震后重建工作而获得了联合国"人居奖"，成为中国首个荣获联合国"人居奖"的城市。

20世纪90年代中期以后，住房制度改革在全国逐步推开，楼层渐高的商品房和办公楼，开始挣脱以往唐山"抗震楼"整齐划一的建筑风格，成为城市的新选择。

3. 未来之城

2020年12月5日，雄安新区容东片区。

时值隆冬，15时53分，太阳还没有落山，气温已近零下7℃。

B1组团安置房六区27号楼7层，监理人员正在检测一处墙体的钢筋机械连接处的外露螺纹丝扣。结果显示，外露螺纹为1丝，符合小于1.5丝的标准。

"这里说的1.5丝合两三毫米。在雄安新区建筑中数以万计的钢筋里寻找两三毫米的'瑕疵'，就像大海捞针，但我们就是这样做了。"容东片区B1组团监理总监陈立说，在雄安新区做工程，就是要追求质量的极致。

走出27号楼，站上一处高地向四周望去，此时的雄安新区1770平方公里土地上，近300个工地塔吊林立，数万名建设者正在昼夜奋战。在这片土地上施工、建设的每一栋建筑，都体现高质量的要求。

不过，对于着眼于实现未来之城目标的雄安来说，高质量并不简单止于施工、建设层面，而是贯穿于新区的顶层设计层面。

"归根结底，高质量发展是关于人的事情。从幸福感到空间体验，再到能否营造高品质的空间，也就是能不能吸引人、留住人、留住心。"中国城市规划设计研究院总规划师朱子瑜说。

事实上，早在雄安新区总体规划阶段，高质量发展目标就已经确定。

为解决大城市普遍存在的"步行难、骑车挤、坐车慢、开车堵、停车乱"等交通问题，《河北雄安新区总体规划》（以下简称《总体规划》）就从交通政策制定、出行行为引导、基础设施保障等方面进行了统筹设计，提出了具体要求。

在交通政策方面，《总体规划》规定，起步区机动车出行80%是公交车，绿色出行比例达到90%。朱子瑜说："在以往城市的同类型规划中，写'保障公交'的很少，一般是'鼓励公交'。而鼓励公交与限制私家车博弈的时候，往往是私家车胜出。"

未来雄安新区城市街道空间，将提高慢行和景观断面占比，按照行人、自行车、公共交通、小汽车的优先次序进行路权分配。

在公共服务配置方面，雄安新区的公共服务将实现从供给不足到优质均等，发展成为全龄友好型城市，满足每一个年龄段人们的需求。

"未来，雄安新区不会到处高楼林立，不管高楼还是低楼，将处处是景观，实现城景融合。"朱子瑜说。

让这座未来之城与众不同的，还有无处不在的数字化。

雄安新区容东片区。

站在已经封顶、进入装修阶段的雄安商务服务中心会展中心顶层向南望去，早已成为网红打卡地的雄安市民服务中心尽收眼底。

在商务服务中心会展中心东侧，专家公寓和商务酒店也已拔地而起；会展中心北侧，五星级酒店正进行基础施工……放眼望去，许多人都产生这样一个直观感觉——"这里就像个大工地"。

但眼前的肉眼所见并非商务服务中心的全部。通过BIM（建筑信息模型）系统，可以看到，雄安商务服务中心还有一个看不见的"孪生兄弟"——在实体工地之外，其孪生的数字建筑已经生成。给排水、智能感应等系统在上面先进行模拟优化实验，再通过各部门在线多方协同会审，确保方案能精准节能地落地到物理空间。

"以前施工大多时候要自己裁钢筋，经常会有剩料。来雄安的工地发现，建筑都是计算好的，发过来的材料直接组装就好，一厘米钢筋都不会浪费。"施工现场一位工人说。

雄安新区悦容公园　牟宇 摄

在今天的雄安新区，数字城市与实体城市同步规划、同步建设，整个城市即将成为一座虚实互动、孪生共长的数字智能之城。

"传统的智慧城市往往更多关注建筑、交通、水务、园林等某一行业或领域的智慧化，而雄安是基于CIM的全城智慧化，在此平台上可以把城市各专业数据进行集成，从而达到规划一张图、建设监管一张网、城市治理一盘棋的新格局。"雄安新区规建局副局长刘利锋说。

而且，雄安的数字"孪生城市"是"活"的，现实中建设的每一栋楼，在数字雄安CIM平台中，都能够同步生成一栋同样的数字大楼，现实中哪怕更换一个路灯，数字城市里都能显示出来。

这里还能看到"地下"城市版本，各类综合管廊、智能控制装置部署其中，建成以后的雄安新区，空中不会有电线，地上甚至很难看到一个井盖。

建设过程中的这些数字化因素，在一步步实现《总体规划》对数字城市的预期："雄安新区坚持数字城市和现实城市同步规划、建设，适度超前布局智能基础设施，未来将实现新区数字化、网络化、可视化和智能化，建成全球领先的数字智能城市。"

未来，雄安将率先建设第五代移动通信网络（5G），同步搭建全域覆盖、万物互联的感知体系，实现市政运行智能化……在智能手机日益普及的时代，这种场景令人神往。

未来之城，未来正来！

第二单元 古镇名城

采访◎《河北日报》记者 袁伟华 朱艳冰 王雪威 李建成 陈正 邢云

执笔◎《河北日报》记者 袁伟华

📖 阅读提示

一座古老的城镇如同一位经世久远的老人，承载着世代子孙魂牵梦萦的乡愁。

河北拥有6座国家级历史文化名城，40座国家级历史文化名镇名村，数量比肩陕西、山西等省。

从蔚县到正定，燕赵大地上古镇名城为何星罗棋布？从承德到保定，什么标定了古代城市的地位和气质？从山海关到邯郸，跨越千百年的城镇传承了什么？从鸡鸣驿到英谈，那些独具特色的古村落，又为城镇孕育了什么？

描摹河北古镇名城的年轮，是解读河北人文地理特质的极好断面。

避暑山庄　赵杰 摄

一、古镇名城的"基因密码"

1. "堡"与"城"：山河形胜的结晶

2020年10月19日，张家口蔚县。

初见卜北堡村，一瞬间会有时间在这里凝固的感觉——青砖黛瓦、斑驳城门、风化墙垣……数百年前的古村落，凝成了时光的"盆景"。

古堡东南的堡门楣上，雕刻着"卜庄北堡"四个楷书大字，两侧有"迎、祥"二字，砖雕、木雕精细华美，满是古风古韵。

"看，这个堡子前后街形成一个'人'字形。而一条南北主街道与堡中央一条东西正街，配正北的真武庙、正南的灯山楼，街道形制无论从北看还是从南看，都形成了一个'主'字形，其寓意为'主人'所居。"在古堡的制高点文昌阁上，蔚州博物馆研究员贾晓向记者介绍说。

这奇妙的街道格局、古朴的建筑样式、厚重的年代印记，无不引起来访者的极大兴趣——这座古堡的"主人"是谁呢？

行至卜北堡前街中段，一处旧宅正在修缮。几名技工爬上门楣，一片片残存砖瓦被揭取下来，编号后整齐摆放一旁。

这座旧宅有正房三间、东西耳房两间、东西厢房各三间、南房三间，分为里外院，院内条砖铺地，建筑古朴考究，是一处典型的明代早期建筑。

它的主人是王振——明英宗时司礼太监，被称为明代宦官专权的始作俑者。卜北堡是王振的故乡。

"如果不是他将瓦剌部追兵引入蔚州，土木堡之变或许就不会发生，整个明史可能就是另外一副样子。"贾晓说。尽管卜北堡因为这样的小插曲在史书上留下了一个独特印记，但并不妨碍它因极具北方典型古村堡特征而被命名为中国历史文化名村。

然而，王振算不得卜北堡的主人，这个古村落早在2000多年前就已经建成了。

卜北堡原名赵家寨，据传始建于西汉时期，赵胜、赵勇兄弟二人由南方到此定居建村，起名赵家寨村。有关卜北堡的最早记载出现在《金史》上，明代崇祯版《蔚州志》记载为"卜庄渡"。

贾晓说，2018年国务院同意将蔚县列为国家历史文化名城，主要原因就是

-249-

修缮中的卜北堡王振故居　　　李新威　供图

"风貌保存较好，文化遗存丰富多样，古代建筑数量众多"，"像卜北堡这样大量保存完整的古村堡，正是蔚县古代建筑遗存最大的特色"。

"南有福建土楼，北有蔚州古堡。至今仍保存着430多座古堡的蔚县，被称为'古堡之州'。"蔚州博物馆馆长李新威拿出一张地图，"蔚县历史上就有八百庄堡之说，可谓有村便有堡，见堡则是村。"

在地图上放眼蔚县全境，无论是南山脚下，北部丘陵，还是壶流河两岸，随处可见古城堡的留存。

2020年10月19日，蔚县古城南门。

三重檐歇山式建筑万山楼，耸立在蔚州古城南门景仙门之上。

抬头望去，远处层峦叠嶂的南山成为万山楼的巨大屏障，古城与远山的组合像一幅景深极大、意境深邃的山水画，空灵静谧，引人遐思。

除了全县境内星罗棋布的古堡，在壶流河南岸平台地上，一座规模更大、规格更高的城堡——蔚州古城，是蔚县又一张历史文化名片。

李新威介绍，蔚州城自北周大象二年（580年）开始兴建，明洪武年间在原城址基础上辟土修筑城墙，甃砖石，成为明长城"九边"体系内的一个军事重镇，形成了一座"雄壮甲于诸边的铁城"。

尽管由于历史原因，蔚州古城有部分毁损，但古城风貌整体格局基本没有改变，古城内衙署、寺庙、楼阁、民居众多，满是明清遗韵。

如果以现在的地理视角来看，偏居河北西北，远离张家口市区，又深处太行山与燕山山结地带的蔚县，为何会出现如此繁多的古村堡和形制如此之完整的古城？

"最根本还是由蔚县独特的地理位置决定的。"分析蔚州古城崛起和境内诸多古堡分布的原因，李新威认为离不开三个字："战""路""商"。

蔚县壶流河谷地发现了百万年的旧石器遗址，地处仰韶文化、红山文化和河套文化交流、汇聚、融合的"三岔口"。在尧舜时属冀州，商周时为代国。秦

古朴典雅的蔚县西古堡　　《河北日报》资料图片

汉、三国、两晋时均为代郡。北周大象二年改称"蔚州",历代沿用,迄今已有1440多年历史。

蔚州位于内外长城之间,是扼守中原北大门的兵家必争之地。这里战事频繁,村民常遭劫掠,所以将各村相连,择地修筑城堡,以求自保。蔚县境内最早的古堡出现在元代末年。

蔚县古城堡真正登上历史舞台,则是在明初。

收复燕云十六州后,明太祖朱元璋北筑长城、广建城郭。明中期正德以后,为防御漠北残元势力南下骚扰,地处冲要之区的蔚州乡村和守边士兵纷纷筑堡自卫。

"说到路,历史上蔚州是连接边塞和中原的交通要道。太行八陉之一的飞狐陉就在蔚州城南。"李新威说,如果将视线拉回到千百年前,中原与北地、京师与山陕等地的交通交汇于此,算得上是东西南北之通衢。

交通优势自然带来商贾流通。

东西向,平遥、祁县、太谷,人稠地稀,土地瘠薄,蔚州自古有"米粮川"之誉,晋商们缺乏的粮食在大同盆地东端的蔚州得到了补给。

南北向,大明王朝与北方游牧民族的关系阴晴不定,朝廷一度在大同、宣府（今河北宣化）开设马市,并允许民间互市交易。山西商人闻风而至,以内地物产交换蒙古的马、牛、羊、驴及皮毛制品,再经各条孔道辗转贩售至诸省。飞狐峪便是晋中客商北上宣张,南下中原、江浙的重要路径之一。

在李新威看来,人类历史上的每一座城镇,都是地势地缘的产物,是山河形胜的结晶,更是人财物交流的结果。

"作为一种特殊的聚落,古堡与平原地区的古村落差不多,都是古城镇的幼时形态。"李新威表示,蔚县为后人留下来一座古城堡的"盆景",让我们得以窥见古镇名城"幼年"的样子,因而也成为探究古代城镇发展进程的典型样本。

2. "地"与"位":时势风云的际会

2020年10月21日,承德市双滦区承钢果山生活小区。

伊逊河蜿蜒而过,倒映着岸边熙熙攘攘的行人。

"这里就是承德这个城市的根了。"

承德市文物局避暑山庄研究所所长张守义的一句话令人疑惑。承德的城市原点，难道不是避暑山庄吗？怎么会在向西15公里外一个老国企的职工生活小区？

原来，当年康熙皇帝驻跸的喀喇河屯行宫就在这里。

从当下地图上看，承德市主城区被双塔山、磨盘山和元宝山阻隔分为双桥区和双滦区两个区。两地都是燕山山脉中的河谷地带。其中，滦河与伊逊河交汇处的双滦区，在面积上似乎比武烈河岸的双桥区更为平坦宽阔。

按照承德当地专家的考证，康熙皇帝最早为行宫选址时，最先看上的其实是双滦区这块平坦的土地。

"除鳌拜、平'三藩'、收台湾之后，康熙帝深深感到来自漠西蒙古的威胁，将目光转向了北方。"张守义介绍说，"而已经三十余年没有作战经历的八旗兵暴露出的无能和软弱，更是让康熙帝心中不安，他开始寻找强兵习武的地方。"

这地方很快被找到，"惟兹热河，道近神京，往来无过两日"。

康熙帝将他的练兵场选择在蒙古草原与热河山地的连接处，也就是今天的围场和北部的坝上地区。承德恰好在北京到木兰围场的中间位置。

从北京到木兰围场，清廷修建了许多行宫。古北口外20余座，其中最重要的有3座，即喀喇河屯行宫（喀喇河屯，蒙语意为青城的意思，今滦河镇）、波罗河屯行宫（波罗河屯，蒙语为紫城或白城的意思，今隆化县城所在地）和热河上营行宫。

喀喇河屯行宫是清朝统治者在塞外修建的第一座行宫，原址正在现在的承钢生活小区位置。这里东照双塔山、西迎凤凰山、南邻蛇山、北靠孤山，叠叠群山环抱着方圆十几公里的开阔地，滦河与伊逊河汇于此，向东而去。

当时喀喇河屯行宫的规格很高，建有几十间宫殿，还有园林、亭阁、小桥流水，宫苑建筑与山川景致浑然一体。康熙皇帝特别喜欢这里。"那时候康熙帝考虑在这一带修建大型行宫。"张守义说，"后来发现距喀喇河屯15公里的热河上营一带风景更好，环境更加优越，地理位置得天独厚，便决定在热河上营扩建大型行宫——热河行宫。"

历史棋子的落地就是这般机缘巧合。热河行宫，即后来的避暑山庄，就这样登上了舞台。

2020年10月21日，避暑山庄丽正门。

进丽正门，内午门上是康熙御书"避暑山庄"四字匾额。旁边是康熙皇帝亲笔撰写的《御制避暑山庄记》，详细阐述了避暑山庄肇建的因果始末。

康熙帝利用近10年时间，本着师法自然、高于自然和不破坏自然景观的原则，修建了以正宫区、万壑松风为主的康熙三十六景。乾隆帝在康熙帝修建的基础上，又增添了三十六景，历经89年的营造，完成以康乾七十二景为主的120余组建筑。

随着不断扩建，避暑山庄的功能也开始增加，朝廷大量的日常事务开始在这里处理。

"康熙皇帝每年在山庄的时间达到半年之久，乾隆、嘉庆时期也是如此。"张守义说，"千万不要以为避暑山庄仅仅是清朝皇帝射猎游玩的宫苑，从一定程度上说，承德避暑山庄，曾是清朝在北京之外的第二个政务中心。"

事实上，避暑山庄及周围寺庙是康乾二帝为了实现明确的政治目的而修建的，在这里发生过许多重大历史事件，许多重大决策也曾在这里产生，它对中国历史有着深远的影响。

"土尔扈特之归顺，则实为天与人归……"避暑山庄外的普陀宗乘之庙前，《御制土尔扈特全部归顺记》石碑字迹依稀可辨。

清乾隆三十六年（1771年），承德普陀宗乘之庙落成时，恰逢土尔扈特蒙古族人民在流离148年后重返祖国怀抱。

为了表彰土尔扈特部"终焉怀故土，遂尔弃殊伦"的英雄壮举，弘扬热爱祖国、团结统一的中华民族精神，乾隆亲撰，勒碑记述《御制土尔扈特全部归顺记》和《优恤土尔扈特部众记》，用满汉蒙藏四种文字镌刻，置于普陀宗乘之庙碑亭内，永志纪念。

张守义表示，避暑山庄及周围寺庙创造性地解决了中国历史上民族问题的难解之结，有效地使统一多民族国家得以巩固和发展。承德因此也成为清朝解决民族问题的中心。

避暑山庄澹泊敬诚殿，也称楠木殿。

这座面阔七间、进深三间的单檐歇山卷棚顶大殿，四周有围廊，前檐正中悬有康熙帝御笔"澹泊敬诚"匾。

"澹泊敬诚殿是正宫的核心建筑，相当于北京的太和殿，是清代举行重大庆典，百官朝觐，接见少数民族首领和外国使节的地方。"避暑山庄研究所副所长李专介绍说，"1793年，乾隆皇帝曾在这里接见英国使臣马戈尔尼一行。"

在张守义看来，有清一代，中国在世界范围内拥有国际知名度的城市，除了北京、广州等，大概就属承德了。正如世界遗产委员会评价所说，避暑山庄是清王朝的夏季行宫，承德因为有了避暑山庄及周围寺庙而成了清朝的陪都。

也正因如此，承德是河北省首个入选国家历史文化名城的城市。早在1982年即与北京、开封、西安等24座城市成为第一批国家历史文化名城。

目前，河北共有承德、保定、正定、邯郸、山海关、蔚县6座国家历史文化名城。

国家历史文化名城按照特点主要分为历史古都型、传统风貌型、一般史迹型等7类。而历史古都型古城，都是以都城时代的历史遗存物、古都的风貌为特点的城市，如北京、南京、西安等。

"承德是一个孤例，它虽不算古都，但其清朝第二个政治中心的地位、营建模式和在历史上起到的作用都类似古都。"张守义表示，"所以尽管承德真正成为城市时间只有短短300多年，但其在中国古代城市发展史中的地位是一个独特的存在。"

3. 兴与衰：沧海桑田的变迁

2020年9月21日，廊坊霸州市胜芳镇。

如果从胜芳高铁站进入这座小镇，你不会觉得这里与其他北方城镇有什么太大区别。但如果站在巍然耸立的文昌阁上向南眺望，东淀茫茫、蒹葭苍苍，完全是另一番景象。

现代人对胜芳的了解，可能来源于钢木家具，这一产业使之成为廊坊当地重要的经济强镇。但大多数人不甚了解的是，胜芳曾是历史上北方极负盛名的水乡重镇，有"南苏杭、北胜芳"之誉。

其实，与白洋淀（西淀）相对应的还有一个东淀。东淀即三角淀，受大清河泛滥而成，故又称"溢流淀""溢流洼"，地处古白沟河、中亭河、大清河之间，位于河北省廊坊市霸州、文安境内，大部分已经干涸。但至少在乾隆年间，东淀水域面积仍大于白洋淀。

胜芳便是东淀边上的一颗明珠，始建于春秋，初名堤头村，后更名武平亭。

到宋辽金时期，这个地处战乱对峙前方的码头，迎来了一次南北经济和文化的大融合。宋代，苏洵沿运河故道北上，将南方种植水稻、莲藕的技术传入这里，使东淀广阔水域呈现一派芦稻相映、菱荷飘香的美景——"胜芳古貌媲苏杭，百里莲泊鱼米香"。

真正令胜芳完成一代商贸雄镇飞跃的，则是北运河的贯通。

元一统中原后，耗巨资修筑北运河，不仅令大运河全线贯通，更将冀中地区的水系南北贯通，使胜芳经济政治文化等均纳入京畿辐射范围。胜芳，正是借此迎来真正意义上的繁盛，在明清两代一跃而成"直隶六大重镇"之一。

2020年9月21日，记者从文昌阁向北一路前行，迥然于北方传统建筑风貌的古建筑鳞次栉比。

中国传统的歇山顶、欧式的拱券杂糅在一起，非建筑专业人士，往往会被胜芳古建筑的包罗万象搞得一头雾水。

武庙前街中段的张家大院，为四进院落，东侧一、三进两院带西洋风格，西侧二、四进两院为中国传统建筑，是一座中西结合、南北结合、官民结合的北方水乡典型的清代民居建筑。

再向北到中山路，雅号"师竹堂"的王家大院始建于清光绪六年（1880年）。这里的整体建筑风格更加多元，汇集了西方的拜占庭、中国的歇山顶建筑风格，在国内独有，被国内建筑专家称为现代建筑美学的"博物馆"。

"胜芳建筑有三宗宝——戏楼、牌坊、文昌阁。另有保存完好的张家大院、王家大院和杨家大院等清代住宅。"胜芳镇当地民俗专家王晟说，"这里建筑风格的杂糅，也充分表明当年胜芳作为重要的商埠，兼容并包、开放繁荣的景象。"

北运河贯通后，无论北上京城，还是南下苏杭，交通都极其便利。明清至20世纪前半叶，胜芳人多以船为生，大量船只往来于运河上从事漕运。

但曾经繁盛一时的胜芳，最终却因运河功能的削弱，没能"长成"如苏州、杭州一样的城市。

胜芳、泊头和沧州，是大运河河北段三座典型的运河城镇。它们用各自的发展史，勾勒出一幅大运河沿线城市的发育、进化图谱。

相比胜芳，泊头的城市发展又进了一步，迈出了由"镇"到"城"的一步，甚至完成了从商贸集镇向工业化城镇的转型。

2020年9月23日，沧州博物馆。

泊头火柴工厂不同时期生产的火花，集中陈列在一个展橱内。大多数火花上，都有两个醒目的大字"泊头"。

这是属于几代人的共同记忆。

泊头是大运河上重要的码头，同时东西有南皮至交河的官道通过，处在水陆十字交叉地带。"明朝万历时期，泊头镇就筑有土城，这是北方大运河沿岸少有的镇级城池。"沧州区域文化研究所所长孙建说。

到晚清、民国时期，在运河航运尚未中断时，沿河巨镇泊头已开启工业化的大门。

1911年，泊镇站随津浦铁路通车而设立。借助铁路运输，泊头的火柴制造、冶炼铸造、雕版印刷、烧造工艺等产业，得到较充分的发展。

但历史没有给泊头成长为大城市留足时间和机遇。运输方式变革后，泊头的发展进程也随着大运河的衰落而慢了下来。

沧海桑田，今天的泊头，以铸造、汽车模具、环保设备、工业泵阀为主导产业，成为沧州城乡经济产业链的重要一环。

脱颖而出的是沧州。

2020年9月17日，沧州市博物馆"大运河北"展厅。

从明清沧州古城沙盘上，已经可以清晰地看出当年沧州古城的不俗规模。

据《沧县志》记载，沧州城池落成于明天顺五年（1461年），城墙周长八里，高二丈五尺，阔三丈六尺，顶宽一丈五尺。因城墙形似古装官帽，又叫"幞头城"。

沧州市博物馆党支部书记王健爽将激光笔落在了古城沙盘的西南角上。

"一般城门都是东西南北四座，沧州有五座。因为沧州运河航运发达，货来货往，商业繁华。为了出入方便就在四门的基础上留出了一个小门，沧州百姓就叫它'小南门'。"王健爽说。

明清时期，随着大运河码头经济的延伸，从小南门到距离河岸更近的西门之间，形成了一个弧形的固定贸易区，集中了一批贸易市场，小南门一带渐渐成为沧州的商业中心。

发达的商贸活动延续了数百年。直到20世纪八九十年代，那里仍被老沧州人称为沧州的"王府井"。

如今，小南门随古城墙拆除了，沧州城区逐渐在向西部发展，沧州这座"阅尽千帆"的运河古城正在积极转型，由大运河走向渤海湾，转型成环渤海地区重要的港口城市。

二、古镇名城的"气质颜值"

1. "城池"故事

2021年9月4日傍晚，华灯初上，城墙巍峨，古塔隐现。整座正定古城被淡黄色的灯光勾勒成一幅如梦如幻的图画。

此时立于城墙之上，举目远眺，城南滹沱河无声流淌，城北四座宝塔掩映在秋色之中，脚下城墙马道如双臂揽怀，向东西蜿蜒而去。

城市是"城"与"市"的组合词。"市"是进行交易的场所。"城"则是为

广府古城　　史晟全　摄

了防卫，并且用城墙等围起来的地域。

现代城市的城建边界，会以某条路或者某个特殊分界线来界定。而在古代，城市首先是由城防体系来明确划定势力范围的。

西扼井陉口，南临滹沱河，曾经的正定，一直是府州郡县治所，唐后期起，更成为河北中部地区的军事、政治、经济、文化中心。

作为全国重点文物保护单位的正定古城墙，则是内城、瓮城和月城的总称。正定古城墙始建于东晋十六国时期，有1600多年历史。现有城墙是中国目前现存较少的明代城墙遗存。如今最被人熟知的长乐门，就是正定四座城门之一的南城门。

城墙，勾勒出古代城市的基本轮廓，拱卫了古代城市的安宁与繁荣。而一般情况下，古代城市的城墙体系，都是与护城河体系共同发挥作用的。"古时多用'城池'这个词，'城'是城墙，'池'是护城河。"河北省古建筑研究所正高级工程师郭建永说，"城墙、护城河是最基本的城防体系，有的高级别的古城，还会兼有瓮城、关城、哨城、卫城等。"

2021年7月21日，邯郸永年广府古城。

清晨，溽热未至，神清气爽。斑驳古城墙上，身穿白色练功服的人们气定神

正定南城门　赵海江　摄

闲，缓缓推出双掌，这是太极拳里一招"推手"。

永年广府城有2600多年的历史，历史上曾为曲梁县、广平郡、武安郡、广年县、永年县、洺州、广平路、广平府治所，故称广府，也是历代兵家必争之地。

广府古城墙作为军事防御设施，其瓮城、角楼、马道、城门洞、千斤闸、城门楼都有保存或遗迹存在。而广府古城最负盛名之处，却是其保存完整的护城河体系。

事实上，广府古城是中国北方唯一的旱地水城，四周是面积达4.6万亩的永年洼湿地。围绕广府城墙四周是5公里多的护城河，两岸遍植垂杨柳，由四座吊桥沟通内外，形成一座坚实的城堡。

在古代城池建筑体系之中，护城河的防御可谓重中之重，几乎所有的大型城池都有护城河。

但最能够体现古代城市军事防御功能的，一定是山海关。

2020年10月26日，山海关兵部分司署。

游山海关，位于山海关广场上的兵部分司署旧址，会被大多数游客忽略，也许因为比起雄伟的山海关镇东楼来说，它显得过于狭小了。

但在明代的历史上，兵部分司署的地位相当高——它是明王朝唯一在京城之外设立的军事机构，直属明朝兵部管辖。

"山海关的城防体系，可谓中国古代军事城防建筑的集大成之作。"山海关文保所原所长郭泽民说，"有明一代，山海关由一个规模宏大的军事堡垒，发展成一座颇具规模的城市。单就关城局部而言，在老龙头至角山8公里的地带，两翼张开，辅以五大关口、六大城堡相拱卫，城墙墙体高大厚重，护城河水盈池深，外围哨城、墙台、敌台、烽燧星罗棋布，层层设障，加之重兵布防，这才紧紧锁住了辽西走廊的咽喉。"

也正因如此，此处才需要设立兵部分司署这样一个军事与行政相结合的决策部门在山海关城楼前，来实现最大限度地"靠前指挥"。

从原始环壕聚落、土围聚落到相对成熟的夯土城堡，再到后世砖石筑城、掘水为池，城防体系的升级历史，也是人类城市发展的历史。毕竟，守护生民，才是城市出现并壮大的最初原因。

2. 庙堂之高

2021年7月30日，保定直隶总督署。

从"公生明"高大仪门之下走过，依然能感受到当年这座省级衙署的威严肃穆。

直隶总督署作为清代军政衙署建筑，是清代直隶总督的办公处所，是直隶省的最高军政机关，也是我国现存的唯一一座最完整的清代省级衙署。

直隶总督署的建筑布局，既承袭了前代衙署的特色，同时又受到了明清北京皇家宫殿建筑布局乃至民居建筑规制的影响。

"一座总督衙署，半部清史写照。"

直隶总督署所标示的，不仅仅是古城保定在清代直隶省的首府地位。自清雍正八年（1730年）直隶总督驻此，至清朝灭亡，直到清亡后废止，曾驻此署的直隶总督共59人66任，如曾国藩、李鸿章、袁世凯、方观承等，诚可谓是清王朝特别是中后期的一段历史缩影。

如果说直隶总督署作为封疆大吏的衙署有些高高在上，那么经常在戏文里出现的县衙则显得更加接地气一些。

2021年9月6日，邢台广宗。

"广宗好大堂，威县好城墙，巨鹿好牌坊。"广宗为人熟知的，除了沙丘平台，还有一处尚存的明代县衙建筑主体——广宗官署正堂。它始建于明永乐二年（1404年），是全国少见的保存完好的县衙正堂。

据史料记载，广宗县衙主体建筑有照壁、钟鼓楼、仪门、大堂、二堂等，现在，其他建筑都随着历史湮没了，只剩下了大堂。大堂又叫公堂、正堂等，是县衙的主体建筑，是知县发布政令、举行重大典礼、公开审理重要案件等重大活动的场所。

衙署代表古城的政治功能，标定古城在当时的政治地位。

由于保存下来的衙署屈指可数，今人已无法直接从现实建筑中体会这些古城当年的地位。实际上，暂不说邢台、邯郸这类曾经贵为"国都"的城市，燕赵大地上，千百年前声名显赫的古城可谓比比皆是。

比如大名，在历史上曾为府、路、州、道、郡治所在地。宋仁宗庆历二年（1042年）甚至在此建陪都，史称"北京"，人口达百余万，甚至超过了当时的国都汴梁。

而现在的张北县馒头营乡仍有元中都遗址，元中都始建于元大德十一年（1307年），与当时的元大都（今北京）、元上都（今内蒙古正蓝旗东）齐名。

而定州、沧州、霸州、涿州、深州、晋州这些现代地名中保留的"州"字，以及"保定府""正定府"这些至今遗留在民间记忆深处的旧时称谓，标定的则是古城在某个时代的行政地位。

"牧守一方，教化万民"，除了衙署的行政司法职能，承担着教育、考试等重要职能的文庙和贡院系统也是古代城市中重要的构件。它们的规格，也往往是标定城市地位的符号。

2020年9月28日，孔子2571周年诞辰。

9时58分，承德热河文庙按照惯例,隆重举行庚子年祭孔大典。

热河文庙大成殿高台上，36个舞生，身着佾舞传统服装，头戴礼帽，手持羽籥，按周礼制，分六行六列而立，随宫乐跳六佾舞。

位于承德西大街城隍庙东的热河文庙，建于清乾隆四十一年（1776年），规模之宏大，仅次于曲阜孔庙，为全国三大孔庙之一。

文庙是祭祀孔子的庙宇，也是古代官府学堂的所在地，有礼制和实用两方面的功能。在古代，文庙一般都是每一座城市的文化教育中心，得到广泛的社会认同和尊敬。

定州市刀枪街，与定州塔遥望相邻，定州文庙也赫赫有名。

步入文庙"棂星门"，但见院内两棵古槐，相传为苏东坡任定州知州时亲手所种植，故称"东坡双槐"。虽有近千年树龄，古槐依然枝繁叶茂、浓荫蔽日。

定州文庙始建于唐代，是我省现存规模最宏大、建筑格局保存最完整的一处孔庙建筑群，素有"中山庙学甲天下"的美誉。经唐以后历代修葺，定州文庙如今现存东、西、中三个毗邻的北院，以及南部的节孝祠等建筑。

从文庙向东越过衙署，则是定州另一处古迹——贡院。

贡院，俗称考棚，是科举时代士子应试的考场，也就是开科取士的地方。在定州，现存着我国北方保存最好的州属贡院——定州贡院。其始建于清乾隆年间，从建成至科举制度废除，一直是封建社会考取秀才和贡生的场所。

这座规模宏大、气势雄伟的坐北朝南中轴对称式布局建筑群，依次为影壁、

承德普陀宗乘之庙
权崇千 摄

定州贡院
赵永辉 摄

大门、二门、魁阁号舍、大堂、二堂、后楼等主要建筑，东侧武场区原有演武厅、文昌宫、后宫等建筑，每座建筑自成院落，院落间按使用需要，或多或少建有一些附属建筑，大门外还建有兵房、执事仪仗房等以壮观瞻，整个建筑布局有张有弛，富于变化。

行至其中，我们既可领略雄伟壮观的建筑群落，又可想象当年宏大的考试场面。

定州贡院保护管理处主任张立介绍说，清朝时期，定州曾先后管辖曲阳、新乐、无极、深泽等县，这几个地方的童生考取生员的考试，都在定州贡院进行。

取得生员资格的考生，还要在贡院经过岁试、科试两次考试，选拔一定数额的生员参加在所在省城举行的乡试。定州辖区内的岁试和科试，也在定州贡院举行。

"作为重要的古城，定州文庙、衙署和贡院保存得相对完整。这三个构件基本上紧挨着，共同组成了定州古城的政治、文化和教育中心。"张立说。

3. 市井烟火

2020年8月25日，大境门长城文化旅游区。

"明德口街"开街仪式正在举办。

马头琴、手风琴等户外乐器表演合鸣，口梆子、吉他弹唱、呼麦乐队表演呼应，杂技、小丑、动漫人偶等表演穿插，广场舞、俄罗斯裙摆舞演员翩翩起舞……

"口街"试图再现当年大境门辉煌商贸情景，但此时的人声鼎沸，仍远不及数百年前"互市"盛况。

河北省社科院研究员张彦台表示，明朝中后期，在张家口大境门长城外形成的"贡市"和"茶马互市"边贸市场，沟通了内地与边塞的贸易。

互市中，来自蒙古高原的牲畜、皮毛、药材、毛织品、银器、口蘑、发菜等通过张库大道，运到来远堡市场、西沟市场、元宝山市场，在这里以易货贸易的形式换成丝绸、茶叶、粮食、瓷器、白糖、棉织品及小百货等，从张库大道运到库伦（今蒙古国乌兰巴托）、恰克图（今蒙古国阿尔丹布拉克）、毛斯格洼（今俄罗斯莫斯科）等地。

参加"互市"贸易的有汉、藏、满、回、蒙古、维吾尔、哈萨克等民族，及日、英、法、美、俄等国的商人。这些商人在大境门内外修建了商行店铺1500多家，其中有国外洋行44家，年贸易额最多时达白银1.5亿两。

正因为"茶马互市"互通有无，使张家口堡这座边塞城堡商业活动日益繁荣兴旺。也让张家口在当时真正成为一座具有国际知名度的口岸城市。如今，张家口堡也被视为张家口城市的起点。

无论哪个年代，城市总归是人聚集生活的地方。对于名城古镇，后人其实更想探究那个时空中平民百姓的日常生活状态，嗅探历史时空中普通人的生活气息。

"市"是古代城镇中最重要的组成部分，也是判定一个城市是否繁荣的重要条件。古人的衣食住行、柴米油盐，尽在其中。

大多数保定人的早餐并不一定是驴肉火烧。一小碟槐茂酱菜，配上一碗白粥，或许最能开启熨帖的一天。

2021年9月12日，保定永华大街，"中华老字号"槐茂酱菜的店面不大，但"味道"格外浓郁。

据说，槐茂酱菜前身是槐茂酱园，位于保定市西大街路北一棵大槐树底下，因槐树紧靠门脸故起字号"槐茂"，象征兴隆茂盛之意。

槐茂酱菜开业于清康熙十年（1671年），至今已有300多年的历史。光绪二十九年（1903年），慈禧途经保定，品尝槐茂酱菜后连声称好，并赐名"太平菜"。从此，槐茂酱菜身价涨了百倍，当时，一斤酱菜的售价高达1.7两白银（折合人民币500元左右）。

柴沟堡的熏肉，高碑店的豆腐丝，大名府的香油；昌黎的赵家馆，保定马家老鸡，邯郸的一篓油水饺……老字号，是城市里延续千百年的市井烟火。

解决了安全问题和口腹之欲，城镇里的人们，开始追求更丰富的精神生活。

"蔚县村村有'三建'：庙宇、戏楼、官井沿。"李新威一句话，勾起了记者的兴趣。

作为一种特殊的聚落环境，蔚县古堡在形制和功能上与一般的村落略有不同。古堡把军事、防御、生活、生产、宗教、娱乐等功能结合于一体，不仅形成了庄堡、寺庙、戏楼等古建筑群，还缔造了独特而包容的古村堡文化——一种更加类似古代城镇文化的特殊文化类型。

蔚县宋家庄穿心戏楼　　砾华摄　摄

2020年10月19日，蔚县宋家庄村。

村堡门内城下，一座独特的戏楼坐北朝南立于通街大道上。从远处遥望，依稀一座空心楼阁，别具情趣。戏楼中间为空心通道，宽2.2米，平时通车行人，遇有演出，盖上木板、前后置木闸板即可以封闭，上能文唱武打，下能通车行人，正对的整条街道就是观众席……

"穿心戏楼"创意奇妙无比，堪称蔚县戏楼"一绝"。

李新威说，在蔚县，有庄就有堡、有堡就有庙、有庙就有戏楼。

蔚县古戏楼形式多样，各具特色，它是蔚县古建筑中的宝贵而独特的遗产。

戏楼有戏台、乐楼、歌台之称，是专供戏剧演出的古建筑，多数兴建于明清时期。蔚县的古戏楼特色多样，在河北省首屈一指。

三、古镇名城的"孕育传承"

1. 走向"精神的世界"

2021年7月25日，"泉州：宋元中国的世界海洋商贸中心"通过联合国教科文组织第44届世界遗产委员会会议审议，成功列入《世界遗产名录》。

十三四世纪的泉州，随着海洋商贸的繁盛，外来宗教如佛教、伊斯兰教、印度教、摩尼教、基督教、犹太教等，以及中华传统的儒教、道教，在这片自由的土地上扎根、成长。至今泉州留存着丰富的宗教文物，堪称"世界宗教博物馆"，正是这份珍贵文化遗产的形象见证。

"南有泉州，北有蔚县。"

李新威介绍说，蔚县古建筑，尤其是庙、宫、观、寺、院、庵、祠、塔数量之多，位于河北省各县之首。据《蔚州志》记载，到清末光绪年间，仅县城古寺庙就有近百余座。

被著名考古学家苏秉琦称为文化交融的"三岔口"地区的蔚县，同样接纳着来自中原与北地、东方与西方的诸种宗教文化和宗教艺术。

李新威表示，蔚县古寺庙最突出的特点是类型丰富。由于地处多种文化交流碰撞的前沿，在蔚县，当地人供奉各种教、神之庙，有佛教、道教、居家保护神、福运神、护法神等。

蔚县蔚州署　　袁伟华　摄

"需要什么慰藉，就拜哪方面的神仙。这一方面体现出古时蔚县兼容并包的文化特质，同时也体现出古人的信仰和崇拜并不完全受限，他们也有非常实用主义的一面。"李新威说。

与那些大城市官方寺庙居多不同，蔚州古寺庙多为民间做法，建筑形式灵活多变，兼具实用性、功能性和观赏性。古寺庙中，楹联、诗词、碑刻俯拾皆是，不少寺庙中还保存有大量壁画、砖雕、木雕等。

2021年7月13日，工作人员对全国重点文物保护单位——蔚县释迦寺进行保护性修缮。此次修缮包括释迦寺的天王殿、大雄宝殿、卧佛殿。

单檐歇山布瓦顶的大雄宝殿线条古拙，与人们常见的重檐古建筑风格迥异。释迦寺建筑的屋顶相当平缓，檐头和4个翼角都翘起，从侧面看更为明显，此殿的出檐为1.5米，外围檐下是硕大的斗拱，比例和造型都处理得非常巧妙，使中殿更加庄重肃穆。

我国已故著名的古建筑专家祁英涛先生1985年来释迦寺考察后认为释迦寺大雄宝殿具有元代的建筑特点。

事实上，走遍河北的古镇名城，一个最突出的特点就是寺庙、观院、祠塔等建筑众多。

"这是人类聚落逐渐成熟，古人逐渐从物质世界走向精神世界的体现。"河北省民协主席郑一民说，"高度发达的城市文明孕育出高度发达的宗教建筑和宗教文化，这些宗教文化同时也凝结成城市文明，反过来再次推动城市的发展。"

在正定，唐至清末，随着城池建设，在城内不断修建寺庙、道观、佛塔等建筑，形成了丰富多彩的名胜古迹建筑群体，素以"九楼四塔八大寺、二十四座金牌坊"而著称。其中，临济寺又为佛教临济宗祖庭。

在赵县柏林禅寺，晚唐时，禅宗巨匠从谂禅师在此驻锡四十年，形成影响深远的"赵州门风"，柏林禅寺和赵州因此成为中国禅宗史上的一座重要祖庭。

相比大城市中拥有系统、完整的宗教氛围，在村镇这类地域单位里，古人追寻精神生活的方式往往也更接地气，这种追求最终成为丰富多彩的民俗文化。

2020年3月2日，元宵节。

当绵河边上隆重的祭河神仪式完成后，井陉县天长镇庄旺村的村民们在蒙蒙夜色中将百盏河灯一一点燃，放入河中。

天长古镇民俗表演　　田明 摄

　　成片的河灯顺水而下,灯光与水波交相辉映,让沿河两岸围观的村民和游客在热闹喜庆中体会着井陉传承千年的民间文化魅力。

　　祭河神、放河灯是当地习俗,河灯样式繁多,每一个河灯都代表了制作者的灵感和创意,融合了纸扎、木艺、糊裱、彩绘、剪纸等各种技艺,以求河神保佑全体村民生命、财产安全。

　　井陉天长镇的灯在水里,蔚县上苏庄的灯则在街上。

　　提到上苏庄村,人们会打趣说:"那里的狗叫上两声都有戏味。"

　　上苏庄人爱唱戏,跟国家级非物质文化遗产"拜灯山"起源于上苏庄村应该有很大关系。

　　这是中国北方最具古老、神秘文化色彩的民俗活动之一,以活态方式传承至今。

　　每年农历正月十四、十五、十六,上苏庄都要举行拜灯山活动。活动内容有摆灯盏、搓灯捻、热油、引火神、点灯盏、拜灯山、民俗社火、唱大戏等。

　　将数百个灯盏在灯山楼内的层层木架上摆出花边和吉祥字样,再把浸泡麻油的灯捻逐一插入摆好的灯盏内点燃。然后,一幅幅"五谷丰登""风调雨顺""国泰民安"的字画映入眼帘。社火队伍一路敲锣打鼓,在灯官的引领下众人叩首拜祭,祈求新的一年丰衣足食,国泰民安。

每年元宵节期间,有成千上万的外地人涌向上苏庄,古老的灯山楼前人山人海,热闹非凡。

"所谓历史文化,是指人们在漫长历史中创造、积淀的精神和物质财富。它们以有形文化遗产和无形文化遗产两种形式,共同汇融成我们民族独特的品性和道德理念。"郑一民说。而这些凝聚着世代先人智慧和思想的文化基因,又往往蕴藏在那些历史悠久的古城、古村镇中。

2. 传承"非物质文化遗产"

2021年6月5日,廊坊国际会展中心。

河北"非遗购物节"暨第九届廊坊特色文化博览会正在这里举行。

在玉田泥塑展位前,几位游人津津有味地给手中的泥塑敷彩。

国家级非遗项目玉田泥塑传承人王振锋边指导边介绍玉田泥塑的特点,带领游人感受非遗之美。

整个博览会现场,6000多种非遗项目的老字号美食、传统刺绣、陶瓷用品、土布纺织品等与百姓生活息息相关的产品集中亮相。

非物质文化遗产是各族人民世代相传,并视为其文化遗产组成部分的各种传统文化表现形式,以及与传统文化表现形式相关的实物和场所。

河北是非遗大省,目前有6个项目列入联合国人类非物质文化遗产代表作名录,163个项目列入国家级非物质文化遗产代表性项目名录,990个项目列入省级非物质文化遗产名录。

每一项非物质文化遗产都有其孕育成长的沃土,大都发端于古镇名城之中。

元宵佳节,华灯初上。夜色中的蔚县暖泉古镇处处弥漫着浓浓的年味儿。

树花广场上早已座无虚席,一场精美绝伦的"打树花"表演即将开始。

后台,超大鼓风机正在高速运转,火苗从炼铁炉里蹿出来,匠人师傅们仍旧不停地往炉膛里添煤加铁,完全熔化成金色的铁水从炉嘴里不停地往外流。

"打树花的铁水经过40多分钟的高温冶炼而成。""打树花"省级非遗传人王德告诉记者,每一场打树花要用掉1000多斤铁和500多斤煤。

为了防止烫伤，反穿羊皮袄、头戴草帽的王德走到一盆凉水前，用一把笤帚蘸上凉水扑打全身。准备停当，只见他把手中的木勺伸向铁水，舀起一勺，抡圆胳膊，奋力向高墙抛洒。

刹那间，铁水炸出无数朵金黄璀璨的花朵，在空中划出巨大的圆弧，顺着城墙四散开来。一勺又一勺，王德甩得越来越高，越打越快，仿佛置身于"花雨"之中，树花点亮整个夜空。

打树花，是当地百姓为了庆贺丰收、祈求风调雨顺、国泰民安进行的民间社火，至今已有300余年的历史。

如今"打树花"有了专利，表演技艺不断创新，让这门古老艺术在古老城镇中焕发出新的生命力。

2021年9月6日，邯郸串城街。

蔚县打树花　　赵永辉　摄

从造型上看，横跨沁河而建的石拱桥学步桥并无独特之处。倒是桥西路口处，一个年轻小伙子随一对步履优雅的足迹爬行的石雕更加引人注目。它描绘的，正是"邯郸学步"这一成语典故。

邯郸市历史文化名城专家委员会主任申有顺特意带着记者从学步桥上走过。在他看来，"邯郸成语"本身，就是中国的传统文化长廊里的一道奇观。

"仅《史记》里记载的邯郸成语典故就多达百余条，《中国成语大辞典》共收录成语18000多条，其中属于邯郸的成语竟占了1580多条。"邯郸学步、女娲补天、叶公好龙、滥竽充数、掩耳盗铃、梅开二度、背水一战、破釜沉舟、完璧归赵、毛遂自荐、负荆请罪、纸上谈兵……申有顺如数家珍，"中国再无第二个地方像邯郸这样盛产成语。"

申有顺认为，邯郸3000多年城址未移，城名未变，其历史遗存之丰富、层次之鲜明、脉络之完整、影响之深刻，在我国历史文化名城中也不多见。而成语典故，正是邯郸最具特色的文化符号。

邯郸成语类型包罗万象，有反映执政理念的，如"前事不忘，后事之师"；有寓意深刻、揭示人生哲理的，如"青出于蓝而胜于蓝"；有以典存史反映重大事件的：如"完璧归赵"；有给人警示、鞭挞社会不良现象的，如"利令智昏"……

这是古城邯郸，留给后人最重要的文化遗存。

"成语是中华民族的根文化，深刻影响了我们民族的思维、表达和审美方式。汉语离不开成语，成语绕不过邯郸。"申有顺说，这些成语典故影响中国两千多年，早已经深深烙进整个中华文化的基因里，成为我们基本的表述方式和历史哲思。

3. 留住"我们的乡愁"

2020年10月19日，怀来鸡鸣驿。

站在鸡鸣驿古城墙上俯瞰，这里依然保持着旧时的布局和气象。

"三横两纵"的街道布局，形成了城内横、竖明显的空间分割，串联着重要的建筑群，前后呼应。北城墙中部筑玉皇阁楼，南城墙中部筑魁星阁楼，两座阁楼遥相呼应。整座城紧随驿路的方向向西北倾斜，城内一条东西方向的马道穿城而过，体现着它的驿站特征。

置身马道，游人不禁心动神驰，当年每日马铃声声，飞尘滚滚，驿卒快骑疾驰，风风火火，昼夜不停，该是怎样一番景象？

在鸡鸣山下，有一条千年古道。这条东西方向的大道，在春秋战国时被称为"上谷干道"，此后历代王朝都把它作为东经居庸去燕(现北京周边)、冀(河北一带)，西到大同、新疆，南通飞狐(河北蔚县南)、紫荆关(位于河北涞水县，长城关隘之一)，北达库伦(今蒙古国乌兰巴托)、俄罗斯的必经之路。

这条古道上曾有很多著名的城镇和驿站，鸡鸣驿就是其中之一。1219年，成吉思汗率兵西征，在此设置"站赤"(驿站)。明永乐年间，此地发展成为京师北路的第一大驿站，因位于鸡鸣山下，故名鸡鸣驿，承担着军驿、民驿两种功能。

明清期间，鸡鸣驿城屡有修葺，是北京通往西北地区的重要中转站。1913年，北洋政府宣布"裁汰驿站，开办邮政"，鸡鸣驿结束了其驿站的历史，驿城变为村落。

古镇名城留下了中国人的文化乡愁，而古村落则留下了古镇名城的乡愁。

2020年10月23日，邢台。

邢台市文史专家刘顺超的书斋里堆满了各色书籍。翻开由他编辑的《邢台古村落文化》一书，满满都是邢台人的"乡愁"。

"邢台有村庄5000多个，它们绝大多数是历史的沉淀，保存几百年的原始形态相对完整。"在刘顺超看来，从更长的历史视角中看，村、镇与城市其实是一个不断发展变化的概念。刘顺超在研究了邢台本地大量古村落后发现，村落在形成时，与当地的地理环境有着十分密切的关系。如果从环境聚落形态上分析，村庄可以分为山口型、古堡型、集市型、庙居型、散布型等。

邢台县的皇寺镇、西黄村镇，隆尧县的山口镇，沙河市的渡口村等就是典型的山口型的村镇。

"从交通上看，古代由于交通工具的限制，人们在出行时多步行，或以牛、马、车轿为代步工具，翻山越岭，山口为必经之路。为此山口之径也就成为人聚居的地方，以此形成的聚落为山口类型的村落。"刘顺超说，"在历史长河中，这类山口型的村落，往往因交通和商业的发展逐渐壮大，成为镇或者城，同时也不断会有古城镇因某些原因重新衰落、退化、降格。"

邢台县英谈村　赵永辉　摄

与城市相比，古村落有时能表现出强烈的顽固性，所以村庄的稳定性和生命力十分突出，那些因各种原因发展停滞下来的村落，成为历史的活化石。

2021年6月10日，邢台市路罗镇英谈村，太行深山中。

"山高谷深石桥多，地处陡峭窑洞多，依山而建石楼多，背山面水山泉多。"初夏时节，年逾古稀的老人路召洋领着记者通过东寨门进村，古朴的山巷和灵秀的山色交相辉映，石城墙、石城门、石房子等建筑随处可见。

我省第一批历史文化名镇名村之一的英谈村，有"江北第一古石寨"之称，这是一个由红色石头建起来的古村，在夏日恣睢的绿色里，犹如晕开的淡红云霞。

沿着石板路一步步前行，仿佛穿越了时光隧道，看得见历史的烟尘，听得见历史的回声。

刘顺超甚至把英谈比作太行山里的"香格里拉"。

在刘顺超看来，英谈村为后人留下的"乡愁"，首先是通过那些古色古香的建筑和其中代代相传的民间建筑学体现的。

民居，是英谈的精华所在，得天独厚的红色石材，渲染着古寨的风韵。或以房为墙，或以墙为房，房上有院，院上有房，墙随地形而建，房随山坡起伏蜿蜒，参差错落，层层叠叠，远远看去，一丛一丛的，透着生机。

英谈留存下来的民间文化同样韵味悠长。其中包括具有宗族色彩的路家四堂文化，具有民族精神的太行山红色文化和丰富多彩的传说文化。

英谈村有"一姓三支四堂"之说，105户人家绝大多数姓路。路姓有三支，三支分设为德和堂、中和堂、汝霖堂、贵和堂，并存有完整的家谱。

"一个地方之所以与一个人发生关系，至少有一定程度的联结，具体到故乡就是血缘、亲缘。"刘顺超说，当我们在日益巨大的城市中回望故乡，"这种以血缘、亲缘凝聚起来的古村落，就如同琥珀一般珍贵凝固了时光，凝结了我们最后的乡愁。"

（感谢河北省文物局、蔚州博物馆、承德避暑山庄研究所、沧州市博物馆、河北省古建筑研究所、河北省民间文艺家协会等单位和个人的大力协助！）

涿州永济桥　　河北省古代建筑保护研究所　供图

河北人文地理解读

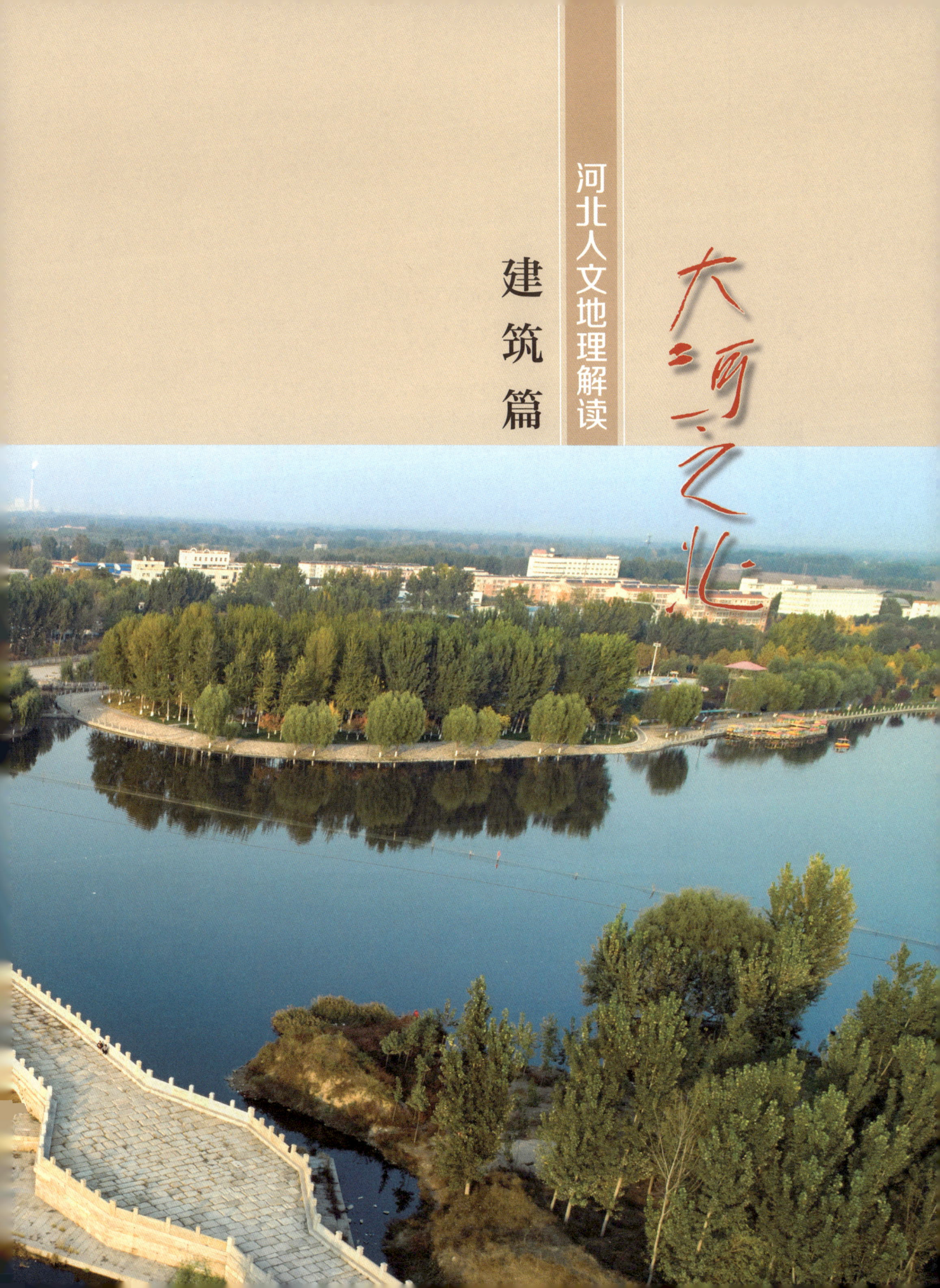

大河之北

建筑篇

第一单元 雕栏玉砌

采访 ○ 《河北日报》记者 李冬云 朱艳冰
执笔 ○ 《河北日报》记者 李冬云

阅读提示

河北悠久的历史为河北留下了大量古建筑。

河北古建筑在中国建筑史上数量多、地位高、年代早、时间跨度大。

这里有"中华第一古桥"赵州桥,"中华第一高塔"定州开元寺塔;有自唐至清各个时代的木构古建筑遗存,弥足珍贵的唐至金早期木结构建筑10余座;有类型多样、涵盖各时代建筑的正定古建筑群;有我国现存最大的皇家园林承德避暑山庄及现存最大的皇家寺庙群外八庙……

新中国成立后的河北古建保护工作起步早、起点高,是全国古建修缮保护工作的缩影。今天,我们能有幸看到屹立在燕赵大地上的众多古建筑,很大程度上是古建修缮保护的成果。

截至目前,河北省有全国重点文物保护单位291处。我们从中选取了20余座古建筑精华,让我们通过它们,翻阅木石史书,聆听古建交响,感受燕赵古建艺术之精湛、历史文化之厚重。

正定开元寺钟楼　河北省古代建筑保护研究所　供图

一、木石史书

1. 沧桑木构

2021年8月15日，正定，梁思成事迹陈列馆。

一张建筑学家林徽因的老照片，显得格外特别。

林徽因身穿旗袍，站在古建筑巨大的木构梁架上，梁架之下，是硕大的斗拱。斗拱的巨大和林徽因的娇小，形成鲜明对比。

照片拍摄于1933年时任中国营造学社法式部主任梁思成与妻子林徽因到正定考察古建之时。

照片里这座古建筑，就是河北现存年代最早的木构建筑——唐代正定开元寺钟楼。

钟楼矗立在开元寺南北中轴线的东侧，平面呈正方形，面阔、进深各三间，通高14米，为歇山布瓦顶二层阁楼式建筑。

说"一座"，其实不准确。

"下层为唐代原物，包括柱础、斗拱、月梁，而上檐斗拱及大木、瓦顶，是1989年依照下层的唐代风格复原修缮的。"正定县文保所所长房树辉说。

因此，它被定为"半座"唐构。

半座，已弥足珍贵。

全国现存最古老的木构建筑均建于唐代，而且只有三座半。除了这半座，其余三座在山西。

"中国的木构建筑，遵循共同的结构形式：梁与柱枋共同组成主体架构，木构件之间通过榫卯连接，承担屋顶重量，举折式结构将屋顶塑造出柔和的曲线，通过斗拱各层拱件的出

1933年，林徽因在正定考察开元寺钟楼
《河北日报》资料图片

挑将屋顶重量分散传递，达到出檐深远的效果。"省古建所副所长孙荣芬说。

木构建筑在防火和防腐方面存在缺点，保存千年以上都堪称奇迹。

20世纪初，日本学者曾断言，中国大地上已没有唐以前的木构建筑。梁思成不相信这样的论断，1933年，他到正定考察古建，开元寺钟楼就是考察的"意外的收获"。

梁思成在《正定古建筑调查纪略》中写道："内部及下层的雄大的斗拱，若说它是唐构，我也不能否认。"

斗拱，中国古建筑特有的形制部件，上承屋顶，下接立柱，承上启下。

唐代，是斗拱技艺发展的顶峰。在梁思成看来，开元寺钟楼下层斗拱颇具唐风。

《正定开元寺钟楼落架和复原性修复》一文写道："斗拱用材雄大，断面为25.5厘米×17厘米""斗拱通高108厘米，是柱高的四点五分之一"。

"斗拱硕大，屋面平缓，出檐深远，这都是唐代木构建筑突出的特点。"房树辉说。

河北宋代木构古建中的经典，是堪称"世界古建孤例"的正定隆兴寺摩尼殿。

2021年8月19日，正定隆兴寺摩尼殿。

摩尼殿上空，传来嗡嗡声，一架无人机在空中盘旋，一支古建航拍专业团队正在拍摄摩尼殿的屋顶。

屋顶，是古建筑最具魅力的"第五立面"。中国以复杂形制屋顶闻名的代表性古建筑有两处：一处是故宫角楼，另一处就是隆兴寺摩尼殿。

隆兴寺，"京外第一名刹"，始建于隋开皇六年（586年），距今已有1400多年。

摩尼殿，是隆兴寺现存最大、最完整、最重要的古建筑，始建于北宋皇祐四年（1052年）。

摩尼殿的屋顶为重檐歇山顶，但其设计的独特性在于，大殿在传统矩形平面之外，向东、南、西、北各伸出一间歇山式抱厦。

"抱厦"，木构建筑中沿房屋外柱出挑的门廊或房间。

古建筑学中，这种四面出抱厦的平面和设计样式，称为"十字抱厦"。现存

正定隆兴寺摩尼殿俯视图　　正定县文物保管所　供图

建筑中在正面或背面出抱厦的居多,摩尼殿这种形制,是全国古建中仅存的一处实例。

单檐歇山顶,有九条屋脊。摩尼殿是重檐歇山顶,四面出的抱厦也是歇山顶,加在一起,整个屋顶有33条屋脊!

众多屋脊的直线和斜线交错,整个屋顶呈现出起伏变幻的立体视觉效果,极富美感。

在《正定古建筑调查纪略》中,梁思成曾赞誉:"这种的布局,我们平时除去北平故宫紫禁城角楼外,只有在宋画见过,那种画意的潇洒,古劲的庄严,的确令人起一种不可言喻的感觉。"

河北不仅有珍稀的唐构、宋构,还有辽构。国内现存辽代木构建筑只有八座,河北就占了两座:涞源阁院寺文殊殿、高碑店新城开善寺大殿。

2021年8月22日,保定涞源,阁院寺文殊殿。

敞亮，是步入大殿的第一感受。

大殿面阔三间，进深六椽，歇山布瓦顶建筑，是一间近乎正方形、室内约230平方米的大殿。

但殿中只有两根后金柱支撑，位于大殿的中后侧，前半部金柱省去，给人感觉视野非常开阔。

"这种梁架结构，称为'减柱造'，是辽代建筑的典型特点之一。它与宋代官式建筑立柱均匀对称分布的格局不同，通过减柱将殿内前半部分空间增加，利于礼祀活动。"孙荣芬说。

阁院寺始建于东汉，寺院核心建筑文殊殿重建于辽代，是没经过落架重修、保持了原始建筑风格的辽代典型建筑。

与之同时代的高碑店新城开善寺大殿，也运用了"减柱造"。两座大殿均是河北辽代古建灵活多变建筑风格和高超建筑水平的体现。

高碑店新城开善寺大殿内部"减柱造"结构梁架　　河北省古代建筑保护研究所　供图

2. 千年古塔

2021年8月19日，石家庄灵寿县沙子洞村。

在群山环抱之中，这座县城西北的小山村，显得格外清幽。在村子北侧，矗立着一座土黄色宝塔，名为"幽居寺塔"。

在河北众多古塔中，幽居寺塔是"年龄最长"的砖塔，始建于北齐，重修于唐代。

幽居寺，创建于557年，是北齐时期重要寺院，曾辉煌一时。经过1400多年的变迁，寺院已废，只存古塔。

塔平面为四角方形，高约23米，塔身建在方形台座上，密檐七层，塔顶为仰莲花承托塔刹。

塔建在扁矮的台基上，朴素无装饰，塔身显著收分，塔檐为叠涩檐。这些都是密檐式唐塔的典型特征。

2001年，幽居寺塔作为唐代古建，被公布为第五批全国重点文物保护单位。

河北是古塔众多的省份。

根据2013年我省对古塔进行的一次统计，河北现存古塔230余座，数量上，在全国能列入前五，其中全国重点文物保护单位就有30多座。石家庄、保定、邯郸、张家口、承德等地古塔均在30座以上。

塔，是佛教建筑群的重要组成部分。

河北多古塔，与河北佛教传播早有关。

魏晋南北朝时期，佛教在中国广泛传播。北朝时期，河北就开始佛寺、佛塔的营造修筑。到了唐代，河北是长安沟通东北的重要通道，佛教在河北也进一步兴盛。

河北佛塔大放异彩，是在宋辽金时期。

2020年12月24日，保定定州，开元寺塔。

"一、二、三……七、八。"记者围绕古塔转了一圈，"八角。"

宋塔多是八角或六角，唐塔多是方形、四个角，这是开元寺塔与幽居寺塔在造型上最直观的区别。

定州开元寺塔，就是典型的宋塔，为八角十一层楼阁式塔。

八角形结构，建筑力学上更为科学。

定州开元寺塔　　赵海江　摄

"平面八角形的布局增加了塔的稳定性，提升了抗震能力，而且对地基的压力分布更均匀，还能减少塔身承受的风压。"省古建所高级工程师刘清波说。

定州开元寺塔高84.2米，是中国现存最高的砖木结构古塔。

一座佛塔，即便为了礼佛，有必要建80多米吗？以现代住宅每层2.8米计算，开元寺塔相当于30层楼的高度。

这与它的军事功能有关，它还有一个响亮的名字——"料敌塔"。

开元寺塔始建于北宋咸平四年（1001年），历时50多年完工。

当时的定州，是北宋北部边防重镇。《宋史》中写道："天下十八道，惟河北最重。河北三十六州军，惟定州最重。"

北宋为防御北部辽国的侵扰，在定州塔建造之初，就设定了军事瞭望和防御功能，塔内有砖阶可通塔顶。

楼阁式塔大多在上层逐步减少辟门，或设假门，但开元寺塔最顶部两层不但门没减少，从其余各层四正面设门、四斜面设盲窗，变为八面设门，还都是真门。

1004年，北宋与辽订立澶渊之盟，划定以白沟河为界。河北境内两国的边界线，大致在今阜平、满城、徐水、雄县、霸州一线。

因此，河北境内，大致以此为界，南为宋塔，北为辽塔。

北宋开元寺塔以"中华第一高塔"著称，但很多人不知道，当时辽国境内、距离边界线约50公里，有两座塔与开元寺塔同时期建造，与之对峙呼应。

这就是保定涿州的地标建筑——"涿州双塔"。

"涿州双塔"，一座名为智度寺塔，五层，通高44米，始建于辽太平十一年（1031年）；一座名为云居寺塔，六层，通高55.7米，始建于辽大安八年（1092年）。两塔相距大约300米。

我国现存辽代八角仿木楼阁式砖塔三座，这是其中两座。

"现存辽塔样式大多是带基座、一层塔身高大、实心结构的八角十三层密檐式塔，不可登临，如保定易县圣塔院塔、唐山丰润天宫寺塔、保定涞水西岗塔。"刘清波说。

和开元寺塔一样，"涿州双塔"都能从内部登临瞭望。

"辽代推崇佛教，兴建众多佛塔，'涿州双塔'是佛塔，但因涿州地处辽国南垂要塞，双塔也兼具军事防御功能。"涿州文保所所长黄涿生说。

宋辽在建塔上的较量，其实是两国军事对峙历史的缩影。

3. 虹桥飞架

2020年10月24日，石家庄赵县，赵州桥公园。

"河北省赵县的洨河上，有一座世界闻名的石拱桥，叫安济桥，又叫赵州桥……"来此参观的一群小学生，在赵州桥畔齐声诵读着课文《赵州桥》。

《赵州桥》一文，摘自中国著名桥梁学专家茅以升的《中国石拱桥》，长期被收入小学语文课本。今天提到中国石拱桥，我们很多人最先想到的就是赵州桥的模样。

赵州桥，全长64.40米，南北横跨37.20米，矗立在赵县城南5公里的洨河上。始建于隋开皇十一年至十九年（591年~599年），至今已1400多年，是世界上现存最早的单跨敞肩式石拱桥。

拱桥，出现于东汉。在桥面和拱券之间、拱顶两旁，有一个三角地带，称为"拱肩"。

"一般桥的拱肩是实心，但赵州桥不同，在桥的拱肩两侧各开设了两个拱洞，把拱肩敞开，这叫'敞肩拱'。"赵县文保所原所长李晋栓说，这样设计增大了泄洪能力，减轻桥梁自重，节省料石，符合现代桥梁结构力学原理，增加了

赵州桥　　河北省古代建筑保护研究所　供图

桥梁的安全系数。

而且，与许多拱桥桥面高高隆起不同，赵州桥桥面很平。

这得益于"大跨径圆弧拱"的应用。

中国的石拱桥，一般是半圆形拱，称"穹隆拱"，但赵州桥的拱却只是圆弧的一小段，是"扁弧形拱"。

"赵州桥南北跨度37.20米，若采用'穹隆拱'，同样跨度下，隆起高度要比现在高10米以上。"李晋栓说。

北方运输主要靠马车，桥面越平，越利于通行。

扁弧形拱的设计，使赵州桥的路面纵坡度约为6.5%（即水平延伸100米，地面上升6.5米），这接近现代公路最大4%的坡度设计，适合北方车多船少的交通特点。

科学的设计，让赵州桥成为石拱桥的"经典模板"，后世纷纷仿建。

赵县永通桥、济美桥、沙河店桥，栾城凌空桥，宁晋古丁桥，行唐升仙桥等都是仿赵州桥而建。

河北不仅有全国最古老的石拱桥，还有全国最长的石拱桥。

2021年8月15日，保定涿州城北。

一座九孔联拱式石拱桥，南北飞架在北拒马河上。这就是长达627.65米的"中国第一长石拱桥"——永济桥，被称作"拒马长虹"，为涿州古八景之一。

永济桥的形制有些特殊，分为主桥和南北引桥。九孔联拱式石拱桥，是主桥，153米，并不算长。长的是引桥，南引桥和北引桥均达200多米。

627.65米，是永济桥主桥和南北引桥的总长。

这"中国第一长石拱桥"的纪录，是明清两代接力建设的结果。

"永济桥始建于明万历二年（1574年），到了清代，因北拒马河改道南移，明代石桥失去作用。清乾隆二十五年（1760年），当地在南移河道上架设新的九孔联拱式石拱桥，并将北侧的明代石桥改砌为北引桥，南侧对称加修南引桥。"黄涿生说。

北拒马河上，距离永济桥两三公里，还有一座明万历时期建造的石桥下胡良桥，和永济桥一样，也是全国重点文物保护单位。

明清两朝为何要锲而不舍地在北拒马河上建桥呢？

"明清时期，涿州是'十八省通衢'，是南方省份进京的咽喉要道，地理位置非常重要。而当时北拒马河河道宽阔，水流湍急，要沟通南北，唯有架桥。"黄涿生说。

地处交通干线，是河北古桥分布的重要特征。

河北河流众多，长度在10公里以上的重要河流有300多条，归属海河和滦河两大水系。跨越河道，保障通行，桥梁必不可少。

据不完全统计，仅保定就有古代桥梁445座，至今尚存124座，其中48座为石拱桥，部分石桥至今还在发挥作用。

古桥，是重要的交通配套设施，也是展现古代石雕艺术的文化长廊。

中国国家博物馆展出的赵州桥石栏板　　李冬云　摄

2020年9月16日，沧州献县城南，单桥村，全国重点文物保护单位——单桥。

"先找找看，这座石桥上雕刻了多少种动物。"献县文保所所长吕永森说。

记者蹲下来，细看一扇扇栏板、一根根望柱，狮子、麒麟、猴子、老虎、仙鹿、天马、牛、龙、凤、鹭鸶……姿态表情各异，场面很是热闹。

单桥，始建于明崇祯二年（1629年），五孔联拱石拱桥，是中国多孔敞肩石拱桥的代表。因由民间捐资修建，又名"乐善桥"。

单桥全长69米，宽9.6米，桥面凹凸不平，两道深达20厘米的车辙，述说着昔日的繁华、历史的沧桑。

单桥的石雕，在河北古桥中堪称精品，号称"三千狮子六百猴，七十二通蛟龙碑"。

全桥72根望柱、62块石栏及拱券的龙门石，雕刻的动物、植物、人物有270处之多，是研究明代石雕艺术的宝贵实物材料。

这个小村庄里，为何会有这样一座精美的古桥呢？

"明代，献县地处太行山以东南北交通大动脉上，是北京通往南京古御道与滹沱河的交汇点，明代这里建有单桥巡检司，是出入京师的门户。"吕永森说。

明代单桥下的滹沱河，是河北众多河流中的大河，流经地域广阔，水势迅猛，被称为"畿南大水"。

据《献县志》记载，明代滹沱河出太行山流入华北平原，至献县境内单桥一带，"夏潦秋霖，黄流怒沫，澎湃冲激"，如"轰雷喷雪，浴日吞天，灏淼汪洋，惊鱼龙之出没"。

献县地理位置的重要、滹沱河的磅礴，共同促成了单桥的建设，也成就了一座艺术价值突出、传递至善精神的古代石桥。

二、古建交响

1. 正定：全时空古建群

2021年8月15日，正定开元寺。

一阶，一阶……从寺院东侧的入口进入，游客要首先走下20余阶石阶，才下到寺院的地面。

寺院与县城道路有近3米的垂直落差，这是很多游客参观时不曾注意的细节。

"县城道路经年累月随城建'长高'，始建于东魏兴和二年（540年）的开元寺，却还矗立在一千多年前的地平面上。"房树辉说。

正定很多古建筑所处的地势都比县城道路低，这是古城千余年岁月积淀的明证。

许多人想不到，在这座仅仅约3公里见方的县城里，藏着各级文物保护单位达38处之多。其中，全国重点文物保护单位9处（隆兴寺、开元寺、广惠寺华塔、临济寺澄灵塔、天宁寺凌霄塔、县文庙大成殿、府文庙、大唐清河郡王纪功载政之颂碑、正定古城墙），在全国县级行政区中位列第二。

正定古建筑不仅空间分布集中，时间上，更是跨越了唐、五代、宋、金、元、明、清等七个朝代及历史时期，前后1300多年。

因此，和一些地区古建筑散落分布或只集中在某一个时期不同，正定古建筑群，是"时空全集群"。

梁思成考察正定古建时，曾发出感慨："我从未在如此小的地方，如此短的时间内，目睹这么多历史古迹，其数量之多，年份之久远，造型之精美，意义之重大，亘古未有……这里仿佛就是一座露天古建博物馆。"

一座县城，为何有如此多的古建？

这与正定的地理区位和建城史直接相关。

正定，地处太行山山前南北通衢要道，西邻太行山东出口井陉，南邻滹沱河，是古代建城的理想之地。

正定广惠寺华塔　《河北日报》资料图片

"自唐代至今，正定城就稳定在现址，曾先后作为恒州、成德军、镇州、真定府（路）等行政性州府的治所。在石家庄建城之前的1000多年里，河北中部最重要的区域中心城市一直是正定。"房树辉说。

1933年4月22日，正定县女子乡村师范学校。

女校里出现两个不明身份的男子，正想进学校食堂，当场被校长"抓"个正着，校长严肃批评他们"不宜越礼擅入"。两人一番解释，误会才消除。

这两人，是中国营造学社的建筑师梁思成和他的助手莫宗江，他们心心念念要看的"食堂"，其实是当时被学校征用的古建筑——正定县文庙大成殿。

文庙，是供奉和祭祀孔子的建筑。大成殿，是文庙的主要建筑。

"雄壮古劲"的大成殿让梁思成"一望即惊喜"，他在《正定古建筑调查纪

正定隆兴寺　　正定县文物保管所　供图

略》中写道:"以此殿外表与敦煌壁画中建筑物相比较,我很疑心它是唐末五代遗物。"

这一推断后来得到学界认可。1996年,文庙大成殿被认定为五代时期,正定文庙被公布为全国重点文物保护单位。

"大成殿不仅年代早,规模上,面阔五间(约23米),进深三间(约10米),这在我国现存唐五代木构古建中,是仅次于唐构山西佛光寺大殿的'大房子'。"房树辉说。

如果说正定古建筑群,是跨越千余年的木石交响,那么它最华彩的乐章,在宋金时期。

首屈一指的,是我国现存时代较早、规模较大、保存比较完整的佛教寺院——隆兴寺。

隆兴寺始建于隋开皇六年(586年),在北宋开宝年间大规模扩建。至今,寺内除了摩尼殿,还有天王殿、转轮藏殿、慈氏阁三座宋代建筑。

这四座木构建筑的主体梁架和斗拱之上,能看到很多与宋代官式著作《营造法式》记载一致的营造手法。

一座寺内集中如此多的宋代木构,在国内是罕见的。

"不仅单体建筑遵循宋代营造手法,隆兴寺南北纵深的对称布局,主要建筑分布在中轴线上及其两侧,也是宋朝佛寺建筑总体布局的重要实例。"房树辉说。

2021年8月27日,正定南门古城墙。

登上城墙向北望去,古城天际线被"正定四塔"勾勒出优美的轮廓——广惠寺华塔、开元寺须弥塔、临济寺澄灵塔、天宁寺凌霄塔。

除开元寺须弥塔为康熙元年在唐塔基址上重建外,其余三座古塔都是宋金遗构,每一座都以独特的设计著称于世。

靠北的天宁寺凌霄塔最高大,塔高41.46米,塔顶是正定古城的制高点。

凌霄塔始建于唐代宗年间,是一座砖木混合结构的阁楼式塔。塔身九层,一至三层砖结构砌筑,为宋庆历五年(1045年)重修,四层以上木结构为大金皇统元年(1141年)重建。

凌霄塔最独特之处,是塔内部"塔心柱"的使用,国内仅存一例。

塔心柱，是塔中心部位竖立的一根上下贯通的木柱，是塔身的重要支撑组合构件。大凡木塔，几乎都有塔心柱，类似今天高层建筑的阻尼器。

凌霄塔第四层中心部位就竖立着一根直达塔顶的塔心柱。

"塔心柱在每层通过水平方向放射而出八根扒梁与塔身的八角相连接，使塔心柱、四至九层抱柱、四至九层转角铺作与扒梁上下左右构成了一个稳固的整体，同时承载与分散了九层塔顶与塔刹的负荷。通过木柱、扒梁榫卯间的摩擦、错位，可以卸掉外来的风压和震动。"刘清波说。

2. 避暑山庄：皇家园林巅峰

2020年10月21日，避暑山庄，澹泊敬诚殿。

大多数游客到了殿前，都迫不及待地望向殿内，但承德避暑山庄研究所副所长李专却引导记者，低头看脚下的一处细节——大殿的台阶。

这台阶不是切割精致的阶条石，而是一块自然天成、凹凸不平、没经打磨的山石。

澹泊敬诚殿是整个避暑山庄等级最高的大殿，清代皇帝在避暑山庄上朝和举行盛大庆典的地方。

帝王的宫殿，用不加雕琢、简单朴素的山石作阶。古建筑用它独有的语言，阐述了这座皇家园林的建筑规划风格——融于自然。

还没进入大殿，一股浓郁的楠木清香飘来，沁人心脾。澹泊敬诚殿是世界现存最大的楠木建筑，故而也称"楠木殿"。

612平方米的空间，由48根色泽金黄发亮的金丝楠木立柱支撑，梁架、隔扇、天花也全是金丝楠木。楠木，是只有皇家和一些高等级寺庙建筑才可使用的珍贵木材，而金丝楠木最为珍贵。

然而，这样一座用稀世珍贵木材建成的高等级大殿，雕梁却不画栋，整座大殿只有一种色彩——原木色。

"朴素，天下莫能与之争美。"康熙皇帝在修建避暑山庄时曾这样总结它的建筑意韵。

"避暑山庄大多数建筑，使用民居的尺度、色彩，不施彩绘、不用斗拱、不加雕琢、青砖布瓦，追求建筑与自然和谐统一。"李专说。

承德避暑山庄 　承德博物馆　供图

　　避暑山庄，清王朝的夏季行宫，与故宫、孔庙并称中国三大古建筑群。

　　它始建于康熙四十二年（1703年），经康熙、雍正、乾隆三朝，历时89年建成，是世界现存最大的皇家园林，中国古典园林发展盛期的集大成者。

　　世界现存最大的皇家园林，究竟是什么概念？

　　绝大多数游客到避暑山庄游览，参观宫殿区、湖泊区、平原区就要一天时间，但纵使如此，也只游览了整个避暑山庄的大约五分之一。

　　避暑山庄地处承德市中心北部、武烈河西岸一带狭长的谷地上，总面积564万平方米，相当于两座颐和园，分宫殿区、湖泊区、平原区、山峦区四大部分，分布着120余组古建筑。

　　"当把视野放大到四大区的地形地势，会发现避暑山庄西北高、东南低，西北部山峦区的高峰与东南部湖泊区、北部平原区，相对高差大约180米。"李专说。

　　这就是融于自然的造园思想在选址和总体设计上的具体体现——避暑山庄整体的地形地貌，恰是中国锦绣山河巨大版图的缩影。

"皇家""园林"是避暑山庄两个最重要的属性。这一点，体现在避暑山庄每一座建筑和每一处景观之中。

"移天缩地入君怀"，不只追求宏观地貌上的"神似"，很多具体的园林景致，也能在中国各地名胜中找到它的"原版"。

"这不是我们杭州的六和塔吗？"来自杭州的一位游客，站在避暑山庄永佑寺舍利塔前满是诧异。

永佑寺舍利塔，位于避暑山庄东北，为永佑寺建筑群最精彩的一笔，仿杭州六和塔而建。

"不只杭州的六和塔，西湖的苏堤、镇江的金山寺、嘉兴的烟雨楼、泰山的碧霞祠、宁波的天一阁……避暑山庄集全国名胜于一园，整体风格朴素淡雅、融于自然，山中有园，园中有山。"李专说。

承德普宁寺，被藏式风格建筑围绕的大乘之阁　　承德博物馆　供图

这是只有"皇家"才能拥有的手笔，而"园林"，则凸显在一棵棵"大可合抱"的古松、古柏、古柳、古榆身上。

"建园之初，康熙皇帝就要求保留湖区的原生古树，还曾亲自到现场指导施工。"李专说，这些古树如今遍及避暑山庄，提升了避暑山庄的园林景观效果。而位于北京的皇家园林圆明园、清漪园，都是人工植树造景，难以实现避暑山庄的"古意"。

1994年，避暑山庄被列入世界文化遗产，一起被列入的，还有避暑山庄东北山麓、对避暑山庄形成拱卫之势的八座藏传佛教寺庙——外八庙。

2020年10月22日，普宁寺，外八庙之一。

登上寺内一座8米多高的金刚墙，先向南望，再向北望，两侧是两种建筑风格完全不同的建筑群。这让许多初次到访的游客，感到非常诧异。

南望，是中轴对称的传统汉式佛寺布局。中轴线上，山门、天王殿、大雄宝殿，两侧钟楼、鼓楼和东西配殿，飞檐斗拱，雕梁画栋。

北望，是自由灵活的藏式风格佛寺布局。十几座藏式梯形盲窗、红白色调的平顶碉房、白台，随山就势，散落分布，簇拥着主体建筑大乘之阁。

一座寺庙，汉藏两种风格"混搭"，这就是普宁寺建筑布局上最突出的特征——汉藏合璧。

不仅是普宁寺，这种将汉、藏、蒙、维等各民族宗教建筑艺术风格融合的建筑形式，是外八庙的共同特征。

外八庙，我国北方规模最大的藏传佛教皇家寺庙群，位于北京古北口外，包括溥仁寺、普宁寺、安远庙、普陀宗乘之庙、殊像寺、须弥福寿之庙、广缘寺等十二处寺庙。

仿建，同时仿中有创，是外八庙另一个重要特征。

普宁寺仿西藏三摩耶庙而建，普陀宗乘之庙仿拉萨布达拉宫而建，须弥福寿之庙仿日喀则扎什伦布寺而建，安远庙仿伊犁固尔扎庙而建……

"这些仿藏式寺庙在设计建造时的原则，是抓住范本建筑的典型特征，不求形似，只求神似。"李专说。

不管是皇家园林避暑山庄，还是皇家寺庙外八庙，政治涵义才是它们的本质涵义。

"避暑山庄和外八庙，是清朝为巩固北部边防，密切与蒙藏等少数民族上层人物往来的需要而建，是清王朝搭建在紫禁城之外处理政治事务的重要舞台。"李专说。

而一座座寺庙呈半月形环列在避暑山庄外围，用独特的建筑语言，象征了中国对多民族团结统一永恒不变的追求。

3. 体现等级原则的经典古建

2020年10月23日，北京故宫以东100公里，清东陵。

昌瑞山主峰南麓，一条宽约12米、长6000米的砖石神道如大树主干，从南向北延伸。

"大树主干"在孝陵（顺治陵寝）前，向两侧各分出两条"枝杈"辅神道，分别通往孝陵东侧的景陵（康熙陵寝）、惠陵（同治陵寝），西侧的裕陵（乾隆陵寝）、定陵（咸丰陵寝）。

这样的陵寝建筑布局，是中国古代等级制度中"居中为尊""长幼有序"的体现。

神道，是古代陵寝建筑的前导部分。清孝陵的神道是中国皇陵中最长的一条。

孝陵，是清东陵中建造最早的一座陵寝，始建于1661年。

在此后的247年里，清东陵陆续建成217座宫殿牌楼，组成包括5座皇帝陵在内的15座陵园，成就了中国现存规模最宏大、体系最完整、布局最得体的帝王陵墓建筑群。

"等级"的概念，贯穿了中国古建筑的始终，即按所有者的社会地位规定建筑的规模和形制。这种制度至迟在周代已经出现，直至清末，延续了2000余年，是中国古代社会重要的典章制度之一。清东陵的建筑，严格体现着"等级"。

不过，高等级古建筑，不独属于皇家陵寝，也应用在山岳祭祀建筑之中。

2020年9月30日，保定曲阳，北岳庙德宁之殿。

最能彰显这座大殿气势的是它的屋顶。

殿顶有两层屋檐，称为重檐。上层屋檐前后两坡相交处是正脊，左右两坡有四条垂脊，分别交于正脊的一端。下檐四角各有一条垂脊，两层屋檐共九条脊。

"这样的屋顶形式，是中国古建筑屋顶的最高等级——重檐庑殿顶。"孙荣芬说。北京故宫太和殿、曲阜孔庙大成殿，均为重檐庑殿顶。

德宁之殿，北岳庙中的主体建筑，现存最大的元代木构建筑。大殿坐北朝南，建在2米多高的台基之上，面宽九间，进深六间，四周出廊，通高25米，总占地2000多平方米。

屋顶，也是建筑等级最直接的体现。

中国古代建筑的屋顶，按照等级由高到低，可分为庑殿式顶、歇山式顶、悬山式顶、硬山式顶等形式。按屋檐的层数分，重檐等级高于单檐。

为何在北岳庙，能有一座代表中国古建最高等级的建筑？

北岳庙，原名北岳安天元圣帝庙，始建于北魏，是古代帝王祭祀五岳名山古北岳恒山的神庙。该庙曾于宋、元、明、清各代进行过多次维修与扩建。1982年，公布为第二批全国重点文物保护单位。

五岳祭祀，由来已久，相传尧舜时即封禅五岳。从汉神爵元年（公元前61年），古代帝王祭祀"五岳四渎"，成为江山一统的重要礼制。

正是北岳庙的历史地位，决定了德宁之殿的建筑规制。山东泰安岱庙（东岳庙）正殿天贶殿也是同等规制。

古建筑的等级，不仅体现在规模、形制、结构这些显而易见之处，在细微的色彩、装饰等方面，也多有体现。

曲阳北岳庙德宁之殿　　河北省古代建筑保护研究所　供图

2020年10月23日，承德外八庙普乐寺正殿，旭光阁。

顶上巨大的龙凤藻井如一把金色伞盖，端端正正悬于上乐王佛头顶之上。

藻井正圆形，向上凸起达3米，分为四圈。第一圈（最外圈），雕刻着贴金的云纹图案；第二圈，雕有金凤和金龙；第三圈，雕刻着逼真的莲花；第四圈，是藻井的中心，一条口含宝珠、气势威武的金龙。

藻井，是古建筑重要装饰构造，将古建筑穹隆之美展现到极致。

通常藻井做成向上隆起的井状，有方形、多边形或圆形凹面，周围饰以各种花藻井纹、雕刻和彩绘。

"在古人看来，藻井是具有'从人间通向天庭'的象征意义的建筑装饰。因此，就像西方教堂建筑中的穹隆顶一样，中国古建筑内的藻井是'天'的缩影。"李专说。

藻井同样彰显中国封建等级制度。

"高等级的藻井，直径更大，凸起更高，斗拱堆叠工艺非常复杂，大小不能有毫厘误差，整体繁而不乱。最华美壮丽的藻井，主要分布在皇家宫殿（故宫）、敕建敕封寺庙、陵寝碑亭。"李专说。

旭光阁是仿天坛祈年殿而建，藻井的气势神韵，正继承自祈年殿"中国最美藻井"九龙藻井。

三、百年守护

1. 古建研究：发现之路无止境

2021年8月26日，井陉苍岩山，福庆寺。

通往寺院的峡谷之中，70多米的高空，呈"八"字形高耸对峙的崖壁之间，是三座凌空飞架的单孔石桥。

三座之中，中间一座最负盛名，被称为中国三大悬空寺建筑之一——"桥楼殿桥"。

桥楼殿桥长15米，宽9米，桥上二层重檐楼阁式的桥楼殿，是福庆寺主体建筑。

苍岩山福庆寺桥楼殿桥　　河北省古代建筑保护研究所　供图

福庆寺创建于隋朝，寺院现存建筑大都是清代遗物，包括桥楼殿。然而，承托桥楼殿、沟通南北天险的石桥，建筑年代缺乏记载，众说纷纭。

划定石桥年代过程中，桥楼殿桥一东、一西两座石桥，作为"参照物"起了关键作用。

西侧石桥上，建有天王殿，名为"天王殿桥"。两崖间天王殿桥跨度最小，桥旁石碑明确记载桥建于金大定年间。

东侧石桥上没有建筑，名为"小天桥"，两崖之间跨度最大，明确记载建于民国十一年。

根据古代建造桥梁地点选择的规律，为了省工、省料，降低建桥难度，通常会选在山涧南北距离最窄处。因此，跨度最小的天王殿桥，应该是建设最早的一座。

天王殿桥的金代碑记也印证了这一推断。

"西眺平林无际，东望河朔，超忽信河北胜地一绝。"显然，在金代，天王殿桥建成后，东侧还没有"桥楼殿桥"遮挡，视野开阔。

同时，明万历二十年《重修苍岩山圆觉殿记》首次明确记载了桥楼殿桥。因此，石桥建设下限，不会晚于明万历时期。

就这样，史料和桥梁建造规律两相佐证，为桥楼殿桥框定了相对具体的建造年代。

"由于年代久远、缺乏史料，今天我们对一座古建筑的认识，是很难一步到位的，永远处在再发现、再认识的过程当中。"孙荣芬说。

2020年6月8日，省文物局。

在省文物局总工程师刘智敏的办公室内，挂着一幅赞皇治平寺石塔素描。

治平寺石塔高约12.5米，为八角仿木楼阁式，塔身分三层，各层均出檐，翼角微微翘起，整个塔纤细轻盈、挺拔庄重。

普通人看到的更多是它造型的精美，但在古建研究者眼中，它有更深的价值。

治平寺石塔能被公布为全国重点文物保护单位，"年代古老"同时又"仿木构"，是重要原因。

据治平寺现存明碑记载："古刹启自隋开皇三年（583年），唐天宝八年

（749年）院心起大浮图一座。"

因此，这座石塔已经有1200多年的历史。

"木构建筑是中国古代建筑的主流，由于木材易损，所以隋唐时期的木构建筑留存稀少。而治平寺石塔上的仿木结构楼阁正是当时木构建筑形式的直接反映，斗拱、屋檐，是我们了解、还原唐代木结构建筑比例、结构做法和形式特征的重要实物依据。"刘智敏说。

千余年前木构建筑的传奇，治平寺石塔可以讲述。

不仅如此，治平寺石塔石料切磨精致，雕饰精美丰富，堪称中国石雕佛塔中的瑰宝。

塔上佛像故事石刻有32幅之多，佛、菩萨、弟子、力士等大小浮雕造像近百尊。佛像的袈裟、菩萨的长裙，雕琢出自然柔软的下垂曲线，力士的肌肉浑圆有力、线条清晰。

"这些佛像菩萨，都是唐代造像的典型像式，盛唐气象就留在这一尊尊造像上。"刘智敏说。

2021年11月10日，承德避暑山庄福寿园。

"这里曾有一座三层戏楼，名为清音阁，在20世纪40年代毁于火灾。不过，再过不久，通过我们的影像技术，扫一扫二维码，就可以看到它曾经的样子。"站在清音阁遗址台基旁，承德市文物局古建园林工程科科长、正高级园林工程师陈东说。

清音阁戏楼坐南朝北，戏楼左右有重层长廊，南侧与扮戏房相连，北侧是面宽五间、前后带廊的二层楼，名为"福寿园"。

福寿园建筑群，是避暑山庄中一组重要的宫殿建筑群，修建跨越了康熙、乾隆两个时期，是皇帝理政、宴客、听戏之所，包含了演戏、宴客、理政等多重功能。

其中，清音阁，是中国建筑史上为数不多的三层戏楼，与北京故宫畅音阁、颐和园德和园、圆明园同乐园，并称清代四大戏楼。

清末国力衰微后，避暑山庄历经野蛮劫掠与破坏，至新中国成立初期，包括清音阁在内，原有建筑近90%被毁。

"到目前为止，康乾72景虽已恢复55景，园林植物景观恢复到原貌的65%，但是，避暑山庄内现存44处古建筑遗址，其中很多都曾是标志性园林建筑，现在恐怕难以复原，只能通过凭吊遗址去遐想了。"陈东说。

为了弥补这种遗憾，从2017年开始，中央美术学院建筑学院与承德市文物局合作，通过现代技术，对损毁不存的古建筑遗址的历史原貌进行虚拟复原。

"我们利用三维激光扫描、无人机等现代化测绘手段进行遗址测绘，通过实测图、数字复原图、手工实体模型、3D打印模型、数字三维动画展示等形式，已经对清舒山馆、清音阁、临芳墅等13处古建筑遗址进行了数字化复原。"陈东说。

这个团队里，有建筑史研究人员、古建筑设计人员、中国传统山水画家、版画家、雕塑家，他们计划在此后五至十年内完成避暑山庄园林建筑及山形水系在清代盛期的风貌复原，再次重现皇家园林的盛世绝响。

2. 古建修复：传统与现代并行

2003年夏，保定高碑店新城开善寺大雄宝殿修缮工地。

正在进行的修缮工作中途停了下来。

原来，修缮人员在清除前檐后砌墙，发现了装修痕迹：前檐明间有中槛榫卯痕迹；两稍间柱身上有上下两组卯口痕迹；后檐明间保留了一个中槛，残留的下碱墙有门口遗迹和两个青石门墩。

这些痕迹，是大殿这些部位曾设有窗或门的证明，很可能是最原始的构造痕迹。

"大殿始建于辽代，历史上曾多次维修，修缮人员掌握的历史资料有限，像这样在修缮中有新发现、重新修改维修方案的情况，在大雄宝殿修缮过程中，出现过好几次。"刘智敏说。

参考了众多辽代古建筑实例后，维修方案做出调整：前檐明间上设披风窗，下安板门；稍间上设披风窗，下为直棂高窗；后檐明间上部设披风窗，按原位置砌墙，正中设两扇板门。

"根据新发现的历史遗迹边研究、边设计、边施工，不断调整修缮方案，是开善寺大雄宝殿修缮最显著的特点之一。"刘智敏说。

工程结束后刘智敏编写了《新城开善寺》一书，在书中她给记者找到大雄宝殿修缮前的老照片。

"看，大殿檐柱损坏，劈裂严重，都能伸进拇指，这四根山柱基本由若干小支柱拼凑起来支撑大殿。"刘智敏指着一幅幅照片说，"再看这张，柱根都糟朽了，这是两山斗拱，也已经糟朽，整个大殿的梁架整体向西倾斜扭闪，榫卯也都松动了。"

开善寺大殿的修复，采取的是木构建筑修复中"局部落架，恢复原状"的方式。

落架，是大木构维修干预较大、维修较彻底的一种维修方法。局部落架是相对于全落架而言。

全落架，是自屋顶到柱子，几乎所有构件全部解体，工程量很大，即使是一片瓦，都必须严格按照原来位置一一编号，保证修复完后能标准复原。正定隆兴寺的宋代建筑慈氏阁，就是全落架重修的。

而局部落架，是只对必须解体的结构部分进行落架维修，拆卸梁架之外的部分，工作量小得多，目的是尽量减少对原结构、构件的干预。

古建筑修缮究竟该干预到什么程度，对这个问题的探讨，在古建领域一直没有停止过。

1982年我国颁布《中华人民共和国文物保护法》，确立了古建修缮保护"不改变文物原状"的大原则。

在"不改变文物原状"的前提下，除了坚持传统修缮工艺，必要时也需要运用现代技术方法。

2020年10月22日，承德外八庙之一，普陀宗乘之庙。

正午的阳光照在一座大殿的金顶上，金光闪闪，强烈的光芒让记者不能直视。

大殿被三层裙楼四周环绕，这让记者难得有机会站在与屋顶齐平的高度，以平视视角，近距离360度欣赏这个金碧辉煌的屋顶。

这座金顶大殿，是普陀宗乘之庙的主体建筑之一，万法归一殿。

万法归一殿，建成于乾隆三十六年（1771年），为重檐四角攒尖顶木结构建筑。屋顶覆盖的鎏金铜鱼鳞瓦，使用头等金叶一万余两，因此称为"金殿"。

然而，这样金碧辉煌的屋顶，在2013年修缮前，曾面临严重渗漏问题。

安装普陀宗乘之庙万法归一殿的鎏金鱼鳞铜瓦　　河北省古代建筑保护研究所　供图

2013年6月，普陀宗乘之庙古建筑保护修缮工程启动。

"万法归一殿鎏金铜鱼鳞瓦瓦胎是厚1至2毫米的铜板。勘察发现，多数瓦件缺损、开裂，屋面变形，屋脊和瓦面之间存在裂缝，大殿一层屋面西、南坡和二层东、南、西坡檐口渗水、漏水非常严重，需要局部揭瓦维修。"省古建所工程办主任孟琦说。

然而，现存古建筑中，鎏金铜瓦屋面的建筑极少，此前并没有这类构件维修技术规范和文献资料可供参考。

修缮团队面对的首要技术难题，是如何修补破损瓦件。

从瓦件历史修补痕迹看，传统方法有两种，铆补和锡堆焊。铆补连接强度高，但会对瓦件造成损坏；锡堆焊不损伤瓦件，但连接强度差。

传统技术有缺陷，大量局部试验后，修缮团队决定采用焊接新技术——冷焊。

"和传统焊接相比，精密冷焊技术产生的热量较少，对鎏金铜瓦的胎体影响较小，不易变形、不咬边，而且弧点能量精准，热影响区非常小，避免了对鎏金层造成伤害。"孟琦说。

修缮团队对边沿裂缝的瓦件，先打磨掉锈层，之后用冷焊机在瓦件内侧以5毫米点距点焊，再用锡堆焊封闭裂缝，最后清理打磨焊口。

传统技术和新技术结合，不仅解决了瓦件自身渗漏问题，同时保证了修补强度和外观效果。

万法归一殿鎏金铜瓦屋面的维修，确定了鎏金铜瓦屋面技术措施、操作流程和施工工艺，填补了国内修缮鎏金瓦顶建筑记录的空白。

3. 河北古建保护：中国古建保护缩影

1954年8月6日，北京文物整理委员会。

一场关于一座古建筑如何修缮的会议正在召开。

会议室内，坐着朱启钤、梁思成、杨廷宝、刘致平、莫宗江、赵正之、陈明达、罗哲文、俞同奎、祁英涛、余鸣谦……这些中国古建领域的权威专家激烈争论，反复斟酌。

究竟是一座多么重要的古建筑，要云集这么多古建筑大师为之"会诊"呢？

这就是新中国成立后河北修缮的第一座古建筑——正定隆兴寺转轮藏阁。

河北省古建筑修缮保护工程的序幕由此拉开。

转轮藏阁，始建于北宋，是一座平面近似正方形的二层阁楼，元明清均有重修。

殿内正中安置一个直径七米、八角形的木制转轮藏，即可以转动的藏经阁，它是我国现存宋代小木作稀有遗物。

根据北京文物整理委员会的《大同及正定建筑勘察纪要》记载："转轮藏殿三间六椽，正方形殿，三重檐九脊，斗拱五铺作……现殿之楼板、楼梯全毁，屋顶朽坏，宜加修葺。"

"宜加修葺"的转轮藏阁，到底该如何修葺？

梁思成的意见是："轮藏殿本身复原很困难，要恢复到一个朝代，也很困难。只可以在现状的基础上，认识到哪里就恢复到哪里。"

而罗哲文参考了苏联的规定，提出"复原工作仍是希望恢复最古的式样，考证不足时则依现状做"。

对于二层腰檐，参会专家大部分同意拆除。对于一层副阶（主体建筑之外伸出的回廊），原来是否存在，如果存在又是何种形式当时并不确定，同意保留。

最终，转轮藏殿的修缮在参考专家讨论会意见的基础上，采纳了拆除腰檐、保留副阶、局部复原的方案。

1954年国家拨款16万元，修缮工程由北京文物整理委员会承担。

河北古建保护工作起步早、起点高。从20世纪50年代到80年代，河北又有多处重要古建筑在全国古建专家团队带领下完成修缮。1950年，河北省成立省文物工作队，1982年改为河北省古代建筑保护研究所。河北古建队伍的建设、经验的学习积累，都是在很高的起点上进行的。

"20世纪30年代，梁思成等老一辈古建专家在战火中追索寻找、想尽办法留住中国古建筑。50年代，新中国第一轮古建保护修缮项目河北就有几项，之后的每个阶段都有不同类型的保护项目案例，河北古建修缮保护队伍也是随着中国古建筑保护的发展步伐不断成长、进步——从某种意义上说，河北古建修缮保护工作，在保护理念、技术措施方面，应该是新中国古建修缮保护工作的一个缩影。"刘智敏说。

如今，河北省古建所已经建立起一支国内专业文物古迹修缮保护队伍，能够承担全国重点文物保护单位文物本体维修、工程监理工作，获得国家文物局首批颁发的文物保护工程勘察设计甲级资质和施工一级资质。

这支团队还走出河北，在最近二十余年里承接了四川、甘肃、云南、西藏、新疆、内蒙古等地区的多个文物保护设计项目。

云南昆明真庆观古建筑群、甘肃张掖大佛寺大佛殿、西藏布达拉宫和萨迦寺的整体保护修缮设计等，汶川地震、玉树地震中对成都、玉树多座古建筑抢险保护，都有河北古建人的参与。

2020年11月22日，河北省古建所。

走廊的墙上，挂着一幅风格特别的神庙照片。

和众多中国传统古建筑屋面曲线不同，这座神庙的屋面为直线，建筑风格带有明显的异国风情。

这座建筑，是河北省古建所参与的第一个国家级援外项目——援助尼泊尔加德满都杜巴广场九层神庙修复项目。

九层神庙是尼泊尔重要的宫殿建筑，在2015年4月25日尼泊尔地震中，九层神庙损坏严重，东北塔楼六层以上坍塌，西南塔楼七、八、九层倒塌，整体变形严重。

2016年12月，孙荣芬等20多位省古建所专业技术人员分两批奔赴尼泊尔加德满都，对九层神庙进行现场勘察。

当时距离地震已经过去快两年，但神庙上只罩了一层雨布，建筑倒塌后的破损构件跌落一地。

根据文物修复的原则，除非木构件完全腐朽或者丢失，否则修复时都要利用旧构件。这意味着，修复工作需要将震后收集的每一块木料、每一块砖石都编号记录，根据历史照片和资料及当地的宗教习惯，让它们恢复原位。

在项目修建过程中，施工单位在尼泊尔国家博物馆院内，搭建了一个大工棚，专门用来进行西南和东北塔楼坍塌部分的复建归位。工匠们先将一块块木构件拼接组装完成，做到严丝合缝，然后一一拆解、编号，再把这些木构件运往九层神庙的工地现场，根据编号再次在倒塌的神庙上完成组装。

"随着现代信息技术的发展，在九层神庙修复项目的勘测过程中，我们采用古建筑传统测绘方式与三维数字扫描技术相结合，准确记录了九层神庙建筑特点、工艺做法、残损现状、历史信息等，形成了一套完整的设计资料。这一设计方案得到了尼泊尔考古局的认可和肯定。"孙荣芬说。

（感谢河北省古代建筑保护研究所、正定县文物保管所、承德避暑山庄研究所的大力支持。）

第二单元 凝固音乐

采访 ◯ 《河北日报》记者 白云 王育民 薛惠娟 任学光
执笔 ◯ 《河北日报》记者 白云

阅读提示

18世纪德国哲学家谢林在《艺术哲学》中，总结出一句流传甚广的话："建筑是凝固的音乐。"

建筑，不仅仅是我们在生活中寻求庇护的所在，还是我们改造世界艺术手段的体现。

河北各地的近现代建筑，从风格、工艺、造型及材料等不同侧面，见证、反映了河北近现代历史和经济社会发展轨迹。

这些建筑既蕴含着传统文化的元素，也通过吸收使用外来建筑形式和工艺，实现了风格和功能的多元。

秦皇岛北戴河班地聂别墅　　潘如辉　摄

一、现代建筑的开端

1. 百年老建筑背后的近代化历程

2021年6月19日，秦皇岛，北戴河，东经路。

"这种结构正是北戴河别墅群的一大特色。"北戴河文保所副所长王学功，指着班地聂别墅全部使用不规则毛石砌筑出的规整高台介绍说。

高台，是沿海区域建造别墅时起支撑作用的一种特殊地基。说它"高"，是因为这种地基往往超过一米。"台"，指的则是其半地下室的结构。

"这种高台是为了应对沿海潮湿的气候，"王学功说，"在北戴河现存的117栋老别墅中，几乎每一栋都能找到相似的高台。"

这些老别墅，分布在今天秦皇岛北戴河区的东经路、鹰角路、保四路、草厂西路等，分别处于北戴河的山麓、海边、绿荫等不同风景区。

新中国成立前，北戴河的老别墅一度有719栋之多，涵盖了美、日、英、意、俄等20多个国家的不同建筑风格。

"鼎盛时期，北戴河别墅群和庐山、青岛、厦门别墅群，被誉为全国四大别墅群之一。"北戴河文保所所长闫宗学说。

像其他几个著名别墅区一样，北戴河别墅区也曾有许多近现代名人在此流连。著名诗人徐志摩就曾在《北戴河海滨的幻想》中写道："我独坐在前廊，偎坐在一张安适的大椅内……廊前的马樱、紫荆、藤萝，青翠的叶与鲜红的花，都将他们的妙影映印在水汀上……从树的间隙平望，正见海湾。"

文中提到的前廊，正是北戴河别墅群的第二个特点——明廊。

北戴河别墅均带有回廊，从一面、二面、三面到四面回廊不等。宽阔的廊檐并不符合当地人的居住习惯，但足够宽阔的区域，却满足了这些别墅建造于海滨之地的主要用途——度假休闲。

在度假休闲中享受滨海美景，使得北戴河早在20世纪之初，就和夏威夷齐名，被誉为东亚避暑胜地之冠。

1891年，英国工程师金达在勘查天津到山海关的津榆铁路线路时，发现了北戴河村绝佳的地理位置。随着金达在其"朋友圈"内的广泛宣传，1894年，英国人史德华在北戴河修建了第一栋海滨建筑。

这一年，津榆铁路通车。北戴河作为沿线站点，有了交通上的便利，吸引了众多前来避暑的外国人在此落脚，就此留下了各具特色的老别墅。

1898年，面对越来越多外国人在北戴河强占土地的局面，清政府辟秦皇岛为自开口岸，划定"戴河以东至金山嘴沿海向内三里，及往东北至秦皇岛对面为各国人士避暑地，准中外人杂居"，以限制外国人的活动范围。

北戴河的开发，因津榆铁路而起，而津榆铁路的出现，则源于唐山开滦煤矿的开发。

在燕赵大地上，采用西式结构、材料、施工方式的近现代建筑，正是伴随着中国北方近代工业在河北的发轫而出现的。

2021年5月13日，唐山市赵各庄矿洋房区。

开滦集团赵各庄矿业有限公司退休职工常青，又一次到这里核实洋房的各种尺寸。出于对这些老建筑的喜爱，多年来，老人一直在自发绘制老洋房的结构图。

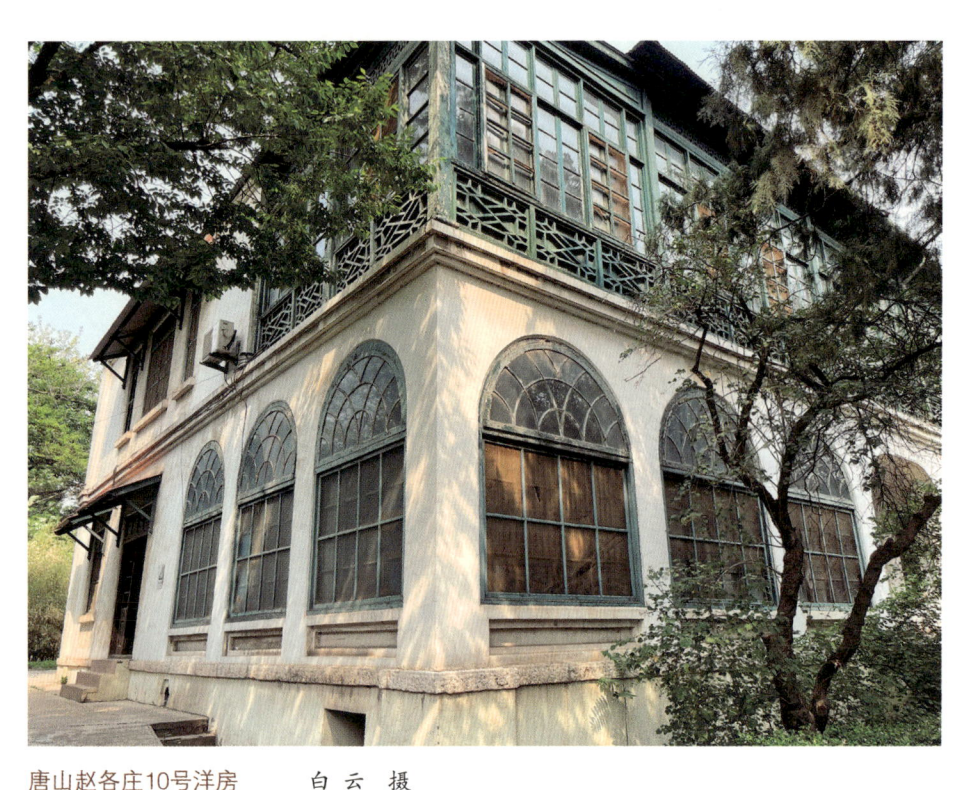

唐山赵各庄10号洋房　　白云 摄

在10号洋房前，常青敲敲硬杂木的窗套，摸摸焕发着金属色泽的黄铜纱窗，"一百多年了，还这么结实！"

这栋两层建筑，建筑面积841.99平方米，修建于20世纪初，也是历经大地震浩劫后，唐山唯一一栋保存完好的二层老洋房。

洋房底部为1.5米高的坚固条石地基，其上框架和顶梁均为木制架构，顶梁之上又增加了悬空铁瓦。这种特殊的轻质结构，也是10号洋房在1976年唐山大地震冲击中，仅出现一根木制支柱略有位移的重要原因。而周围数十栋洋房却倒塌殆尽。

10号洋房主体结构采用美国红松，需雕刻的部位为硬杂木。进门的拼花瓷砖，历经一百多年花纹依然清晰，只是稍有磨损。洋房窗子的插销，大部分也仍能正常使用。

这样一栋高规格建筑，出现在一百多年前的赵各庄并非偶然。

"这要从唐山煤炭业采用西法采煤说起。"唐山师范学院教授闫永增说，20世纪初兴建的赵各庄矿，引入了很多外籍工程师，类似的洋房主要供给当时的外籍矿师居住和办公使用。

1878年，开滦煤矿的前身开平矿务局开建，开启了中国煤炭工业的源头。开平矿务局引进西方设备技术开采煤炭，唐山由此崛起了中国近代第一座机械采煤的大型矿井，也迎来了第一批外国工程技术人员。

此后，1889年，唐山细绵土厂生产出中国的第一桶水泥；1914年，唐山德式启新瓷厂在中国率先使用陶瓷机械，烧制出第一件标准卫生瓷；1921年，秦皇岛耀华玻璃厂在中国乃至亚洲第一家采用"机制平板玻璃"工艺……这些企业，为近代中国生产出了第一批国产近代建材。

如今，它们的老厂房也都已成为当地重要的工业遗存。但透过这些百年老厂，依稀可见我国一百多年间的工业发展进程。

2. 三张老照片定格城市勃兴

"这就是正太铁路的开通仪式。"

2021年7月9日，石家庄文献收藏家王律小心翼翼地打开一本8开大的《正太铁路》影集——这本影集1913年由法国巴黎昂贝尔出版公司出版。

照片上有一群身穿马褂、头戴花翎的清朝官员和西装礼帽的外国工程人员，他们身后是一座车站，正前方为一条铁轨，车站上方的法文写着"从石家庄到太原府"。

这张照片一经面世，就引起了河北传媒学院教授李惠民的注意。他研究石家庄近现代史已有多年。

"看左上角——带老虎窗的二层建筑，就是正太饭店南北两排坡屋顶建筑。"李惠民说，这也是目前现有资料中，最早拍到正太饭店的图片。

时光，透过这张照片，来到2021年。

6月1日，正太饭店，翠绿的爬山虎覆盖了绝大部分的墙壁，给这栋略显古朴的建筑更增加了几分年代感。

建筑的东立面有着明显的古典主义建筑风格，南立面一层为巴西利卡式连续拱券外廊，二层为开敞柱廊，三层为尖顶，建筑布局极有韵律。

巴西利卡是古罗马的一种公共建筑形式，其特点是平面呈长方形，外侧有一圈柱廊。这种建筑形式在西方大都市里曾常用于法庭或者大商场。而精致的老虎窗、屋顶坡度的转折以及法式廊柱等则为明显的法式建筑风格。

1907年，正太饭店所在的位置，是正定府下设的获鹿县石家庄村村东。当年名不见经传的小村侧畔，为什么会出现这样一栋精致的法式建筑呢？

"这得从这张照片上的正太铁路说起。"李惠民介绍，1898年，清政府照准在

正太饭店　　王惠岭　摄

山西太原到正定府柳林堡（今石家庄柳林铺）之间修建铁路。1904年，正太铁路总工程师、法国人埃士巴尼将这条铁路的东起点改设到了石家庄村东。

1902年修建的卢汉铁路（今京广铁路）也从石家庄经过，并在石家庄村东设站枕头站（今振头）。1907年，正太铁路通车后，两条铁路因轨距不同并不能对接，南来北往的货物需要在两铁路间转运。这使得532人的小小石家庄村，成为商业聚集之地。

而法式风格的正太饭店，出现在法国人主持修建的正太铁路旁，服务于日益兴盛的铁路运输贸易，也就不足为奇了。

鼎盛时期的正太饭店，拥有69个房间。即使现在走进这座建筑，当年的奢华随处可见：正门入口处的拼花地板鲜艳大气，旋转木楼梯虽漆面脱落但雕花精致，南北楼的两侧都有宽阔的圆拱形廊檐，每一个房间都铺着木地板。

正太饭店硬件设施豪华，当年的服务标准也极高。李惠民介绍，由于起初接待外宾较多，饭店不仅提供中餐和法餐等，连茶役、厨师也都受过专门的法语、英语培训。

装修豪奢、服务高级的正太饭店，成为当年往来石家庄的社会名流和军政要员的首选。

军阀混战阶段，阎锡山曾在这里召开过军事会议。

张学良、杨虎城多次到石家庄，都曾入住正太饭店。

众多军政要员频繁出入正太饭店的背后，是石家庄作为现代城市的勃兴。1925年，随着工商服务业的发展兴盛，石家庄申请建市，正太饭店一时风光无限。

李惠民翻出另一张出自《驻石侵华日军相册》的老照片：正太饭店正门堆满防御沙袋，门口有日军巡逻。这张照片拍摄于1937年10月11日。卢沟桥事变后，日寇迅速占领石门（即今石家庄），并将正太饭店作为日寇第一军兵站部后勤供应基地，被日伪铁路管理机关作为办公场所占用。

"对于日军来说，石家庄军事地位太重要了。"李惠民介绍，1939年10月，正太铁路完成改轨，1941年2月，石德铁路建成。这时的石家庄扼平汉（今京广）、石太、石德三大铁路，成为华北重要的交通和物资枢纽。

1947年11月12日，石家庄解放。

代表着石家庄这座城市重要转折点的时刻，同样被记录在一张老照片中——

几名解放军战士拿着枪从正太饭店门前跑过。当时的正太饭店和大石桥，正是国民党在石家庄的最后据点。

"这张照片刊载于1948年第30期《东北画报》。正太饭店是这附近最高的建筑，也因此，红旗插上正太饭店楼顶意味着石家庄的解放。"李惠民说。就这样，正太饭店完整见证了石家庄从一个小村到交通枢纽再到人民城市的全过程。

20世纪50年代，石家庄迎来新中国的工业发展高潮，棉纺厂、制药厂等纷纷落地京广铁路以东，这改变了石家庄在日占时期向西发展的格局。正太饭店则隶属铁路部门管理使用，一度被用作单身宿舍、办公区。

2008年，正太饭店被列为省级文物保护单位。

2021年5月31日，沉寂多年的正太饭店再次热闹起来：石家庄推进中央商务区项目建设，要把正太饭店修缮加固，恢复这座百年老字号的使用功能。

正太饭店外围开始施工，轰鸣的机器，将重新唤醒正太饭店，寻回石家庄的原点。

3. 两组厂房和"一五"记忆

在今天的石家庄和平东路，有这样两处具有明显苏式风格的工业建筑群。

它们以和平路为界，分为南北两处，风格相似又各有不同。路南的窗户全部为直角，路北的窗户为直角，圆拱形间或出现，但所有门窗洞口的尺寸比较大，明显有别于中式建筑。

这就是今天的华北制药集团有限责任公司总部及华药康欣有限公司。

"这两处厂房，是'一五'期间苏联援建我国的156项重点工程中的两项，都由苏联专家设计，带有鲜明的苏式风格和时代特色。"如今93岁的刘剑章，曾在华北制药厂筹备处秘书科工作。1955年华药落户石家庄时，正是他最早为苏联专家设计图纸收集了基础资料。

我们今天看到的和平路北侧的华药原淀粉厂厂房，中间圆拱形入口为5层，以此为中心，两侧缓慢降低至4层、3层。长达219米的淀粉厂车间，所有生产工艺在一个厂房内完成，这与路南一道工序一个厂房完全不同。

为什么会有这样的设计呢？

"你看和这个字母像不像？"刘剑章颤抖着手在纸上写了一个"п"——这个俄文字母，读po音，像极了淀粉厂的建筑造型。"华药选址落户石家庄时，这里还是一片茂盛的庄稼地，石家庄市委的同志曾语重心长地跟我们说，东郊是一片机井地、高产田，你们要节约用地。"

原来，按"п"字形的厂房设计，初衷是节省土地资源。

"你知道拱门上的这些图案分别代表什么吗？"7月13日，带记者走到原淀粉厂门前，华药康欣有限公司总经理助理郄佳指指两道巨大的圆拱门。拱门上方，从下往上，分别是一串紫色葡萄、华北制药厂名、两片绿叶、镶满种子的时钟以及飞翔的和平鸽。

"葡萄代表着这里生产葡萄糖，种子代表玉米原料，和平鸽则代表苏联援建我国的友谊。"郄佳解释，这处厂房正是以玉米作原料，生产出淀粉、葡萄糖，供给一路之隔的抗生素厂。

事实上，以这两个项目为主体的华北制药厂，是以重工业为主的156项工程

华北制药厂工作塔　　白　云　摄

中为数不多的轻化工项目，也是当年举全国之力建设的、当时国内唯一的抗生素大厂。1958年，华北制药厂正式建成投产，彻底结束了中国对青霉素、链霉素进口的依赖，中国人从此用上了自产的抗生素。

以现代的建筑风格看，工业建筑大多只为满足生产所需，很少采用精致的修饰，但在淀粉厂的建筑外形中，这样的精致几乎随处可见。

"看中间和顶楼的腰线。"顺着郄佳所指，位于2～3楼中间一道贯穿的腰线切割整齐，和顶楼的腰线形成呼应。入口正门两侧的两道木门，门套采用了雕花汉白玉装饰，配合着整体灰白建筑，看起来庄重典雅，让冷峻的工业建筑带有艺术之感，也让人从细微之处体会到当年重点工程的建设标准之高。

但对更多老石家庄人来说，说到华药，尤其是淀粉厂，印象最深的可能还是它的玉米机械化仓库。

外观独特的玉米机械化仓库分两个组成部分，分别是工作塔和圆仓—星仓。其中，72米高的工作塔，在很长时间里，都是河北最高的构筑物。诞生于20世纪60年代的华药商标，中间高高耸立的，就是工作塔。

"工作塔的建设过程在当时是很先进的。"刘剑章回忆，在苏联专家指导下，采用了当时先进的升模建造工艺，用巨型钢制模板卡在工作塔上，建设一层，升高一层，"建设过程中，就有很多人好奇，这建成了得是个什么样。"

72米的工作塔，只相当于今天24层民居的高度，但在当年的城市建筑普遍只有一两层高的情况下，已是堪称"高耸入云"的城市地标。

在那个年代，年轻的工人们曾以在这座高塔里工作为荣。

"我当年在厂里负责升旗。每次爬到塔顶升旗时，总会忍不住朝远处看——向北能看到正定大佛寺，向西能看到鹿泉西山。"2021年5月19日，82岁的苏凤臣站在工作塔旁边，不无怀念地讲述。他16岁考入华药，是工作塔里的第一代工人。

紧邻工作塔塔北的两条铁轨已经锈迹斑斑。苏凤臣蹲下去，摸了摸这个铁家伙，"那时候，从各地运来的玉米，就从这里，一车皮一车皮通过塔底部的斗式提升机，完成仓储、称重、过筛、净化的过程，通过横跨空中的管道，进入南侧的淀粉厂车间。"

如果说工作塔的建造，难在高度，那么圆仓—星仓的建造，则难在精密。

单个圆仓和星仓最大容量分别是600吨和100吨，它们同时装满，可存放15600

吨玉米。"建造前先在地下挖出一个十几米深的大坑，将木头一排排打下去，浇筑沥青，来增加地基的承重。"苏风臣回忆。

在河北境内，类似苏式风格的工业建筑，并非只华药一处。

"一五"期间，苏联援建我国的156项工程，落地河北的还有石家庄热电厂、热河钒钛联合工厂、峰峰马头（中央）洗煤厂、峰峰通顺2号立井等。这些项目及其配套和相关工程，共同奠定了河北现代工业基础和产业支柱。而这些工业建筑典雅大方、厚重且不失精美的苏式设计风格及其先进的建筑工艺，对当年河北工业建筑的设计、建造无疑具有一定的带动作用。

2019年，华药淀粉厂和抗生素厂部分建筑被列入第二批中国工业遗产保护名录。2021年7月，石家庄市政府明确，将深入挖掘其工业遗产资源和工业文化底蕴。

二、民居建筑的演变

1. 民用高层：城市"长个儿"记

建设单位：棉纺二厂
施工单位：河北四建
天津大学设计院设计
1991年建

这几行红色大字，喷涂在今天石家庄青园街谈南路交口的棉二社区1号楼楼体南侧，字迹已略有些褪色。

棉二1号楼，这栋"Y"字形高层民居，以及同一社区的15、33号楼，正是石家庄最早的高层民居。

"15、33号楼建于1984年，是16层高的板式结构；1号楼则是25层高的"Y"字形混凝土浇筑建筑。其中1号楼不论是高度、造型还是建造工艺，都要难于另两栋建筑。"原河北规划设计院院长邢天河说。

为什么石家庄最早的高层民居会出现在这里呢？

"当时厂里职工不断增加,原有的宿舍不能满足所需,土地资源也有限。"86岁的高秀兰回忆。退休前她曾担任石家庄第二棉纺织厂厂长。要在棉纺厂职工宿舍原址盖楼解决职工住房问题,只有盖高层建筑。

盖高层,首先要解决建筑设计问题。

"15、33号楼高层的图纸,是我们从北京一家企业买回来的。"高秀兰说,1983年,能设计高层住宅的单位凤毛麟角,这两栋楼复制了北京这家企业的职工宿舍。

到20世纪80年代末,棉二筹建1号楼时,决定面向全国征集设计方案。最终,在投标的多家单位中,天津大学设计院的"Y"字造型方案被选中。

2021年5月17日,1号楼9楼。

刚买了二手房的赵伟正在装修。装修师傅现场向他抱怨,仅仅是砸掉阳台和卧室之间的非承重墙墙垛,就耗费了一天多——怕赵伟不信,师傅特意用拳头使劲擂了擂墙,"听听,每一面墙都是实心的。"

高秀兰听说这个事儿后笑了。她回忆,1号楼底部有300多根承重水泥柱,每一根都有设定好的钢筋数,"设计方的工作人员特别认真负责,每天蹲在地基前,一根柱子一根柱子地数,差一点儿都要求工人返工。"

不仅如此,当时没有全自动的水泥搅拌机,水泥、沙子和水的配比,全靠人工称重,"连搅拌用的水泥罐都要称。"高秀兰说。

几十年弹指间过去,如今,百米高层住宅在任何城市都早已不再新鲜。但有一个城市的建筑"长个儿",却仍然引人注意。

位于今天唐山市朝阳道和建设路交口的市供电公司住宅,是一栋18层高层民居,通高不过60米,看上去有些陈旧。

"这栋楼现在看着不突出,但这可是原唐山市规划局批准的第一栋高层住宅。"唐山市自然资源和规划局机关党委副书记钱振华介绍,这栋楼开工于1991年。

在唐山这片土地上盖起18层民居,意义重大。

1976年7月28日,唐山发生7.8级强震,94%的民用建筑被震毁。

在重建过程中,建筑专家们首要考虑的问题是,房子怎么盖才能抗震。

专家们讨论之后,决定将唐山市的住宅建筑,按照地震安全评估结果和地震影响确定的地震烈度进行抗震设防。"根据小震不坏、中震可修、大震不倒的抗震原则设计。"原河北地震工程研究中心主任苏幼坡回忆。

1976年～1986年，唐山重建的民居以5层条式楼为主，另有6层塔式楼和3至4层的条式楼，均按照抗震烈度Ⅷ设防。

正是因为唐山大地震，原建设部根据当时的建筑设计能力、施工水平，在全国首次发布《建筑抗震设计规范》。

此后的许多年里，出于抗震考虑，唐山市的民居建筑都不高。

这一设置在1991年有了突破。

"20世纪90年代以前，建造的建筑都不高，住宅建筑更是如此，这在全国都很普遍。其原因是多方面的，一是受到国家经济水平的限制，二是受到建筑抗震技术的制约。建筑所应用的结构体系也比较单一，当时房屋结构基本上都采用砌体结构，也就是过去通常说的砖混结构，很少采用钢筋混凝土结构和钢结构体系。"河北建筑设计院总工习朝位解释。

"随着1989年国家颁布了1989年版《建筑抗震设计规范》，采用了以概率可靠度为基础的三水准抗震设防目标，即小震不坏、中震可修、大震不倒，并于1990年正式实施，标志着我国建筑抗震技术上升一个新台阶。"习朝位说。

"因计算机的普及、结构计算分析能力的增强，也为高层建筑设计奠定了基础。随着国家经济迅速发展，建筑结构开始采用钢筋混凝土结构和钢结构体系，使建筑结构体系更加多样，高强钢筋、高强混凝土等新型建材也有了快速发展和应用，大量高层建筑开始涌现。"习朝位说，"这不仅是唐山市，也是全国建筑能'长个儿'的原因。"

时代在进步，建筑技术也在进步。

2009年1月获批的唐山君瑞国际花园小区，共32层，高97.9米。这是唐山市最早接近百米的住宅建筑。

除了市场需求，抗震技术的发展也为城市建筑"长个儿"提供了技术支撑。

2021年4月19日，唐山市新华西道，北方交通大学院内，原河北省地震工程研究中心。

苏幼坡蹲在负一层楼梯拐角位置，掀开墙角的遮挡物，露出一个直径40厘米的巨大胶垫。"这是地震后，唐山第一座采用了隔震技术的建筑。"

苏幼坡介绍，这种胶垫多为一层钢板一层胶垫，会安置多个在建筑基座上。当地震发生时，胶垫会像汽车减震弹簧一样吸收一部分地震的破坏力，胶垫具有的柔韧性也能允许建筑有一定幅度的晃动，从而减轻地震对建筑骨架和内部设施的破坏。

"随着建筑抗震新技术不断发展，消能减震技术的应用也越来越多。消能减震技术就是在结构中安装消能器（阻尼器），通过阻尼器的变形吸收和消耗地震能量，给结构提供附加阻尼，达到减小结构的振动反应，提高结构的抗震能力。"习朝位说。

7月9日，石家庄建设大街，河北建筑设计研究院有限责任公司科研生产作业楼，在套建改造时，就应用了消能减震技术。

走进大楼，在位于一层的中厅能看到所应用的巨大斜拉臂消能减震构件。

"消能减震技术应用于高层建筑会起到更好的减震效果，我们院已经设计了一批应用减震、隔震技术的建筑。"习朝位介绍。

"对于建筑抗震来说，建筑体形越规则，对建筑抗震越有利。这不仅要求建筑平面规则、对称、方正，建筑立面简单，并且在建筑竖向剖面上也不能有明显的不连续或者是突变。只有规则的建筑体形对建筑抗震才会更加有利。"习朝位说。

在建筑技术进步和建筑材料升级以及抗震技术提高的推动下，近百米住宅高层在唐山市不断拔地而起。1986年落成的30米高的唐山大地震纪念碑，曾一度巍峨地俯瞰整个城市，如今，被淹没在一片高层之中。

2. 传统民居：因地制宜的"万花筒"

在建筑领域，再也没有比民居更能反映当地自然地理特色和风土人情的不同。在我们身边，城市民居正在变得越来越像，但在乡间，很多民居仍保留着属于自己那片土地的特点。

2021年4月18日，周末，井陉县于家石头村。

游客们陆续在村头停下车，顺着一条凹凸不平的石子路走进村子。和别的景区不同，游客们来这里，不看山不看水，看的是一栋栋石头房子。

"于家石头村是太行山区民居风貌的典型代表。我省山地主要由太行和燕山两大山脉组成，近山民居也多采用'靠山吃山'的民居建造手法。"河北大学建筑工程学院副教授贾慧献说，具有相同特点的还有邢台英谈村，红色错落的民居也源自居民就地取材，采用当地石英砂岩建造而成。

"类似的山区风貌民居，约占全省民居的35%。"河北省住房和城乡建设厅村镇建设处马锐介绍，这与河北倚太行、屏燕山不无关联。

2021年5月17日，邯郸串城街。

古街新貌，也保留着部分老民居特色。

"先看门檐，再看巷。"顺着邯郸规划设计院院长高瑞宏所指看去，串城街南段一栋古建本就高耸的门檐上，居然还设有一处一米多高的阁楼。"这是一处瞭敌塔，过去，因战争频繁，富户为保护财产安全，会安排专人在此处值守。"

位于串城街上，即便是曾留下蔺相如回车避让廉颇故事的回车巷，也没有想象中宽阔，尤其在两侧民居高大院墙的衬托下，更显逼仄。"河北早期民居带有很强的军事色彩。燕赵大地，历代都是兵家必争之地，战争频繁，导致老百姓在建造民居时自带防御——高墙窄巷。"

以邢台、邯郸为主的冀南地区，属于暖温带半湿润大陆性季风气候，夏季多雨冬季寒冷干燥。这种气候特点，使民居结构必须关注如何抵御寒风。

"极具特色的冀南地区'两甩袖'民居结构——平面布局呈'凹'字形，左右对称两边出袖，两袖合围。'袖'的布局非常适合当地的气候特点，能有效阻挡冬季西北风吹进正房。"高瑞宏介绍，除此之外，冀南民居正房和厢房之间有多个台阶构成的廊檐，既可以遮挡雨水，也可用作晾晒或休闲。

2021年5月21日，华北理工大学建筑工程学院。

副院长陈建伟拿出一摞卡片，上面是他们用半年多时间，选定冀东地区14个区县作样本绘就的精确民居图样。有趣的是，他们发现，冀东民居同样在和风做"斗争"。

"冀东民居正房正中习惯开一个后门，并在后门的西北位置盖一个用于遮挡西北风的拐角墙壁。冀东民居穿堂套院多，多为矩形，前院是猪圈等配套设施，中院是正房和东西厢房，后院是菜园和储藏间，一道穿越正中的屋门是冀东民宅的特色之一，这是为方便户主在几个院之间行走。"陈建伟总结。

穿堂套院的建造格局，有着浓烈的沿海特色：前后院的功能不同，穿堂还能形成良好通风效果——这并非冀东民居不需要保暖，而是在沿海潮湿的气候面前，通风和生活便利更被需要。

地缘因素的影响，也丰富了河北民居的多样性。

"冀中地区的民居多以合院为主，正房坐北朝南，一般三至五开间，中轴对称，窗户朝院内开不对院外。"贾慧献介绍，冀中民居南北长东西窄，这种合院结构受北京四合院影响较大。

同样的地域影响，在占比最小又靠近山西的冀北民居中，出现了兼具北方四合院，又带有山西民居特点的建筑。

"冀北地区气温低，为满足保温需求，民居大多选在向阳背风的缓坡地带，且修建得相对低矮。"邢天河介绍，一堂两屋的格局，有着相比其余地域更宽大的窗，这样的设计是为增加阳光照射的范围，提高室内温度。占据室内一半面积的土炕，也是同样的存在价值——取暖。

2021年7月14日，正定县周家庄村。

村民刘换肖热情地招呼客人在自家宽敞的客厅落座。这栋3间的民居有左右对称的卧室，洗衣间隐蔽在卧室后，东偏房是小厨房，入户门位于小院东南角，西南角是可冲厕所。

这是一栋当下常见结构的民居。

高瑞宏观察到，这种结构变化是由于近些年民居的设计越发侧重居住功能。

他回想起20世纪80年代为家人设计的一套民居——土炕位于正房东侧，西南角安置缝纫机，东北角是厨房。再往前推十年，缝纫机的位置是火炕。缝纫机和火炕能享受到突出位置，都是为了方便手工缝纫时对光线的需求——在那个年代，手工缝制还在生活中扮演重头戏。

到了21世纪初，太阳能、液化气普及，农村粮食存储空间也不需要那么大，其中一间储藏间改为室内厕所与洗澡间，基本达到城市生活的品质。

进入21世纪以后，民居的结构开始有了新的设计。

3. 新式民居：建造的点滴变迁

2021年4月9日，石家庄藁城区大同村。

村南一栋在建的二层民居正在上梁。

"左，再左，停，落，落，好。"石家庄轩立集成房屋有限公司负责人陈俊民用手势指挥着吊车，把一片欧松板嵌进一组钢架间完成了上梁，"装配式民居现场施工简单，工作都在前期。"

在视频中看到这样的盖房工艺，赵玉超看得发呆："小时候盖房，上梁哪这么简单？"

赵玉超是辛集市南吕村村民，他用树枝在地上画了一幅20世纪80年代的上梁示意图：房屋的南北跨度上的架构为梁，东西跨度上的为檩。梁和檩搭建好后，要铺一层苇箔上一层泥，"讲究的户主还会铺塑料布用于防水防潮，再用炉灰进行硬化，用以抵御雨水冲刷。"

"那时盖几间房，要用到土坯、苇箔、檩条、木梁、碎麦秸、黄泥、炉灰……"赵玉超扳着指头数。

当年用土坯做的墙，厚度可达75厘米，细密的泥浆和掺杂碎秸秆的土坯完全黏合，不透风不跑气，"土坯房看着土，住着很舒服，冬暖夏凉。"赵玉超描述中不无怀念。但随着抗震要求提高、建筑材料多元和施工工业化发展，土坯房逐渐退出了民居市场。

建材的变化，带来建筑工艺的不同。

辛集市南大过村昔日的建筑队工头刘二鹏颇有感慨，曾经，他一瓦刀上的泥浆能刚好覆盖一整块砖。不借助任何水平工具，他砌出来的墙上，砖几乎总在同一水平面上。等墙体达到设定高度，只需要把定制的水泥预制板一块块排好，中间用水泥勾缝浇筑，房屋的主体结构就大功告成。

1987年，刘二鹏就是用这一工艺，盖起了南大过村的第一栋水泥预制板屋顶的新房。他也目睹了水泥替代泥浆，红砖取代土坯，预制板顶了檩条和梁。

但十余年后，这一建筑工艺，又过时了。

1998年，赵玉超转业回到南吕村，用当时流行的四梁八柱工艺盖起了三间新房。

四梁指的是地梁、圈梁、过梁、挑梁，地梁加固的是地基，圈梁加固的是立面墙，过梁加固的是入户门，挑梁加固的是房檐。八柱是三间正房需要的立柱总数，同样采用水泥浇筑，二者的目的一致，那就是反复强化建筑强度。

建造工艺不断升级，但房屋构造大同小异。

"过去的民居没什么设计，只有正房偏房。基本立个框架，房子就盖好了。你去我们村看看，大半个村，可能家家结构一个样。"赵玉超所说的一个样，一般是厕所在大门的对角，厨房位于偏房，进门是客厅，两侧是卧室。

如今，"一个样"也在被打破。

2021年4月9日，石家庄轩立集成房屋有限公司。

陈俊民拖动鼠标，紧盯屏幕，眼前是一套民居的3D设计图，业主对卫生间和厨房的位置有一些特殊需求，这需要在加工建材前敲定方案。

"业主提出要求后，设计师会根据需求设计方案。小到窗户的尺寸、颜色，大到房屋结构、布局，完全做到按需定制。"陈俊民说，这些定制信息发送到车间的流水线，制作出带标号的零部件，再运到现场组装。

这在刘二鹏看来不可想象。

20世纪80年代末，他组建的建筑队，承揽十里八乡的民居建造工程，几乎一张图纸"盖"全乡。

偶尔有经济条件好的农户，提出外墙要用水刷石。还有的农户要求在大门外立墙上做一些几何图案，这是刘二鹏接触的最早的设计理念，也不过是加收几百元钱。

那是不是装配式民居的成本会特别高呢？

陈俊民笑着摇摇头："一平方米装配式民居的建造成本只比传统建造工艺高出300元。但从隔热保温等性能来说，提高了很多。"

从砖混到装配式民居的变迁，其实是我国建筑领域逐步工业化的体现。

"装配式住宅建筑，一方面可以节约大量人力，这符合当下建筑工人逐渐减少的趋势，另一方面施工现场产生更少的建筑垃圾，加工过程都在工厂车间，施工过程污染也相应减少。同时，施工进度非常快。"河北省建筑科学研究院科研技术部部长付素娟介绍。

目前，石家庄主城区新建住宅小区有了装配式建筑40%占比的新要求，这一场建筑革命，从农村到城市，无一例外。

三、建筑之美

1. 建筑与科技

2021年7月3日，河北省政协院内。

下午2时，位于主办公楼一楼的行政处，室温已高达32℃。处长张文杰打开空调，在机器运转声中，室内温度慢慢降到28℃。

这本来是很多人日常工作生活中再普通不过的一幕，在这栋办公楼里却显得有些特殊，因为你很难区分，支撑空调运转的电能中，哪一度来自国家电网，哪一度来自这栋楼对太阳光的收集。

办公大楼能发电？

在这个大院里，主办公楼等9栋建筑的屋顶和外墙面上，共安装了5212.35平方米的太阳能板——这里是全国范围内省级机关第一个利用太阳能发电的项目。

太阳光被收集后，通过一系列复杂的转化，实现"自发自用，余电上网"。

"在节假日期间，机关办公楼用电负荷较小时，多余电力并入电网，实现光伏和电网的效益最大化。"张文杰介绍，每年，这些太阳能板收集转化的电能有52万千瓦时，从2013年投入运行至2020年底，总发电量高达330万千瓦·时。

这只是科技让建筑变得智能的一个侧面。

2021年6月18日，石家庄新华路，河北省住房和城乡建设厅。

当天的室外温度已达36℃，但进入一楼大厅，体感却只有26℃。而大楼的外立面乃至楼顶，却不见一个空调压缩机。

楼内恒温的秘密在哪里？

"在建筑之下。"河北建筑设计研究院原总建筑师李拱辰是这栋建筑的设计师。他用笔在纸上画出这栋建筑的轮廓，围绕建筑外围一圈，画了很多个密集的孔，"地下80米深常年保持在10℃～26℃之间，我们利用这个温度，来调节建筑内部温度，起到冬季取暖，夏季降温的效果。"李拱辰说。

这个过程同于空调运行原理。

住建厅办公室工作人员安志周带记者来到位于建筑负一层的地源热泵机房，机房里轰鸣的机器，连接着大楼外围250个直径在20～25厘米的换热井。

80米深的换热井内，地表水、地下水和浅层地热是实现建筑内冬暖夏凉的冷热源，经过一系列处理后，降温后的空气被送入大楼。

"我们计算过，如果采用集中供热，按照每采暖季每平方米31元的标准计算，办公楼总建筑面积22000平方米，需要采暖费约68万元。我们采用地源热泵取暖，每个采暖季的费用不到30万元，节省了一半以上的费用。"安志周介绍。

住建厅大楼利用设备实现了节能，位于石家庄的另一栋建筑，楼体自身就能实现温度调节。它又是怎么做到的？

2020年12月29日，气温零下3℃。

走进河北省建筑科学研究院的办公楼，很快就暖和过来。河北省建筑科学研究院智能与绿色建筑研究所（被动房屋研究所）所长郝翠彩指指墙上的温度计，那里显示22℃——作为国内第一栋被动式超低能耗绿色公共建筑，这里的节能率高达90%。

被动房（相同技术原理的建筑，我国称为被动式超低能耗建筑）一词是个舶来品，指适应气候特征和自然条件，通过保温隔热性能和气密性能更高的围护结构，采用新风热回收技术，并利用可再生能源，提供舒适室内环境的建筑。

简单说，让建筑借助自然条件和建筑材料，在减少能源消耗的前提下，满足建筑功能所需。

过去，建筑被认为是种粗活儿，"齐不齐，一把泥"。一栋更智慧更节能的建筑，精细化被提高到了一个前所未有的高度。

这种精细化从前期设计建模就开始了。

"你数数，咱们会议室现在几个人？"郝翠彩笑着说，"一个建筑空间，单位面积活动的人数不等，能耗也就不等。这些在过去并不被注意的细节，在建造一栋超低能耗建筑时，都要被纳入计算。"

这种计算，包括建筑所在地的气候、建筑中活动的人群、365天不同时段的能耗波动。"窗户的开口大小，甚至一颗钉子钉入外墙带来的热桥影响，都要通过精密计算进行处理。"郝翠彩介绍。

这种精密到什么程度呢？

郝翠彩走到窗户前，"看这个外遮阳帘。"会议室朝西的窗户一共有两个，建筑西侧视线开阔，夏季需要这个遮阳帘来降低西晒对室温的影响，但遮阳帘的固定又势必用到金属件。固定遮阳帘的金属件和墙壁之间带来热传递，这又会削弱建筑的保温隔热性能。

这个矛盾怎么解决？

"建筑保温层无法固定遮阳帘，我们就在主墙壁和保温层之间加一个隔热垫儿，这个垫儿既能承重，又能断热。"郝翠彩介绍，类似的施工在设计上要求高，施工上要求更高，在窗户的气密性上，误差的要求都是毫米级。

河北是国内被动式建筑的发源地，全国第一栋超低能耗公共建筑和住宅建筑都在河北试水，全球最大的超低能耗建筑群在保定高碑店市也即将投入使用。截至2020年底，河北全省累计建设被动式超低能耗建筑项目141个、建筑面积440万平方米。

2. 建筑与环境

"又没约上。"

2021年7月14日，北京游客刘英抱怨着放下手机。

每年暑期，想到北戴河参观一座图书馆要靠"抢"，且一年内只能成功预约一次。

游客到图书馆不看书，建筑成为网红打卡地，这并不是董功设计这座图书馆的初衷。

这座图书馆位于秦皇岛市北戴河区阿那亚社区的海岸线上，距离大海的直线

秦皇岛三联书店海边公益图书馆　　直向建筑事务所供图

秦皇岛三联书店海边公益图书馆　　直向建筑事务所供图

距离不超过一百米，没有通往图书馆的路，游客要通过细碎的沙滩深一脚浅一脚走到图书馆门前。这里的原名叫三联书店海边公益图书馆，在高德地图里，它的名字后面会加注括号"最孤独图书馆"。

2015年底，"一条视频"采访建筑师董功时，拍摄了他设计的三联书店海边公益图书馆，在对外发布时将题目定为"全中国最孤独的图书馆"。

这条视频把这里带向"网红"。

其实，按照当时拍摄的环境，这个名字挺恰当的。

那时候，阿那亚社区大部分还未建，开发商邀约直向建筑事务所合伙人董功，在社区2.5公里长的岸线边设计一座图书馆，"最开始的设想，这座图书馆服务于社区居民，是社区的配套建筑之一。"董功说。

建成后的图书馆，满足这样的设定。进入图书馆，阅读区从2.5米逐渐攀升到7.5米，透过巨大的落地玻璃，几乎每一位读者会想到一句诗：面朝大海。

"做这个设计的时候，考虑之一就是调动本已经存在于场地的能量。一栋好的建筑往往同时能提供空间保护和精神享受。"按照这一设想，董功设计了不同于普通图书馆的冥想室、活动区，并充分考虑了光线、风、海浪等自然要素。

起初，他并不满意最孤独图书馆的说法。

但随着视频走红，借助高速公路和高铁的双重便利，京津冀乃至全国游客蜂拥而至，他们奔赴海边来体验的不是图书馆，是建筑本身。

文艺活动也开始青睐这里，孟京辉把戏剧搬到这里演出，大提琴音乐会在这里举行，还有动漫展览、读书会，图书馆因为建筑特色延伸出更多的活力。

"这样一座建筑，能够把人从遥远的地方吸引过来，我想，这是建筑有了打动人的一面。"董功认为，孤独这个词像一根针，刺破了建筑作为一种艺术形式和社会之间的隔阂，而建筑的设计之美，也变得不再孤独。

他渐渐释怀了。

与参观三联书店海边公益图书馆一票难求相似，位于承德的星空图书馆，也非常难约。

"十一期间的房间早就订完了。"2021年7月19日，星空图书馆负责人刘晓敏翻翻客房预订表说。

星空图书馆位于承德围场满族蒙古族自治县八十三号村的皇家猎苑小镇，地处塞罕坝国家森林公园前端，翻过坝梁就是内蒙古草原。

7月的图书馆，被几千亩油菜花包围，刘晓敏种植的燕麦已结籽，引来成群的鸟啄食，住在图书馆，就像置身于漫画中。

这座图书馆是怎么做到和环境不违和的呢？

"这也是我第一次来这儿感到震惊的地方。"刘晓敏说，这栋由两个蒙古包套在一起的建筑，布局了厨房、图书馆、阅览室、卧室等不同的空间，"这个空间融合了猎苑文化、蒙古包风情，这些对当地风土人情综合元素的运用，让房子看着不突兀。"

星空图书馆的名字，来源于星空。圆拱形玻璃屋顶，白天可采光，在夜晚可以看星星——不是一两颗星，是银河星带。"每年4～11月，我们这里都是观星的好时段。透过图书馆的玻璃屋顶，在房子里看星星，这满足了很多人对房子的一种幻想吧。"刘晓敏说，这栋房子让他看到了建筑本身的自然之美。

作为"图书馆"，这两栋建筑的功能性并不强，为什么人们会争相打卡呢？

"这是因为建筑空间与人们对'诗和远方'的内心需求取得了一致。"贾慧献说，著名的普利茨克建筑奖牌上镌刻着"实用、坚固、愉悦"三个词，人们打卡网红建筑，也是因为建筑还承载美。

不管是在大海边的图书馆体会孤独，还是在森林里的图书馆看星星，这些建筑之美的展现，都源自与河北丰富地貌特征的充分配合，而建筑，也越来越和这些地貌特质紧密结合。

比如位于崇礼冬奥场馆"雪如意"和"冰玉环"。

"雪如意"国家跳台滑雪中心，跳台环形顶端、赛道剖面线形和底部看台，

承德星空图书馆　　赵杰　摄

与中国传统吉祥物"如意"的曲线完美融合。

而从"雪如意"顶部的观景平台俯瞰对面,"C"字形的步道绕山而建,中间部分与"雪如意"相连。到了雪季,整个步道被白雪覆盖,自然地嵌入周边山体,宛若"冰玉环"。

3. 建筑与规划

2021年6月9日,河北建筑设计研究院。

85岁的李拱辰唰唰两笔画出一个长方块,又补充上几条线。

老人在线条上标注石家庄范西路、东大街、西大街等街道,然后把笔尖点到省图书馆的位置,"1981年,我接到任务时,这里还是一块空地,和今天的河北博物院、科技大厦一起,这几处原本预留的是省会行政中心规划用地。"

此前,相关部门编制了石家庄第一期城市总体规划(1955~1975),广安大街和今天河北博物院、省图所在正是规划中的城市中轴线。

李拱辰又在图上添了几条线,并不断标注街道名字:"广安大街—中山路—博物院—范西路—省图书馆—科技大厦。"这一区域对应到石家庄地图上,一条线越发清晰起来。

"到1981年,同样位于这条中轴线上的省展览馆(今河北博物院)已经建好

— 330 —

承德星空图书馆　　刘晓敏　供图

多年,新的图书馆要落地这里,要考虑实用、美观,也要兼顾这条中轴线。"李拱辰回忆。

"省图书馆最后选定的方案,是在深入分析功能要求、考虑图书馆发展趋势的基础上,结合场地环境,形成了以书库楼、门厅、总目录出纳厅为中心的对称设计。"李拱辰说,省图书馆1987年开馆,朝南的正门,和原省展览馆北门刚好位于同一直线,这条线继续向北延伸,又刚刚好对应广安大街的正中间,完美贯穿了石家庄最初城市规划中的中轴线。

李拱辰又在笔记本上用铅笔勾勒出一个倒扣的"澡盆",在"澡盆"下画了几根立柱,澡盆和澡盆相接,立柱和立柱并排。"这叫模壳建造法,是国家图书馆当时准备采用的一种建筑工艺。河北省图书馆应用成功后,为我国的广泛采用开了先河,也为国家图书馆修建积累了宝贵经验。"

"这一技术工期快,省图书馆主体结构这种工程,三四天就能完成一层建筑。"李拱辰回忆,最终,省图书馆不但如期完工,还为国家节约了40万元费用。

时光荏苒。2006年,省图书馆和河北博物院分别迎来了改造。

2021年5月21日,河北建筑设计研究院有限责任公司董事长、总建筑师郭卫兵站在河北博物院新旧馆区的走廊,手抚栏杆。"我用这条走廊做中庭,加上下沉庭院,把新旧馆连接起来,既是对老建筑的致敬,也是对建筑原本的中轴线的

航拍河北博物院中轴线

赵海江 摄

呼应。"

顺着这条走廊进入南侧的新馆区，多功能厅和台阶同样作为中轴线将新馆区一分为二，但"回"字形走廊又巧妙削弱了这种割裂感。

同样，在省图书馆改建中，也保留了位于中轴线上的书库楼，利用这道中轴线来对图书馆的功能分区做文章，"在改建过程中，充分利用中轴线来达到新旧建筑的和而不同。"郭卫兵说。

在百十公里外的定州，有另一座建筑，将中轴线和2600多年前的古城进行了呼应。

2021年6月3日，定州博物馆。

两位年轻游客走到二楼的北侧观景台伸出手臂，手机将年轻的脸和她们身后的玻璃窗收进同一个取景框。

许多人到这样一个地市级博物馆打卡的原因是类似的——从这里高近10米的窗户看出去，开元寺塔刚好位于窗户的正中间。

这并不是巧合。

"这是经过反复测算设计的。"设计师郭卫兵说，拿出设计方案前，他现场走访了多次。"定州是座有2600多年历史的古城，开元寺塔以及贡院都是当地非常重要的地标，在这样一个环境中，设计新建筑，要不违和、不突兀。"

"博物馆和贡院位于东西中轴线，这一点从博物馆大门就很了然。开元寺塔位于博物馆西侧，就有了利用观景窗的设计初衷。"郭卫兵说。

崛起于燕赵大地的邺城，曾在我国城市规划中第一次采用了中轴线概念。今天，建筑师们依然在传统的中轴线概念中寻找建筑设计灵感，也是一种时空上的对话。

（感谢河北建筑设计研究院、河北省住房和城乡建设厅、河北省建筑科学研究院、河北大学、华北理工大学、华北制药、邯郸规划设计院、石家庄中央商务区项目部、开滦集团大力协助。）

大运河沧州段两岸绿意盎然　　《河北日报》资料图片

大河文化

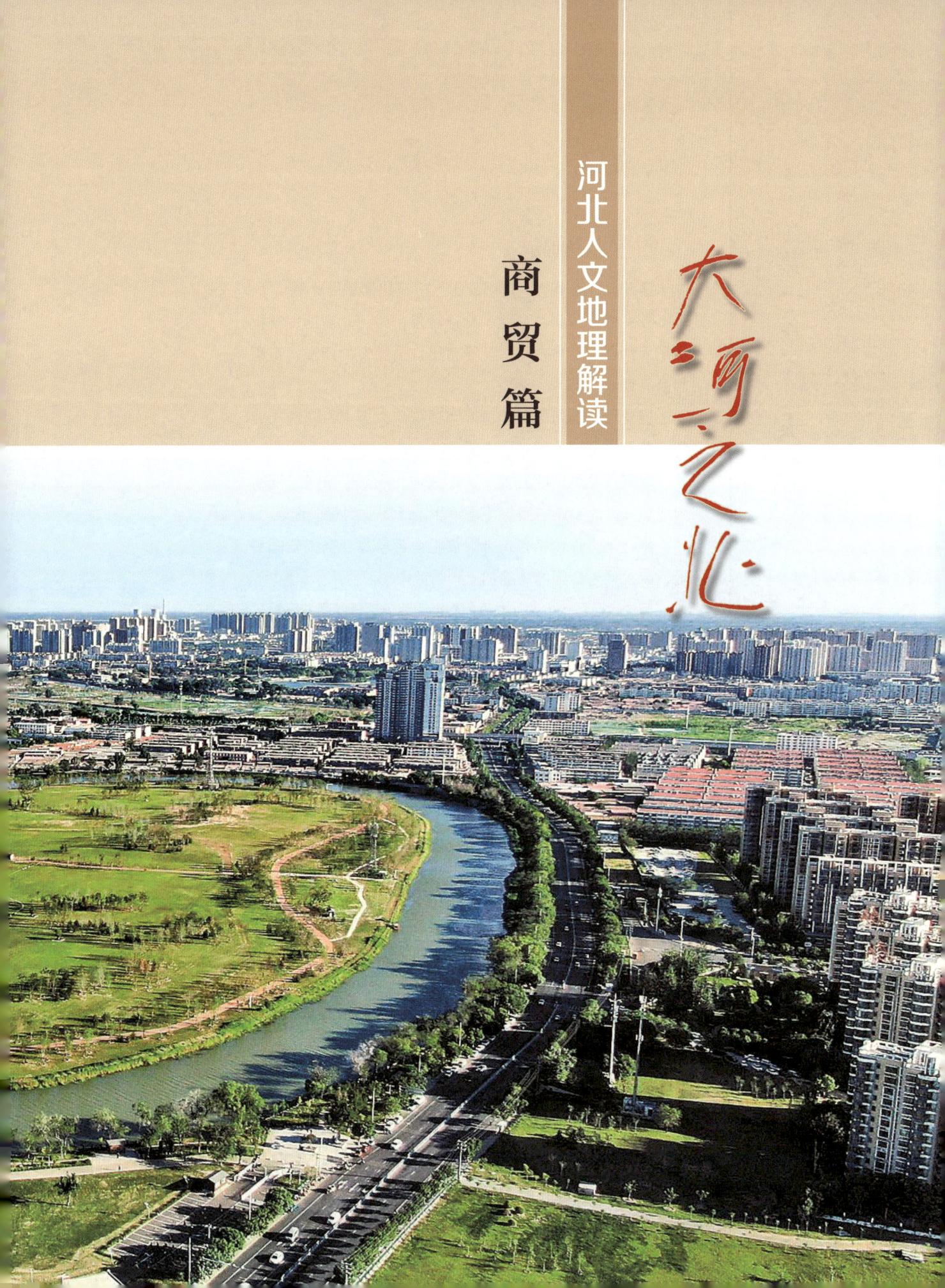

河北人文地理解读

商贸篇

第一单元 大路朝天

采访○《河北日报》记者 李冬云 王思达 朱艳冰
执笔○《河北日报》记者 李冬云 王思达

阅读提示

河北，一直具有"南下北上""东出西联"之利。

独特的自然资源禀赋、交通区位，为河北商业发展提供了天然便利，自古至今，孕育出许多重要的商道、商帮和商品集散市场。

历史上，连通中俄的国际商道张库大道上，沟通南北的"黄金水道"大运河上，都有河北商人的身影。

声震东北的"呔儿商"、走南闯北的武安商帮、随时代成功转型的高阳布商等，是近代河北商业的重要代表。

依托地方传统特色产业，皮毛之都辛集、药都安国等地，成为闻名全国的商品加工和集散市场。

商道、商帮和市场，共同勾勒出河北近现代的商业图景。

张家口大境门长城　《河北日报》资料图片

一、商道：远去的驼铃与帆影

1. 张库大道：连通欧亚的国际商道

1885年，一本极其重要的论著在伦敦出版。

这本书中写道："俄国和中国的茶叶贸易可能是1792年开始的，茶叶由陆路用骆驼和牛车运抵边防要塞长城边上的张家口。再从那里经过草原或沙漠、大戈壁，越过1282俄里到达恰克图……"

这本书就是《资本论》第二卷。书的作者是当时已经去世的卡尔·马克思，书稿由他的好友弗里德里希·恩格斯整理出版。

马克思在《资本论》中提到的张家口到恰克图的这条贸易运销路线，就是形成于清朝的著名国际商道——张库大道。

张库大道，南起张家口，途经蒙古国首都乌兰巴托（清代名为库伦），直至俄蒙边境的俄国城市特洛伊茨科萨夫斯克（清代名为恰克图，时属中国），全长1400多公里，相当于北京到长沙的距离。

据当时资料记载，从张家口到库伦，马队行进40天以上，牛车需要60天，春冬两季运输主要靠骆驼，大约35天，之后渡河到恰克图。

这样一条连接中蒙俄的国际贸易运销线路是如何形成的？

"这条道路汉代就有，但一直以驿路、干道的形式出现，而以商道闻名，是在明清时期。"张家口历史文化研究者刘振瑛说。

明代隆庆五年（1571年），明朝与蒙古俺答汗实现和议，开展茶马互市，为这条国际商道形成奠定了基础。

茶马互市，是蒙古人与汉人的物资交易大会。

交易地点设在当时宣化府所辖的张家口堡、新开堡、独石口堡等五处地点，每年夏末秋初举办，历时半月。蒙古人带来马、牛、羊、骆驼和皮张等畜牧产品，与汉人以货易货，换取绸、布、茶、粮、铁锅等生活物资。

不过，茶马互市在贸易形式、持续时间上，与清代张库大道上的贸易有很大不同。

"茶马互市主要是蒙古族人定时定点来张家口贸易，而清代张库大道的贸易形式，是清朝商人去往库伦、恰克图，俄罗斯商人来到张家口，是双向往来贩运的长途贸易。另外，茶马互市的贸易量也无法与清代相比。"刘振瑛说。

真正推动张库大道成为国际贸易运销线路的，是清政府对俄国实行了开放的贸易政策。

清雍正五年（1723年）中俄签订《恰克图条约》，条约确定两国商人可在中俄边境恰克图进行贸易。

"张库大道如果只停留在张家口到库伦之间，就只是汉族与少数民族之间的国内商道。而向北延伸到恰克图，才是它正式成为国际商道的关键。"刘振瑛说。

1728年，中俄商人在恰克图进行了首次换货贸易，张库大道正式延伸到恰克图，成为一条国际商道。

自此，张库大道上中俄贸易的繁荣持续了一百余年，也让张家口成为京津冀一带对恰克图贸易的物资集散地和储运基地。

1892年12月5日，张家口元宝山。

来自俄国的旅行作家阿·马·波兹德涅耶夫从恰克图出发，经过库伦，在这一天到达了张家口。他在日记中写下了他初到张家口的所见所闻："在一个初来的旅行者看来，现代的张家口……至少要从城墙以外一俄里半的地方算起。在元宝山谷地的崖坡上鳞次栉比地排列着货品充盈的店铺，它们的老板主要是和到张家口来的蒙古人做买卖的北京商人和老西儿商人；在张家口经商的俄国人的住宅以及他们的茶叶堆栈也都集中在这里。"

这段见闻，最终收入了波兹德涅耶夫的《蒙古与蒙古人》一书中。

俄国商人可在张家口建行栈，是在清光绪七年（1881年）获准的。在此之前的清同治二年（1863年），清政府允许俄国商人直接到中国内地采购茶叶，中俄之间由定点贸易转为贩运贸易。

这样的贸易开放政策，让许多俄国商人赚得盆满钵满。

波兹德涅耶夫在书中感慨："俄国人往来于张家口已有200多年，俄国公司在这个城市进行商业活动也有30多年，有几十个人就是在张家口赚了几十万卢布，现在作为百万富翁而离开了这里。"

为什么政策一旦放开，张库大道就迸发出巨大的商业活力？

这与张家口所处的地理位置直接相关。

"张家口地处华北平原、黄土高原、蒙古高原的结合部，是农耕文化和游

民国初年，从库伦寄往张家口的商号封　　《河北日报》资料图片

牧文化的交汇处。从汉代的宁城互市、辽代的坝上榷场，到明代的茶马互市，张家口历来都是长城内外各民族互市的地带。清代，蒙古被纳入中国版图，长城不再是汉民族和北方少数民族的阻隔，张家口南北的贸易需求被充分释放。"刘振瑛说。

独特的地理位置和清代的政治经济政策，让张家口成为当时中国北方仅次于天津的繁华商业城市，成为"华北第二商埠"。

而在这条国际商道上扮演最重要角色的，无疑是商人和商品。

究竟是哪里的商人在这条商道上做生意，都贩运什么物资？

2021年8月20日，张家口博物馆，"万里茶道"展厅。

展品中有一份签订于清嘉庆二十年（1815年）的盟约。

订盟人是三位商人——来自山西汾阳县22岁的郭清华、山西孝义县19岁的孙咸宁和河北张家口18岁的高鹤。

三人在盟书中约定："今我等三人同在此城贸易……若是协力，同重于义

- 339 -

气,亦能与古人并肩,今择桃园花开之吉日,而祝曰:'今我同盟之人,既盟之后,俱要效古人之风,不可半途而废,久后若有三心二意、口是心非、利己损盟者,天厌之,天厌之。'"

这个山西商人与张家口商人"桃园三结义"的故事,正是在张库大道经商的众多商人齐心协力、互利共赢的缩影。

山西商人,组成了张库大道上资本实力最雄厚、最活跃的商帮,他们一般以成批大宗货物的批发贸易为主。

除此之外,还有拿着国家俸禄的旗人组成的"京帮",联手经营的束鹿(今辛集市)、深州、饶阳、南宫等地商人组成的"直隶帮",小本经营的蔚县、阳原、怀安、万全、涿鹿商人组成的"本地帮"。

除了国内商人,外商也会聚张家口。

清末民国初年,设在张家口的外国商行总数达到了44家,如英国"德隆""仁记""商业""平和",德国"礼和""地亚士",美国"茂盛""德泰",日本"三井""三菱",还有法、俄、荷兰等国的商行。

清代到民国初年,张库大道贸易日益繁荣,这从张家口商户数量的变化可以直观反映。

清初张家口商户只有约80家,道光年间(1821~1850年)260家,同治年间(1862~1875年)1027家,而民国初年达到鼎盛时期,有1500多家,经商人数达3.5万人,占当时张家口总人口的一半,最高年贸易额达1.5亿两白银。

张库大道的商帮不但人员构成多元,贩运的商品种类也十分丰富。

"大小商帮用从内地购来的绸缎、米面、茶叶、瓷器、马鞍、铜铁器具等,到蒙古草原交换回马、牛、驼、羊、皮张和贵重药材鹿茸、麝香等,用茶叶、生烟等从俄国商人那里换回羽纱、毛毡、天鹅绒等。"刘振瑛说。

20世纪初,张库大道百余年的繁荣戛然而止。

1905年,俄国西伯利亚铁路竣工并与中国东北的中东铁路接轨,依靠骆驼牛马的传统运输方式,被成本更低、效率更高的铁路取代。1929年国民政府与苏联断交,张库大道上的贸易被迫全部停止。

国际国内形势的风云变幻,让曾辉煌繁荣的张库大道走入了历史。

2. 大运河：沟通南北的"黄金水道"

2021年2月1日，农历腊月二十，泊头市。

在胜利桥南约200米的大运河河道内，几名施工人员正冒着严寒，将一根根木桩打入淤泥之中。

这并不是普通的河道施工现场，而是一场争分夺秒进行的抢救性考古发掘。十几天前，清淤施工队在这里挖出几块巨大木板，经文物部门判定是沉船遗骸。

发掘工作随即展开，先在沉船周围打一圈木桩，围绕沉船插入木板，在船底部插入钢板，将沉船整体吊装上岸，移入室内细致清理。

一艘长16.5米的明代商船随着清理一点点露出，随船出土的还有酱釉罐、龙泉窑青瓷罐、黑釉灯盏、定窑白釉碗等10余件完整瓷器和部分碎瓷片。

"船上既有产自浙江龙泉窑的瓷器，又有产自河北定窑的瓷器，这是当时中国大运河货运南北的缩影。"沧州市文物保护研究中心负责人郑志利说。

中国大运河，世界上最长的人工运河，全长1747公里，世界文化遗产。在我国古代很长一段历史时期，它是连通中国南北最重要的商道。

大运河河北段，全长530多公里。

这530多公里的河道，不是同时建成，建造时间从东汉204年的人工运河"白沟"开始，到1293年京杭大运河全线贯通为止，前后历经1000多年。

1293年，大运河经历了一次"截弯取直"的重要改道。

改道前是隋唐时期修建的隋唐大运河，从余杭（今杭州）经洛阳北上至涿郡（今北京西南），洛阳以北段称永济渠；改道后，运河不再经过河南，而是从山东开凿新河道，直接连通北京，称京杭大运河。

表面看，大运河河北段线路变动不大，只是微调：邢台临西至天津的永济渠，依然是后来京杭大运河的主线。临西上游的永济渠，虽变身为京杭大运河支流，但仍是冀南通往京津的水上要道。

然而，这次"微调"对河北意义重大。它直接提升了河北段大运河的商业地位——因为元代京杭大运河最北端的城市北京，从北部边塞重镇变为国都。

元代定都北京后，河北成为畿辅。京杭大运河河北段成为这条沟通南北"黄金水道"的重要河段。

2021年10月9日，沧州东光，谢家坝。

站在运河河道内，长218米、高5米、厚3.6米的谢家坝，给人一股坚不可摧的雄伟气势。

距离谢家坝不远处，是新建成开馆的谢家坝水工智慧博物馆。馆中一张谢家坝坝体剖面图，清晰展示了大坝的内部构造。

谢家坝，也被称为糯米大坝，它的坝体是由灰土加糯米浆逐层夯筑而成，夯土下面是毛石垫层，毛石垫层下面的地基要打入柏木桩，使大坝牢牢抓住大地。

谢家坝一带，地处运河急弯险段，水流湍急，历史上曾多次决口，但自从清末修筑谢家坝后，这一河段再也没有出现决堤。

事实上，在大运河修建的漫长岁月中，新修或加固大坝、修建水闸或泄洪的减河、清理河道淤泥，日常的运河维护工作从没有停止过。

为什么历朝历代都要花费巨大的人力、物力、财力疏通维修河道，保障大运河的畅通呢？

最重要的，是一笔经济账——在古代水运运输成本远低于陆路运输。

明代宝坻县令袁黄曾在《皇都水利》中写道："运白粮自苏松至张家湾凡三千七百余里，自湾抵京仅六十里，而水运之舟价与陆运之车价略相当，是六十里之费抵三千七百里之费也。"

粮食从苏州一带运至天津张家湾的运河水路是3700余里，而从张家湾陆运进北京城才60里，但两者运价几乎相当。

水运的成本优势显而易见。

水运不仅运量大、成本低，受气候影响也更小。古代没有柏油路，遇到雨雪天气，道路泥泞，车马难行，而恶劣天气对水运影响较小。

其实，在南北运输中，除了陆路运输和运河外，海运也是一种选择。

元朝定都北京后，实行的就是"海河并行，海运为主"的方略。

但海运受季风和洋流影响很大，南方船只只能在春夏季节北上，然后在秋冬季节南下。虽然

沧州博物馆内陈列的大运河内出土的磁州窑瓷器　《河北日报》资料图片

运输速度很快，但受季风影响，通航时间只有半年多。而且，由于气象预报系统不完善，海运的风险要大于运河，一旦遇上恶劣天气，便有船毁人亡的风险。

因此，权衡海运和运河航运的利弊，加之明代采取封关禁海政策，运河航运彻底取代海运成为中国南北水运大动脉。

2012年8月16日，沧州博物馆，"大运河北"展厅。

"邯郸、邢台、衡水、沧州、廊坊……"站在展厅入口的中国大运河线路图前，一位游客自南向北，数着大运河流经的河北5座设区市。

在5座城市里，沧州是唯一一座大运河穿主城区而过的城市。

这并非偶然。事实上，如今沧州市区位置的选择，和大运河的兴建有着不可分割的联系。

隋代大运河的开凿使得沧州成为南北往来的要冲、水旱两路的咽喉。之后，两岸商贾云集，沧州城依运河而兴旺昌盛。

"元末明初，位于运河东岸的沧州旧城开始衰败，临近运河的长芦镇依靠贯通南北的运河漕运，逐渐成为新的地区经济、政治、文化中心。"曾参与大运河申遗工作的郑志利说。

据《明史·地理志》记载："沧州洪武二年(1369年)五月徙于长芦。"

长芦，位于大运河西岸，今天的沧州城，就是在长芦镇的基础上发展起来的。

繁忙的运河航运上，主要流通着哪些商品？

京杭大运河，在明代又称漕河。漕粮，明清两代，是大运河上最重要的货物，每年都有约400万石漕粮经沧州运至北京。京杭大运河也成为明清时期国家的经济命脉。

不过，漕粮运输是官方行为，南北民间物资的贸易往来，才是激发大运河活力的最大力量。

2021年9月21日，沧州。

正值金丝小枣收获的季节，沧县高川乡北马坦村果农张文荣早早来到自己的枣园，开始和雇工们一起打枣。

她拿着手中的细竹竿，游走在树枝和树叶之间，似乎没费多大力气，一颗颗小枣就纷纷散落在地上。张文荣弯下腰，把它们一一拾进筐里。

通过现代物流的高效运输，不久之后，这些有着独特风味的金丝小枣，将出现在中国20多个省（区、市）的大型超市和东南亚、韩国、日本等20多个国家和地区。

事实上，早在几百年前的明清时期，沧州枣就依靠运河南下北上，打开了南北市场。

"沧州枣最早的市场，在沧州城西大运河西畔，在明末清初已经有一定规模，通过运河，北上京城，南下江浙闽粤，是远近闻名的运河特产。"郑志利说。

曾经通过大运河南下北上的，不只水果。

北方的小麦、棉花、砖石、生铁、粪肥、皮毛、煤炭，南方的稻米、丝绸、茶叶、瓷器、盐、竹器、木料……大运河这条"黄金水道"，在交通不便的古代，最大限度上实现了中国南北互通有无。

二、商帮：近代河北商业的代表

1. "呔儿商"：更懂东北

2021年8月4日，吉林长春。

在亚泰大街以东、东四马路和惠工路之间，有一条长五六百米的商业街。

在这条并不算宽阔的小街上，商铺鳞次栉比，来往的行人熙熙攘攘。街边的路牌上，赫然写着三个字："乐亭街"。

记者随机进行询问，大多年轻人并不知道乐亭街因何而得名。而几位上了年纪的当地老人，则能清楚讲出乐亭街的来历：100多年前，有许多来自河北乐亭的商人居住于此，这条街便因此得名。

此外，因当年这些来自乐亭及周边地区的人说话带有口音，当地人便送给这些乐亭商人一个昵称——"老呔儿"，这条街此前也被叫作"老呔儿街"。

河北和吉林并不接壤，乐亭和长春相距数百公里，两地如何产生联系？乐亭商人为何能在此留下如此深刻的烙印？

这一切，还要从近代冀商最重要的商帮之一——"呔儿商"的崛起说起。

"呔儿商"第一代东北"商业淘金者"的代表，是生于清朝道光年间、挑着货郎担走街串巷卖针头线脑的长途贩运小贩——刘新亭。

《乐亭县志》记载，乐亭刘家祖籍河间府，明万历年间迁入乐亭刘石各庄。

如今的长春市乐亭街。该街道得名于100多年前在此经商聚居的"呔儿商"　　王禹棋　摄

早年间,刘家是地道的庄稼人,靠几亩薄田支撑家业。

"刘新亭是个眼光敏锐的商人,他听说当时东北的龙湾(今吉林农安)一带正在招垦开荒,当地非常缺乏农具和日用品,于是就用大车从家乡收购了大量锄板子、土布和棉花运往龙湾,再运回东北的关东烟、麻和粮豆等产品,到京畿等地去卖。"乐亭县文史专家李荣亭说。

随后的10年间,刘新亭借此获利数百万吊,为刘家的兴盛奠定了基础。

经过数十年奋斗,到光绪十五年(1889年),刘新亭的3个孙子分家时,刘家在东北和关内开设的商号已达30余处,包括大车店、榨油坊,并办起了钱庄。

到清末民国初年,刘家的生意北到黑龙江,南到上海,覆盖了大半个中国。

随着1898年关内外铁路(后改称京奉铁路)的开通,冀东与东北之间的交通更为便利,乐亭商人得以在东北站稳脚跟,并快速扩张。

1906年,吉林省成立吉林商务总会,董事19人中,有9名是河北乐亭人,可见当时"呔儿商"在当地的重要地位。

1907年,长春商务总会成立,第一任会长王荻人便是乐亭人。国民党统治时期,长春有人倡议成立"乐亭同乡会",当时在长春的乐亭人约有5万,占当时全市总人口的7%。

20世纪二三十年代，同样在东北经商的晋商，地位逐渐被"呔儿商"取代。

为什么以刘新亭为代表的"呔儿商"，能在东北发展壮大？

"首先是地缘优势，'呔儿商'的大本营乐亭与山西相比，不只是地理位置上的靠近，语言、文化、风俗习惯等方面的共性更强。刘家到了第三代，将更多的商业资本投入东北，已经能对东北各重镇的商业行情做出预测。"河北省冀商文化研究会副会长赵明信说。

可以说，"呔儿商"更懂东北。

在民国时期经济发展的黄金十年（1927～1937年），又一位"呔儿商"在东北写下传奇。

1927年8月8日，哈尔滨。

这一天，一家名为"同记"的大商场在哈尔滨开业，场面火爆。商场面积1000余平方米，门口一扇高4.7米、宽7.4米、从比利时定制的橱窗，号称全国最大，一时成为市民的"打卡地"。

定制这扇橱窗的，是同记商场的老板——武百祥。

今天的哈尔滨人，大多已经不熟悉这个名字。但提起同记商场，在哈尔滨几乎无人不晓。在哈尔滨流传着一句话："没逛过'同记'就不算到过哈尔滨。"

同记商场当时的营业许可执照，现在收藏于东北抗联博物馆，为国家一级文物。

武百祥，乐亭"呔儿商"中民国时期的代表商人。

20世纪20年代，武百祥在哈尔滨创办的同记商场和大罗新环球货店的开业，是东北三省民族商业发展的标志性大事。

新一代"呔儿商"继承了老一辈商人的吃苦耐劳和商业眼光，更在当时学习西方的大环境下，表现出极大的改革勇气。

1919年，"同记"从美国购进现代纺织设备，研究上海的名牌袜子，创造自己的袜子品牌"白熊牌"。

白熊牌袜子采取新奇的营销方式，宣传人员抬着七尺高的大白熊模型，敲锣打鼓，沿街游行，一路散发广告单。

这种今天看来司空见惯的推广方式，在100多年前令人耳目一新，同行争相效仿。

这一时期，"京东第一家"刘家已经到第五代经营者，他们也改变经营模式，从以钱粮业为主改为商业、金融、工业并举。

刘家的"益发合"，是新中国成立前吉林省规模最大的民族工商企业，鼎盛时期流动资金就达400万银大洋，有大约500名工人。

"益发合"旗下的益发钱庄与交通银行合资设立的益通银行，是当时东北第一家接近现代银行组织的银行。

1936年，武百祥的"同记"与刘家的"益发合"学习借鉴国外工商业先进经验，带头推行股份制改革，成为分部众多、地域广阔、工商并举的股份制大企业。

九一八事变后，随着日军对东北经济控制的加强，乐亭商人在东北经营的商业开始衰败没落。

1937年日本发动全面侵华战争后，民族工商业全面萧条，"呔儿商"逐渐退出历史舞台。

2. 武安商帮：南绸北药

2019年10月9日，邯郸武安，伯延古镇。

"各位东家、掌柜的一路辛苦，里面请……"随着"大管家"一声开场白，

武安市伯延古镇内的四合院式古建筑　　王思达　摄

武安市伯延古镇实景剧《商帮归来》拉开帷幕，再现150多年前武安药商两大家族的经商故事和家国情怀。

伯延古镇，地处武安市城南，至今镇上有徐家庄园、房家庄园、王顺庄园等150多座清末、民国老建筑，是武安商帮商界传奇的见证。

作为冀商商帮的重要组成部分，"武安商帮"在清末民初曾创造巨大辉煌。

"武安商帮最大的特点是'一县之地独为帮'，成员所属地域范围小，几乎全部来自武安，这与大多数商帮都以跨越行政区划的片区形式出现非常不同。"冀商文化学者董培升说。

为何地处北方重农抑商传统社会的武安人，会走上经商之路？

"武安人经商之路，最初是被太行山区穷困匮乏的自然耕作条件逼出来的。"研究"武安商帮"多年的邯郸市文化学者安秋生说。

武安，地处河北、山西、河南三省交界，太行深山之中，山岳地貌几乎占武安总面积的一半，另一半是丘陵，土地贫瘠，难以耕种。

穷则思变。武安人没有墨守成规，早在明嘉靖年间，为了养家糊口，武安人就纷纷走出大山从事商业贸易。

武安商帮从明末兴起，至1956年公私合营为止，历史跨越300余年。

2021年8月15日，武安博物馆。

博物馆中，一件当年武安药商最常用的老物件，放在精致的木盒中，许多参观者却难以一下叫出它的名字。

戥（děng）子，一种小型杆秤，是古代专门用来称量分量小的贵金属、贵重药材的精密称量工具。

这件展品，是武安博物馆筹建征集馆藏时，武安上团城乡下团城村一位村民捐赠的。

生活在大山里的武安人，常年与草药打交道，所以兴起于明朝后期的武安商人，起初就是以贩卖药材为主。

今天，我们已经无法知晓这杆戥子曾见证了武安商人怎样的创业路，但"五架小车下关东"，已成为讲述武安商人到东北开疆拓土的经典故事。

冀商中，闯关东的不只"呔儿商"，武安商人也是一支重要的商帮力量。

最初因为地缘相近，贩卖草药起家的武安商人，主要在河北安国、河南沁阳两大著名药材集散地之间贩运药材。清乾隆年间，武安人深感在竞争激烈的内地市场难有大发展，于是决定到还是商业蓝海的东北去闯荡。

最早踏上黑土地的武安商人，是龙泉村的武氏五兄弟。

他们走的是往返长达两千里的药材贩运之路：从保定安国购买药材，到辽宁沈阳销售，再把东北"关药"人参、鹿茸、防风子、五味子等运回内地。

"五兄弟每人推一辆独轮车，因为路途遥远，他们总要带上多双布鞋，穿烂一双再换一双接着走，没有五六双鞋，到不了目的地。"安秋生说。

尽管路途艰难，但关内外药材差价让五兄弟获利颇丰。几年之后，他们在沈阳设店经营，改行商为坐商，药号"临泰"。

"临泰"药号在沈阳的设立，是武安商人在关外扎根经商的起点。

"五架小车闯关东"的成功，极大鼓舞了武安药商。自此，武安商人投资重点转向关东。

武安在东北的经营达到顶峰，是在清末民国初年。

"当时，关内百姓大规模移民东北，移民区缺医少药，武安药商抓住机遇，移民聚集到哪里，他们就把药铺开到哪里，逐步形成'凡是冒烟的地方，都有武安人在卖药'的规模。"

武氏家族的"临泰"药号在东北规模最大，"连锁店"众多，黑龙江哈尔滨的"德泰恒"、沈阳的"德泰兴"、哈尔滨阿城的"恒泰德"、吉林公主岭的"德泰祥"等，都是武家产业。

2021年9月10日，邯郸武安，武安广场。

广场北端，矗立着九根高大的文化柱，每根文化柱都用浮雕的方式，镌刻着一段令武安人引以为豪的历史。

在第七根文化柱上，雕刻着四个醒目的大字"南绸北药"。

"北药"，指武安药商在东北的药材生意，而"南绸"，是武安商人在南方的绸布生意。

绸布，是"武安商帮"主要经营的另一个行业。

"武安商人的绸布生意，从安阳、郑州、开封，一直开到苏州、上海。另外，在太原、西安等地，也有不少绸缎庄，太原历史上最早的'宏顺德'绸缎庄，就是武安人开的。直到今天，苏州仍保存有武安绸布商人当年修建的武安会馆。"安秋生说。

据史料记载，1934年，武安的人口为377515人。其中在外商家1950家，从业25000余人，仅在东北就有商家1500家，从业20000余人。武安商人的经商范围，按照现今的行政区划，至少在18个省（区、市）以上。

九一八事变后，由于关内关外的交通断绝，加之中医中药在人们的生活中渐渐退居次要地位，武安商帮的传奇悄然落幕。

3. 高阳布商：转型样本

2021年7月21日，高阳某纺织公司缝纫车间。

随着机器的不断运行，一条条数米长的半成品毛巾，正在流水线上快速裁剪。

短短1分钟内，一条未经裁剪的大毛巾，被均匀裁剪成十几条尺寸一致的成品毛巾。几乎同时，折边、加标、缝纫等工序也同步完成。整个过程由机器自动化完成，没有一名工人参与。

这条流水线，是全自动毛巾横缝机。过去，使用人工缝纫设备每人每天缝纫1000条毛巾，而全自动毛巾横缝机每台每天可缝纫12000条毛巾。

高阳，中国纺织之乡，可以年产毛巾50亿条、毛毯4.5万吨，今天全国市场上每三条毛巾，就有一条产自高阳。

今天高阳市场的繁荣，离不开一代代高阳布商的努力，他们就是"高阳帮"的代表。

高阳出布商，这与当地棉花的引种历史密切相关。

"明初，棉花种植引入河北，到明代中后期，生活艰难的高阳农户已开始种植棉花，纺线织布。"文史专家、高阳文化馆创作员史克己说。

棉花的引入，是河北古代农作物种植史上一件大事。

棉花喜温、喜光、怕涝，在大于等于10℃积温3500℃以上、大于等于15℃的持续日数在150天以上、最热月气温大于25℃、年日照时数大于1500小时、年降水600毫米左右的平原地区最适于生长。

根据这个条件，保定定兴以南的京广铁路沿线和石德铁路线以南的广大地区，都非常适宜种植棉花。在新疆引种棉花之前很长的历史时期，河北都是"中国产棉第一省"。

高阳，正处在这片棉花适宜种植区的北部。

到明朝末年，棉纺织品已经成为高阳本地主要贸易商品。到清朝末年，高阳传统手工土布市场已经形成。

史料记载，1900年，高阳莘桥村集市可日销土布近千匹，县城集市可日销土布1200匹。以贩布为生的小本商贩渐多，他们收买本地土布，远销外乡，仅季朗一村，就有贩布独轮小车60辆，行销博野、赵县等地。

冀中南棉花种植区广大，为何高阳形成了以纺织行业为特色的商帮，并最终完成了从农业种植、家庭手工业向现代纺织产业的转型升级？

高阳能将资源优势变成产业优势，与高阳纺织商人从20世纪初一次次锲而不舍的现代化、工业化转型有关。

2021年7月15日，高阳纺织博物馆。

在这家全国唯一的县级纺织博物馆中，收藏着一架老式铁轮织布机。

它与常见的老式织布机有些不同，织布机两侧各安装有一个直径大约40厘米的铁轮。如果给铁轮套上皮带，再通上电，它可以自动织布。

这台铁轮织布机的原型，是20世纪初高阳纺织商人杨木森请技术人员仿日本的铁轮织布机，自制的足踏式、电动式两用铁轮织布机，当时每台造价40银圆。

而那种日本的铁轮织布机，也是由高阳商人引入高阳的，铁轮织布机替代了传统的木制织布机，织出的布从窄幅土布发展到宽幅洋布，织布效率提高近10倍。

迎来丰收的冀中平原棉海　　《河北日报》资料图片

铁轮织布机的引入和仿制，正是高阳纺织商人告别手工纺织业的尝试。

1905年，高阳纺织商人杨木森等牵头，建立了自己的组织——高阳商会。高阳织布业进入一个新的发展时期。

商会设在高阳县郊南街关帝庙。商会一成立，便派人赴天津学习铁轮织布机织造技术，并购回日式铁轮织布机贷给城乡织布户，教以织法，赊给棉纱。

虽然高阳商会的成立促进了铁轮织布机的进一步普及，布商的资本也更加集中，但和西方国家大规模机械化生产的纺织品相比，高阳纺织品仍显得势单力薄，在价格和产量方面均处于劣势。

使高阳纺织产业得以进一步发展的关键，是高阳布商创立的一种被称为"撒机制"的生产经营制度。"撒机制"，指的是布商们把铁轮织布机赊售给农民，并把机纱分发到农民家中进行生产，在回收布匹时付给农民手工费，机价从手工费中扣除。这就可以充分利用农村劳动力价格低廉的优势，使高阳实现了铁轮织布机的迅速推广。

"撒机制"的普及，让高阳布的售价远低于进口洋布。很快，高阳布就在华北市场上挽回颓势，重新走俏起来。

对此，时任南开大学经济研究所教授的吴知在1936年出版的《乡村织布工业的一个研究》一书中评价："高阳织布业创造了作为中国乡村工业化模式之一的'高阳模式'。"

"撒机制"的成功推行，让高阳纺织业迎来兴盛。

1915年至1920年，高阳布区的平面织机从5673台增至21694台，年销棉纱达10万包，产布400万匹，营业额达2000多万银圆。产品囊括了粗白布、细白布、电光布、褥面布、被面布、床单布、条子布、袍料以及线毯等。

中国北方许多传统商帮的商业传奇在九一八事变之后走向没落，但高阳纺织业却在一次次重创后，焕发新生，成为中国经济近代化、现代化转型一个经常被提及的例子。

改革开放后，高阳纺织业得到快速恢复和发展。但高阳纺织商人又面临新的挑战。

根据《2021年中国棉花产业市场前景及投资研究报告》，新疆是中国最大产棉区，2020年新疆棉花种植面积2501.9千公顷，占比78.9%，其次为河北，棉花种植面积189.2千公顷，占比6.0%。

与新疆棉相比，河北棉花产量和成本都不再具备优势，在新的市场环境下，高阳另辟蹊径、找准定位。

高阳选择主打毛巾、毛毯等细分行业做大做强，目前毛巾产量占全国产量的30%，毛毯占20%，出口额近3亿美元，成为"中国毛巾毛毯名城"、河北县域特色产业集群转型发展的典型样本。

三、市场：沟通天下的特色商品之都

1. 辛集：皮毛之都

2021年9月28日，辛集国际皮革城。

"老铁们，今天我给大家准备的是899元的皮羽绒服……"在辛集电商直播基地，一位主播在直播间忙碌着，每隔几分钟就要换一件衣服，为网友展示穿着效果，娴熟地推介着自家的产品。

辛集国际皮革城，位于市区东北部，以皮革皮衣批发为主，集零售、物流配送等多功能于一体，是目前我国单体面积最大的皮革皮衣专业商场。

这一天，第二十九届中国（辛集）国际皮革博览会正式启动。

地处华北平原、不畜养牛羊的辛集，之所以能成为"中国皮革皮衣之都"，是有着历史渊源的。

辛集市区西南六七公里，一个名为木丘村的小村庄，是辛集制皮业的发源地。

"辛集与皮毛产业相关的历史，可以追溯到汉代。辛集民间流传着'回龙镇上买轻裘'的说法，这个回龙镇，就是今天的木丘村。"董培升说。

回龙镇后来毁于滹沱河水患，当地的皮毛产业逐渐北移至廉官店（辛集在明代之前的名称）。

但在北宋之前，辛集还只是一个地方性皮革加工地，真正推动当地皮革产业发展的，是北宋和辽在今天雄县、霸州、徐水一带开放边境贸易。

三地设立了从事边境贸易的"榷场"，它们是宋辽大宗贸易商品的主要集散地，而贸易的商品中，就包括马、羊、骆驼等动物皮毛。

辛集国际皮革城　娄雅坤　摄

　　辛集距离这些"榷场"不远，加工制作军需的皮革护具、鞍具的工作就落在了辛集，也培育出技术熟练的皮毛匠。

　　除了靠近"榷场"，辛集地理位置、气候温度也很适合皮毛加工行业的发展。

　　"北方商人从关外、口外到辛集就不再往南走，因为再往南天气潮湿，皮子容易霉变。而南方商人到此也不再往北走，否则运输成本太高。"董培升说。

　　自然地理区位和市场需求，共同促进了辛集皮毛加工、集散市场的形成和壮大。

　　到元朝，辛集逐渐发展成全国性皮毛集散地。

　　明朝，廉官店与附近几个村庄合并，改名"新集"，意为"新的集市"。清代改"新"为"辛"，"辛集"一名由此而来。

　　2021年6月20日，辛集，皮店街。

　　这条只有四百多米长、六七米宽的老街，是辛集市区老住宅区里一条寻常的街巷，几乎看不出任何与"皮店"相关的痕迹。

　　但这条老街已经有数百年的历史，曾见证了辛集皮毛业清末民国初年的繁荣兴旺。

　　皮店、皮庄，在清代既是皮毛商人吃住的客栈，也是皮毛商品交易所。皮店、皮庄主人，是客栈老板，也是皮货交易经纪人。

　　20世纪30年代，辛集皮毛原料来源已覆盖中国北方大部分省市，如山东济南、济宁、临清，河南郑州、许昌、洛阳、开封，陕西榆林、咸阳，山西太原、大同。

　　当时，辛集80%的生皮毛不在本地加工制作，而是经过皮店、皮庄批发转运、分销全国。因此，皮店、皮庄地位举足轻重。

　　"每天来自生皮毛产区的马帮、骆驼队、车队络绎不绝，在镇周围堆积的生皮毛简直像一座座小山。"辛集老皮革商人孙士均曾这样回忆。

鼎盛时期，辛集皮货市场有大小皮货庄70多个，皮店街上就占40多家。实力最强的三家皮货庄"全聚皮庄""聚泰皮庄""袁记皮庄"占据了辛集皮毛市场60%的市场份额。

许多皮货庄在全国多地设分庄或派出机构，他们在当地采购、储存生皮毛，交易成功就地发货。这很像今天很多电商平台在各地建立仓储基地、就近发货的物流形式。

而且，这些分庄还是市场行情监测点。分庄以书信方式及时向总部汇报，使辛集能够实时掌握全国各地皮毛市场的行情动态。

"'全聚皮庄'掌柜杨瑞庭，一天就要接到全国各地数百份汇报市场行情的来信。"董培升说。

辛集不仅是北方皮毛集散市场，还有完整的皮毛生产加工体系。

清末民初，在辛集附近村庄从事皮毛加工制作的人员有5万多人。他们分工精细，有的甚至只参与制作一两种产品。

"比如辛集锚营村是生产鞭子的专业村，各家各户只为鞭子铺加工皮鞭，50根为一把，每100把为一件，捆扎打包销往各地。"董培升说。

辛集的皮毛市场，还造就了很多技术精湛的专业技师。

辛集名花皮毛文化博物馆展示皮毛制作工艺　　《河北日报》资料图片

"剪毛技师，一次把几十张甚至上百张羊皮用绳子或铁丝吊起来，悬空飞剪，速度飞快，羊毛毛茬整齐。摸羔师，用手摸摸怀胎母羊的肚子，就可以知道羊羔大小、毛长多长。"董培升说。

辛集中国皮毛加工集散中心的地位，一直从清代持续到七七事变之前。

当时，辛集年产毛毡60000条、毛绒3000斤、大毡鞋350000双；年转销白皮（生皮子）105000件、绵羊皮和羔子皮120000件、山羊皮12000件、杂皮3000件。全国90%的皮毛业市场被辛集占据。

七七事变后，日本侵占河北，宣布牛羊皮及其制品为军用物资，不准中国人经营，辛集繁荣百余年的皮毛市场随之沉寂。

改革开放后，辛集皮毛产业获得新生。特别在最近十余年里，辛集已经发展成为全国最大的皮革产销基地和出口基地，正在实现由"中国皮都"向"世界皮都"的跨越式发展。

2. 安国：千年药香

2021年7月20日，安国。

安国市城南有一座全国闻名的药王庙。

药王庙重檐庑殿顶的牌坊上，覆盖着黄色琉璃瓦，三间四柱，彩饰斗拱，正中匾额上书四个描金大字"显灵河北"。

站在庙门前，穿越千年的历史厚重感扑面而来。

整座药王庙由17座单体建筑组成，占地25亩，始建于东汉，北宋时期扩建，是全国现存规模最大的纪念古代医圣的建筑群。

经历代扩建修葺，安国药王庙现存建筑汇集了宋、元、明、清各代建筑特点，是我国建筑史上独具中医药文化风格的艺术珍品。2001年，安国药王庙被公布为第五批全国重点文物保护单位。

安国素有"天下第一药市"之称。一座药王庙，千年药业史。

药王庙牌坊上"显灵河北"四个字，讲述的其实就是安国药市古老起源的一段民间故事。

安国药王庙中祭祀的是汉光武帝刘秀部下大将邳彤，他精于医理，常行医于民间，深得百姓拥戴，死后葬于安国。

安国药王庙建筑群　　陈震 摄

相传邳彤在宋朝"显灵",为宋太宗的弟弟治愈了顽疾。宋朝廷便在安国兴建庙宇,广为宣扬,纪念邳彤。四方百姓也来药王庙祭祀祈祷,各地药商便迎合民众心理,来安国交易药材。

药王庙的香火会,就这样逐渐演变成了药材交易会。

自明朝永乐元年(1403年)至万历四十七年(1619年)200多年时间,安国逐渐成为我国长江以北重要的药材集散市场。

明末清初,安国药市规模不断扩大,逐渐向全国性药材集散地发展。全国各地药商"千里迢迢,轮蹄辐辏,驰奔祁州(安国旧称)"。

清朝中叶以后,安国药市发展达到巅峰。

当时,来安国药市参加交易的商人来自全国各地,东至沿海地区,西至陕甘新疆,南至两广、台湾,北达库伦,范围甚至扩展到日本、朝鲜、俄罗斯、东南亚等国家和地区。"董培升说。

作为辐射国内外的药材市场,安国集中了种类繁多的各等级药材,因此,国内许多知名药店纷纷到此采购药材。

我国中医药行业老字号同仁堂,就和安国保持了数百年的紧密联系。

2021年9月16日上午,安国国际会展中心。

广场上人头攒动,气氛热烈。随着一声清脆的敲锣声,安国中药材批发交易

— 357 —

市场正式开市。

安国中药材批发交易市场占地3.7万平方米,这是安国药材交易市场的一次提档升级。

安国药材市场开市,需要一项隆重的仪式,这是当地从古至今保留下来的传统。

电视剧《大宅门》对此曾有所呈现。同仁堂供奉清宫御药房原料药材主要来自安国药市,所以,在安国药市也逐渐形成了"同仁堂不到不开市"的传统。

这段故事,在记载同仁堂历史的《同仁堂的故事》中曾有详细记载:"'同仁堂来了,开市(拉长声音)!'一时间,药王庙前人声鼎沸,交易热烈。大黄要买瓷实的,带泡的不要;细料要做好的,下脚的不要;麝香要买怀帮杜盛兴的,不怕价高,但求货好……"

从同仁堂建店到开始向紫禁城供奉御药这段时间,安国成为同仁堂等一大批中药店走向辉煌的强大后盾。在最多的时候,同仁堂80%左右的原材料都是从安国进货。

安国的药材,能受到同仁堂等知名药店的信任,除了原料货真价实,还在于当地精湛的药材加工技艺。

安国的药材加工拥有很多独门技艺,其"刀法"为药业之冠。

如"百刀槟榔",一个槟榔可切100多片,且片片均匀;"蝉翼清夏",蚕豆大小的半夏,切片薄似蝉翼,闪闪发光;"云片鹿茸",切片薄似绢帛,状如云片,入口即化;"镑制犀角",用特制的钢锉排刀将犀牛角切成极薄的薄片,形似刨花。

这四种刀法合称"祁州四绝"。安国药材切片技艺驰名四方,逐渐有了"药不过祁州,是草不是药"的说法。

药市的繁荣,也促进了安国本地药材种植业的发展。

2021年6月25日,安国中药文化博物馆。

在博物馆的"中药材标本"展区,展示的是知名的"八大祁药"——祁菊花、祁山药、祁紫菀、祁沙参、祁薏米、祁芥穗、祁白芷和祁花粉。

在中医药中,有"道地药材"的说法,指经过中医临床长期应用优选出来的,产在特定地域,与其他地区所产同种中药材相比品质和疗效更好、质量稳定、具有较高知名度的中药材。

"八大祁药"就是典型的道地药材。

安国种植药材有300多个品种，其中这8个品种，虽然全国其他地区也有种植，但产于安国的，药材、药性极其纯正，药效最佳，被誉为海内外草药界的"八颗名珠"。

安国，不仅是中药的集散地，也是中药的种植基地。

安国所处的自然地理环境，非常适合种植药材。

地处太行山东麓华北平原的安国，境内地形从西北向东南略有倾斜，平均海拔仅36.2米，地势平坦。年均气温12℃，平均降水量510.8毫米，无霜期190天，土地多为黏土和沙质土壤，气候、土壤、水肥条件都适宜中药材生长。

安国药市虽然在七七事变后受到重创，但20世纪80年代初，随着改革开放，安国人重操祖辈旧业，开始种药、收药，重新做起药商。

"我是土生土长的安国人，打我记事儿起，家家户户就种药——那时候是生产队种，供销社统一收。我们安国人多少都懂点儿药，对药有感情。"68岁的安国药商石玉彬回忆说。

20世纪90年代后，安国药材交易规模不断壮大，安国药市再次兴盛。

安国八大祁药　　《河北日报》资料图片

第二单元 商帮旧事

采访 ◎ 《河北日报》记者 袁伟华 李冬云 朱艳冰 王思达
执笔 ◎ 《河北日报》记者 袁伟华 李冬云 王思达

📖 阅读提示

从华商始祖王亥驱赶着牛车到易水流域做买卖开始,"商人"这个特殊的群体便与河北结下了不解之缘。

河北商业活动自古繁盛。

从先秦、汉、唐、宋、元一代代名商巨贾,到近代冀商一脉,他们不仅在京津、东北和江浙一带声名显赫,更用万里商路连通了中国与世界,在我国商业发展史上,书写了浓墨重彩的一笔。

河北的水路、陆路商路也成为艺术文化交流融合之路。河北的武术、杂技、曲艺等发源于民间的传统文化,沿着一条条商路南下北上,走向世界。

沧州黄骅的海边盐场　　张冲　摄

一、溯源：商人、商品和商业的河北往事

1. 河北与"商人"的渊源

"殷侯子亥宾于有易，有易杀而放之。"

"河北与商人、商业之间的渊源，其实可以从一场发生在3000多年前易水流域的仇杀事件说起。"2021年9月21日，河北省冀商文化研究会原秘书长周文章指出史书《竹书纪年》中记载的这句话。

这段史料大概记录了这样一个故事：夏朝时，商族部落与居住在河北中北部的部落之间的产品交换活动很活跃。商族部落是一个以畜牧业为主的部落，经常用自己的牛羊等畜产品从别的部落换取粮食、陶器和麻织品，以满足自己的生活需要。

当时生产力低下，部落的首领也要适当参加放牧牛羊和产品交换活动。"殷侯子亥"即商汤的七世祖王亥，据传是牛车的发明者，他驾着牛车，用帛和牛当货币，在部落间做买卖。

一日王亥前往有易部落做买卖，竟被有易部落所杀。后来殷侯上甲微依靠河伯部落的兵力攻伐有易部落，杀死了有易部落的首领绵臣。

"这里的殷、有易和河伯都是夏朝时期的部落。殷即后来成为商王朝的部落，有易部落生活在今河北中北部的易水流域。"周文章说，抛开复仇的桥段，这正是目前文献中已知关于部落间交易的最早记载之一，也说明河北是华夏大地上最早出现商业活动的地方之一。

夏商时期，随着工具的改进及畜牧业的产生，有了剩余产品，于是就有了交换，这就是最初以物易物的简单商业活动。而我们的祖先早就在河北这块土地上学会了做买卖。

那么这种做买卖的人又为什么被称为"商人"呢？

相传河北曾是商人的初居之地。商的始祖名契，依古书记载是与夏禹同时代的人，佐禹治水。史家考定契的初居地在蕃，即今平山县境，他的儿子昭明在砥石（今石家庄市南）驻留过。古书《竹书纪年》、《山海经》和《楚辞·天问》均载有商的远祖季、王亥、上甲微等居住于今河北易水流域附近之事。从契至汤，"共传十世，凡八迁"，他们的迁徙，从大范围来说，大抵不出今山东、河

南、河北等地区。

大约在公元前1600年,商汤灭夏,建立商朝,以"商"为国号。商朝建立后多次迁都,祖乙曾迁都于邢(今河北邢台市);公元前1300年,盘庚又迁都于殷(今河南安阳市),才最终稳定下来。

先商时期,各地基本上处在封闭状态中,生产目的仅限于满足自身需要,从没有人尝试跟外地进行贸易。正是从王亥开始,地区间的贸易才开始建立起来,而随着时间推移,其范围和规模得到飞速发展。正因如此,王亥被后世尊称为"华商始祖"。

到了商朝后期,河北中南部作为商朝的核心区域,商贸活动比较活跃,出现了不少商铺,也有了一大批专门从事长途贩运的商人。周武王灭商后,为了防止商朝贵族反抗,周公将部分商遗民迁往洛阳,令其"肇牵车牛,远服贾",意思是让商族遗民们驾着牛车搞长途运输贩卖。

失去土地的商族遗民只好靠做小买卖和长途贩卖为生,"其主要的活动区域都在北易水、南漳水之间。"周文章表示。

久而久之,做买卖成了他们谋生和养家的职业,世代相传。因为他们是商代的遗民,渐渐地,"商人"成了这种职业的代名词,而做买卖的行业则被称为"商业"。

这种称谓一直流传至今。

在商人出现后的数千年中,河北商业活动繁盛且不曾中断,涌现出一大批名商巨贾。

管仲和范蠡都曾在蠡县一带贩运皮毛;沧州沿海地区从春秋战国开始就已经"煮东海为盐"而尽得鱼盐之利;经商起家的吕不韦"奇货可居"的故事就发生在邯郸;战国时期邯郸"冶铁大王"卓氏和郭纵"富可敌国";唐代定州人何明远赀财巨万,家有绫机五百张……

从贩运牛羊到盐铁之利,从陶瓷、丝织等强势产品流通天下到近代冀商登上历史舞台,独特的地缘优势和资源禀赋造就了河北丰富多样的商品类型,也使得河北曾长期处于全国经济中心的位置。在这样一个多姿多彩的舞台上,河北商人和商业活动,成为古代商业发展进化历史的缩影。

2. 古代河北的强势商品

2020年9月15日，河北博物院"河北商代文明"展厅。

为了寻访河北最早的"拳头产品"，我们再次来到这里，再探一件具有划时代意义的文物——3400多年前的商代铁刃铜钺。

它1972年出土自石家庄藁城台西遗址，残长11.1厘米、阑宽8.5厘米，铜身铁刃，上部有一穿孔，两面各装饰有两排乳钉纹。铁刃宽约6厘米。

这件铜钺上残存的铁刃，是我国目前已知最早的铁制品，代表了当时最先进的生产力。

除了铁刃铜钺，人们还在台西遗址上发现了铁矿石和经过冶炼的铁矿渣。这进一步证明，早在公元前1300多年此地就开始采矿冶铁，把人类冶铁的历史从春秋时代上溯了数百年——早在3400多年前，河北大地上的先人已经开始认识和利用铁这种金属。

河北古代各地特色物产示意图　　喻 萍 制图

2021年9月13日，邯郸武安固镇村。

武安，在冶铁历史上拥有举足轻重的地位。这里有汉代冶铁遗址。该遗址位于固镇古城遗址西部，主要分布在固镇战国古城之外。炉渣的积厚很深，随处可见。

1979年，邯郸地区文化局、文物管理所对固镇汉代冶铁遗址进行考古发掘。该遗址在当地俗称"药葫芦地"。

此次发掘共开探沟4条，出土了相当数量的铁器，包括犁、铲、镰、马衔、钩、铧、炉条、裁刀等工具，以及部分熟铁半成品。人们在遗址内还发现残炉基、残炉壁和数量较多的炉渣、碎矿石层、耐火砖、红烧土以及白灰、木炭、炉塞等。加之发掘中不断被发现的灰坑、工作面、窖穴等，一切信息都表明，当时的铁业无论从形式上还是技术上都已具有相当的规模。

一系列遗址遗迹的发现证明，河北冶铁历史悠久。早在战国时期，河北就已经形成了赵国都城邯郸、燕国都城燕下都两大在北方颇负盛名的冶炼中心。

到了战国中期以后，河北地区铁器取代铜器，成为主要的生产工具。

铁器，也由此成为河北向外输出的重要商品。

历史上最早一批富可敌国的"河北知名企业家"，就是靠冶铁和做铁器生意而发家的。

司马迁在《史记·货殖列传》中，记载了以冶铁致富的赵国巨商卓氏和郭纵："卓氏之先，赵人也，用铁冶富""邯郸郭纵以铁冶成业，与王者埒富"。邯郸武安历史上因冶铁而富，春秋战国时的名相苏秦和名将白起、李牧都曾被封为"武安君"，食邑武安。

古代河北对外输出的另一项重要商品是丝绸。

2021年6月10日，国务院公布第五批国家级非物质文化遗产代表性项目名录，定州缂丝织造技艺荣登名录榜单。

藁城台西遗址出土的我国迄今年代最早的铁器铁刃铜钺　赵　杰　摄

《中国全史》描述，"缂丝是我国丝织工艺中最受人珍爱的品种，宋代是缂丝的盛期，以河北定州生产的最为有名"，当时，定州缂丝与蜀锦、苏绣并称为中国三大工艺名品。

"一般我们印象中丝绸是江南特产，实际上河北是中国最古老的桑蚕养殖技术和丝纺织技艺的发祥地之一。"河北省政府文史研究馆馆员梁勇介绍，"早在距今7000多年前，磁山文化（位于邯郸武安）的先民就已开始使用纺坠。"

河北在原始社会末期即出现了原始的纺织行业。在新石器时代遗址中，发现有众多的陶纺轮、石制的蚕，说明当时已认识了蚕的价值，有利用蚕丝的可能。藁城台西商代遗址中则直接出土了丝麻织物。

秦汉时，由于纺织器械的广泛应用，纺织成了主要的家庭手工业之一，河北丝麻织物不论在数量上、质量上都有了进一步提高，河北成为全国最重要的丝绸产区之一。其中，巨鹿（今河北平乡一带）、清河（今河北清河、故城，山东临清一带）、房子（今河北高邑）等地的丝织业较为发达。

此后的1000多年里，河北一直是全国重要的丝纺织中心。到唐中期以后，河北甚至成为全国丝纺织业技术最发达、丝纺织品产量最多的地区。

盛唐时，大量西域商人沿着丝绸之路来到中国。那些前往河北办货的丝绸商人，多半都知道一个叫何明远的定州人。

何明远，祖上是粟特人，当时正在定州主管城中的三个驿馆。他敏锐地发现商机，便在驿站旁边建造旅店，供来往客商住宿，专门以赚取胡商的钱为主业。

而何明远的另一个身份是丝织商人，"家有绫机五百张"——拥有近万人的大型丝织作坊。

巨商何明远的事业只是当时河北丝绸产业规模的冰山一角。

史料记载，当时河北道各州均产丝绸，尤以博、深、冀、定、幽等19州产量最盛。唐天宝元年（742年），全国10道318郡总计向朝廷贡赋丝织品3400多匹——其中河北道常贡丝织品数量就有1700多匹，占全国总量的50.9%，居全国之首；而定州一地贡赋的数量就占当时全国总量的40%以上。

正是如此发达的产业基础，才推动了古代丝织业中最奢华的工艺——缂丝在定州诞生和发展。

到北宋时期，定州缂丝发展达到巅峰。当时，不仅地方供给皇族贵戚的最富丽、最精绝的丝纺织品是定州缂丝，就连契丹人也以河北绢为最上等。澶渊之盟后，辽国迫使北宋王朝纳绢时就专门提出，只要河北绢而不要江浙绢。

丝绸、瓷器，都是世界古代史上最有分量的中国商品。

日本兵库县白鹤美术馆，有一尊北宋磁州窑白釉黑剔花龙纹瓶，是该馆的镇馆之宝。

在日本，几乎所有有中国古代瓷器馆藏的知名博物馆中，都有磁州窑藏品。如今"陶瓷""瓷器"，在日语中均写作"陶磁""磁器"，可见磁州窑瓷器对日本影响之深。

"世界上几乎所有有瓷器收藏的重要博物馆，必然有来自中国河北的瓷器藏品，否则其收藏展览体系就是不完整的。"中国磁州窑博物馆馆长赵学锋说。

河北在中国瓷器史上举足轻重，早在3000多年前的商代，河北人就开始使用原始青瓷。至迟在北朝，河北人已在烧造瓷器。唐宋时期，河北一直是重要的瓷器产地，唐代邢窑就有"天下无贵贱通用之"的记载，宋代以后，定窑、磁州窑以及井陉窑瓷器更是声名远播、行销天下。

其中，磁州窑作为中国古代北方最大的民窑体系，自北朝创烧，历经隋唐，到宋金元时期达到鼎盛，经明清至今，历千年不衰，是我国历史上烧制时间延续最久的窑口之一。

1976年7月，磁县城东4公里。

漳河和滏阳河汇流处古漳河河道中，考古工作者发现了一处沉船遗址。

沉船遗址东北有石砌建筑物和木桩等，似为泊船码头和古渡头遗址。此次遗

金代磁州窑白地黑花缠枝牡丹纹花口瓶　《河北日报》资料图片

址发掘出6艘沉船，均为木制。沉船上出土的遗物有陶、瓷、铜、铁、木、石等器物，以瓷器为最多，共379件，其中磁州窑瓷器共363件。

由于瓷器本身具有易碎、沉重、耐腐蚀、无时效性之特点，廉价、安全、平稳、畅通的水路运输就成为磁州窑的外销首选运输方式。磁州窑所处的漳、滏两河的天然水道也为产品外销的运输提供了天然便利。磁州窑的瓷器正是通过漳河、滏阳河及其连通构筑的水系网络到达沿海及内地的港口和码头，进而通过这些转运点分散到内地或出海运输到东亚、东南亚、南亚、西亚及非洲等地。

在河北，还有一种从古至今一直是地方特色的商品——皮毛。

"四留一王村，熟皮最养人，学会皮手艺，终身不受贫。"

2020年9月21日，邢台市文史专家刘顺超随口说出一句本地民谚。

"提到河北的皮毛交易，大家首先想到的一般是如今的辛集、枣强大营或张库大道时代的张家口。实际上，邢台皮毛制革业始于明代万历年间，盛于清朝，至同治年间，顺德府南关曾是全国最大的皮毛集散地之一，规模甚至一度超过张家口。"刘顺超说，当时邢台的皮毛主要来自陕西、青海及内蒙古等地。

河北，自古以来即是皮毛交易的重要区域。

春秋战国时期，管仲和鲍叔牙曾经在蠡县一带规划过好几个专业的皮毛集散市场。民间传说范蠡也曾在蠡县做过皮毛生意，留下"自从范蠡过留史，天下皮毛第一家"之说。

宋辽金元时期，河北位于民族杂居融合之地，镇州（今河北正定）、雄州（今河北雄县）、霸州（今河北霸州）、安肃军（今河北徐水）、广信军（今河北徐水西）、新城（今河北新城东南）等地先后设立榷场，开展互市交易，皮货是互市交易中最重要的商品类别之一。

明清以降，南北互市更加频繁，来自蒙古高原的牲畜、皮毛等通过张库大道进入河北，沿商路形成相关的产业集群。直到现在，河北仍拥有辛集、肃宁、蠡县、枣强、阳原等几个重要的皮毛产业集群。

"今天的人们常常会忽略的一点是，棉花在我国其实是直到明清才开始大面积种植的。在此之前，皮毛一直是中国人最重要的御寒材料。"刘顺超说，因所处地理位置独特，皮毛可以说是河北覆盖面最广、时间跨度最大的商品品类，几乎在每个时期都是对外贸易的主角之一。

"在河北商业历史上，有特色的大宗商品是个变化的过程。这与河北的自然禀赋和在全国经济版图中所处的位置息息相关。"周文章表示，如果说皮毛、铁器、丝绸和瓷器成为河北大宗商品，更多依赖河北本身的自然条件和技术优势，那么后来陆续又有好几个品类在历史上曾占据一席之地，靠的则是商业交流的扩大。

比如棉纺织产品。元末明初，棉花在河北大面积推广播种，北直隶的高阳、南宫、广宗、南皮、赵县、元氏等县都是著名的棉花种植区，有的县种棉者占当地农民的一半。棉花的大量种植，带动了家庭棉纺织业的发展，织出的布匹，除了自己家庭的使用，其余拿到市场交换。

"另外，煤、盐也曾是河北的优势产品。"周文章介绍，煤矿主要蕴藏在太行山和燕山地带，峰峰一带采煤历史可以上溯到汉末，明代开滦、蔚县等地开始采煤，其中蔚县优质煤被称为水火炭，烧红放在香炉中，没有烟和煤渣，烧过的煤灰像白雪一样，时人称为天下一绝。而沧州一带盛产雪花白盐，自古是重要的产盐区。

二、脚步：近百年冀商的开拓之路

1. 冀州文商撑起琉璃厂

2021年4月8日，北京琉璃厂文化街。

整饬一新的街道两旁仿古建筑林立，来薰阁、荣宝斋、中华书局等老字号十分醒目。

作为发源于清代的京城文化一条街，如今的琉璃厂已经成为北京著名的文化景点。但很少有人知道，在琉璃厂的发展历史中，冀州商人曾经起到了举足轻重的作用，甚至可以说是冀州商人延续了琉璃厂的文脉。

在历史上似乎名不见经传的冀州商人，和琉璃厂之间有着怎样的渊源？冀州商帮又是一个什么样的群体呢？

"'冀州帮'是冀商四大帮派之一'冀中商帮'的一个重要组成部分，以文商著称，其最重要的贡献，就是支撑起了清末民国初期的北京琉璃厂古籍行业。"冀商文化学者董培升告诉记者。

北京琉璃厂文化街，这里的许多店铺，至今留有河北冀州商人的印记　　　王思达　摄

如今因文化属性闻名中外的琉璃厂，在明代只是一个烧造琉璃瓦的官窑。琉璃厂向文化聚集地的转变，始于清初顺治年间。当时，清政府在京城实行"满汉分城居住"，琉璃厂正好位于外城的西部，当时的汉族官员多数住在附近。久而久之，官员和进京赶考的举子常聚集于此逛书市，引来各地书商在这里设摊、建室、出售藏书。

到乾隆年间，琉璃厂逐渐发展成为京城最大的书市，并成为"京都雅游之所"，与文化相关的笔墨纸砚、古玩书画等行业，也随之发展起来。

起初，琉璃厂的商家多为江西商人。清朝末年，太平天国的战火使江西到北方的交通阻塞，到琉璃厂经营的江西人越来越少。

此时，历史上素有重文传统的冀州人大量拥入琉璃厂。他们先是在江西人开办的老字号当学徒，慢慢掌握了版本鉴识和经营本领，后逐渐发展为在厂肆摆摊独立经营，有了积累后就购置店铺，渐渐走向兴盛。

冀州书商的代表性人物、冀县人孙殿起，在《琉璃厂小志》中专门记录了从晚清到民国60多年间，琉璃厂200多家书商的师承、名号和盛衰演变。而冀州商人开办的书铺就有100多家，撑起了琉璃厂古籍行业的半壁江山。其中开办时间较早、影响较大、延续超过30年的书肆，有来鹿堂、同业堂、松筠阁、宏远堂、聚

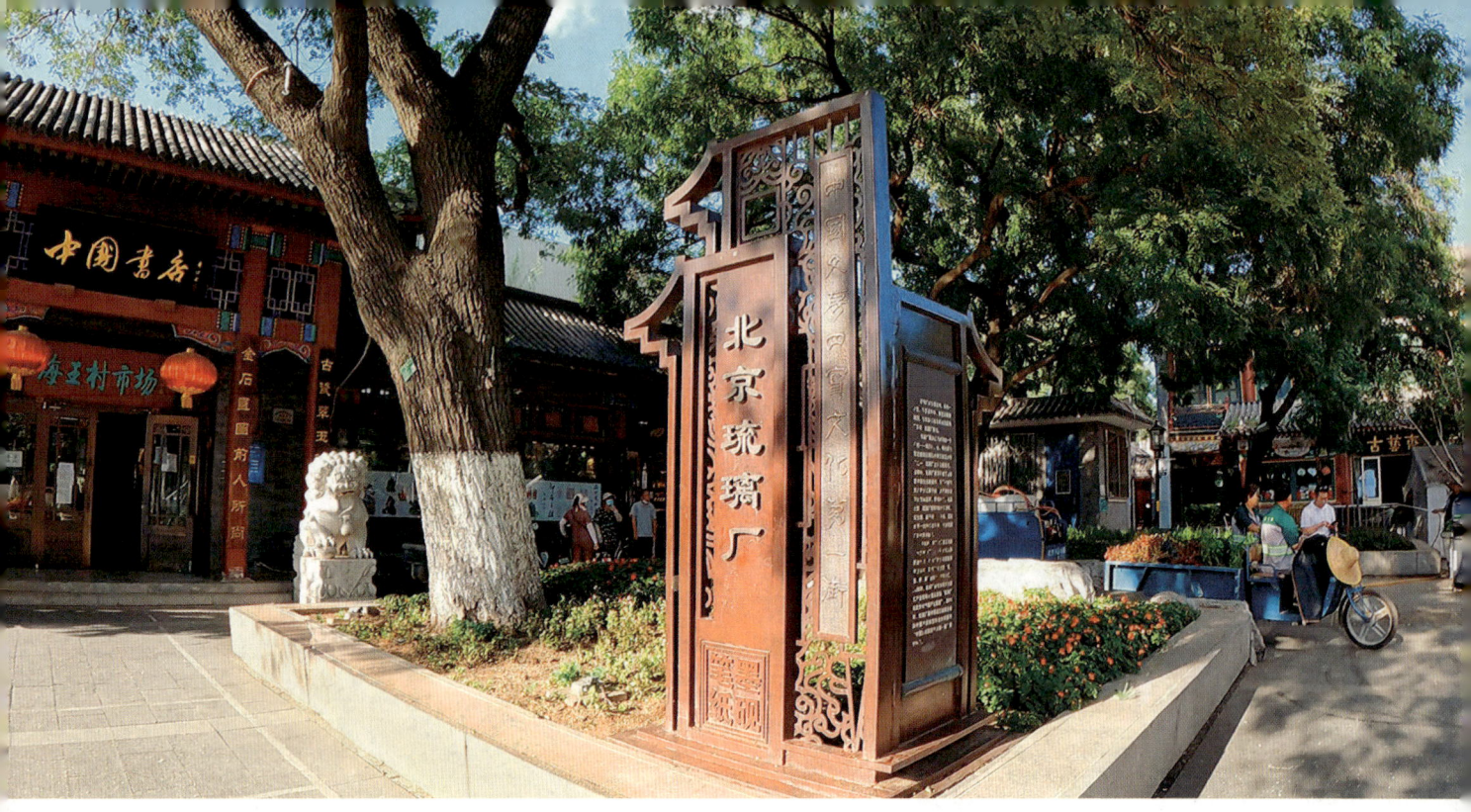

北京琉璃厂文化街　　王思达　摄

好斋、槐荫山房、瀚文斋、文友堂、宝仁堂等。

"客人来了，可以挨架参观，随意取阅。如果是老主顾，更会让在柜房先休息，小伙计敬茶敬烟，略事寒暄，然后才谈生意。谈谈最近买到些什么，问问店里最近收到些什么，拿过来看看。好的东西，大家鉴赏一番，买也可以，不买也可以。如果有意要，然后可以谈谈价钱，形成一种朋友式的营业关系。"志书里对琉璃厂冀州书商做生意的情景如是描写。

到1956年，琉璃厂最大的3家书店都是由冀州人经营。

因此，我国古籍版本学家郭纪森先生认为，是河北冀州人延续了北京琉璃厂的文脉。

而孙殿起本人在贩书的数十年间，一直保持着一个良好的习惯，凡经他过眼和贩过的书籍，均一一记录其书名、卷数、作者姓名、籍贯、刻印时间、刊印厂肆等资料。日积月累，孙殿起对目录学、版本学也有较深造诣，尤精于古书版本鉴别、考证，成为公认的近代版本目录学家。

后来，孙殿起利用工作之余，撰写了《记厂肆坊刻本书籍》《琉璃厂书肆三记》《贩书传薪记》等文，经过数十年积累，将文章编成《贩书偶记》20卷，收古籍善本1万余种，后又编成《贩书偶记续编》。这两部书相当于《四库全书总目》之续编，是清末民国初期有关古代图书的著述总目，备受学术界重视。

2. 众多"老字号"源出河北

除了琉璃厂，京津两地仍留存着多家冀商名品名店老字号。

爱吃烤鸭的老饕们或许不知道，"全聚德"的创始人其实是河北人。

"全聚德"创建于（1864年），创始人杨寿山祖籍冀州徐庄乡杨家寨村。

杨寿山幼年时因家贫到北京谋生，初到北京时在前门外肉市做生鸡鸭买卖。杨寿山对贩鸭之道揣摩得精细明白，生意越做越红火，他平日省吃俭用，积攒的钱如滚雪球一般越滚越多。

杨寿山每天到肉市上摆摊售卖鸡鸭，都要经过一间名叫"德聚全"的干果铺。这间铺子招牌虽然醒目，但生意却江河日下。到了1864年，"德聚全"生意一蹶不振，濒临倒闭。精明的杨寿山抓住这个机会，拿出他多年的积蓄，买下了"德聚全"的店铺。

经营鸡鸭生意多年的杨寿山将干果铺改为烤鸭铺，并将店名改为"全聚德"。杨寿山还聘请了宫廷名厨，把原来的烤炉改为炉身高大、炉膛深广、一炉可烤十几只鸭的挂炉，可以一面烤、一面向里面续鸭。这就是今天的挂炉烤鸭。

另一家京城餐饮名店"东来顺"同样源出河北。

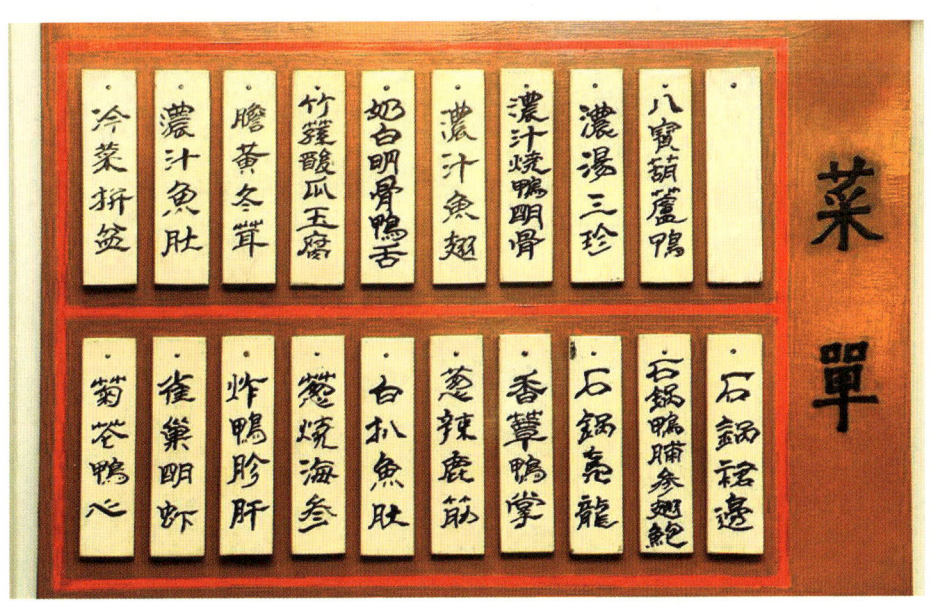

北京全聚德烤鸭菜单　　视觉中国　供图

东来顺是直隶沧州（今河北省沧州市）丁德山兄弟三人于清光绪二十九年（1903年）在北京东安市场创办的饭馆。起初是一个粥摊，经过几年的发展，变成了羊肉馆，字号是"东来顺羊肉馆"。后来，他们采纳了一位在正阳楼饭店主灶的朋友的建议，把"涮羊肉"引进了店堂。由于他们的涮羊肉用料讲究，工艺精湛，造型美观，口味独特，一经推出就受到了食客的好评，每日顾客盈门，买卖红火。

东来顺在北京站稳脚跟，除了品质过硬，主要靠的是诚信经营。即使在"东来顺"最兴旺的时期，丁家兄弟仍然不忘初心，老老实实做人，认认真真做事，不偷工减料、不弄虚作假。

东来顺的一斤羊肉可切成20厘米长、8厘米宽的肉片80～100张，且片片对折、纹理清晰，"薄如纸、白如晶、齐如线、美如花"，切出的羊肉片铺在青花盘里，能隐约看到盘上的花纹，凭借这手切肉的绝技，"到东来顺看切肉片"成

北京东来顺饭庄的铜锅涮羊肉　　陈同伟　供图

了京城餐饮界的一景。

在天津的河北商人，同样创出了"耳朵眼儿"炸糕、"十八街麻花"等地方知名小吃品牌；同时在制药、五金、鞋帽绒毯等领域，河北商人也颇有建树，比如河北献县人孙玉琦创办的"利生"体育器材厂，是国内最早生产西方体育器材的工厂，生产的篮球在全国都有极高的知名度。

周文章曾对冀商在京津两地的发展进行过细细梳理，在他看来，早期进入京津的商人主要是通过运河交通北上的江苏、江西和山东等地商人，中晚期最有实力的当属徽州商人和山陕商人，以及经营丝绸、珠宝和中药材的浙江商人。

因地缘相近、人缘相亲，初期进入北京和天津的河北商人，大多数以行商和小商人为多，以贩卖土特产品或经营餐饮业为主。后期河北商人在日杂、制造、医药、笔墨等行业都有涉足。

清代在京城中经营文房四宝的河北商人以衡水人最多，著名产品是"侯店"毛笔和"一得阁"墨汁。侯店制笔业发达，清光绪年间，侯店人把制笔作坊开到北京，"文魁堂"笔庄出产的毛笔还被钦定为"御笔"。到20世纪30年代，侯店人在北京的笔庄有5家，产品销往华北、西北等地。

因为坐拥丰富的药材资源和安国药市，医药行业也是冀商成就较大的领域。

天津的"隆顺榕"药店总经理、安国人刘华圃曾主持并成功研发出中药史上第一粒片剂——银翘解毒片，把中药制剂技术带入新的历史阶段。而武汉的马应龙药业、南京的白敬宇药业等，则都源于河北定州。

3. 冀商的成功"密码"

"与更多依靠官府发迹的一些商帮不同，冀商的形成过程更具奋斗气息和草根气息。"在河北冀商文化研究会常务副会长赵耀华看来，冀商尤其代表着一种根植于民间的商业力量，始终充满来自最基层商人的商业智慧。

冀商的崛起首先在于敏锐把握了时代大势，抓住了发展机遇。

比如"呔儿商"和"武安商帮"抓住了明末清初东北开发的历史机遇。

"呔儿商"认准了"闯关东"的大批移民到东北，需要生产资料、生活资料和医疗保障等商品服务的商机，大都经营工商业，早期或从事长途贩运，或开店售货，中后期以从事粮油加工、大中商场经营为主。

而"武安商帮"则认为东北大量移民缺医少药，于是发挥从事药材生意的优势，移民聚集到哪里，他们就把药铺开到哪里，以至于逐步形成了在东北全境全面开花的垄断局面："凡是冒烟的地方，都有武安人在卖药。""武安商帮"也由此在一定程度上垄断了东北参茸等贵重药材的收购经销。

商帮具有地区性、集团性，由于区域文化不同，也就形成了各自不同的人文特征。

"过去外地商人把河北商人叫'直隶棒棒'，说明河北人性格直爽，顺理直言。"赵耀华认为，燕赵文化以慷慨悲歌、勇武任侠的鲜明特征而闻名于华夏。义字当先、以义取利、以利行义，这些高尚的品格为世代燕赵人所推崇。在这样的人文环境中成长起来的河北商人，一直以这些标准为价值观和道德观。

"当然，除了地域性格，冀商一步步走向成功还有诸多因素。"赵耀华认为，由于冀商是近代商帮中形成最晚的一个流派，使得他们更具现代性，能够顺势而为，敢于革故鼎新，更加关注技术的迭代和最新的经营理念。

"咱们是有东有伙的买卖"，当年在武安人的商号里，经常可以听到这样一句话。

研究"武安商帮"多年的邯郸市文化学者安秋生说，这话里有着丰富的含义，代表着武安商帮管理体制上的特色。

在安秋生看来，"武安帮"的成功不仅仅是由于赢得了开发东北的"天时"，更是由于他们在管理上与时俱进，其中最突出的是股份制和掌柜负责制，这与现代企业管理的理念和制度颇有近似之处。

和财大气粗的晋商相比，武安商人原始资金不足，一家一户资本有限，便用股份制弥补这种不足，通常是亲戚、朋友、同乡筹集资金共图大业。因此，在武安商号中，许多商家都推行股份制。

当时，"德泰兴""徐和发""锦和庆"等大药庄，甚至不少规模稍小的药店，都有两个以上的股东。

在这些实行股份制的武安商号里，大多都有一本"万金账"。"万金账"记录着股东们的入股情况，又规定了药店的经营宗旨，既是分红的依据，又是利益均沾、风险共担的契约。这从产权上对东家、掌柜、劳金的行为进行了约束，既然是"有东有伙的买卖"，大家都必须照章行事，按制度运作。

在经营方面，武安商帮普遍实行"掌柜负责制"，除"家眷铺"以外，不管是独资还是合股，武安的财东们大都是把商号委托给掌柜来经营，东家只管制定章程和到时分红，平时不干预店内事务。"经理东家"（东家之代表，相当于"董事长"）可以定期到柜上巡视，也可以派人住柜监督，但是不可以对日常经营发号施令。不到"账年"，所有东家谁也无权去柜上支取一分钱。这些制度保证了药店由有能力的专业人才来管理经营。这与现在所说的"两权分离"（所有权与经营权适度分离）如出一辙。

哈尔滨的"同记"商场是"呔儿商"武百祥和赵禅唐创办的。"同记"改中国工商业沿用的"年薪制"为"月薪制"，这一举措在当时是一个首创，大大调动了员工的积极性。

同时，武百祥十分关注员工的物质生活和文化生活。"同记"盖有员工宿舍，每年发给员工住房补贴，甚至开办了医院、理发店和浴室，工厂内设有俱乐部、图书馆等，丰富员工的精神文化生活。

高阳纺织业有400多年的历史，对纺织技术迭代的不断追求是其经久不衰的主要原因。

从明朝到清朝中期300多年时间里，高阳纺织业处于落后的土纱木机时期，这种工具笨重，效率很低，一天也纺不了几斤棉花、织不出几尺布。

清末，高阳商人王士颖第一次把国外铁轮织布机引进高阳，并加以改进，使"高阳布"从木制织机织窄幅土布发展到铁轮织布机织宽幅洋布，织布效率提高近10倍。

在乐亭县文化研究会会长徐兴信看来，"呔儿商"精神中一个很重要的特点，就是重视文化教育。

乐亭"呔儿商"多数出身贫苦、缺乏文化，深感无文化在经商中之艰难，因此尤其重视培养经商人才。

"老呔儿"们经商致富后回报桑梓，每年都有大笔的汇款寄回家乡，随之而来的是冀东一带教育的兴盛。

据徐兴信介绍，民国初年，各地开始废旧学堂兴办新学，而许多在外经商的"老呔儿"，又把办教育与培养经商人才结合起来，他们注资办学，先后在乐亭办了146所私立小学。

这些学校在规模、师资和教育等各方面都是当时一流的，对当地教育的发展起了重要作用。在这些私立学校中，尤其重视培养经商人才。"京东第一家"刘家开办的亲仁学校，最早增设商业班。百善学校的经费由武百祥名下的"同记"企业从每年的盈利分红中提取，学生毕业后大部分到"同记"去习业。

这种经商重文的大潮，使得近代以来冀东地区人才辈出。仅以乐亭为例，这个不足50万人口的海边小县，近代以来仅两院院士就出了10位，新中国成立后授过衔的将军就有25位。中国共产党的创始人之一李大钊先生生于乐亭，幼年时还在商人开办的私立小学接受了启蒙教育。

三、印迹：商路滋养的文化遗产

1. 武术：镖行天下武成风

2021年9月10日清晨，沧州，大运河湾公园。

两位身穿红色练功服的老年武术爱好者，挥拳舞臂，正在进行徒手攻防技能演练，两人动作敏捷灵活，拳拳生风。

在沧州的公园、广场，常能看到习武者的身影，城市道路两旁各类"武馆""武校"林立。

沧州是一座有深厚武术文化传统的城市。

据不完全统计，沧州市境内习武者近200万人，武术人口所占比例约为全市总人口的四分之一。

1992年，沧州被国家体委命名为"武术之乡"，成为全国第一个获此殊荣的省辖市。

沧州武术名扬全国，与大运河商路的存在密不可分。

在中国大运河申报世界文化遗产期间，河北省大运河联合申遗办公室整理出325处遗产点，除去与运河直接相关的120处外，其余200多处都是大运河衍生出来的文化遗产。

武术文化，就是其中之一。

自古沧州有尚武之风。战国时期，沧州分属燕、赵、齐三国之地，是三个大国相互攻伐的重要战场。战乱频仍，为了生存，百姓养成了习武传统。

汉代，沧州东部隶属渤海郡，时任太守龚遂为发展农业，曾张贴告示，鼓励百姓"卖刀买犊，卖剑买牛"，可见当时武风的浓厚。

不过，这种民间习武传统，真正演化成具有独特地域风格和流派体系的民间武术，是在明清时期。

明代之前，大运河主要是为官方运输漕粮服务的"漕河"。明清时期，商品经济有了较大的民间性和自由性，沟通北京和江南的京杭大运河上，民用商品大规模增加。

各类商品长途贩运，安全是头等大事。于是，许多商人雇用习武之人保护货物、钱财，受雇的人称为"镖师"。

到了清代，镖师群体经营规模、业务范围扩大，职业化程度更高，一个商业组织形式更加完善的行业应运而生——镖行。

2021年6月20日，北京东城区西半壁街13号，清代"源顺镖局"旧址。

"源顺镖局"位于一座两跨四合院内，有房屋50余间。前院是仓房、车棚、马厩，后院搭有天棚，是镖师们练功习武、起居用餐的地方。

镖局，古代的武装运输业。从事这一行业，最基本的技能是要会武术。

"源顺镖局"创建于清光绪五年（1879年），是当时全国十大镖局之一。创办人王正谊，世称"大刀王五"。他生于沧州，师傅是沧州最大镖局"成兴镖局"总镖头李凤岗。

据民国《沧县志》记载，沧州武术人才辈出，明清时期出过武进士、武举人1937名，京师许多镖局的创办人和镖师，都出自沧州或师从沧州武师。

如今我们在沧州已经找不到清代"成兴镖局"的遗迹，但通过沧州武师在京师创建的"源顺镖局"，仍能感受到沧州武术在全国镖局行业的影响力。

据记载，"源顺镖局"的业务北至东三省，南到江南，在商路沿线开通众多分号或外柜，一趟镖路长的可达两三千里。

明清时期，大运河上的沧州城，是镖局南下北上走镖要道。

因为沧州武术行家众多，镖行形成了"镖不喊沧"的行规，无论哪家的镖车路过沧州，都撤下镖旗，低调通过，不喊镖号。

20世纪初，京汉、京奉、京绥、津浦等铁路干线通车，形成以北京为中心的铁路交通网络，加之邮政、海关系统的创立运营，效率更高、成本更低的铁路运输方式出现，镖局业务受到巨大冲击，并最终走向没落。

镖局的兴衰传奇，最终写入中华武术史，成为其中的独特篇章。

2021年7月13日，邯郸永年区，育德太极武术院。

"马步扎得低一点儿。""这一拳要打出力量来。"……在太极武术院拳师指导下，70余名青少年在习练太极拳。

在"太极拳之乡"永年，学太极拳已成为许多学生度过暑期的方式。

目前，永年太极拳习练者达到42万人，到永年学习太极拳的外地人年均超过10万人。永年1000余名拳师在国内办校，30余位名师常年在国外办班，一大批太极拳师走上职业授拳、传播太极拳文化的道路。

和永年太极拳一样，河北众多武术拳种已经从之前防身护体、保镖押运的实用功能，转变成一种强身健体的养生文化，成为向国内外传递武术精神的文化载体。

除沧州市外，邯郸永年区、邢台南宫市、衡水深州市、廊坊文安县、邯郸峰峰矿区共六个县市区也被认定为国家级"武术之乡"。

河北大部分地区都有尚武传统。可以说，河北本身就是"武术之乡"。

河北武术拳种多样，辐射性强，影响面广。

在全国129个拳种中，形意、太极、八极、八卦、无极、八闪翻、绵张翻、鹰爪翻等50多个拳种发源于河北，主要分布在沧州、邯郸、保定、廊坊、衡水、邢台等地。

在第一批国家级非物质文化遗产中，武术类共7项，河北占4项，包括沧州武术、邯郸永年太极拳（杨氏）、邢台梅花拳、邢台沙河藤牌阵。

民国年间奉武术为国术，中央国术馆的教官七成是河北人，尤其以沧州为最。三大内家拳最有名的武师中，如孙禄堂、杨露禅、董海川、郭云深等都是河北人。

河北武术拳种的四面开花，与各地商路的存在密不可分——沧州、邯郸、保定、廊坊、衡水、邢台等城市，都分布在大运河商路或太行山东路大道这两条重要的古代水路、陆路商道上。

沧县姚官屯乡吉庆学校学生练习武术动作　　《河北日报》资料图片

2. 杂技："走四方"到"台中央"

2021年10月8日，吴桥杂技大世界，"吹破天"剧场。

剧场内，传出悦耳的旋律。仔细看，演奏者不是用嘴，而是用鼻子在吹奏。

幽默滑稽的表情，赢得观众喝彩不断，赞叹"吴桥杂技有绝活儿"。

"吹破天"表演者何树森出自五代吹奏世家，他的表演将民间吹奏乐与杂技、杂耍、口技、东北二人转等民间艺术融为一体。

吴桥，中国杂技之乡。和沧州武术一样，吴桥杂技也是在大运河滋养下走向繁荣的民间艺术文化。

吴桥杂技表演艺术历史悠久。

在吴桥县小马厂村出土的南北朝封氏之墓壁画中，就有蝎子爬、肚顶、倒立、马术等杂技表演，这个家族定居在沧州吴桥、景县一带，可见杂技艺术1500

多年前在这里已经很受欢迎。

不过,最初吴桥人演练杂技,并不是出于对艺术的爱好,而是谋生的技能。

吴桥位于黄河下游,西有大运河,东临四女寺河,河道摆动,水患频发,土地盐碱化,农耕难以养活当地人口,于是许多人选择练习杂技,卖艺糊口,浪迹江湖。

吴桥杂技影响力走出沧州,扩展到全国,是在元朝之后,特别是明清时期。对此起到促进作用的因素,无疑要有大运河的水上商路。

"小小铜锣圆悠悠,学套把戏江湖走。南京收了南京去,北京收了北京游。南北二京都不收,条河两岸度春秋。"

这是流传在吴桥杂技艺人中的一首著名"锣歌",歌中的"条河",就是大运河。

杂技表演,贵在有人气。运河商路上的城镇、码头,人流量很大,正是杂技表演的绝佳场所。

第十八届中国吴桥国际杂技艺术节开幕式现场　　《河北日报》资料图片

明清时期，吴桥杂技艺人主要的表演场所是运河两岸的大小城镇，北上有较大的码头连镇、东光、泊头、沧州、天津，南下是山东的德州、济南、临清，直至扬州、杭州。

清代京杭大运河上商业繁荣的"杂八地"，如北京天桥、天津三不管、南京夫子庙等，都是吴桥杂技艺人会聚的地方，江湖上有"没有吴桥不成班"的说法。

吴桥杂技的兴盛发展，大运河功不可没。如果没有大运河经济带的存在，杂技这项民间技艺很难生存，更难吸引这么多吴桥人从事这一行当。

清代，也是近现代沧州杂技节目定型的时期。当时，吴桥的杂技已有技巧、驯兽、口技、魔术等6个门类的约200个表演节目。

但习惯了闯荡江湖的吴桥杂技艺人不满足于此，他们远涉重洋，最终推动中国杂技走向世界。

在这个过程中，有一位杂技艺人不能不说——孙福有。

2021年6月19日，沧州吴桥，孙龙村。

在村东头路北，有一座与周围民居迥然不同的西式灰色小洋楼，罗马圆柱，拱门尖窗，门楣雕刻图案，房檐上有瓶形栏杆，三面木制回廊，小楼一派俄式建筑风格。

它的主人，是吴桥著名的杂技艺人孙福有。

1904年，孙福有的杂技班受俄国一家马戏团之邀，到莫斯科演出。1921年6月，在俄国、印度等国巡演多年的孙福有回国创建了中国第一家马戏团——中华国术马戏团。

到1928年，中华国术马戏团已享誉国内外，团队也达到了空前规模：有演职人员120多人，演出节目50多个，大象10头，狮虎马猴50多只（匹），两台发电机和14辆汽车。当时用火车运输这些道具装备，一次要16节车皮。

这家马戏团建立的更大意义还在于，它改变了数百年来吴桥杂技表演传统的"撂摊儿"形式，转为像欧洲马戏团一样搭建演出大棚，并为杂技艺人加装了保险绳。

演出大棚和保险绳的发明，使中国杂技从"撂摊儿"演出的街头艺术，转为内涵更为丰富、体系更为完整的舞台艺术，推动了中国杂技艺术从"走四方"到

"台中央"的现代化转型。孙福有因此也被称为"现代杂技之父"。

2021年9月28日，石家庄，河北艺术中心。

第十八届中国吴桥国际杂技艺术节开幕，来自17个国家杂技艺术家的35个杂技魔术节目同台竞技，共逐"金狮奖"。

中国吴桥国际杂技艺术节创办于1987年，每两年举办一届，已经成为中国杂技艺术领域举办历史最长、规模最大、影响最广的国家级艺术赛事。

世界杂技看中国，中国杂技看吴桥。2006年，吴桥杂技被列入第一批国家级非物质文化遗产名录。

虽然大运河商路已经不再是杂技艺人巡演的载体，但吴桥杂技的传承发展一直没有中断，如今已经形成成熟的现代商业演艺体系，并成为我国与世界各地合作交流的文化桥梁。

3. 曲艺：商路即是传艺路

2020年8月31日，沧州沧县文化馆，"古韵书场"。

鼓声阵阵，木板声声。深情的鼓弦乐，浑厚粗犷的唱腔，似说似唱、似叙似述，把观众带进木板大鼓的独特韵味里。

木板大鼓，是沧县地方曲艺文化形式。从2001年第一届"古韵书场"举办至今，十几年从没间断。与往年不同，为防控疫情，这一届"古韵书场"通过线上视频的形式和观众见面。

木板大鼓形成于明代中后期，距今已有400多年，2006年被列入国家级非物质文化遗产。

《沧县志》记载："江湖大鼓（木板大鼓）风行一时，其声韵顿挫淋漓，足表燕赵慷慨悲歌之声。"

数百年里，木板大鼓浑厚粗犷、狂放苍凉的声腔，伴随着运河之水传播南北。

清代的木板大鼓艺人，大多沿着运河跑码头卖艺。一副木板、一架大鼓、一把三弦，布褡裢肩上一搭，搭乘运河船只，北上南下，一路说唱。

在北方大鼓艺术中，木板大鼓是较早期的传统曲艺之一。它的唱腔、曲调被西河大鼓、京韵大鼓等所吸收，也被称为"京韵大鼓的母根"。

西河大鼓艺人通过网络直播传播非物质文化遗产　　《河北日报》资料图片

　　事实上，清代，在运河两岸流行的曲艺形式繁多，仅沧州一地，就有沧县木板大鼓、河间西河大鼓、河间皮影戏、沧州落子、青县哈哈腔等多个曲艺种类。

　　商路即艺路，不仅大运河商路带动了地方曲艺的南北传播，河北一些地方曲种，还沿着陆路商路，传播到东北地区。

　　2021年7月16日，唐山乐亭。

　　60岁的乐亭大鼓爱好者王仁东通过手机"快手"收看"张旭武——乐亭大鼓"直播间欣赏乐亭大鼓《呼家将》。

　　张旭武，是乐亭大鼓的省级传承人。他在"快手"的粉丝量大约9.3万人。除了唐山本地人较多外，还有来自辽宁、吉林、黑龙江的粉丝。

　　乐亭大鼓，国家级非物质文化遗产，清代咸丰年间创立于乐亭县，是我国北方较有代表性的曲艺鼓书，流传于京、津、冀及东北三省广大地区。

　　乐亭大鼓在东北的流行，与清代到民国初期乐亭商帮闯关东直接相关。乐亭大鼓艺人随着商帮，沿着商路，将这种曲艺形式带到东北。

民国初年，闯关东的乐亭商帮"京东第一家"刘家经常请乐亭大鼓的说唱艺人到东北刘家的商号说书。他们出关以后，到锦州、沈阳、通辽、开原、长春、哈尔滨等地说书，不但使刘家商号的人们大饱眼福，还在当地产生了极大的反响。

当地艺人向乐亭大鼓艺人学唱，乐亭大鼓艺人就在当地收徒。后来流行于辽宁的辽南大鼓，就是在乐亭大鼓基础上，吸收了辽南民歌及其他曲艺形成的。

目前，乐亭县拥有专业及业余乐亭大鼓艺人200多名，每年在乐亭及周边各县完成营业性演出20000余场。

这种传统的曲艺形式，经过当地艺人的再创新，发展出对口大鼓、群口大鼓、情景大鼓剧等多种形式，通过互联网等新渠道传播，依然具有着广泛的群众基础。

2021年9月10日，邯郸武安，活水乡楼上村。

巍巍太行，戏韵楼上。这座仅有300余户的小村庄，处处流露出"平调落子"戏曲味。

平调落子戏曲博物馆、平调落子传习所、戏院、戏曲茶社……就连村里的街道、广场也以平调落子戏曲元素来命名，平调落子博物馆前的街道名为"端花"——取自一出著名的落子小戏。

楼上村，首批国家级非物质文化遗产——武安平调落子的主要传承地之一，村里有一家几十年没有间断的武安平调落子剧团，至今仍活跃在十里八乡。

武安平调落子，是武安平调、武安落子的合称。

武安作为一个县级城市能同时拥有两个剧种，这在全国都是非常罕见的。因此，武安也有"地方戏曲之乡"之称。

"武安平调落子广泛流传于我省南部邯郸、邢台等地，但很多戏迷可能不知道，历史上武安戏曲艺术发育过程中，武安商人起到了关键作用。"安秋生说。

"南绸北药"，武安商帮在明清、民国时期的足迹北至东北，南到江南，外来的戏曲艺术也随着商路、商帮来到武安，与武安地方曲艺交流融合。

武安平调，最初就是在外地经商的武安人带回来的"舶来品"。

平调落子起源于清代中叶，距今已经有200多年历史，是由流行于河南北部的梆子戏演变而来的。

"往来江浙一带的武安绸布商人，也把江浙戏曲经典剧目引入武安。如《天仙配》《桃花庵》《两狼山》等，其中《天仙配》与黄梅戏同名剧目的故事梗概大致相同。"安秋生说。

商路上的曲艺交流有来有往。武安商人也把本地的曲艺形式，通过商路带到了经营地，吉林"通化落子"就是在这种交流中诞生的。

武安落子最初是由武安一带民间所流行的"花唱"发展而来，落子说唱交织，载歌载舞，具有浓厚的武安乡土气息。

"武安商人到东北贩运药材，同时也把自身喜欢的'花唱'小戏带到东北。它与当地的艺术形式结合，形成了新的艺术曲种、武安落子姊妹花——吉林'通化落子'。"安秋生说。

不仅是木板大鼓、乐亭大鼓、武安平调落子等曲艺、小戏，河北更知名的戏曲曲种如河北梆子、评剧等，在形成、传播过程中也深受河北境内运河商路、陆路商道的影响。

河北梆子《新陈三两》剧照　　贾占生 摄

河北人文地理解读

戏曲篇

大河之北

第一单元　古韵新腔

采访 ○ 《河北日报》记者　白云　朱艳冰　曹铮
执笔 ○ 《河北日报》记者　白云

阅读提示

中国戏曲的发展脉络，总能在这里找到印迹。其中，既有戏曲的起源傩戏，也有戏曲发展过程中的角抵戏、参军戏，还有戏曲成熟期的元曲。可以说，河北戏曲史，几乎就是大半部中国戏曲史。

河北这片土地，孕育了河北梆子、评剧、北昆、丝弦、老调、平调落子、乱弹、哈哈腔等30多个剧种，剧种之多，在全国名列前茅。

河北的这些剧种是如何兴起、兴盛的？它们又有什么样的艺术特点，被哪些名角发扬光大？

石家庄丝弦　　《风华河北》供图

一、百花齐放

1. 慷慨悲歌看梆子

2021年7月21日，河北省河北梆子剧院。

院长赵涛从书柜里拿出两个长短粗细不一的硬木棒："这就是梆子。"

位于剧院一楼的排练大厅，梆子的击打声不断传来，间有铿锵的唱段。两根实心木棒撞击后发出清脆、高亢而坚实的声音，特别有辨识度。

"梆子是河北梆子演出中武场的主要乐器之一。"河北梆子剧团乐队中心主任孟全胜介绍，河北梆子的乐队由文场和武场两部分组成，早年，前者包含板胡、柳笛等管弦乐器，后者包括板鼓、梆子、大锣、铙钹、小锣等打击乐器，后来陆续加入了其他乐器，但主要还是以板胡、柳笛、笙为主。

河北梆子剧种中的梆子多用枣木制作，又被称为枣木梆子。"这种材质的梆子，穿透力强，调门高，特别适合烘托表演中需要较劲的地方。"孟全胜说。

调门高，是河北梆子的演唱特点之一，尤其需要梆子乐器给予响应。梆板配合板胡等乐器，营造出强烈的苍凉之感，也构成了河北梆子慷慨悲歌的基调。

"河北方言四声分明，生活用语嗓音洪亮，在此基础上形成的唱腔必定是铿锵有力的。"河北省文化和旅游研究院副院长赵惠芬说，过去，这一剧种在平原地带演出时少有舞台，需要提高调门才能让观众听清，久而久之，形成了河北梆子独特的演唱特色——高亢、激昂、刚劲、舒展。

"河北梆子是由山陕梆子蜕变而成。"赵惠芬说，明末清初，地方戏开始兴盛，当时北方战乱频繁，社会动荡，百姓生活很苦。节奏慢、唱腔平和的昆曲已难满足当时北方群众的艺术需求，他们心中的愤懑需要通过新的艺术形式得以排遣。高亢的山陕梆子恰在此时随晋商通过"东口"（张家口地区）传入京畿（含河北）。

在清代，山陕梆子被称为秦腔、乱弹或西部，作为地方剧种，秦腔还曾进京演出，名震一时。

乾隆五十五年(1790年)，清政府明令禁演秦腔，形成了京、秦两腔艺人在同一班社兼习两腔的局面。同班艺人多是河北、北京人，语音较原秦腔发生变异。同时，演员为适应当地观众的口味儿，将其唱、念按河北语音做了一些改变。到了清朝道光年间，河北保定产生了第一家培养梆子艺人的科班——祥泰班，这被视为河北梆子诞生的标志。

2021年9月23日，石家庄。

78岁的河北省河北梆子剧院一级编剧、作曲家姬君超从书柜中找出一份资料。"清末民初，女演员的加入，促使河北梆子迎来了一次振兴。在清朝，女性被禁止参加戏曲演出，清朝末年，禁令放松，大量女演员将河北梆子的高亢唱腔演绎得更加充分，也推动了这一剧种的流传。"这一时期出现了著名河北梆子演员刘喜奎、小香水、金刚钻等人。

20世纪初，河北境内的大小河北梆子班社如雨后春笋般出现，成为在河北农村无可抗衡的剧种，在北京，也能与皮黄（京剧）斗艳。其演出足迹更是走出京津冀，扩展到上海、东三省甚至俄罗斯。

河北梆子的受欢迎程度究竟如何，我们能从当时的记录中窥得一二。光绪年间的《粉末丛谈》中写道："癸酉、甲戌间，十三旦以艳名噪燕台。"

"这里所说的十三旦，就是河北梆子的创始人之一侯俊山。"赵惠芬介绍，侯俊山一度加入升平署，还被清廷赐六品顶戴并赐字。同时期的河北梆子演员，还有田际云、魏联升（元元红）等人。

"20世纪初至30年代，由老晋隆、百代等公司录制的戏曲唱片中，河北梆子灌制的唱片比京剧还要多。当时，俄罗斯、蒙古国、日本、韩国都有河北梆子的踪迹。1991年后，河北梆子也是第一个走到欧洲演出的地方剧种。"姬君超说。

不仅如此，河北梆子剧种对国内其他艺术的发展也有重要影响。"歌剧《白毛女》就借鉴了河北梆子的唱腔。"姬君超介绍，20世纪50年代，著名歌唱家马玉涛曾到河北省河北梆子剧院学习河北梆子的演唱方法，著名作曲家娄生茂借鉴河北梆子唱腔谱写了《马儿啊，你慢些走》，由马玉涛唱红。

2. 土生土长话评剧

2021年8月24日，石家庄大剧院5楼排练厅。

石家庄市评剧院一团三位年轻演员正在排练评剧版《墙头马上》，团长张志辉边看边琢磨，演员唱完一段，张志辉忍不住站起来拍手，"这段好，比上一次好。"

石家庄市评剧院一团着重打造的这台剧目将参加在唐山举办的第十二届中国评剧艺术节。与他们一起演出的，还有来自北京、天津、黑龙江、内蒙古、辽宁等地的评剧团。

评剧节在唐山举行，和唐山是评剧的发源地有关，还与1984年12月在唐山举行的一场座谈会紧密相连。

这场座谈会上，200多名来自全国各地艺术研究院（所）的专家学者、评剧名家各抒己见，争得面红耳赤，甚至为某一个具体年份拍了桌子。

回忆起这一幕，82岁的叶志刚依然很激动。那时，他还是石家庄市文化局艺术科长。"评剧是土生土长的河北剧种，但又是一个年轻的剧种。这次激烈争论的目的，是要搞清楚评剧的来龙去脉。最终，我们把这脉络捋了出来。"

正定县常山影剧院演出评剧版《墙头马上》　　陈其保　摄

广为人知的评剧来源，是它起源于莲花落，是冀东民间花会中秧歌的一种类型。在秧歌影响下，莲花落逐渐从说唱形式演变为表演人物故事。发自民间的秧歌会，表演者多为1至2人，分单口和对口，演员采用第三人称演绎人物，一人分饰多角。

旧时，河北民间花会兴盛，莲花落的表演有情节有人物，深受观众喜欢，后来发展到可以在花会之外独立演出，具有了小戏的要素。

清末，冀东莲花落逐渐分化成东西两路。

"西路莲花落活跃在天津以西、北京附近；东路莲花落是我们俗称的评剧，活跃在天津以东、辽宁西部、承德南部的广大冀东地区，集中在滦县（今滦州）、乐亭、昌黎、丰润等地。"叶志刚介绍，东路莲花落演唱具有明显的当地"呔儿话"语音特点，行腔带有滦州皮影、乐亭大鼓等韵味。

"这和冀东一带的地理位置不无关系。"叶志刚说，冀东一带紧靠京津，外连关外，发达的交通和商业贸易，为文艺的发展提供了土壤。冀东原有的皮影、乐亭大鼓等民间艺术，以及流入冀东的高腔、河北梆子、京剧等剧种，为评剧的发展提供了营养。

清末民初的唐山，作为中国近现代工业摇篮，正发生着许多变化：陶瓷、机车、煤矿等工业兴起，大量农民进入城市，他们在繁重的劳动之余，急需精神上的慰藉。

"这一时期的唐山，原有皮影、大鼓，外有梆子、京剧流入，茶园和戏院不断设立，需要更多样的表演，接地气、活泼的莲花落演出也就有了巨大的市场。"赵惠芬认为。

1984年召开的那次座谈会，就是"纪念评剧创始人成兆才诞辰110周年大会"。会后第二年，河北省还成立了成兆才研究会，叶志刚被推荐为副会长。

"说成兆才是评剧的创始人，一点儿都不为过。"叶志刚说。

19世纪末，莲花落演出虽然获得了底层人民的喜欢，但也掺杂着不雅内容，几次被禁演，甚至被驱逐。

为了争取生存空间，1908年，成兆才、张德礼等艺人对莲花落进行了一次改良。"他们把第三人称演唱的长篇故事，按照不同情节拆开，改为第一人称表演的单折小戏，这就有了中国戏曲中评剧独有的'拆出'。"叶志刚说。

石家庄评剧院一团演出《档马》　　贾占生　摄

1909年，成兆才率领剧团庆春班进军唐山，在位于小山（今唐山路南区）的永盛茶园演出。

评剧史上有个说法，唐山是评剧的故乡，小山是评剧的摇篮。

这是因为，在小山，成兆才等人对莲花落进行了非常重要的第二次改革。

"这次改革，创作了以《花为媒》为代表的，反映变革的、极富人民性的大量新剧本，为评剧的形成夯实了基础。改革中吸收了其他剧种的音乐元素，形成了板鼓、梆子、板胡等新的乐器构成；以艺人月明珠的自身条件为基础，吸收了河北梆子的板式及部分曲调，变假声为真声，改高腔为平腔，形成了评剧独特的演唱风格。从这儿，莲花落被称为平腔梆子戏。"叶志刚说。

1915年，成兆才带领庆春班再次到天津演出大获成功，平腔梆子戏在大城市站稳了脚跟。

这一时期，女艺人不断加入，产生了李金顺、刘翠霞、白玉霜、爱莲君等四大流派。20世纪20年代，平腔梆子戏逐渐被评剧这一称谓代替，评剧班社进入北京、上海、西安、南京等大城市演出，屡获好评，评剧走出冀东，开始广为人知。

新中国成立后，河北在保定成立了戏曲改革委员会，对评剧进行了改革。

"1956年有个统计，评剧团从1950年的17个，猛增到59个，可见当时评剧的受欢迎程度。"叶志刚说，这一时期的评剧名家也百花齐放，比如北京的筱白玉霜、喜彩莲、新凤霞、魏荣元、张德福、马泰、赵丽蓉，天津的鲜灵霞、六岁红，东北的韩少云、花淑兰、筱俊亭、刘小楼，河北的李兰舫、郭砚芳、筱桂琴、李哈哈等。

即使在今天，在河北36个地方戏曲剧种中，评剧也以180余个演出团体的数量，位列各剧种之首。

1996年的春晚，小品《打工奇遇记》中赵丽蓉的一段唱词至今让人记忆犹新："我做的是，爆肚儿炒肉熘鱼片，醋熘腰子炸排骨，松花变蛋白菱藕，海蜇拌肚儿滋味足，四凉四热八碟菜，白干老酒——烫一壶！"

这唱段和唱词来自评剧《马寡妇开店》，但移植到现代小品中毫无违和感。

"这是因为评剧唱词浅显易懂、平易近人，表演者吐字清楚、接地气儿，这也是评剧多年来广受欢迎的原因。"叶志刚说，评剧唱腔没有太多高腔，大人孩子都能唱，这客观上也促成了评剧的广为流传。

3. 丝弦说从头

如果说评剧是河北地方剧种中的年轻剧种，那么丝弦400多年的历史，则让它成为众多河北地方戏中最古老的剧种之一。

关于丝弦的起源，有不同的看法。一种流传较为广泛的观点是，丝弦起源于元小令。

吼秦腔，咧丝弦。

"石家庄丝弦唱腔独特，真声吐字，假声拖腔，激越悠扬。"石家庄丝弦剧团团长刘如夺介绍，丝弦唱腔刚中带柔，观众往往是越听越上瘾。

其实，这说的都是北方丝弦。

丝弦分南方丝弦和北方丝弦，"北方丝弦又分为东西南北中五路，流行于沧州任丘一带的东路、保定一带的北路、山西一带的西路、邢台平乡和任县一带的南路，以及石家庄一带的中路丝弦。"刘如夺介绍。

2020年12月到2021年1月，在石家庄举行了第四届"五路丝弦优秀剧目展演"，前来参演的有邢台、沧州、保定、山西省灵丘县的19个剧团班社，演出了

石家庄丝弦剧团演出新编历史故事剧《红豆曲》剧照　　贾占生　摄

《空印盒》等剧目。

石家庄本地丝弦戏迷众多，每年展演几乎都一票难求。

"清初，丝弦就在河北大部分地区和山西晋中地区流行。"赵惠芬介绍，那时的丝弦表演没有专业剧团，大多是农民在农闲时搭班唱戏，农忙时就解散回家。此时的丝弦表演浸透着浓郁的民间自娱特色。

正如民间俚语所说，"纺花织布唱秧歌，耪地扶犁哼丝弦"。

清朝末年，各地丝弦班社层出不穷，过去半农半艺的季节性班社也改为常年性班社，并在城市有了演出阵地，河北大地上也出现了红极一时的丝弦"四红"。

"'正定红'刘魁显、'赵州红'何凤祥、'获鹿红'王振全、'平山红'

封广亭。"刘如夺说起这些前辈如数家珍,"这四人活跃在石家庄周边,各有千秋。比如刘魁显的甩发功极为精湛,封广亭以大趟马功夫出名。"

2021年7月27日,石家庄市丝弦剧团会客室。

刘如夺指着墙上一幅题词很骄傲地说:"这是1957年11月,剧团进京演出,周恩来总理观看丝弦表演后亲自题写的。"

"发扬地方戏曲富有人民性和创造性的特长,保持地方戏曲的艰苦朴素和集体合作的作风,加强学习,努力工作,好好地为广大人民服务。"这幅题词也点出了丝弦剧种的特色。

1947年,石家庄解放后,人民政府接管了民间丝弦剧团"玉顺班",1953年,将其更名为石家庄市丝弦剧团。"这一时期,丝弦剧团的演出阵容非常豪华,有刘魁显、何凤祥、王永春、张永甲等知名演员。"刘如夺介绍,也正是这一豪华演出阵容在北京巡演获得了文艺界的好评。

作为地方戏大省,河北的剧种不止于此。

2021年8月12日,清河县西张宽村。

79岁的郭春荣唱道:"在金殿,骂罢了满朝文武,回宫苑,学说给王的梓童……"唱完,他甩一下金黄色的龙袍,坐进一把盖着红绸缎的龙椅。

其实,如果没有手里的剧本,外人很难听清郭春荣的唱词。他表演的是河北乱弹,带有浓重的地方口音。

"我们大多在周边县乡演出。乱弹的活动范围也就山西上党、山东济南以及咱河北中南部的邯郸、邢台,石家庄藁城、元氏一带。"这场小型演出的组织者赵立江说。

2017年全国进行的地方戏曲剧种普查中,共统计出348个剧种,其中河北有36个,占全国总量十分之一还多。其中,除河北梆子、评剧、丝弦外,还有乱弹、哈哈腔、老调、高腔、赛戏等。

为什么在河北会有如此多的剧种呢?

"这和河北的地理位置有关。"河北省文联副主席、戏剧家协会副主席贾吉庆分析,从井陉传入河北的山陕梆子、张家口一带游牧民族和汉文化交融产生的东路二人台、邯郸流行的豫剧等,都带有明显的地缘特点,"燕赵文化始终兼容并包,对外来文化并不排斥,加上燕赵大地自古多战事,老百姓心中的情绪需要排遣，本土的文艺活动和外来的曲艺相结合，在河北就形成了种类繁多又各有特色的地方剧种。"

二、源远流长

1. 戏曲的活化石

2021年8月17日，邯郸武安市固义村。

68岁的李增旺蹒跚爬上二楼储藏间。十几个暗红色木箱落着锁，安静地摞在墙角，箱子上印着一行字：武安市非遗保护中心。

李增旺打开一个木箱，拿出一个高近半米的彩色面具。面具鼻大嘴阔，耳朵长垂，双目怒瞪，眉毛立起，面部表情夸张，这是武安傩戏中白眉三郎角色所用面具。

这些面具都由当地人手工制作，用纸浆一层层刷在泥模型上，达到所需厚度后晾干，再彩画。最早的面具则由树皮制作。

"傩面具是傩文化的象征符号，在傩仪中是神的载体，在傩舞中是角色的装扮。傩面具也是后来戏曲中脸谱的前身。"赵惠芬说。

"傩戏每隔三年演一次，从正月十四到正月十七。"李增旺介绍，演出过程中，2700多人的固义村，有近千人参与其中，他是组织这场盛大活动的社头，也是武安傩戏国家级非物质文化遗产传人。

捉黄鬼是武安傩戏中的一环。在三天的表演中，武安傩戏先由探马骑马迎神踏边，走遍全村大小街道，请神下凡观看捉黄鬼。紧跟着大鬼、二鬼带领手持柳棍的村民再次踏边，以驱除村里的邪魅并"捉鬼"。此外，村民还为请求风调雨顺、虫害不生，祭虫王和冰雨龙王。

"傩，是上古时代图腾崇拜时期的一种仪式，具有请神、驱鬼、祈福、祭祀等特征。武安傩戏中，这几个特点都已具备。从内容上看，武安傩戏中，真人扮演鬼神也影响着后世戏曲，比如鬼神戏占比较大。"赵惠芬介绍，1995年，著名学者曲六乙先生邀请中外学者在武安召开研讨会，将《捉黄鬼》定性为"北方社火傩戏"。

武安傩戏《捉黄鬼》　　贾占生　摄

在被认定为傩戏前，固义村民认为他们表演的是队戏或赛戏。

队戏，顾名思义，就是观众可以跟着演员队伍游动观看。

在《捉黄鬼》剧目的表演中，这一形式表现突出。捉黄鬼的故事情节并不复杂，三鬼差捉拿不孝之子黄鬼，并将黄鬼押到阎王面前审判，最后将黄鬼抽肠扒皮。

"演出当天，大鬼二鬼将黄鬼夹在中间，黄鬼走三退三，不愿被抓。跳鬼前后跳动诱导黄鬼。"李增旺介绍，这一出戏之所以能持续八九个小时，在于这一过程要在村里不足2米宽的古道上来回表演3次，最终完成抓鬼杀鬼。观众们也就移动着跟随表演者观看。

李增旺从木箱里翻出一根60厘米长的竹子，外表看起来略有包浆。竹子上半截劈成28根细篦，上端系着一块红绸，"这叫戏竹，是掌竹专用的道具，每根细篦与二十八星宿对应。"

掌竹，又叫长竹，是武安傩戏中一个特殊的角色，和其他戴面具、画花脸的演员不同，掌竹的扮演者净脸、不戴髯口，在请神、祭神以及队戏的表演中，他承担着吟唱串词、指挥演员的作用，类似今天的节目主持人。

在捉黄鬼的表演过程中，除掌竹外，其他演员几乎没有台词。

"学者们普遍认为，掌竹，是宋元杂剧和歌舞中'竹竿子'的遗影。"赵惠芬说。

"竹竿子"源于执竹竿唱丧歌的古代葬礼仪式。在宋代宫廷乐舞、杂剧演出中，"竹竿子"具有指挥职能。

村民马增祥翻着手头几份武安傩戏曲目手抄本复印件，他是社头下设的24个社首之一。这十余个剧目神奇记录了中国社火戏曲发展中的几种形态：无台词哑剧，如《吊绿脸小鬼》等剧目；掌竹吟诵唱词，角色只舞不唱，如《吊掠马》《点鬼兵》等；掌竹吟诵唱词，角色既舞且有少量唱词，如《捉黄鬼》《开八仙》；没有掌竹，由唱做"两张皮"发展为唱念做打均由角色完成，如《岑彭马武夺状元》等。

"傩戏的进化是戏曲形成的缩影，在研究过程中，学者们发现戏曲的很多艺术形式都能从傩戏中找到影子。"赵惠芬说，这也是武安傩戏被称为中国戏曲活化石的原因。

那为什么这样一个古老的戏曲形式，会保留在邯郸武安的这座小村子呢？

这要从固义村的地理位置说起。

固义村位于邯郸武安市冶陶镇东南2.5公里处，深处太行山腹地。东南18公里为磁山文化遗址，与保有大量赛戏的邯郸涉县、拥有傩文化的山西上党相邻。两千年前，这里曾是晋冀鲁之间的大通道，商贸文化交流频繁，后随着武安经济重心东移，固义村变得闭塞，这使得傩戏的流入、保存成为可能。

另外，武安傩戏的重要演员和岗位，几乎都是家族传承，"我就是从我爷爷那儿学来的。"李增旺说，个别角色扮演者家中没有儿子，也会传给侄子，这保证了傩戏表演的延续性和一致性。

在一代代的口耳相传中，他们悄然记录下了中国戏曲的开端。

2. 文物中的戏曲史

河北，并非只是记录了中国戏曲的开端。几乎大半部中国戏曲史，都与河北相关。

1955年，陕西客省庄140号秦墓。这里出土了两块并不起眼的透雕铜牌：两男子赤裸上身，搂住对方腰腿看似搏斗中。

这看似摔跤的画面，被考古专家命名为角抵戏图。

角抵戏是一种竞技表演，也是一种仪式舞蹈。

当以"傩"为表现形式的祭祀舞蹈流传到民间后，中国戏曲有了更大的发展，角抵戏的兴起就是一个例子。

角抵戏又被称为蚩尤戏，传说黄帝大战蚩尤后，后人根据这一故事编排，这场战事就发生在张家口涿鹿县。

事实上，中国戏曲早期重要里程碑事件，几乎都与河北有关。

如果说角抵戏还是一种简单的武力表演，那么参军戏的出现，则代表中国戏曲迈出了重要一步：故事情节。

"参军戏的前身是《馆陶令》。"赵惠芬介绍，东汉和帝时期，石耽担任馆陶令期间贪赃枉法，和帝不想罢免他，又想惩罚他，于是每逢宴饮，就让人扮成馆陶令进行羞辱。

这种借题发挥式的嘲讽时事剧，非常受大众欢迎，在当时频频上演。这种表演也被称为"弄馆陶令"，是戏弄嘲讽的意思。

另一种说法是，周延担任馆陶令，因贪污黄绢而被降职为参军，每逢宫廷朝会，俳优就会身披黄绢被戏弄。

"这一表演形式在唐代确定下来，被称为参军戏或者弄参军。戏中两个角色，一个为参军，一个叫苍鹘。"赵惠芬介绍，相比角抵戏，参军戏有了台词和故事情节，并发展为科白戏的衡量标准之一。不管是《馆陶令》还是参军戏，都附带着浓郁的河北基因。

2021年8月17日，邯郸磁县。

107国道和147乡道的夹角处，有一处北朝墓葬群，其中一座高数米、直径十余米的坟冢，是兰陵王墓。

著名的《兰陵王入阵曲》，就和这座坟冢的主人有关。

《兰陵王入阵曲》展现的是北齐兰陵王高肃入阵杀敌的战事。《北齐书》记载，河清三年（564年），北齐军被北周军包围在邙山，兰陵王头戴狰狞面具冲入敌阵，大败北周军队。战争结束后，人们模仿兰陵王杀敌的样子编排了舞蹈，也就是《兰陵王入阵曲》。

"这部歌舞剧的广泛传播，和南北朝时连年战乱有关。那个时代需要勇敢的节目以壮士气。"赵惠芬介绍,这部剧有音乐伴奏,有指挥击刺,有面具装扮,比过去参军戏的表演形式又多了新内容,"它丰富了河北古代戏曲的发展史,对后世戏中武将的表演有一定影响。"

1964年,新疆吐鲁番。

阿斯塔纳336号墓出土了一尊泥俑。泥俑身穿绿色拖地长裙,手臂摆起,似在跳舞。

这尊俑被称为踏摇娘。

这件远在新疆的人俑,身上承载的故事也与河北有关。

踏摇娘既是一个角色,也是一个剧名。

"《踏摇娘》产生于隋末。"贾吉庆介绍,这部戏表现一男子喝醉后殴打妻子,美貌的妻子在踏歌中诉说哀怨。

《踏摇娘》具备两大特征:踏步和歌拍,齐声相和。"依托踏歌,它已经具备基本的戏曲形态。"赵惠芬介绍,这部剧因此成为北齐、隋唐时期的经典剧目,它演出的首个集散地就在河北邢台一带。

1971年,张家口宣化。

考古人员在城郊下八里村1号墓发现一幅伎乐图,画面上12名服装艳丽的艺人,侍弄着不同的乐器。专家将这一场景推定为辽散乐的演奏现场。

"这些壁画展示的,其实是那个时期的戏曲艺术在燕赵大地的融合。"赵惠芬说。

从仪式舞蹈到有故事情节到舞蹈伴唱,中国戏曲发展的几个重要阶段都在河北的戏曲历史中找到了坐标。

燕赵大地自古以来就文化底蕴深厚,长期发生在这里的文化交流和民族融合,更促进了戏曲艺术在河北的形成和发展。

"宋辽之际,古燕赵大地被白沟河一分为二,辽劫掠了大量中原艺人,辽代杂剧不断吸收中原杂剧,尤其是辽散乐杂剧有了质的提升,这些都有燕赵人的参与。"赵惠芬介绍,金灭宋后,采用借才易代的文化政策,这一政策是以中都为中心,包括真定、大名等城市,这促进了金院本、诸宫调等艺术形式的发展。

宋金中后期,城市经济空前繁荣,文艺娱乐需求急剧增长,一些大城市出现勾栏瓦舍等表演场所,中国戏曲开启全速前进模式,迈进"真戏曲"的成熟期。

3. 元曲与河北

宋金杂剧的兴盛，勾栏瓦舍的刺激，音乐形制的整合，在元代统一全国后，经济、文化极大融合，元杂剧终于破茧成蝶。

"元杂剧和散曲构成了元曲，元杂剧是戏曲，散曲是诗歌。古人的诗歌也是用来唱的，但元杂剧的成就要远大于散曲，所以我们一般说元曲，也代指元杂剧。"河北师范大学元曲研究所原所长杨栋说。

2021年7月30日，正定县中山东路7号，正定元曲博物馆内。

一处缩微泥塑舞台：外围用栅栏做围挡，高耸的戏台下，观众们围在一起评头论足，附近有流动的商贩，周边是百姓民居。

"这一场景模拟的是元代真定阳和楼前，老百姓聚集看演出的一幕。"正定元曲博物馆负责人甄清江介绍。

河北，是元曲的重要诞生地，古正定又是元曲的中心之一。

著名学者王国维在《录曲余谈》中写道："曲家多限于一地。元初制杂剧者，不出燕齐晋豫四省，而燕人又占十之八九。"

《宋元戏曲史》中收录了元初杂剧作家76人，其中61位是北方人。当时在北方形成了多个元杂剧中心，除当时的首都大都外，还有真定（今正定）、大名（今邯郸大名）、汴梁（今河南开封）、平阳（今山西太原）、东平（今山东东平）。

"当时的真定是仅次于大都的元杂剧中心。"杨栋介绍，活跃在真定的元杂剧作家有白朴、李文蔚等人，尤其以白朴的成就最高，他创作的《墙头马上》等剧目，至今还在上演。

为什么真定会成为元杂剧中心之一呢？

"这先要说元杂剧为什么能在元代崛起。"杨栋说，金、元统治者喜好歌舞，一度劫掠了中原地带大量的曲艺人才进行储备。此后，元朝废除科举制，使得过去"学成文武艺，货与帝王家"的知识分子失去出路，转向文艺创作。元统一中国后，社会经济进入稳定期，勾栏瓦舍进一步兴盛，产生了职业的艺人和相对固定的剧场及观众。

而当时的真定，由控制河北西路各州府的史天泽家族管理，在其治下，社会安定、商业繁荣。史天泽尤其尊重知识分子，这使得无法从科举中获得认同的知识分子，对真定非常向往，白朴就是在这种情况下来到真定生活。

正定县常山影剧院演出评剧版《墙头马上》　　陈其保　摄

河北梆子《窦娥冤》，张秋玲饰演窦娥
《河北日报》资料图片

知识分子的聚集，加上史天泽也喜好杂剧，这促成真定成为北方的元杂剧中心之一。

事实上，除了白朴，燕赵大地上还曾诞生过多位元杂剧大家。

"被誉为杂剧创始人的关汉卿，就出生在祁州，也就是今天的安国市。"杨栋说，至今，安国还保留有关家桥、关家坟等古迹。

早在19世纪，关汉卿的《窦娥冤》等剧目就被介绍到国外，他一生写下的60多部作品，至今18部还在上演。

河北籍剧作家创作出的元曲也不止于此。

2021年7月27日，北京北方昆曲剧院。

《西厢记》正在上演，女主角昆曲独有的柔美唱腔，引来观众一阵阵掌声。

从《西厢记》创作以来，京剧、昆曲等不同剧种都曾把这一经典剧目搬上舞台，其台词"愿天下有情人都成了眷属"更是被简化为"愿天下有情人终成眷属"为世人所知。

"很多人都知道这部流传700余年的爱情剧出自元杂剧作家王实甫之手，但很少有人注意到王实甫是河北定兴人。"杨栋说，同一时期的河北人，还有多位在元曲发展史上写下了灿烂的一笔。真定人尚仲贤写出了《柳毅传书》，后被改编为越剧的经典剧目，还被拍成电影；保定人李好古写的《张生煮海》，经过清朝李渔改编为《蜃中楼》，成为昆曲的经典剧目。

河北人创作的这些元杂剧，凭借感人的故事和跌宕的情节经久不衰，成为烙印进中国文化的、有生命力的经典之作。

在此推动下，元杂剧的艺术表演形式发生了巨大变化。

正定元曲博物馆的屋顶，悬挂着很多木制的曲牌名，比如朝天子、寄生草等。

时至今日，元杂剧的演唱形式究竟如何，已经无法还原，"但可以确定的是，元杂剧的音乐歌唱，由北曲系统构成。北曲是流行于宋金时期北方的民间歌曲，由单支牌调的小令组合成套数，也叫套曲，元杂剧以诸宫调为中介，利用套曲来演唱。"杨栋介绍。

就这样，以金院本、诸宫调和宋代说话为基础的元杂剧形成了一种新的戏剧形式，并创造出了旦末净杂四个角色，但限定正旦、正末一人主唱，其余角色只能念白，并有了唱念做打的程式，中国戏曲越发成熟起来。

三、京昆名家

1. "角"出河北

2021年8月18日，邢台南宫市北大街尚小云纪念馆。

一张张颇有年代感的照片上，尚小云扮演的古代"女子"头戴佩饰，身穿绫罗，手里或拿刀或拿鞭，看起来又美又飒。

"尚小云原名尚德泉，祖籍邢台南宫。"邢台市戏曲家协会主席、尚小云纪念馆馆长周哲辉介绍。

尚小云5岁学戏，学过老生、武生、花脸，在北京三乐社科班学戏时，拜师著名青衣孙怡云，改名尚小云，工旦角。他最为人所熟知的是位列京剧史上极具影响力的京剧四大名旦。

今天，我们依然能从20世纪60年代录制的纪录片《尚小云舞台艺术》中的《失子惊疯》《昭君出塞》唱段中，感受到尚派艺术的风格韵味。

民国初年，京剧评论家方宾曾称：尚小云嗓音刚而圆，炼而亮，似钢之音而浑厚，似石之音而较高亢，盖庄重贞烈静雅大方之音也。其唱功不取巧、无花腔。念白字斟句酌，吐字似有千钧之重，而仍不失自然之韵。

"尚先生的武戏也极有特色，大开大合，激越奔放。"周哲辉说，比如《御碑亭》中的"尚氏三滑步"、《失子惊疯》中的疯步和水袖表演。正是因为有过武生学习的经历，尚小云又善于向武生宗师杨小楼等前辈学习，开创了"文戏武唱"的尚派艺术风格。

尚小云学戏，用功至勤，少年成名。

1914年，14岁的尚小云与荀慧生、赵桐珊（芙蓉草）被誉为"正乐三杰"，与后三鼎甲之一的前辈、74岁的孙菊仙同台合作，留下一段梨园佳话。当年秋天，在北京《国华报》的童伶评选中，尚小云中选"童伶博士"之首，又称"第一童伶"。1917年，北京《顺天时报》评选京剧新秀，尚小云当选"童伶大王"。尚小云厚积薄发，在表演中逐渐形成了自己的风格，到20世纪20年代后期，位列四大名旦。

除了极高的表演水准，尚小云对京剧艺术的传承贡献也很大。

1937年，尚小云自费创办戏校荣春社，培养了大批京剧教演人才。

"尚先生创办荣春社12年，培养了荣、春和长、喜两科学生。尚先生除亲自教学，还聘请了京剧界不少名伶去授课。"周哲辉介绍，这10年，学生们吃住均免费，尚小云为此卖掉北京7所房子和汽车，倾尽全力培养戏曲人才。

荣春社的学生在全国京剧界开枝散叶，教授的弟子一代代传承。"比如，张荣培后来拜师奚啸伯，精心传授奚派艺术，他培养的张建国如今担任国家京剧院二团团长、张军强如今担任重庆市京剧团团长、王小婵任湖北京剧院主演。"周哲辉说，尚小云的孩子也大多从事了戏曲工作，长子尚长春工武生，次子尚长麟工旦角，三子尚长荣工花脸，各有艺术成就。

"徽班进京以后，京剧剧种逐渐形成，毗邻北京的戏曲大省河北境内，各剧种之间的交流也越发多起来。相对华北其他各省，产生的戏曲名角也就相对较多。"贾吉庆说。

这种交流，也包括在行当、剧目等领域愈发博采众长。

这就不得不提及另一位河北籍四大名旦之一荀慧生。

荀慧生，河北东光人，幼年学习河北梆子，直到16岁才改学京剧，这一经历，也使他的表演艺术吸取昆、梆等曲调旋律和特色。比如唱腔上他把握人物感情和心境，腔随情动；表演上，他主张演人物不演行当；他的念白柔和，以细腻动人著称。

"荀慧生曾担任过河北省河北梆子剧院院长，对河北梆子旦角艺术的发展有很大贡献。"贾吉庆说。

2021年7月6日，石家庄市大郭村。

著名河北梆子表演家、国家级非物质文化遗产河北梆子传承人齐花坦回忆起老师荀慧生说："就一个指人的动作，老师就能做出不同人物在不同场景下的多种形态。"齐花坦回忆，荀慧生的表演更加细腻，他曾经反复教导齐花坦要多读书，去揣摩人物，"老师曾说，不读《红楼梦》，你怎么演《红楼梦》？要认真揣摩所演人物的情绪，表演才能打动人心。"

两位河北籍名旦对戏曲艺术的另一个贡献，在于对剧目的传承和创新。

1927年，《顺天时报》举办的"五大名伶新剧夺魁评选"，参选的5人分别是梅兰芳、尚小云、荀慧生、程砚秋、徐碧云，以及他们的几部新剧目，尚小云的《摩登咖女》夺得冠军，荀慧生的《丹青引》获得第五。

值得一提的是，《摩登咖女》《丹青引》都是由两位主演参与创作的剧目。

荀慧生曾将河北梆子剧目改编为京剧，比如《花田错》《元宵迷》《金玉奴》等，他根据河北梆子《三疑记》翻改成新剧《香罗带》，改编后，很多河北梆子名家纷纷按照《香罗带》的路子演出《三疑记》。

京剧原本须生戏多，旦角戏少。

"清政府对女性演出河北梆子的放宽，以及观众对这一角色的观赏需求，客观上也促进旦角行当的兴起。"姬君超说。

随着梅兰芳等天才京剧旦角演员的出现、女性观众的加入、河北梆子剧种的影响，尚小云和荀慧生这样的京剧旦角演员，也不断将河北梆子中花旦、刀马旦见长的剧目引入京剧。他们在京剧旦角表演中的成功，又吸引着河北梆子演员将改良后的剧目重新引回河北梆子剧种进行表演。这也促进了两个剧种的共同发展进步。

戏曲界常说，"京昆不分家"。被称为百戏之祖的昆曲，经过河北艺人的改良形成了新的艺术流派——北昆。

将这一剧种发扬光大的，是河北艺术家韩世昌。

"昆曲在明代就已经全国流行，并形成不同昆剧支流。清末民初，昆曲和京冀一带的弋腔结合，形成了北昆，也叫昆弋腔。"赵惠芬介绍。

咸丰末年，英法联军侵入北京，皇帝外逃，北京陷入混乱。清廷升平署的昆弋艺人，流散到河北乡间。这些艺人为适应农民观众，将所唱昆腔同当地语言音调结合，又糅进弋腔，昆腔就具有了强烈的北方色彩，出现了北方昆曲。

同治、光绪两朝期间，北昆在河北、北京一带获得了相当的群众基础，开始出现一批职业班社，比如活跃在高阳县西河村的昆弋班社庆长社。

"纯粹的昆曲难以满足北方观众的欣赏，江南昆曲正是在杂糅了北方的豪迈、苍凉后，形成了以北方官话为主的壮美激昂又柔媚婉约的北昆艺术。"赵惠芬说，随后，庆长社演变为荣庆社，逐渐形成了以高阳人韩世昌为首的华丽的北昆演员阵容。赵惠芬介绍，1957年北方昆曲剧院成立，韩世昌担任了第一任院长，也使得北昆这一剧种就此落地生根。

2. 施教河北

20世纪50年代，名角辈出的燕赵大地，还曾迎来一批戏曲界名师。他们在舞台上光彩照人，因工作调动来到河北后，不仅带来了精湛的表演艺术，还培养了一大批戏曲人才，对河北地方剧种的发展起到了不可忽视的作用。

2021年9月9日，河北省非物质文化遗产保护工作委员会委员贾占生小心翼翼翻开《宋德珠舞台艺术》一书，指着一张照片让记者看。

这是1983年7月13日，河北省艺术学校发出的一则招生启事："四小名旦之一宋德珠将举办传习班"，第一期传授《扈家庄》。

"这则消息发出后，贵州、黑龙江、甘肃等10个省市、5个剧种的29名演员都来了，都是奔着宋先生的名头来学习的。"贾占生说，"宋先生的武旦表演除了吸收京剧众前辈所长，还创造了很多绝技，比如精妙绝伦的'打出手'技巧，其艺术特点被观众总结为美、媚、脆、率，他被誉为四小名旦之一，是京剧武旦挑班第一人。"

宋德珠曾长期在河北任教。

1959年他到河北省京昆剧团任艺术委员主任、演员、教师，他将《扈家庄》《泗州城》等剧目传授给年轻演员安荣卿，一年后，这些剧目在天津上演时引发轰动。

1974年，宋德珠调入河北省艺术学校（今河北艺术职业学院），主要向本校青年教师和学生们传授技艺。

"一有空，宋先生就在学校挨个儿教室转，转到哪个教室，就提问学生：你演的是谁？她和谁有矛盾？她出身怎样？性格怎样？你该怎么表现？"贾占生回忆，宋德珠的用意是要学生对所演人物深度了解，这样才能表演深入。

"看这张，这是宋先生指点学生学戏。"贾占生又翻开一页，几张黑白照片上，瘦削的宋德珠或手把手纠正学生的动作，或亲自示范，"除了那期传习班，宋先生在河北教授的学生还有安荣卿、王继珠、张艳玲等人，他们后来都对传承宋派艺术发挥了很大作用。"

2021年9月10日，石家庄市档案馆。

这里保存着一份手抄本《狸猫换太子》戏本，这份手写本出自四大须生之一奚啸伯。

奚啸伯是北京人，他的手抄本之所以会收藏在石家庄市档案馆，是因为他也曾在河北工作过。

奚啸伯学戏，和众多名家自幼拜师略有不同，在19岁成为专业戏曲演员前，

保定艺校演出少儿版老调《潘杨讼》剧照　　贾占生　摄

他只是一名票友。但他勤奋好学，拜李洪春为师，也得到了梅兰芳、尚小云等人的提携，终成京剧新流派——奚派。世人总结奚派艺术特点：委婉细腻、清新雅致，犹如箫音鸣奏，具有"洞箫之美"。

这样一名须生名家，20世纪50年代初，就曾到石家庄周边县市演出。1957年奚啸伯调入石家庄地区京剧团担任常务副团长，在河北边演出边任教几十年。

不仅如此，奚啸伯到河北后，还排演过很多现代戏，比如《白毛女》中的杨白劳、《红云崖》中的罗老松等。在排演的同时，他教授了欧阳中石、孟筱伯、张宗南、张荣培等弟子，指点过裴艳玲，其中张荣培又培养了著名老生表演艺术家李伯培等，将奚派艺术进行了很好的传承。

这些名师的到来，为河北在20世纪50年代开始的戏曲改革，带来了新技术、新理念，加剧了各剧种之间的学习交流，大量河北地方戏，在此后迅速进入成熟期。

3. "国宝"裴艳玲

2021年8月27日，石家庄。

贾占生翻着手头一组照片陷入回忆。在长达30多年的时间里，他跟踪拍摄了很多张裴艳玲的照片。他指着一张黑白照片问："你猜，这时的裴老师多大年纪？"

照片上的小孩儿眉清目秀，穿着戏服，扮演的是《徐策跑城》中的老生角色——那时的裴艳玲还叫原名裴信。贾占生伸出五根手指："5岁！"

"裴老师的父亲唱京剧、母亲唱河北梆子，她在戏班长大，耳濡目染学会了一些戏。5岁那年，因为戏班演《金水桥》演员生病，急需人顶上，她第一次登台扮演秦英。从这儿，裴老师开始了演员生涯。"贾占生说。

在中国梨园培育系统下，绝大多数演员幼年拜师，经过9年的培训，十几岁出师。裴艳玲的表演生涯，大大缩短了这一路径。

这次登台演出后，她拜了第一位老师李崇帅，开始边学边演，也开始了她60多年舞台生涯中的第一个惊艳阶段。

1955年至1956年，9岁的裴信在灵寿县京剧团搭班唱戏，盖过主演，十里八乡的村民推着独轮车赶来看。

"在没有电视的年代,看戏是人们当时的主要娱乐项目之一,戏班过得好不好,全看演员水平高低,观众的评价是唯一标准。"贾吉庆说。

渐火的裴信需要挂牌演出,1956年,裴信的父亲给她起了艺名裴艳玲。

带着新名字,裴艳玲9岁到山东一家京剧团挑班、11岁到束鹿(今辛集市)京剧团当主角儿,时常上演"一赶四"(一人演四角)。用现在的视角看,红透半边天的裴艳玲就是票房招牌。因此,1960年,河北省成立青年跃进梆子团时,全省挖名角,把名声远扬的裴艳玲调了过来。

那年,她也不过才13岁。

贾占生又挑出一张,照片上的裴艳玲穿着厚底靴,用一根绳子把左腿吊在门框上,"拍这张照片是在裴老师家中,她家的三个门框上,都安着自制的滑轮,当时她正在接受媒体采访,也要吊着腿练功。"

人人都知裴艳玲武功好,但鲜有人知,这个"好"是怎么来的。

裴艳玲拜师后,她的父亲也亲自监督指导,从童年时期,她就经历了严苛的训练。"有一次我陪裴老师到正定,她指着东城边一处空地说,当年,就是在那儿,她的父亲让她一口气拧够一百个旋子才能回去吃饭,她跟我说,'当时特想死,太累了。'可第二天还会接着练。"贾占生说。

"裴老师的艺术,一方面是她个人勤学苦练,另一方面,她也深受新中国成立后中国戏曲黄金时代的培育。"贾吉庆认为。

调入青年跃进梆子团后,从京剧改唱梆子的裴艳玲起初并不适应,但从民间班社转入专业剧团,裴艳玲的戏曲技艺开始从土、俗向专、精改变。

"在那个时期,裴老师得到过侯永奎、李少春等大师的亲自指点。名师点拨的重要性,就在于画龙点睛,是质的提升。这一时期,她跟两位老师学的《夜奔》,后来成为其代表作。"贾吉庆介绍。

因历史原因,裴艳玲有13年不得不打字幕、当勤杂工。其间,她无戏可演,体重从90斤飙升到140斤,但她偷偷去练功房练,等待着上台的机会。

1975年,电影版《宝莲灯》开拍,被定为主角的裴艳玲29岁,刚当了母亲。原本拧35个旋子就能满足拍摄标准,她硬是在短期内迅速练到了45个的水准。"她太爱这个舞台,戏确实是她的天。"贾占生说。

1984年,裴艳玲排演《钟馗》。为了演好这出戏,她四处拜师,学吹火,学书法。戏中"一树梅花一树诗，顶风冒雪傲奇枝。留取暗香闻广陌，不以颜色媚于斯"的28字诗，裴艳玲要练到能当场写的水平，练废的纸不计其数。

在《钟馗》"嫁妹"一场戏中，钟馗有一组扇子动作。捡扇子动作原来有点儿简单，为加强人物的情感和表演的观赏性，她就采用了传统戏技巧中难度极高的"搬朝天蹬"带"三起三落"的高难度，恰到好处地表现了人物性格，为塑造钟馗这一神话人物增色不少。

1985年，裴艳玲携《钟馗》进京演出，中国戏剧协会主席曹禺连看了两场后，直赞裴艳玲是"国宝"。

众所周知，裴艳玲擅长表演生行，但贾占生找出的另一张照片上，裴艳玲贴着片子反串《响九霄》中的清水花，成为她艺术生涯中，少见的旦角剧照。

"戏曲界，也有演员跨剧种，偶有跨行当，但像裴老师这样从容、收放自如的跨界，还是罕见的。"贾占生认为。

裴艳玲在《钟馗嫁妹》中饰演钟馗　　贾占生　摄

唱红过昆曲《夜奔》、河北梆子《钟馗》《武松》，1997年，裴艳玲要唱回京剧。

一时哗然。

然而，也只有身怀绝技，才能在剧种转换中游刃有余。

童年时裴艳玲就在《群英会》中一人分饰鲁肃、孔明，在《火烧连营》中"一赶四"；青年时，裴艳玲学过马派（马连良创）、麒派（周信芳创）、盖派（盖叫天创），人过中年再唱京剧时，回到余派（余叔言创）。

"裴老师的表演艺术，在继承前辈艺术家们创作成果的同时，更多的是自己的创新。"贾占生说，"《翠屏山》剧中，裴老师扮演的石秀要杀潘巧云时，以往的表演都是用道具刀抹脖子，但是裴艳玲运用了一个狠狠的下劈动作，后来我专门就此请教她，她只说了几句话，'这样的处理，符合人物性格，我演得过瘾，观众看得解气！'"

贾占生仔细回顾了剧情：石秀因为发现潘的奸情告知兄长杨雄，被潘诬陷，对于这样一个背叛自己兄弟又构陷自己的人，肯定心中恨意十足，下劈的表现形式更符合剧情。

对每一场戏都细细琢磨、认真推敲、精心表演成为裴艳玲艺术生涯的一种常态。

从20世纪80年代起，裴艳玲就走出国门，到欧洲多个国家演出讲学，"裴老师为法国、西班牙、丹麦等很多国家的戏剧系学生讲中国戏曲之美，在中国香港开兰亭社京昆粤科班，在新加坡办学传承中国戏曲，这些，都扩大了中国戏曲的影响力，传播了中国戏曲文化，培养了一批高水平的观众。"贾吉庆说，演员不可能永远在舞台上，但是演员能让艺术舞台得到延展。

第二单元 「声声」不息

采访○《河北日报》记者 白云 朱艳冰 曹铮
执笔○《河北日报》记者 白云

> 📖 **阅读提示**
>
> 诞生于燕赵大地的艺术，充满了浓烈的地域气息，"慷慨悲歌""声声"不息。
>
> 尤其在中国戏曲史上，这里留下了极富人道主义精神的《窦娥冤》，也创作出代表人民抗争精神的《杨三姐告状》，一部部经典跨越时空，绕梁不绝。
>
> 一代代燕赵戏曲人，通过传统的、现代的、科学的、个性的传授方式，将浸透着燕赵气质和艺术家个人气质的戏曲艺术传播到全国乃至世界。

井陉晋剧团演出《背水一战》剧照　　贾占生 摄

一、戏中味

1. 传统戏：老剧目尽显燕赵底蕴

2020年11月23日，石家庄精英剧场，河北梆子演唱会。

河北梆子省级非物质文化遗产传承人彭蕙蘅正在表演《窦娥冤》。

当她唱到"没来由犯王法，不提防遭刑宪，叫声屈动地惊天。顷刻间游魂先赴森罗殿，怎不将天地也生埋怨"时，激越的唱腔令全场观众为之动容。

"400多年了，这部剧穿越了时空，至今还有这样的感染力，不得不说魅力非凡。"原河北师范大学博导、元曲研究所所长杨栋感慨。

《窦娥冤》主要讲述了女主人公窦娥童年被卖、婚后守寡、遭人陷害被屈打成招又被斩的凄惨经历。

"这部剧原名《感天动地窦娥冤》，作者关汉卿是河北祁州人（今安国）。这部剧作为中国元杂剧的典范，是我国杂剧创作史上的巅峰之作，也是中国悲剧艺术上的高峰。"杨栋说，"这部剧的台词非常凝练，语言表达已经达到了相当高的境界——生动，通俗，看似简单，实则每个字词都经过锤炼。"

"窦娥在被官府严刑逼供时唱道：恰消停，才苏醒，又昏迷。挨千般打拷，万种凌逼，一杖下，一道血，一层皮。尤其是后三句，短短九个字，画面感太强了，让人听来头皮发麻。台词是戏剧非常重要的表现手段，用语言打动人、震撼人，这部剧做到了。"杨栋认为。

生活中，人们至今还常用"比窦娥还冤""六月飞雪"等来形容不公遭遇，可见《窦娥冤》这部剧深入人心。资料显示，近现代曾有80多个剧种演绎过《窦娥冤》，这部剧的广泛群众基础可见一斑。

"六月飞雪、血溅白练、大旱三年三个夸张大胆且迷幻的设计，令这部剧超越了现实。六月飞雪的设计出自'邹衍下狱'，大旱三年出自'东海孝妇'，但是经过作者前面的铺垫，窦娥的三桩誓愿以诗的语言、戏剧的形式表现出来，反映出生命的可贵本质与当时生命低贱的现实的鲜明对比。这种超现实的情节控诉，凸显了窦娥对生的执着、对死的不甘，使作品的悲剧氛围更加浓厚，也使这部剧更加震撼人心。"河北省文化和旅游研究院副院长赵惠芬说。

艺术，只有贴近生活和人民，生命力才会旺盛。早在数百年前，关汉卿就发现了这一点，并将其贯穿于作品中。

这部剧除了主角窦娥，其他人物也都个性鲜明。

放高利贷的蔡婆在窦天章抵押女儿换路费时额外赠送10两银子，她不曾虐待童养媳窦娥，只是胆小自私，是一个典型的小市民形象。

张驴儿父子的贪婪，州官的腐败，窦娥的贞孝，每一个人物都栩栩如生，好像就在观众身边。

"观众被感动，除了人物设定的精准，更重要的是作者抓住了时代的脉搏。关汉卿通过一个安分守己青年寡妇的毁灭，批判元代政治的黑暗、官吏的腐败和其他种种社会问题，宣泄积蓄在被压迫被欺辱的广大群众中的不满和反抗情绪，引发了观众的强烈共鸣。"杨栋分析。

2021年9月23日，石家庄。

90岁高龄的沈春林拿出一张黑白照片，个子高高的他站在最后排中间，"这是1960年，我们在上海学习《墙头马上》剧目时，和上海戏曲学校及昆曲班学员的合影。"

这张照片让老人陷入回忆。

《墙头马上》作为白朴在河北创作的经典爱情剧，近代以来却有很长一段时间未被搬上舞台。1958年，上海戏曲学校将原本四折的剧目改编为九场，用昆曲表演。1960年，河北省京昆剧团派出了十余人的精干力量前往学习，沈春林是其中一员，他学习的是裴少俊的父亲裴行俭一角儿。

一个多月后，这部剧承载在这一批年轻演员身上，回到河北大地。

"由河北省京昆剧团改建的河北省京剧团，在76年的剧院演出中，有4出最拿手的戏——'扈玉金墙'，指的就是《扈家庄》、《玉堂春》、《金山寺》和《墙头马上》。"河北省京剧艺术研究院院长、书记李平芳介绍。

《墙头马上》原名《裴少俊墙头马上》，是元杂剧四大爱情剧之一，由我国著名元杂剧作家白朴在真定（今正定）创作。

"说它经典，是因为白朴打破了常规，塑造了比《西厢记》中崔莺莺一角儿更直接、更大胆的李千金形象。"赵惠芬说，李千金直率、热烈、敢爱敢恨，在封建礼教之下，李千金尽力维护爱情的同时也维护自己的理想和人格，把封建道德伦理扔到脑后，理直气壮地掌握自己的命运。

自古以来，坏人得到惩治、爱情终得圆满，是观众乐于看到的戏剧结果。"这部剧也不例外，尤其是鲜活的语言、清丽的唱词，也增加了这一作品的文学性和观赏性，使之成为经久不衰的剧目之一。"赵惠芬说。

2. 编创戏：改编打造河北韵味

2021年8月14日晚，石家庄欧韵公园。

鼓师薛红刚的鼓槌敲得越来越急越来越快，突然一停顿，票友高亢的丝弦唱腔骤起："见校尉两边排，丢失金印愁肠在！"

鼓槌在灯影下连成一片，高腔在夜色里传出老远，叫好声接二连三。

"这段唱词出自丝弦传统剧目《空印盒》，由石家庄市丝弦剧团首演。1957

石家庄丝弦经典剧目《空印盒》剧照　　河北省非遗保护中心　供图

年剧团进京演出，《空印盒》是重头戏之一。周总理三次观看这一剧目，题的词至今还保留在我们剧团。1960年，这一剧目又被拍成电影，走向全国。"石家庄市丝弦剧团团长刘如夺介绍。

《空印盒》由河北著名剧作家毛达志根据丝弦传统戏改编，它讲述明代钦差巡按何文秀和老家院周能乔装私访，惩治贪官陈坚和恶霸孙龙的故事。

这部剧的故事情节，在河北梆子《胭脂褶》、越剧《何文秀私访》、京剧《失印救火》等剧目中都能找到似曾相识的片段，但毛达志改编的丝弦版《空印盒》情节设置更加紧张，戏剧冲突更加强烈。

京剧版和越剧版气氛诙谐，可矛盾并不强，故事结构也相对松散。越剧版中被霸占的女子则被设定为钦差何文秀的妻子，霸占民女的是知府陈坚。而在丝弦版《空印盒》中，被霸占的是民女，作恶的是恶霸，人物关系和戏剧冲突更为凝练，也超脱了个人恩怨。

"改编后的《空印盒》，情节跌宕，可以说一环套一环。何文秀的大意、周能的智慧、孙龙的构陷等，作者制造出重重戏剧矛盾，推动故事悬念丛生，牢牢抓住观众。"赵惠芬认为。

戏曲评论界认为，丝弦是农民的文学、农民的语言，浸透着农民的朴素，也有着农民的幽默。

这一点，在《空印盒》剧目的台词中，尤为突出。比如恶霸孙龙自称都是"俺"，在面对孙龙的逼迫时，周能唱："在家靠父母，上船靠船主。好心把咱渡，你还瞎嘟噜。"

不管是"俺"还是"瞎嘟噜"，都具有浓郁的乡土气息，也极具丝弦剧种的地方个性，也就更受基层观众的欢迎。

除唱念做打等基本交代外，这部剧还详细描写人物动作和心理。比如第七场末尾这样安排：周能抱空印盒下，何文秀心中异常烦躁，纱帽翅左动右停，右动左停，然后上下打。何文秀摘下纱帽，愈看愈气，欲砸帽，又止，颓废地走下。

"毛达志非常熟悉丝弦剧种特点，"刘如夺介绍，当时何文秀的扮演者是王永春，"在这出戏中，王永春施展'耍翅'特技，将何文秀演绎得惟妙惟肖，演出很成功。"

2021年10月9日，石家庄市长安公园。

老戏迷王显山又摁到了重播键，"听多少遍都不烦，这词这腔，越听越有劲儿，越听越有味儿。"边说，他拍打着膝盖哼起来，"来到家门前，门庭多凄冷，有心把门叫，又恐妹受惊，未语泪先淌，暗呀暗吞声。"

这段唱词以及唱腔是河北梆子版《钟馗》独有的。

20世纪80年代初，河北著名戏曲表演大师裴艳玲观看上海昆剧团《钟馗嫁妹》后，深受感动，自筹经费准备排河北梆子版的《钟馗》。

"原《钟馗嫁妹》多为一折，改编首先需要一个完整的剧本，河北省著名剧作家、音乐家方辰接下了这一重任。"李平芳介绍，"剧本进行了大刀阔斧的创新，把钟馗因貌丑不中改为科考作弊，增加了杜平这样一位正义青年，也就有了把妹妹嫁给杜平的托付。相比原版本，故事情节更加丰富。"

戏曲是一门综合艺术。《钟馗》是鬼剧，呈现出来的却不是恶鬼，而是一个有血有肉有情有义的丑中见美的鬼，靠的就是剧本、舞美、唱腔、动作设计等的综合呈现。

"你看舞台上，钟馗外罩红官衣，戴桃翅纱帽，手中一把折扇，抖肩、抖胯、耍扇，夸张优美；三起三落的朝天蹬拾扇动作极富情感层次；'嫁妹'一场，钟馗踟蹰盘桓，不敢贸然夜入家门的身段，欣慰喜悦的照镜、整衣、理髯和与妹诀别时忍悲作喜的表演，魅力无穷。"赵惠芬说。

这部剧中，设计不止于此。

李平芳回忆，1985年排演这部剧时，正流行霹雳舞，技术导演在"洞遇"一场中，加入小鬼们身穿高弹裤、紧身衣，集体跳霹雳舞的动作。"在'行路'一场中，五鬼和钟馗走到悬崖峭壁处如何下去，设计了6种不同的舞蹈动作，往往是一亮相，观众就掌声不断。"配合灯光、布景等出众的舞美设计，改编后的《钟馗》演一场火一场，成为河北梆子剧种的经典剧目之一。

《钟馗》的改编成功并非独有。

经过河北戏曲编剧、导演、演员们的重新编排和演绎，从河北地方戏走向全国的剧目还有很多，比如家喻户晓的《宝莲灯》和《哪吒》等。

在戏曲艺术史上，剧目间的借鉴和移植比较常见。这些剧目的成功，一方面说明河北戏曲人才济济，另一方面，也是河北地方剧种品类多样，能很好地承载、发挥改编后的新剧目。

石家庄丝弦剧院表演评剧《宝莲灯》剧照　　陈其保　摄

3. 新编戏：新剧目道尽河北风物

除了流传百年的传统戏和浸染河北味道的编创戏，近现代戏曲史上，河北还上演了众多的新编戏。这些剧目，有的是根据身边的人、事进行改编，有的是天马行空的创造。它们在内容上紧贴时代，节奏上紧凑明快，用戏曲的语言和艺术形式，讲述着我们身边的故事，同样取得了巨大成功。

2021年8月23日，82岁的叶志刚在家埋头修改《评剧史稿》，他曾担任石家庄市评剧院一团团长、成兆才研究会副会长。

得知记者的来意，叶志刚放下眼镜，"要说河北近现代戏曲中的新编戏，评剧《杨三姐告状》可不能不提。"

"这出戏最大的特点是剧目上演和真人真事几乎同步推进。"叶志刚说。《杨三姐告状》由评剧创始人成兆才编写，演出后在全国引发轰动。

时间倒回到1919年。成兆才带领"警世戏社"在哈尔滨演出，一名经商的同乡到哈尔滨看望成兆才，聊起1918年滦县（今滦州）冯家狗儿庄杨家二女儿蹊踩死亡、三女儿状告无门的事。成兆才以剧作家的敏感,很快将其写成70余场的《杨三姐告状》(又名《枪毙高占英》),并在庆丰剧院首演。

"这部剧诞生在五四运动之后,除了最后判案的直隶高等审判厅检察长华治国外,剧中人物几乎都是真名真姓,并且在案件尚未判决前,在舞台上戏剧性枪毙了高占英,在国民反封建思潮的推动下,全国掀起了枪毙高占英的呼声。"叶志刚说。

这部剧是当时旧中国的一面镜子,也是一部唤起民众反封建意识的鲜活文化产品。成兆才精准抓住了当时的社会矛盾,借助戏曲形式呈现,大获成功。

其实,今天我们看到的《杨三姐告状》,是以成兆才的剧作为蓝本,评剧人进行多次改编后压缩到17场的版本,也是众多评剧院(团)今天还在上演的版本。改编后的版本更适应社会发展,矛盾冲突更集中,人物表现力更强,成为全国所有评剧院(团)的保留剧目。

1981年,这部剧被改编为电影,由谷文月、赵丽蓉等人主演,再次轰动全国。

文艺作品的批判使时代进步,文艺作品的讴歌也使人受到鼓舞。

2021年10月8日,河北电影制片厂。

"如何写,是当时遇到的最大难题。"著名编剧孙德民说的是2016年他编写的河北梆子剧本《李保国》。

作为一位拿过文华奖、九获中宣部"五个一工程奖"的金牌编剧,孙德民说的难到底难在哪呢?

"以往,我们的戏曲剧本都是写故事,从起因到高潮到结尾,而这部剧是塑造人。"孙德民回忆,"写时代楷模、英雄的剧本很容易陷入套路,怎么写,才能让楷模更贴近群众、反映人性,是新时代现代戏面临的最大困难。"

贴近群众的细节哪里来呢?

从一线。

孙德民用三个多月的时间沿着李保国生前工作的路线进行采访,光笔记就写了"满满三大本","从走访中,我找到了李保国身上的精神链条:把自己变成农民,把农民变成李保国。他身上有浓厚的知识分子兼济天下的情怀,这是他独特的精神高地,对于这部剧,我也从'要我写'转变成'我要写',这些沉甸甸的真实的素材，是这部剧的坚实基础，接下来是如何通过戏剧的形式表现出来。"

李保国因在太行山工作，忘记过年，和妻子用两碗方便面当年夜饭。大把吃药啃凉馒头，却自掏腰包租地验证苹果套袋效果……

孙德民选择这些小事进行创作打磨是有原因的，他说："'把论文写在太行山上'是通过一桩桩一件件小事逐步铺垫而成的。"

过多的典型事迹罗列，又会陷入传统的宣传套路，观众并不买账。孙德民在创作过程中，也注意到这一点，选取的每个故事情节，都精心编排了矛盾冲突，"矛盾是戏剧情节发展的推动剂"。

李保国教农户给苹果套袋。这本来可以提高苹果品相、售价，但农户刚开始并不接受，两次把李保国用科研经费买的套袋扔到地上。

通过大量走访，孙德民还原了当时李保国的感受：他是理解农户的，他端的是铁饭碗，有工资保障，而农户拿的是泥饭碗，苹果的收成就是全部，他们赔不起。

"这么尖锐的矛盾，真实而有冲击力，也就凸显后面李保国自掏腰包租100棵树做试验，让农户看到结果接受给苹果套袋的宝贵。"孙德民说，艺术来源于

河北梆子《李保国》剧照　　《河北日报》资料图片

生活，经过细致的铺垫让观众跟着剧情走，自然而然被感动。

也就有了大冬天，老百姓拎着马扎，哈着气看演出，舍不得离开。

至今，《李保国》已经上演200多场次，群众被感染落泪的一幕屡屡上演。

二、戏中人

1. 丝弦响山村

2021年10月14日，赞皇县北王庄村。

刚下过一场雨，天气仍有些阴冷。村委会前的小广场上，已经聚集了一些老人，他们聊着、笑着，坐等小广场上的戏台搭起来。

戏台正在搭建，那是一辆白色流动演出车，几个大红字正随着舞台顶部的升高慢慢拉起来——赞皇县丝弦剧团。

演出车后一字排开的戏箱上，61岁的曹振书坐在马扎上，左手拿着粉扑，右手举着一块倒车镜，他娴熟地用粉底把脸色打匀，又从简易的化妆盒里准确抓过一支眉笔，边勾画眉毛边跟记者说："一会儿啊，我演《呼家传》里的呼延丕显——忠臣！"

曹振书家住赞皇县蒲宏村。"我打小就爱唱丝弦，赞皇这边好丝弦的人多，跟着老师傅们学的。30岁出头我才入剧团，这一晃啊，也三十来年了。"说完，他左右照照镜子，又把眉毛勾了勾。

曹振书家距离北王庄村有十几里地，今天他是骑电动车赶过来的。"地里的庄稼刚收完，再不来开开嗓，嗓子都锈了。"曹振书笑着拍拍手上的粉，去戏箱里找戏服。作为一名编外演员，他的演出费是75元钱一场。

演出当天，恰逢重阳节，北王庄村包饺子请全村的老人来吃，顺便招待剧团。杨凤荣夹起一个饺子感慨道："20世纪七八十年代，我们到村里演出，如果能吃上一顿饺子，那可是一年也赶不上几回的好饭。"

62岁的杨凤荣已经拿上了退休金，今天是专门被剧团请过来的，她是丝弦石家庄市级非物质文化遗产传承人，主攻青衣和老旦，年轻时到沧州一带挂牌演出，演出前四五天票就能卖完。杨凤荣15岁加入赞皇县丝弦剧团，边学边演，

"那时到村里演出,吃饭得自己搭灶,睡老百姓闲置的旧房,冬天冷得伸不直腿,夏天热得睡不着觉。保定、沧州、衡水、山西、山东也去过。那时没有汽车,团里就两辆马车,马车拉戏箱行李,人得走着。"

20世纪七八十年代,赞皇县丝弦剧团活跃在赞皇县周边乡村,凭借一毛五分钱、两毛钱的票价,养活了全剧团几十号人。年轻的杨凤荣当时能拿到30多元的月工资,堪称高薪。

"退休了,也愿意跟剧团出来。装扮好一登台,你瞅那台下乌压压一片人揣着手儿等你唱,心里就觉得得劲儿!"杨凤荣摸着一件金黄色的戏服说。

"今天是收秋后第一场演出。"剧目要开演时,张彦杰大步流星走到后台。他是赞皇县山榆丝弦艺术演出有限公司负责人,这家公司的前身,就是赞皇县丝弦剧团。

赞皇县丝弦剧团成立于1953年,和很多县级剧团一样,演员们登台是演员,下台是农民,所以他们的演出和地里的农忙时节关联——每年大年初一、初二开演,麦收前停演演员们回家干农活儿,收秋后再开演。

半小时后,板鼓响,音箱开。

演员一亮嗓,台下观众静下来。

"今天这场是送戏下乡演出,不收村里和观众一分钱——由财政补贴剧团。"锣鼓声起,张彦杰大声告诉记者,2019年,中央财政将送戏下乡演出补助标准从每场3000元提高至5000元。

张彦杰介绍,虽然他们是个只有几十人的小剧团,但早在1989年,他们排演的《闹书院》就获得过第二届河北省戏剧节剧目二等奖、第三届河北省文艺振兴奖,剧团带这部剧进京演出时,还被赞为"太行山上的榆树"。他们团表演的《空印盒》《呼家传》《封神榜》等多个传统剧目,在赞皇县乃至石家庄地区都有一定知名度,尤其是当地百姓对剧团认可度非常高,这也是他们已经公司化但仍然挂旧名字的原因。

近十几年,受演出市场不景气影响,赞皇县丝弦剧团也在求变:2007年,剧团实行个人承包;2010年剧团实行转企,在当地政府支持下,成立了赞皇县山榆丝弦艺术演出有限公司。

"剧团日子不好过的时候,我还开过饭馆。"张彦杰笑着说。剧团改革后,这

赞皇县丝弦剧团演出《闹书院》剧照，景印楼饰演王尔立　　贾占生　摄

位毕业于石家庄市艺术学校的年轻演员，马上关了饭馆回到剧团，"我父亲也曾在这个剧团工作，有时去村里演出，有老人还会问起我父亲，问起哪部剧怎么现在不演了，就会觉得更有责任感。"

在这个30多人的小剧团，几乎每一个演员都身兼数职，电工能扮老生，演员要会化装。副团长商俊成，今年57岁，大个子，黑红脸膛，今天的演出，他也要兼角色。

"剧团一出动，吃饭、住宿、交通都要花钱，台口连上了，剧团才有盈利，要不然单跑一趟还不够路费。"商俊成说，从20世纪80年代参加工作，他就一直兼职在团里跑台口——跑台口是戏曲行业的惯用词，指的是专人联系各地演出机会。

如今，剧团演出，一部分是财政补贴的文化下乡，一部分是团里跑台口。

从自行车到摩托车到私家车，邢台、沧州、石家庄周边甚至山西和山东，为了跑台口，商俊成都去过，"每年入冬就一个村一个村地去跑，谈时间、谈价格。哪个村的庙会每年在几月，我本子上都记着，有庙会时被邀请演出的机会就多。一开春，就按照时间地点，一个台口一个台口地唱，有时连着几个月都在外面演。"

过去，通信方式落后，这种办法是县级剧团联络演出的唯一手段，有趣的是，如今通信方式如此发达，跑台口这种联系方式依然保留了下来，"很多熟络的村，村委会联系方式也有，但就是不如面对面谈妥了好。"

商俊成也感慨，戏价并没有人们的生活水平涨得快，这和戏曲不再是观众唯一的娱乐方式有关，但他又指指台下坐的观众，"我二十多岁时，台下的观众就是五六十岁，我现在五十多岁，台下的观众还是这个年纪，这说明戏曲表演还是有市场！所以啊，我得好好演。"

说完，商俊成一个拧身转去后台，为他所扮演的小配角候场。

但对于观众来说，台上无小角儿。

2. 近看戏中人

2021年10月23日，河北艺术职业学院排练厅。

两个十来岁的小姑娘穿着软底鞋，举着马鞭，汗津津地跑圆场。一旁的老师打着拍子喊："跑起来跑起来。"噔噔噔的脚步声密集而有节奏，隔壁一声中气十足的老生唱腔传出，紧跟着是略显稚嫩的学生模仿。

"从古至今，练声、吊嗓、形体训练等作为戏曲表演的基本功，哪一代戏曲人都苦练不辍。"河北省戏剧家协会副主席贾吉庆说，老话说，一天不练自己知道，两天不练老师知道，三天不练观众知道。

2018年，81岁的国家级非物质文化遗产项目河北梆子代表性传承人田春鸟登台表演《陈三两》，依然能中气十足，唱腔高亢。

说起这一幕，田春鸟大笑起来，"从学戏那天起，基本功就没停过。至今我还天天早起下楼吊嗓，能不能用着放一边——喜欢，已经刻到骨子里了。"

今年84岁高龄的田春鸟低下头让记者看后脑，左右两侧各有一处凹痕，老人抚摸着凹陷说，这是几十年前，练甩发技巧时绑扎束带的痕迹，"头上的束带必须捆紧了，要保证一个多小时的表演中不脱落，久而久之，就留下这个终身纪念。"

老一辈戏曲艺术家如此，年轻的戏曲演员同样。

石家庄市评剧院一团青年演员葛佳佳，今年21岁。记者见到他的时候，小伙子刚从排练厅回来，满头大汗，"现在没有演出，每天早晚各两小时练功，其余时间都在排练。"

被问及是否会觉得枯燥，葛佳佳腼腆地笑笑，"想唱好戏，就得苦练。台上一分钟，台下十年功。"

戏曲盔头制作维修师朱宝辉（左）在河北省石家庄大剧院后台为演员试戴盔头

陈其保　摄

2021年10月25日，河北艺术职业学院戏剧系学生何雨朦刚结束跟团实习演出。

回忆起在校的学习经历，她感慨没学够。"您知道吗，大一整整一学年，我都在学《窦娥冤》的'法场'一折；大二一学年，学《孟姜女》'行路'一折。"

这两折戏的表演时长各为1小时，却要耗费1学年的学习时间，精细程度可想而知，这得益于现代戏曲的一对一教学。

"为什么要学这么久？是因为需要学生掌握的精髓太多。"河北艺术职业学院原戏剧系主任彭蕙蘅说话间手眼身法已经跟进，"比如窦娥出场的表情、动作、眼神、唱腔怎么起怎么收，为什么这么做，怎么能做得更好，要掰开了揉碎了讲，要一个眼神一个动作去示范，所以学生的学习时间也比较长。"

以何雨朦这一届河北梆子班为例，共7名学生，两人学习旦角，由彭蕙蘅专职教授，其余学生由其他行当老师负责，这一届学生毕业后，老师们才会招收下一届。"既避免学生多了老师无暇顾及，也避免学生集中毕业就业困难。"彭蕙蘅说。

在老一辈戏曲家的记忆里，这种贴身教学，是他们学戏时，做梦都不敢想的。

"我学戏时要自带干粮，还得给师父端痰盂。"河北艺术职业学院退休教师刘素琴回忆，20世纪50年代，十来岁的她在任丘一家私人戏班学戏。和她一起学戏的小孩子十几人，他们跟着戏班东奔西走到处演出，边学边演，"师父教一句，我们学一句，至于为什么这么唱、这么演，全靠自己悟。"

戏曲教学的改变还不止于模式，还有科学。

2021年9月14日，河北艺术职业学院。

戏剧系教授张兰霞正和一群河北梆子票友切磋。本来正常语调说话的张兰霞，突然一提气，一口凌厉又高亢的赵派老生腔脱口而出。"我现在教3个小伙子，从14岁到17岁，正是倒仓期，可他们也能练到我这样。"

倒仓，几乎是变声期学戏男演员的噩梦。总有人过不了这一阶段，被迫放弃学戏。

在如今精细化教学的背景下，一个老师只带两三个学生，一个学生过不了倒仓期，就少了近一半的生源。

但张兰霞并不紧张。

她在教学中摸索发现，儿童期人的声带宽度约为12毫米，变声后，成年男性声带宽度为20~24毫米，女性为17~20毫米，男性因变声带来喉头和声带的变化，是有规律可循的，"在倒仓期，我会训练孩子们从小假声开始练，慢慢降低高度，充分调动头腔共鸣和气的运用，循序渐进，帮助学生度过倒仓期。"张兰霞说，目前看，效果很好。

3. 票友唱不停

2021年8月9日，石家庄长安公园一处票房。

这里的"票房"并不是指电影的收益，而是戏曲爱好者业余组织的通称，有固定地点、固定人群。

吴宏博就是这处票房的票友之一。

票友，是不以演艺为生的戏曲曲艺爱好者。

票房位于公园一处花廊下，鼓弦齐鸣，唱腔悠扬，或坐或站的观众们手摇蒲扇、脚打拍子，凝神观看花廊正中间。正唱《刘墉下南京》选段的吴宏博，身着便装，没有化妆，手持话筒。简陋的环境，丝毫不影响主角的发挥，唱腔稍一停顿就有热烈的掌声。

"2000年大学毕业前，我还不怎么会唱，就跟着瞎哼哼。"吴宏博出生在栾城楼底镇吴家屯村，中路丝弦主要活跃在石家庄周边，他小时候村里常演的就是丝弦，耳濡目染，打小就觉得丝弦好听。

石家庄长安公园一角，票友正在切磋　　白云　摄

参加工作后，吴宏博下载了大量丝弦选段跟着唱，"听着学着，逐渐就能听出谁唱得好，那些唱段也慢慢熟起来。"吴宏博说，他最爱看石家庄市丝弦剧团的演出，得空儿就追着下乡演出的剧团到处听戏。

2006年，吴宏博买了一辆摩托车，"井陉、平山、元氏，只要听说有演出，尤其是边树森老师的演出，多远都去听。"吴宏博回忆，大冬天他裹着军大衣骑摩托车到县里看，黑更半夜再骑回来。

2011年底，吴宏博正式拜师丝弦国家级非物质文化遗产传承人边树森，唱功一下子提高了好几个段位，石家庄丝弦爱好者称他是"声腔最像边树森的弟子"。

2017年起，每年在石家庄举办的"东西南北中五路丝弦会演"，吴宏博都要和师兄们作为中路丝弦传承人登台，他还组建了石家庄隆顺丝弦剧团进村演出。

丝弦陪伴着吴宏博从毛头小伙儿，成长为两个孩子的父亲，"我现在做物流，生意的辛苦，养家的不易，大家经历的我都有，但是看丝弦演出、听丝弦唱段、来这儿唱两嗓子，就觉得放松、舒坦。"吴宏博大笑起来。

吴宏博从丝弦艺术中找到了生活的慰藉，而裴军格则借助河北梆子，打开了生活的一扇窗。

回想起30多年前，天天等着村里的大喇叭放戏听，石家庄市藁城区农民裴军格都会感慨，"一天就中午放半个钟头，你正听着过瘾呢，哎呀，它不放了，只能等第二天。"

多年后，裴军格才知道，那是著名河北梆子演员张淑敏演唱的《杜十娘》选段。

"20世纪80年代，我大姐出嫁，家里陪嫁了一台录音机，送过去没多久，我就想法给鼓捣回来了——得听戏啊。"51岁的裴军格回想起来忍不住大笑。

那时，十三四岁的裴军格天天抱着录音机，在下地干活儿的空当，学会了《陈三两》《三娘教子》唱段。

她嫌不过瘾，又跟着村里的两位河北梆子爱好者学戏，但"唱念做打"只能学到唱，"手眼身法步"只能靠观察和模仿，化装凭喜好，服装要自筹。她大着胆子在村里打地摊（平地，无舞台）表演，并开启了"票友下海"模式——邻村的戏班邀请她入团唱庙会，演一场20元。

20世纪90年代，裴军格靠唱戏每月有六七百元的收入，成了家里的顶梁柱。

"到那时都还不知道我这叫票友，第一次听说还是2009年。"裴军格说。

那一年，裴军格报名参加了河北电视台《绝对有戏》，第一轮面试就拿到了通关卡。裴军格意外发现，早年表演因没有扩音器，只能使劲拔高调门让观众听到，这无意中让她唱到了C调。

2009年参加河北省金牌票友大赛获一等奖，2011年参加河北省十大名票甄选赛获一等奖，2016年代表河北省电视台参加星光大道戏曲赛获月冠军。

这让为照顾家庭跑了十来年运输的裴军格重新拾起戏曲：她倒好几趟公交车找河北省河北梆子剧院的韩建华、毕和心两位老师请教，"老师指点我身段，教我怎么提气，我唱了二十多年，这才知道运气有科学，发音有技巧，一个眼神和手势都有那么多内涵，也意识到自己过去的唱法存在很多问题。"

如今，裴军格还时不时被周边县市请去表演，她注册了快手账号，拥有85000多名粉丝以及自己的粉丝团，不少网友会在后台给她留言，催她更新，"如果不是喜欢唱戏，我现在就是农村带孙子的老太太，但现在有粉丝有爱好，我这一辈子，觉得还怪有意思的。"

三、戏之思

1. 传承：留住老剧种的生长厚土

2021年10月12日，保定市清苑区哈哈腔剧团。

团长魏建良快步走来。他高个子，浓眉毛，大嗓门，"俺们团是国内唯一哈哈腔专业团，麻雀虽小，五脏俱全。"

哈哈腔剧种形成于明末清初，流行在保定、沧州、衡水以及山东部分地区，1955年，在原来清苑县罗家营和蠡县大杨庄两个民间业余剧团基础上，当地组建了清苑县（2015年改为清苑区）哈哈腔剧团。

哈哈腔剧种在保定曾拥有很高的人气，魏建良还记得20世纪80年代他初入剧团时观众的热情捧场：竹竿做围栏，木棍做出入口，原木一撂当座位，舞台顶用苇席简单一搭，就这样简陋的环境，2000多名观众黑压压挤在一起，人头攒动，可一开锣,现场鸦雀无声。

"可就在十几年前,我们团差点儿生存不下去。"魏建良回忆,那是20世纪90年代以后,他刚接任团长。

群众的娱乐生活越来越多样化,哈哈腔的演出市场却越来越不景气,到2004年,剧团人数从最辉煌时的近百人减至28人,"年轻演员流失,老艺人即将退休,乐队文场只有4人,其中3人还是退休返聘的,招人都招不上来,眼瞅着剧团就要解散了!"魏建良说,那时候,他甚至被人叫作"末代团长"。

魏建良话锋一转:"2006年,在当地政府的支持下,清苑县哈哈腔剧团申请国家级非物质文化遗产成功。有了非遗项目的资金支持和当地政府的财政扶持,再加上我们下乡演出的财政补贴和演出收入,我们团,终于活下来了。"

活下来只是第一步。

最让魏建良欣慰的是,2020年年底,剧团招录了一批年轻人——这是2016年,清苑区职教中心和哈哈腔剧团联办哈哈腔班的首批毕业生,此班也是全国唯一传承哈哈腔剧种的国办中专班。

"你知道这意味着啥?意味着咱哈哈腔有了自己的培训基地,能自己培养演员了。"魏建良想想就带劲。

这并不是哈哈腔剧种第一次设置科班培养人才。

1958~1960年间,哈哈腔老艺人就曾带队到天津河北梆子剧院学员队中组建哈哈腔班。1970~1972年,清苑当地成立了清苑戏校,哈哈腔国家级非物质文化遗产传承人王兰荣就毕业于这一学校。

后来,专业培养哈哈腔人才断档,2007年,哈哈腔剧团公开招考,河北省艺术学校、河北各专业戏曲剧团等向哈哈腔剧团输送了不少其他剧种的人才。"我学的就是河北梆子。河北各剧种之间有不少相通之处,考入剧团后,老师傅带新人,慢慢就能登台。"魏建良说。

2016年招收的这批学员,分3年制和6年制,学费全免,由剧团承担专业课教学,清苑职教中心承担文化课教学。

"这些学生要么家长爱好戏曲,要么是自己想学,十来岁的孩子,虽然没有基础,但不管是学习乐器还是唱腔,都是好年纪。第一年招生就有百十人报名。"魏建良说,今年,第一批毕业生将到哈哈腔剧团实习,优秀者有留团资

青县木门店镇"哈哈腔"传承示范基地，小学员们在背戏文　　牟宇 摄

格，这将给剧团注入新鲜血液。

魏建良带着记者来到一块展板前，这是他们新近排的《冉庄英雄妹》剧照，"这个剧目我们筹备了4年。"魏建良说，"这出剧是根据咱清苑冉庄的历史故事创作的，光剧本就改了4年。为什么我们一个小剧团，能下这么大力气搞创作呢，政府支持！"

2018年，清苑区政府出台《保定市清苑区关于支持哈哈腔传承发展的实施意见》，每年拿出80万元专项资金，支持哈哈腔剧种用于新剧目创排、剧本创作等，有了资金，魏建良就有了底气，去寻找更优秀的编剧精心创作剧目。

魏建良扳着指头说："这是新戏，我们这个小剧团，老剧目也不少，足有一百多个传统剧目。"

说起这些剧目得以保留下来，魏建良也很感慨，"20世纪50年代和80年代，清苑进行了两次剧目普查，老团长裘印昌到沧州、衡水等地，用录音、文字等手段搜集整理了很多传统剧目，可以说留住了哈哈腔的根。"

2004年，清苑县政府成立了哈哈腔抢救保护工作领导小组，后来出台了第一个五年保护规划，使得《王小打鸟》等50个优秀剧目以音像制品的形式保留下来，《孙继皋卖水》等40个剧目保留于舞台。

"最近，我们又移植了大型连台本戏《封神演义》，添置了大屏做背景，演员有心气，设备也先进，连观众的欣赏水平都被我们培养出来了。"魏建良说。

过去，观众更多的是喜欢热闹，听到调门高就叫好。

近些年，哈哈腔剧团专门抽时间培养观众和戏迷。

"我们团每周一次到清苑第二小学、第三小学，还有部分哈哈腔活跃的村去讲课，组织票友们学戏，有的学校六一儿童节能演小折子戏了。"魏建良说，清苑区政府还将哈哈腔演出纳入公共文化服务体系，通过政府采购的形式组织哈哈腔剧团下乡演出。

这些，逐渐培养了观众的欣赏水平。

"有观众会跑到后台和我们演员交流，好的意见我们也会接受并改进完善。"魏建良说。

河北省元氏县佃户营村，元氏县新秀豫剧团的演员和当地小朋友一起做直播　　张晓峰　摄

2019年，魏建良带剧团到保定顺平县演出，那天下着雨，即将上演的是他们创排的新戏《冉庄英雄妹》。魏建良从后台掀开幕布一看，广场上又是黑压压一片观众，打着伞等开戏，他眼圈一热，"我不会成末代团长了。"

2. 探索：寻找小剧团的发展之道

"你猜，上周六我们演出《水墙》，300多座位的上座率是多少？" 10月23日大厂评剧歌舞团常务副团长石学广笑着回答了自己的提问，"75%！"

这是一个县级剧团，在常住人口只有17万多的县城里演出时的上座率。

从20世纪80年代起，在河北演出市场上，几乎无人不知大厂评剧团（大厂评剧歌舞团原名）。而这个剧团出名的原因之一，就是他们敢演敢创新。

1981年春节前，这家剧团还发不出工资，卖不出票。春节刚过，赵德平临危受命。上任后第一步，就是改革演出剧目。

赵德平排演了他写的《嫁不出去的姑娘》一剧。这部剧写的是农村姑娘彩凤，人长得漂亮，受父亲腐朽思想的影响，把自己当"商品"，不追求两情相悦，而是看相亲对象的地位、相貌和财富，最后反而嫁不出去。

"放在现在看，这部剧也许没什么，但当时那是什么年代？当时的主旋律都在讴歌农村改革开放后的新形势，我们排戏讽刺农村乱要彩礼，这可不得了啊。"赵德平回忆。

这部剧当时饱受争议，然而上京城、下农村，演出时观众都非常买账。后来，这部剧得到了省里的支持。1983年，大厂评剧团参加全省文艺会演，包揽了戏剧全部奖项。同年3月，剧团又应文化部邀请，在北京各大剧院连演33天。1984年这部剧被拍成电影，在全国公映。

"一个剧团，得明白剧为谁演，戏为谁排。"赵德平说。

把节目演到北京是一种成功，但大厂评剧团也深知，他们是一个县级剧团，绝大多数观众是农民，要探索农民喜欢的剧目和演出形式。

在《嫁不出去的姑娘》中，赵德平就加入了从歌舞中借鉴的快板和舞蹈，后来发现歌舞更受观众欢迎，干脆招收歌舞演员，并灵活安排演出：下午演传统剧，满足老年观众需求；晚上演现代歌舞，满足下班后年轻人的娱乐需求，还将剧团更名为大厂评剧歌舞团。

"这些积极的探索现在看来不一定成熟，但仍非常有借鉴意义。"河北省戏剧家协会副主席贾吉庆认为，大厂评剧歌舞团尊重了艺术规律，戏从群众中来，又演回到群众中去。

2000年，中国唐山评剧艺术节，大会组委会安排参演剧团，在市里吃、住、演，大厂评剧歌舞团却把舞台搭到农民家门口，一天3场，连演6天，很受观众欢迎。

转眼几十年，在大厂评剧歌舞团看来，一切对剧团发展有利的改革都有必要去探索。

今天的大厂评剧歌舞团，既有传统的评剧演出，也有现代歌舞，还有小品和微短剧，能满足不同年龄段的观众需求。石学广说，他们正琢磨纳入相声表演形式，甚至针对公司年会等开发出定制演出，"你看什么我有什么，而不是我有什么你看什么。"

大厂评剧歌舞剧团的灵活探索，从演出内容到演出形式，再到演员管理。

河北省井陉县上安镇头泉村的村民文化广场，井陉晋剧院戏曲演员在后台整理行头

梁子栋　摄

石学广担任副团长，带着年龄比他大十几岁的老演员们下乡演出时，不过才21岁，但在赵德平眼里，能干，适合，这人就能用。

在这个剧团，几乎没有专职一行的演员，几乎人人都能唱能跳，剧团深度挖掘每个演员的天赋和特长，只要想学，团里出资请老师教，培养每个演员成为多能演员。

安国良是团里的舞蹈演员，嗓子也不错，但是舞蹈演员过了三十五六岁就有点儿跳不动了。剧团就安排他演小品，锻炼得差不多了，去演《水墙》的男一号周国良。这样，演员的职业生涯延长了，剧团也减轻了人员负担。

"大厂评剧歌舞团的成功，是尊重了艺术和市场双重规律的结果，同时也是他们灵活探索不断创新的结果，是我国文化改革的一面镜子，也是文化下乡的典范。"贾吉庆说。

3. 思考：传统戏曲向何处去

1988年，还是年轻河北梆子演员的彭蕙蘅参排了一出特殊的戏。

3年后，作为主演之一，带着这出戏到希腊演出时，彭蕙蘅有些担心，"排练时，演员们都被剧本感动到哭，但用中国传统戏曲演绎希腊悲剧，希腊观众能接受吗？"

然而，谢幕时，台下掌声雷动。此后，河北省河北梆子剧院又分别在1993年、1995年、1998年、2005年带着同一剧目到希腊演出，被当地媒体称赞为"东方第一歌剧"。

这一剧目就是改编自古希腊悲剧的《美狄亚》。

如今已经78岁的国家一级编剧姬君超在回忆这一剧目的创编过程时说："1988年，我国著名导演罗锦鳞先生写信给裴艳玲先生，想与裴先生合作创排古希腊悲剧《美狄亚》。我承担了这一剧目的编剧和作曲，改编的译本是由罗锦鳞的父亲罗念生翻译的版本。"

姬君超仔细读了《美狄亚》后惊讶地发现，《美狄亚》中金羊毛的故事、阿缇卡的鲜花、喷火的神牛、种龙牙等神话传说，与中国的孙悟空、七仙女、牛郎织女、巫山神女等十分相似。

"越读越觉得用慷慨悲壮的河北梆子来演绎《美狄亚》是多么合拍！"姬

君超回忆，"也是从这次改编，我认识到，戏曲的内容可以更广泛，不只是国内其他剧种的剧目，国外的优秀剧目同样可以拿过来改编，戏曲艺术是一个包容的载体。"

河北梆子《美狄亚》先后到希腊、法国、意大利、塞浦路斯、圣马力诺、哥伦比亚、西班牙等国上演了近百场，对推广中国戏曲走出国门的意义不可估量，至今还是河北梆子剧种的重点剧目之一。

演什么，是传统戏曲应对娱乐方式多元化趋势的一种探索。

怎么演，里面同样有很多文章可做。

2021年9月22日，河北省京剧艺术研究院。

院长李平芳说到兴奋处，站起来拉了个架势，"我学戏那会儿，过包这个动作，双手一掐对方的腰从头上过去落地就完成了，现在，年轻演员增加了难度，从肩头站一下再翻下。"

李平芳解释，之所以增加了难度，在于今天的年轻人身体素质大幅提高，"演员有更好的柔韧性、协调性，动作难度自然也跟着增加，还能增强观赏性。"

之所以要增强戏曲的观赏性，在于戏曲这门动态艺术，要和变化的观众同频。放眼全国，戏曲改革的成功案例不少。

白先勇改编的青春版《牡丹亭》，全部起用年轻昆曲演员，把西方歌剧的音乐创作技法加入戏曲音乐之中，在唱腔中加入了大量的幕间音乐和舞蹈音乐，被誉为"古老剧种的青春传承"，在全国巡回演出时，受到年轻人的追捧。

京剧老生演员王珮瑜将《赵氏孤儿》的唱段同山水画舞美相结合，在京剧演唱中加入《加州旅馆》等流行歌曲元素，在京剧清音会中开直播、弹幕，这些都大大吸引了年轻观众。

这些改革取得成功，并不意味着戏曲的传承打了折扣——戏曲艺术引入变化首先要建立在继承的基础上。

李平芳认为，戏曲的观众不如现代娱乐节目的观众多，这是必须面对的现实，"但我们需要先继承，知道手里的好东西是怎么来的，掌握它，然后在继承中去发现它不完善的地方再进行创新。在做好传承的基础上，通过创新来留住观众。"李平芳说。

回到戏曲艺术本身，老一代艺术家们，对戏曲还有不同的探讨。

以河北梆子剧种为例，高亢激昂的唱腔总是让听众血脉偾张，听来过瘾带劲儿，但调门过高对演员要求就高，造成男演员稀缺。有人认为，不降调，河北梆子剧种要萎缩。"适当调整还是有必要的，高调门挡住了很多好演员，一个剧种的发展要有更多优秀演员来承载。"国家级河北梆子非物质文化遗产传承人齐花坦说。

有老艺术家提及，豫剧和评剧的更广泛流行，其实也是这两个剧种的唱腔类似流行歌曲易于传唱，也就有利于推广。

但也有老艺术家提出，河北梆子的独特性，调门是其中之一。降了调，那还是河北梆子？

艺术争论是推动艺术进步的动力之一。

但在艺术推广上，戏曲艺术家的观点惊人一致：戏曲进校园、戏曲文化讲座等正在遍地开花，培养戏曲人才和培养观众同时进行。

这些探讨的最终目的，都是为了在燕赵大地，戏曲艺术能"声声"不息。

（感谢河北省文化和旅游研究院、河北省戏剧家协会、河北省京剧艺术研究院、河北省河北梆子剧院演艺有限公司、保定清苑区哈哈腔剧团、石家庄市丝弦剧团、石家庄市评剧院一团、赞皇县丝弦剧团，以及提供大量参考资料的专家学者。）

易县荆轲塔　杨增红　摄

河北人文地理解读

人物篇

大河之北

第一单元 千古风流

采访 ◎《河北日报》记者 周聪聪 朱艳冰 徐华 王雅楠
通讯员 高雷 王平 于冬伟 李聪
执笔 ◎《河北日报》记者 周聪聪 付雷 杨华 杨志民

阅读提示

作为中华民族的发祥地之一,燕赵文化源远流长,博大精深。

在河北这片辽阔的土地上,不仅产生过一代又一代的英雄豪杰,而且哺育了一批又一批学者、巨匠。

这里,涌现了赵武灵王、荆轲、荀子、董仲舒等千古传颂的代表人物,他们不仅将锐意改革、重信尚义、忧国忧民的正气和责任感深深地烙刻在燕赵大地上,也塑造和影响了整个中华民族的精神气质和价值取向。

这里,书写过中国文学史上不朽的"邺下风流",也记录过盛唐边塞诗的慷慨雄浑,还孕育培养了一大批著名元曲作家,并见证着他们走向元曲创作巅峰。

这里,同样盛产科学家,郦道元、祖冲之、郭守敬这一个个如雷贯耳的科学巨匠,不仅在当时引领世界科技发展的潮流,至今仍闪耀在我国科技发展史的灿烂星空。

邯郸市胡服骑射雕塑　史晟全 摄

一、他们，最早塑造出这片土地的精神气质

1. 彪炳史册的改革者

2021年7月25日，邯郸市博物馆。

三匹青铜马，一匹仰头行走，一匹低头伫立，还有一匹正在低头觅食——它们是这里的"镇馆之宝"。

20厘米高的它们乍一看不算抢眼，但却被视为战国邯郸最具代表性的展品。

仔细观察，它们尾巴打结、肌腱隆突、马颈有力，与一般青铜马的"画风"大不相同。事实上，它们来自2000多年前的战国，都是驰骋疆场的"成年战马"。

三匹"成年战马"，使邯郸这个传统农耕城市"胡服骑射"的历史，跃然眼前。

在中国历史上，"胡服骑射"被视为"改革"的某种源头和代名词。而这辉煌篇章的创造者，便是威名赫赫的赵武灵王赵雍。

历经2000多年风云涤荡，这位改革家的魄力和胆识至今令人折服。

公元前309年的一天，赵国朝堂。

赵雍当天的装扮令众大臣一脸错愕，只见他一改国君高冠大袖、飘逸潇洒的装扮，身着短衣窄袖，腰系装饰着金钩的皮带，还脚蹬皮靴，一身胡人打扮。

震惊接踵而至。当天，赵雍正式提出"着胡服""习骑射"等一系列改革举措。

这，便是被载入史册的"胡服骑射"。

"赵武灵王成为胡服骑射的推动者，可以说是历史的必然。"站在一张中国地图前，邯郸市博物馆原馆长郝良真的手指自今辽宁绥中县海滨，一路向西南划过，然后过北京和太原之北，一直到今山西河津龙门山一带。

这便是著名的龙门—石碣线。

2000多年前，司马迁在《史记·货殖列传》中，划定了这样一条西周时期的农牧业区分界线。

"此线以南的三个经济区为农耕区域，以北的地区为畜牧业区域。赵国在地理上恰恰处于中原文化圈和北方文化圈的接合部。"郝良真解释道，这样的地理位置，对赵国的政治制度、军事制度、意识形态、文化面貌以及历史发展，都产

生了极其深刻的影响，使赵文化成为一种典型的多元文化，也推动赵国走上了经济发展、军事强盛的道路。

赵武灵王的胡服骑射，无疑便是多元文化融合之举。

战国中期赵武灵王即位时，正是各国间兼并战争频发的时期。

在与游牧民族长期交战中，赵武灵王看到车战的笨重和骑兵的便捷，意识到必须以人之长补己之短。他决定改变作战方式，最终提出"着胡服""习骑射"的主张。

然而，"胡服骑射"举措一经提出，便在赵国上下引起强烈反对。

因为这并非仅仅换套服装那么简单。

胡服骑射的一系列改革，既挑战了赵国高层旧臣的尊严，更损害了其利益。伴随"骑射"推行的军功爵制，全依军功大小确定身份高低，意味着将彻底废除旧士卿的世禄制。

但赵武灵王仍力排众议，以敢为天下先的勇气在赵国全面推行"胡服骑射"。

赵武灵王的底气，不仅是对自身政治判断的自信，更源自对赵国改革传统的深谙。

在今天的河北博物院慷慨悲歌赵国故事展厅，毗邻入口的第一个展柜，展示着两口直径30厘米左右的铜鼎。

事实上，赵国的改革历程，正是从"鼎"开始的。

公元前513年冬，春秋晋国大夫赵鞅和荀寅率领晋国军队在今天的河南中北部汝水之滨修建城防工事，他们向晋国民众征收"一鼓铁"铸造铁鼎。

但与一般的鼎不同的是，这口鼎被铸上了范宣子所制定的"刑书"。

赵鞅，便是后来的赵简子。

这便是中国历史上第二次公布成文法的活动——赵简子"铸刑鼎"。

在现代社会，我们强调法律面前人人平等，但在春秋时期，上层贵族社会认为刑律越秘密越好，以加强专制统治。赵简子把刑法条文公布于国之重器上，在开启民智，以至打破旧的政治格局、推动社会改革进步方面的意义，是不可低估的。

"赵简子、赵襄子父子被誉为赵国的实际开创者和改革的先导。简子执政后，不仅铸刑鼎，还在经济上调整剥削量，减轻百姓负担。同时在军事上，实行了奖励军功、释放奴隶等措施。这在当时都是了不得的改革。"郝良真介绍。

孙武在《吴问》篇中就曾说道，在列国中，以赵国的亩制为最大，且公家又不加税收，使民获得更多的利益。这样，既"富民"又"固国"。由此，孙武推测将来晋国的天下要归赵。

而这些改革，比我们熟知的商鞅变法，早了100多年。

"赵国号称'四战之地'，处在周围诸侯势力和少数民族的包围之中。在丛林法则支配的时代，赵国在长期的发展和进步中，逐步培育和形成了崇尚开拓、尚贤与合和的赵文化。"郝良真指出。

也正是这种文化锐气，驱使着赵国历任君主一直在图谋开拓，保证了赵国在战国中后期的东方强国地位。

赵国的疆域图便是最直观的证明。

在一张赵国疆域图前，郝良真的食指首先落在了今天的晋东南一带，这便是赵氏早期的势力范围。

"赵简子可以看作是赵国的总设计师，他为赵国制定的'东击北进'策略，是赵国发展的蓝图和脚本。"郝良真介绍，赵简子时期，他率军伐卫，攻占邯郸，实现了向东发展的目的。为了避免同东南魏、韩势力的冲突，又进一步采取了北进战略。

这一战略，被赵国历代君主接力实现。

为保证"东击北进"战略的继续推进，在选立继后问题上，赵简子看中了赵襄子深谋远虑，怀有兼并代国的志向，于是便打破嫡传血缘的传统观念，立"翟婢"所生的赵襄子为太子。赵襄子果然在简子死后不久，便兴兵平代地，实现了攘代北进的战略意图。

后来的赵烈侯，也是注重人才的明君，破格重用了荀欣、徐越、牛畜等一大批人才。

赵敬侯时，赵迁都邯郸，占据富庶地区，兴兵伐魏击齐，攻击北部的中山国，从根本上巩固了以邯郸为中心的战略地区。

待到赵武灵王执掌赵国，"东击北进"得以全面实现。正如后来我们所熟悉的历史，胡服骑射顺应了时代的要求，壮大了国力，使赵国相继攻灭了中山，打败了林胡、楼烦，在战国中后期长期立于不败之地。

就这样，赵武灵王作为中国最早的改革者之一，彪炳史册。而他的惊世之举也令开拓进取、兼容并蓄最终定格为赵文化最鲜明的内涵。

2. 慷慨悲歌的诠释者

公元前227年，易水河畔。

寒风萧萧，天低云暗。

一位壮士即将踏上险途。

他，就是燕地慷慨悲歌的代表人物——荆轲。

易水河畔，荆轲一曲"风萧萧兮易水寒，壮士一去兮不复还"的千古绝唱，把燕地慷慨悲歌的精神推到了极致。

荆轲，战国末期卫国人。卫国在诸侯兼并战争中被灭国后，他才游历到燕国。

他并不是土生土长的燕国人，千百年来，却为何被视为燕赵风骨最具标志性的人物？

"荆轲虽不是燕国人，但2000多年来，他知其不可为而为之的侠肝义胆，一直为历史深深铭记。这淋漓尽致地体现了燕文化好气任侠、慷慨悲歌的精神取向。"我国第一部燕文化研究专著《燕文化》的作者、中共保定市委党校教授杨玉生表示。

燕国疆域辽阔，鼎盛时期国土面积达20万平方公里，占据河北北部和辽宁西部。

虽然面积很大，但这里山高气寒，水冽土薄，山石块垒，危峰雄峙。

基于这样的自然禀赋，和建立在社会经济繁荣基础之上的赵文化不同，燕文化更像是一种苦寒和局促压抑激化的结果。

"燕国在西周前，已有千余年商代子姓燕国的辉煌历史。但姬姓燕国建立后，全国的政治中心由中原迁到了关中的丰镐，使燕国由畿辅之要沦为边僻之地，加之恶劣的自然环境，燕国一直一蹶不振。"杨玉生介绍。

史料记载，燕国君主的世系，自召公奭至燕惠侯中间九世，无名无谥；自燕惠侯以下，有谥无名。连国君的世系都没有完整的记载，可见其史事的渺茫和混乱。

此外，当时的燕地战争频仍。

在今天河北博物院慷慨悲歌燕国故事展厅中，两个约5米宽、2米高的大展柜尤为醒目。一个展柜中，30多把木柄铜戈散发着坚硬冷峻的气息，直指天空。另一个展柜里，上百支利箭，以射出的姿态占据了大半个展柜，旁边则是20多把锋利的长矛。

2000多年前，燕人就是用这些武器与敌人进行了无数次殊死血战。

正如布展所要传达的主旨，燕地是农耕方式与北方草原游牧方式斗争最为激烈的前沿地区，而战争是斗争的重要方式。

"燕国是两种文明长期拉锯的前沿地区。一方面，它促进了民族融合，燕地人口中各民族血缘融合的程度在当时各国中是最高的。另一方面，金戈铁马，狼烟报警，战争对燕地文化的影响也是巨大的。"杨玉生表示，正是战争的环境促成了燕地民众寒峻刚强、苍劲剽悍的气质，形成了燕地慷慨悲歌、好气任侠等独特的精神风貌。

河北博物院慷慨悲歌燕国故事展厅中展示的利箭、长矛等兵器　　周聪聪　摄

生不求财，死不惜命。好气任侠往往与慷慨悲歌相联系，宁可弃利甚至杀身也决不丧志辱身。司马迁在《史记·货殖列传》中，就曾将燕国民风概括为"民雕捍少虑"。

"正因为太子丹的诚信与荆轲的志向契合在一起，集中地反映了燕地文化由苦寒局促产生出的激变，表现了燕文化慷慨悲歌的独特风格。所以荆轲被视为推动燕地慷慨悲歌文化风格形成的代表性人物。"杨玉生分析。

在荆轲刺秦的故事中，豪壮的不只他们。

田光是燕国隐士，荆轲便是由他举荐给太子丹。因太子丹嘱咐他不要泄密，田光不惜刎颈自杀，以消除太子丹的顾虑。

燕国灭亡后，荆轲的好友、燕国人高渐离也因刺秦行动的失败而失去生命……

就这样，他们用侠义和知其不可为而为之的勇武塑造了燕地"慷慨悲歌"的文化性格。

秦汉之际，燕、赵之风相互融合，燕地的"慷慨悲歌"由燕地铺陈为整个燕赵大地的底色。秦灭六国时，燕赵两国的反抗最为激烈，场面也最为悲壮。苏秦合纵、长平之战，都为"慷慨悲歌"做出注脚。

司马迁在《史记·货殖列传》中也证实了这一点，其言赵和中山民风时便提到"丈夫相聚游戏，悲歌慷慨"。说燕时，又言"人民希，数被寇，大与赵、代俗相类"。

而在后世，"慷慨悲歌"便被视为燕赵这一整体文化概念最鲜明的性格标签。被后世尊为"唐宋八大家"之首的韩愈，在一篇名为《送董邵南序》的文章中开篇写道："燕赵古称多感慨悲歌之士。"

也正因此，贯穿2000多年的历史，荆轲一直作为英雄，被燕赵大地铭记。

2021年7月，易县荆轲山一片苍翠。

山顶上，一座20多米高的古塔形如利剑，直指苍天。

这，就是荆轲塔。

荆轲塔下，还保存着燕太子丹当年为荆轲所建衣冠冢。辽乾统三年（1103年）在荆轲衣冠冢上建圣塔并寺院，之后历朝历代皆有重建修葺。

2000多年过去，燕国与赵国的往事已随时光远去，但锐意改革、重信尚义、忧国忧民的正气和责任感已经深深刻入燕赵厚土的基因，并最终沉淀成整个中华民族所推崇的价值取向。

3. 儒学复兴的推动者

约公元前286年，一个年过半百的邯郸人来到齐国临淄，进入著名的稷下学宫。

此时，正值稷下学宫鼎盛时期，"诸子百家"各学派的学子们在此争鸣，可谓群英荟萃。这位邯郸大儒却因学问高，"最为老师"，三次被推举为祭酒，成为公认的学术领袖。

他，便是继孔、孟之后，先秦时期儒家的最后一位思想家——荀子。

今天提到荀子，很多人首先想到的是他的性恶论和荀子劝学。但事实上，先秦时期集诸子百家之大成的一代宗师，才是对他更为准确全面的评价。

荀子批判地继承了儒家"礼"的传统，并以"礼"为基础，引法入礼，提出"隆礼重法"的思想。他的"礼"强调道德的内在约束和"法"即法律、制度的外在约束。

"荀子对'法'的重视，与赵文化的滋养密不可分。"邯郸学院教授、中国先秦史学会会员张润泽介绍，先秦时期的三晋之地，向来被学术界称为法家思想的策源地和输出港。三家分晋建立的赵国也继承了这一传统，并培养出慎到这一"巨子"级的法家代表人物。这不仅深深影响了荀子，铸就了他根深蒂固的法治观念，也成为荀子援法入儒、引法入礼的文化潜因。

也正是基于荀子对"法"的重视，他的两个入室弟子韩非和李斯，分别成为先秦时期法家的集大成者和秦国法治的实践者。

除了融汇法家思想，郭沫若在《荀子的批判》中还曾说，荀子"不仅集了儒家的大成，而且可以说是集了百家的大成"。

"战国到西汉前期，'儒分为八'，孔子学说分裂。在这种情况下，荀子不仅继承和创新了孔子仁政思想，而且批判性地总结了先秦诸子思想，使儒学与时俱进，成为更符合封建社会向前发展的荀子学说。"张润泽表示。

众所周知，作为我国传统社会的主流文化，儒家文化最初在齐鲁大地孕育。但很多人不知道的是，儒学发展在后世曾经历几次大的危机与复兴。而河北恰恰在儒学复兴中占据着至关重要的地位。

荀子只是其中之一。

汉武帝即位之初，下诏推举贤良方正直言极谏之士。一时间，众贤良齐聚长安，应诏对策。

对策，是指皇帝下诏提出问题，被问之人以做文章的形式回答。

汉武帝先后下了三次提问的诏书，每篇诏书都提出了一大串问题。不言而喻，他急于通过策问，找到一个可靠的未来的治国方针。

一位来自广川（今衡水景县广川镇）博士的对策，令汉武帝这位"阅卷人"眼前一亮。

这位博士，就是董仲舒。

董仲舒对诏书的回答，就是历史上著名的《天人三策》。

董仲舒在《天人三策》中提出的很多思想被汉武帝所采纳，帮助汉武帝完成了治国思想的确立。

今天我们提到董仲舒，首先会想到他的"罢黜百家，独尊儒术"。其实他的"大一统"思想以及"三纲五常"中蕴含的"仁义礼智信"等思想精髓，无论对加强西汉中央集权还是对当下的社会治理，都产生了深远影响。

这成为儒学发展史上，一次里程碑式的大事件。

"秦朝先有焚书之举，后有坑儒之祸，再有'挟书令'苛政。三者齐下，儒学遭遇灭顶之祸。汉初信奉黄老之学，隐于民间的儒学星火毫无地位。"河北省董仲舒研究会常务理事董书尧介绍，董仲舒使儒家由民间学说上升为国家意识形态，奠定了儒家学说在中国传统文化中的主干地位，深刻影响了此后两千多年中国传统社会的政治结构和文化走向。

因此，董仲舒被誉为中国儒学复兴第一人。

"儒学从曲阜出发，在燕赵大地复兴。这样说，一点儿不为过。"在衡水学院董子学院教授曹迎春看来，燕赵之所以能在儒学复兴中起到如此重要的作用，绝非偶然。

"儒学复兴，一定是创新性转化发展的结果。"曹迎春解释，燕赵之地纵跨中原华夏文明和北方草原文明两个文化圈，两种不同文明的冲突和碰撞、交融与互摄，奠定了极具开放进取意识和兼容并包精神的文化性格，为儒学创新提供了深厚的土壤。

如果说，荀子和董仲舒是用融合创新复兴了儒学，另一对河北大儒毛亨、毛苌，则用薪火传承，使得一部经典的儒学典籍流传至今。

这，便是中国第一部诗歌总集——《诗经》。

《诗经》是中国最重要的传统文化典籍之一。孔子曾用"不学诗，无以言"强调《诗经》的重要性。

2021年9月16日，河间，细雨蒙蒙。

在河间府署一座名叫"诗经斋"的小院里，原河间市文化局局长、诗经文化学者田国福展示着他的藏品——1000多个版本、8000多册、占据了满满几面墙的《诗经》典籍。它们被吉尼斯总部评为收藏《诗经》版本世界之最。

"如果当年没有毛亨、毛苌叔侄隐居河间，恐怕我们现在就读不到《诗经》了。"田国福说道。

田国福说，孔子删定《诗经》后，汉儒对《诗经》的阐释与传承，主要有鲁、齐、韩、毛四家。但最终只有毛诗流传了下来，成为《诗经》的唯一传本，并成为后世解诗的依据。这其中，毛亨、毛苌对毛诗的传承起到了至关重要的作用。

毛亨，祖籍邯郸鸡泽，学于荀子，可以说是儒学正宗。可惜《诗经》传至他时却遇到秦始皇"焚书坑儒"。于是，毛亨携带家眷一路仓皇地从鲁地逃到河间隐居，直到汉惠帝撤销了"挟书令"，他才再次整理《诗经》，并写就了我国最早的诗学理论著作《毛诗故训传》。

后来，毛亨将《诗经》传给侄子毛苌。对《诗经》颇有研究的毛苌，得到了河间献王刘德的尊重，他不仅封毛苌为博士，还修建日华宫、君子

河间府署"诗经斋"里展示的《诗经》典籍　周聪聪　摄

馆，供毛苌讲经授学，传教弟子。

就这样，在儒学历史上的至暗时刻，毛亨、毛苌叔侄的接续传承，不仅使《诗经》得以保存，还进一步发扬光大，使河间一时成为全国儒学文化复兴基地和传播、研究中心，毛诗得以广泛流传。

不止于此，他们也令《诗经》找到了深厚的传播土壤。

毛亨、毛苌设馆教习时，常常采用吟唱的方式来传授《诗经》，音韵抑扬顿挫、疾徐合节，《诗经》不再仅仅是文人士子才能接触的阳春白雪，也像"流行歌曲"一样传唱于河间广袤的田野和村庄，成为"河间歌诗"的源头。

直到现在，河间依然有人可以通过歌诗的形式把《诗经》唱出来，曲调悠扬，诗声琅琅，尽现当年毛诗风流余韵。

二、他们，挥写出这片土地的风流文采

1. 开启文学自觉的"邺下风流"

建安十二年（207年），一位乱世枭雄立于碣石山巅。

眼前，大海茫苍，山岛耸立，丰茂的草木在萧瑟秋风中摇曳。

大概只有这般雄壮开阔的意境，才能激荡起他此刻内心的共鸣。

此次，他率大军从邺城出发，长驱北上，远征乌桓，将袁绍残余扫荡殆尽，一统北方。

他，就是曹魏政权的奠基人曹操。

在这里，他写下千古名篇《观沧海》。

曹操素以政治家、军事家著称，但在文学上同样颇有建树。他虽不是河北人，但在河北留下了很多重要的文学遗迹，也开创了一个新的文学时代。

东汉末年，群雄并峙。"世积乱离，风衰俗怨"的时代特征，促使文人一改两汉润色鸿业、铺张夸饰的赋体文风，转而关注乱离的社会现实，表达悲天悯人的情怀和建功立业的理想。慷慨悲凉的情调，刚健爽朗的文风，都使其以迥异于前代的姿态彪炳文学史册。

由于其时正值汉献帝建安年间，故后世称为建安文学。

曹操，就是建安文学新局面的开创者。

"建安文学，是我国诗歌史上文人创作的一个高潮，以其多方面的卓越成就，被视为中国文学的一个黄金时代。"河北师范大学文学院教授张蕾介绍。

燕赵大地，就在此时成为这个时代文学舞台的中心。

今天，从邯郸市区出发，沿京港澳高速向南，大约半个小时车程就能看到邺城出口。下高速，东行不远就是铜雀三台遗址公园。

建安九年（204年），曹操击败袁绍，攻入邺城，并以此为大本营，经略天下。在此，他修筑铜雀、金虎、冰井三台，广揽天下文士、贤才。于是，原本流落各地的文人，如"建安七子"中的陈琳、王粲、徐幹、应场、刘桢、阮瑀等，纷纷来到邺城，聚集在曹氏父子周围，形成了我国第一个真正意义上的文学集团——邺下文人集团。

邺下文人开展的同题共作、公宴诗会、赏读批评等文学活动，对后世各种类型的文学集团都具有示范意义。

铜雀三台遗址公园　赵华彦　摄

建安十六年（211年）五月，一群文人策马从邺城出发。

他们"驰骛北场，旅食南馆"。吃着漂浮在清泉上的甜瓜，在冰凉的水中沉下朱红的李子。"每至觞酌流行"，丝竹并奏，"酒酣耳热，仰而赋诗"，好不尽兴……

建安二十年、二十三年，曹丕曾两次写信给吴质，怀着十分留恋的口吻追忆这次聚会——南皮之游。

从曹丕的书信中，我们既能读出文人游览之乐，也不禁感慨于当时燕赵大地的安定平和。

不可否认，曹操对邺城的努力经营使当地以及整个中国北方出现了稳定、太平的气象，这为邺下文人集团的创作提供了稳定的政治环境。而以慷慨悲壮为基调的建安风骨的形成，同样离不开燕赵慷慨悲歌文化品格的"江山之助"。

在邺下文人集团中，曹操因政务军务繁忙，扮演着类似精神领袖的角色，虽然无暇实际参与邺下文士频繁的文学活动，但他的作品几乎有半数创作或完成于邺下时期。

曹操诸子中最具才华的曹植，从12岁至28岁，除了随父出征，大部分时间都留守于邺。邺下时期正是曹植文学起步并且逐步攀上"建安之杰"艺术高峰的重要时期，著名的《白马篇》便写就于此时。

相比父亲和弟弟，曹丕对于中国文学史的贡献同样是开创性的。他是邺下文人集团实际活动的主持者，正因他的策划与组织，使得这一群体真正具有了文学集团性质。他创作的《燕歌行》，是现存最早的、最完整的七言诗。《典论·论文》是中国文学史上第一篇文学专论，在中国文学批评史上占有重要地位。

邺下文坛，群星璀璨。"建安七子"与曹氏父子的创作相呼应，共同掀起了文人创作高潮。

他们一方面书写现实，歌唱理想，"志深而笔长，梗概而多气"；另一方面也"怜风月，狎池苑，述恩荣，叙酣宴"，开拓题材，探索技巧，呈现出浓郁的文人化色彩。

"正如鲁迅先生所言，'曹丕的一个时代，可以说是文学的自觉时代'。"张蕾介绍，《典论·论文》"诗赋欲丽"，颠覆了汉代"厚人伦，美教化"的功利艺术观；文章"不朽"之说，极大地提升了文学的地位。而邺下文人集团的形成、文学观念的进步、题材的拓展、文体的变革、审美的探寻，都成为文学进入"自觉的时代"的重要标志。

邺城，堪称文学自觉当之无愧的策源地。

2. 盛唐边塞诗里的河北身影

"汉家烟尘在东北，汉将辞家破残贼。"东北边塞，烽烟突起，唐朝大军前去征讨。

军威豪壮，战士们士气高昂，他们在战场奋勇杀敌，已将生死置之度外，而将军却"美人帐下犹歌舞"……

唐开元二十六年（738年），出塞征战回来的将士，向一位诗人讲起了作战失利的一幕。

诗人越听越激动，心中积郁难平。他多么希望李广再世，能爱惜征战沙场的战士，能拯救大唐的国运，"君不见沙场征战苦，至今犹忆李将军"。

这首诗，便是盛唐边塞诗的名篇《燕歌行》。

这位诗人，便是唐代边塞诗领军人物——高适。

高适，与岑参、王昌龄、王之涣合称唐朝"四大边塞诗人"，他的家乡位于衡水景县。今天，景县县城一条贯通南北的主干道，就叫高适路。

提到唐朝边塞诗，很多人脑海中闪现的，都是西北的大漠孤烟、长河落日，几乎很少将河北与边塞联系在一起。但事实上，隋唐时期，河北恰恰处于唐朝的北部边域。

"唐朝边塞战事主要集中在西北、北方、东北三个方向。河北当时与奚、契丹边塞战事紧张。"河北大学新闻传播学院教授、博导任文京介绍，盛唐"尚武"精神浓厚，文人也以积极进取的心态，形成了一种独特的边塞情怀，同时很多文人也希望进入边地幕府，建功立业。

因其特殊的地理位置，河北走出了很多有代表性的边塞诗人，除了高适，还有李峤、李端、李颀等边塞诗人代表。

同时，这块土地也吸引着很多文人的到来，他们在燕赵大地上留下著名的边塞诗篇。而慷慨悲歌的燕赵文化底色，令这些诗作带有鲜明的地域特色。

696年，一位四川诗人，登上了位于河北北部的黄金台。

他，就是初唐诗文革新代表人物陈子昂。

黄金台，亦称招贤台。战国时期，燕昭王高筑黄金台招贤纳士。

此刻，陈子昂多么渴望遇见这样的贤君。当时他在边将武攸宜幕府任参谋，朝廷令武率军征讨契丹，无奈兵败，陈子昂屡屡进言退敌之计，不仅不被采纳，反而被降职。

山河依旧，贤君不再。想到这些，诗人不禁悲从中来，写下了那首著名的《登幽州台歌》。

不只这首著名抒怀诗，陈子昂在河北留下许多边塞诗篇。"愤胡孽之侵边，从王师之出塞"，"丁酉岁，吾北征。出自蓟门，历观燕之旧都，其城池霸业，迹已芜没矣"。字里行间，自有一番别样的边塞风情。

河北，不仅为边塞诗提供了土壤，同样也赋予了边塞诗一种特殊的气质。

唐开元二十年（732年），高适一路北上，来到了河北北部边塞。

这是他第一次置身边塞，满怀希望能够入边地幕府，得到信安王的赏识，一展才华。但遗憾的是，此次干谒并没有成功。

不过，在他此行的诗作《塞上》《塞下》《蓟门五首》中，我们却丝毫没有看到沉湎于小我的悲伤，相反，这场边塞考察令他更加忧心边塞的战事不息。

他揭露士卒戍边辛苦，却受到非人待遇的现状，"戍卒咽糟糠，降胡饱衣食"。他申明自己的军事主张，表明与敌周旋久战绝非长策，并指出"和亲非远图"……

盛唐人殷璠在《河岳英灵集》中评曰："适诗多胸臆语，兼有气骨，故朝野通赏其文。"

"高适诗风雄浑悲壮，他常常在诗中揭露现实，表明自己的军事主张。他以及他的诗淋漓尽致地体现着慷慨激昂、舍身为国的燕赵文化精神。"任文京表示，这种慷慨之气，不仅成为高适边塞诗的鲜明特色，也最终确立了他在唐朝边塞诗中的领军地位。

而在河北师范大学原副校长、中国古代文学博士生导师王长华教授看来，这种慷慨之气，并不为高适所独有。

"不仅是边塞诗，纵观唐代文学发展的每一个阶段，每一个重要流派，乃至每一种文学思潮，我们都能清晰地看到河北籍作家的身影。"王长华介绍说，唐代河北地区先后涌现出卢照邻、李峤、高适、李颀、李端、卢纶、韩愈、贾岛等一大批名垂青史的著名诗人。从"初唐四杰""文章四友""珠英学士"到"大历十才子""韩孟诗派""咸通十哲",这些不同时期的文士团体和诗歌流派,也无一不有河北籍文士的积极参与。

河北籍文士身上一脉相承、持续秉持的刚健气质,作为北方地区特有而宝贵的文学品质,一直为唐诗风骨的形成和发展,不断注入活力和激情,也不断矫正和引领着唐代文坛的主流走向。

3. 书院里的元曲作家

至元十七年(1280年),"元曲四大家"之一的白朴,先后收到两位元曲作家王思廉(仲常)和李文蔚的来信。

信中,两位曾经的同窗好友向白朴追忆美好过往。

看罢来信,白朴感慨万千,写下一首词《夺锦标》相赠,其中下半阕写道:"梦里封龙旧隐,经卷琴囊,酒尊诗笔……"

他在词中所提到的"封龙",指的便是今天位于石家庄市西南,元氏、鹿泉交界地带的封龙书院。青年时代,这三位著名的元曲作家都曾求学于此。

今天,从石家庄市区出发约15公里,远远就能看到封龙山。封龙山南麓,龙首峰下,屹立着一座红墙黛瓦的千年书院。

这,就是令白朴年届半百仍魂牵梦萦的封龙书院。

封龙书院是河北地区见诸记载最早的书院。汉代李躬、唐代郭震都曾于此讲学,五代时真定名士李昉创为书院。不过,封龙书院的全盛时期,却是在元朝,一度成为当时河北的文化教育中心。

从这里走出的白朴、李文蔚、侯正卿、史樟、侯克中、尚仲贤、戴善夫等,后来都成为真定元曲作家的中坚。他们所创作的大量杂剧与散曲作品,奠定了真定在元初杂剧繁荣时期的重要地位。

元曲,元代盛行的一种人民群众喜闻乐见的艺术形式。但在人们的印象中,这种通俗的大众娱乐方式似乎与严肃的书院格格不入。

究竟是何种机缘,使书院成为一个元曲作家的培养基地呢?

2021年10月4日,正定元曲博物馆。

封龙书院　　元氏县委宣传部　供图

　　在这里陈列着历史上第一部为曲家立传的著作《录鬼簿》。

　　书中,作者记录了多位著名的杂剧及散曲作家,其中,就包括一对真定父子。

　　儿子,名叫史樟,曾就读于封龙书院。

　　父亲,名叫史天泽,时任真定路都元帅使。

　　史樟,书院学子与元曲作家的"混搭"轨迹。史天泽,政界大员与元曲爱好者的"跨界",冥冥中印证了封龙书院培养元曲作家,与真定一带上层人物的提倡和参与之间的某种关联。

　　"史天泽是元朝最早的汉人丞相,是最初投靠蒙古贵族的北方四大家族之一史家的领袖人物。他不仅在政治上,使真定成为北方的政治、文化中心,同时,他酷爱元曲，也是元曲在真定发展的重要推动者。"

正定元曲博物馆工作人员介绍，元初统治者提倡汉化，主张兴学养士。时已为真定等路五万户的史天泽，"年四十，始折节读书"，还将许多金朝旧臣和流离失所的名士招在身边，真定府治下的封龙书院，自然也是史天泽重点笼络的对象。

除外部刺激之外，封龙书院的师资和当时北方整体的学术环境也为元曲作家的诞生创造了条件。

在700多年前的一个七夕之夜，白朴慨叹和赞许牛郎织女爱情的真挚深沉，曾提笔写下一首《摸鱼儿》，开篇第一句："问双星、有情几许。消磨不尽今古。"

不过，这句词其实是一句仿写。

而他仿写的对象，便是他的恩师元好问16岁时写下的那句传诵千古的咏情名言："问世间，情是何物，直教生死相许？"

幼年时代的白朴，经历国破家亡、母亲惨死、父亲投敌之重创，一度被元好问收养。元好问之于白朴，无论成长、学问，还是创作上，都产生了巨大的影响。

不仅是对白朴，元好问以及李冶、张德辉这三位被誉为"封龙三老"的学术大家，对封龙书院的整体学术氛围都产生了至关重要的影响。

元好问，是宋金对峙时期北方文学的主要代表，被尊为"北方文雄"，曾在金朝进士及第。和元好问一样，李冶、张德辉也是金朝词赋进士、举人出身，"率以诗赋文章相标榜"。以研究高次方程而被后世誉为"攀上13世纪世界数学高峰"的李冶，同样长于诗文，常与元好问唱和，世称"元李"。

"金元之际的北方学术，正处于旧儒学尚有较强势力，新儒学逐渐抬头的新旧交替时期。尽管宋代以后，程朱理学成为官方哲学，但随着南宋政权的南迁以及蒙古对北方的统治，北方的学术品格尚未改变。"

中国元史研究会会员、河北工程大学葛仁考博士表示，元初科举制度一度被废，生徒在书院中的学业不能为科举考试作准备，而哲学意味浓厚的程朱理学又尚未占领北方，长于诗词歌赋的文人们没有了正常的社会上升途径，于是他们便将自己的词章优势和社会下层相结合，走出了一条独特的文人路线，并最终成为真定作家群的中坚力量。

真定作家群具有规模大、文化素养高、作品体量多的特点，大概与这些作家的学院出身不无关系。

三、他们，登上中国古代科技高峰

1. 享誉世界的地理科学大师

注释，在现代汉语词典里的解释是"解释字句的文字"。简言之，注释是方便我们更好理解原著的一种辅助性工作。因此，书籍的编排一般正文用大字，注释用小字。

但在1000多年前的北魏时期，有人却"喧宾夺主"，把这项辅助性工作做成了一本书，甚至成就比原著还高。

这本书，就是我国古代最权威的一部全方位记载全国水道分布和水文变化的地理巨著——《水经注》。

而这位"史上最牛"的作注人，就是我国古代杰出的地理学家——郦道元。

他的家乡，就位于今天的保定涿州。

至今，当地还有以郦道元命名的西道元村和东道元村，足见这位古人对当地文化影响之深。

不同于初中课本上学习《水经注》名篇《三峡》时，郦道元给我们留下的文人印象，他其实长期在北魏政权中任职，是带兵打仗的军政要员，曾历任颍川郡太守、冀州镇东府长史、鲁阳郡太守、东荆州刺史等职。既有安定边地、兴学重教的政绩，也有秉公执法、惩治豪强的壮举。

代行冀州刺史职务期间，他从严治政，州县官吏敬畏他，犯有奸盗罪行的人也多逃于他境；在鲁阳郡太守任上，他打破边远地区不设学校的陈规，兴办塾学，整肃民风，被皇帝赞为"良守文翁之化"。

不过，相比政绩，郦道元更为人所知的还是他的《水经注》。

《水经注》，顾名思义，就是为《水经》所作的注释。

《水经》是一部专门记载我国江河水道的古书。最后成书于魏晋时期，全书约1.5万字，记述了全国137条主要河流。

但郦道元的厉害之处在于，他虽是作注，但实际上却是以《水经》为底本，采用作注的形式写成了一部别开生面的综合性地理巨著。

郦道元在《水经注》中详细描述了全国1252条河流的源流始末，涉及大小水体（湖、淀、陂、泽、泉等）近2600个，分别是《水经》记载的9倍和20倍。全书字数达30万字。

《水经注》并不仅仅胜在体量上，这部地理巨著更大的意义在于，它是以全国的水道为纲，对我国辽阔疆域内的山川河流、风土人情、历史古迹、地形矿藏、农田水利、城镇兴废等都做了准确生动的描述，此外，民俗谣谚、神话传说等也囊括其中，为后来的人文地理学、自然地理学和水利学提供了珍贵的历史资料，也为历史学、考古学、民族学、民俗学等多种学科保存了丰富的研究内容。

同时，郦道元也凭借《水经注》中绚烂的文笔，清丽的语言，被尊为山水游记文学巨擘。

郦道元所处的时代，是南北朝政权对峙时期，国家正处于分裂割据状态之下，但他并没有将眼光局限于北魏政权的领土范围。

他以全国的自然河流水系来做纲，以西汉王朝的疆域为基础，还涉及域外，包括今印度、中南半岛和朝鲜半岛部分地区。从时间上看，他的记载上起先秦，下至南北朝时期，时间跨度2000多年，充分体现了对祖国统一的期待和决心。

"河北，在古代一直处于华夏文明和少数民族文化冲突与交融的前沿。在这漫长的历史进程中，倡导大一统的华夏文化是燕赵大地的主体文化。虽然历经朝代更迭战乱，但大一统文化却深深烙刻在燕赵大地。"涿州历史文化研究所原所长刘桂郁表示，郦道元立于半壁江山却心怀统一强盛的神州大国，便是这种文化基因的表现。

日本学者森鹿三认为郦道元是"中世纪世界上最伟大的地理学家"。德国地理学家李希霍芬称郦道元是"世界地理学先导"。

但遗憾的是，527年，这位杰出的地理学家却惨死于陕西阴盘驿（今陕西临潼东南）。

当时雍州刺史萧宝夤谋叛，郦道元因为素来为官清正，曾招致北朝王公贵戚忌恨，于是他们便借机怂恿朝廷派遣郦道元前去平叛，以此借刀杀人。

"郦道元为官一生，只因刚直不阿，却最终惨死于政敌的陷害，成为封建社会政治斗争的牺牲品。但他到死瞋目斥贼，始终正义凛然，亦不愧是燕赵慷慨悲歌的优秀代表。"刘桂郁表示。

2. 以"祖率"闻名世界的科学家

2021年9月6日,涞水,涞阳路233号。

这里,有一座很"圆"的学校。

校门是半圆形的,很多窗户是圆形的,就连教学楼的拐角也被特意设计为圆弧形……"圆"作为一个视觉识别元素,布局在学校基础设施建设的各个角落。

这所学校,原来叫"河北涞水县第一中学",但自1992年,它有了一个更响亮的名字——"河北祖冲之中学"。

所有这些,都是为了纪念一位我国古代著名科学家——以圆周率闻名世界的祖冲之。

祖冲之,祖籍涞水。西晋末年,祖家由于战乱,迁到江南居住。不过今天在涞水县下车亭村,还生活着很多祖氏后人。

"知道这组数字表示什么意思吗?"

在校门前,75岁的祖氏后人祖景新站住了脚步,将手指高高举起。

顺着他手指的方向,只见校门的立柱上标注着这样两组数值——"22/7"和"355/113"。

"这便是曾经领先了世界1000多年的'祖率'。"祖景新自问自答。

在日常生活中,我们会用到很多的圆柱形容器,得益于精确的圆周率,我们很容易便能计算出容积。但在古代,这件事却并不容易。

在汉以前,中国一般用3作为圆周率数值,即"周三径一"。但这在计算圆的周长和面积时,误差很大。为此,历代数学家都曾尝试各种方法计算圆周率,结果都不尽如人意。

直到南朝宋末年,祖冲之重新推算,

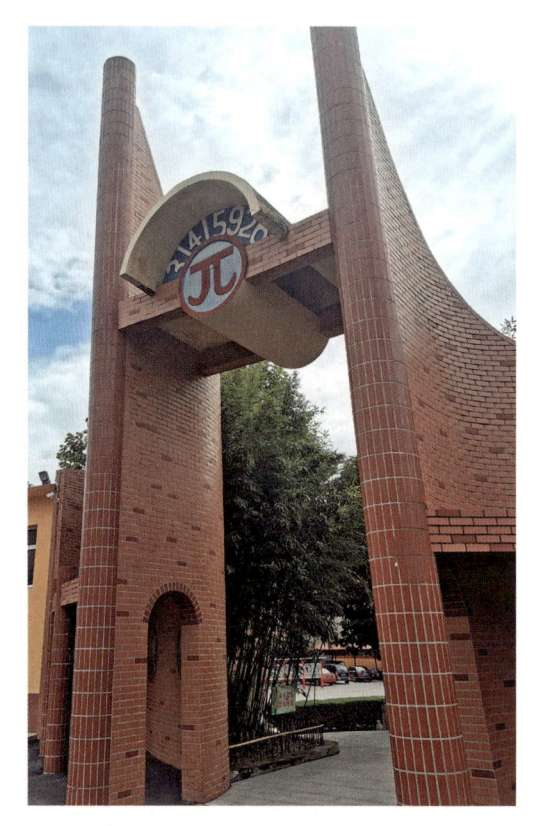

河北祖冲之中学校门的设计充满祖冲之元素
周聪聪 摄

得出如果圆的直径为1，那么圆周的正确数值就在3.1415926和3.1415927之间。推算圆周率时，为方便计算，祖冲之求出用分数表示的两个圆周率数值：一个是355/113，称为密率；一个是22/7，称为约率。密率是分子、分母在1000以内表示圆周率的最佳渐进分数，这个密率数值在世界上是第一次提出，因此有人主张叫它"祖率"。

祖景新拿出一张白纸，画了两个圆，随后又在第一个圆里画上了一个内接正六边形，在第二个圆里画上了一个内接正十边形。

"如果用正多边形来模拟圆，就可以近似地用正多边形的周长来代替圆的周长。边数越多，数值越精确。这就是刘徽的'割圆术'。"祖景新说，祖冲之究竟是怎么推算出来的圆周率，现在已经没有准确记载了。目前公认的看法是他应用了"割圆术"。

这是一个大到难以想象的计算量，现在甚至经常会用计算 π 来验证计算机的运算速度与计算过程的稳定性。"想象不出，这个电脑算起来都'吃力'的数值，祖冲之究竟是怎么一笔一笔算出来。"祖景新说道。

不过，圆周率这一巨大的光环，让很多人忽视了祖冲之的博学多才。

1967年，国际天文学联合会将月球上的一座环形山命名为"祖冲之环形山"，此前，紫金山天文台还将国际永久编号1888的小行星命名为"祖冲之星"。

这不仅是为了纪念祖冲之在数学上的成就，也是为了纪念他在历法方面做出的杰出贡献。

中国是世界上最早发明历法的国家之一，历法的出现对国家经济、文化的发展有深远的影响。漫漫数千年岁月里，古代中国历法经历了数次重要的变革，祖冲之的《大明历》被公认为中国较大的一次历法改革。

"《大明历》之所以在我国历法改革中占有如此高的地位，主要在于它的精度。"祖景新介绍，《大明历》打破了传统的"19年7闰"，提出了"391年144闰"的新闰周，首次将岁差引入历法，所计算的回归年长度、交点月日数以及五星运行周期与现代的理论数值非常接近。

不仅在数学和天文历法方面，祖冲之在机械制造方面，也取得了极为丰硕的成果。他发明的水碓磨、指南车、千里船和欹器等，多数是适用于黎民百姓生产生活的，有的甚至沿用至今。此外，他在音律及哲学研究方面也多有著述，成就卓然。

3. 百科全书式的科学巨星

1247年，邢台西部的紫金山书院。

一位16岁的少年跟随祖父，跋涉百里来到了这里。

这所书院在当时是一个今天清华大学似的存在，在众多的文人书院中独树一帜。

对这所书院，少年仰慕已久。

他来自距书院百里之遥的邢台郭村，由于自幼随精于算术、水利的祖父长大，这位少年也痴迷"实学"，十五六岁便根据书中一幅画，用竹篾扎制出一架小型浑天仪观测天象。

他，就是我国古代著名的科学家——郭守敬。

紫金山书院由元朝开国军师刘秉忠创建，刘秉忠精通天文、律历等"实学"。师从刘秉忠后，郭守敬不仅在天文、数学等方面日益精进，还结识了张文谦、张易、王恂等师友。他们先后入朝为官，成为元初著名的政治家、军事家、科学家。

"元初，随着蒙古势力进入中原，隋唐以来的科举制度被打破，强调'实用主义'的元朝特色用人制度形成，出现了壮观的人才格局。"中国元史研究会会员葛仁考介绍，占尽天时地利的紫金山学派，成为忽必烈汉人谋士第一集团。

这个高端"师友圈"，为郭守敬施展才能提供了广阔的平台。

2021年8月20日下午，清河油坊小镇，益庆和盐店博物馆。

这一年是郭守敬诞辰790周年，邢台市专门邀请全国30多位研究专家来此参观。

"郭守敬的贡献主要集中在四个方面，水利、天文、数学、仪器仪表制造，而他一生中的大部分时间都在从事水利事业，京杭大运河又是其中最为光彩的一页。"

走到一幅京杭大运河水系图前，《中国水利史典》专家委员会副主任、郭守敬水利成就研究专家蔡蕃放慢了脚步。回身看向身后的研究者，他的手指，轻轻地在大运河山东段和北京段画了两个圈。

这两个圈，画出了郭守敬对京杭大运河的主要贡献。

在山东段，郭守敬主持设计修建了济州河、会通河两段通漕路线，将隋唐大运河截弯取直，比原线路缩短900多公里，初步奠定了后代京杭大运河的走向和格局。

在北京段,他设计并亲自主持了通惠河的修建,打通了京杭大运河的"最后一公里"。

"元代以前的大运河是隋唐时期开凿和形成的,虽然也是北起北京,南及杭州,但运河的中心或重心在洛阳一带。元定都大都,历史上中国政治中心第一次北迁到华北地区。国家庞大的开支和赖以生存的粮食,仍必须依靠南方。南北的交通和漕运问题,立即成为国家头等重要的事情。"邢台郭守敬纪念馆副研究馆员马瑞红表示。

这是中国大运河重心的大转变,而规划并实施这项宏伟改造工程的第一人,正是郭守敬。

但实现这一巨变,谈何容易。

通惠河的开通,便是其中艰辛的一个缩影。

1262年,当时还是一介布衣的郭守敬在上都首次见到忽必烈。在向忽必烈陈述"华北水利六事"时,第一条就是开通一条连接大都和通州的运河。

然而,到1293年通惠河竣工,却已经整整过了31年。

"通惠河的开通,最关键的问题并不是挖河道,而是寻找能保证运河水量的水源。"邢台郭守敬纪念馆馆长梅红介绍,为此,郭守敬对北京周围水系进行了近30年调查,最终发现昌平的白浮泉水量充足,是运河的理想水源。他还设计出一条巧妙的引水路线,规避了河道落差小和山洪暴发影响运河安全的问题,将沿途十大泉水收集引入通惠河,成功解决了运粮河水源不足的问题。

在踏勘测量中,他最早提出以海平面为零点的海拔标准,比西方类似概念的提出早500多年。同时他还创造性地修建河流平面交叉的清水口工程12处,与今天京密引水渠采用立体交叉工程12处完全相同。

1283年,济州河竣工。1289年,会通河竣工,京杭大运河山东段改造完成,实现了江南漕船北上到达通州的规划。1293年,通惠河竣工,京杭大运河"最后一公里"终于打通……

就这样,在郭守敬的设计和主持下,中国大运河重心顺利实现转变。

"其实,不仅是京杭大运河,郭守敬一生大部分时间从事水利事业,先后主持了邢州、西夏、大都等很多水利工程,并开创了集灌溉、船运、防洪一体综合

郭守敬望远镜　　陈颖为　摄

利用的先河。"梅红说,"哪一项拎出来,都是值得大写特写的超级工程。"

在今天的承德兴隆,燕山主峰雾灵山南麓,郁郁葱葱的山脊之上,矗立着一组白色的巨大建筑。

这,就是著名的郭守敬望远镜(LAMOST)。

LAMOST是我国重大科学工程之一,2010年4月被冠名为"郭守敬望远镜"。

如今,我们借助这些科学重器探索宇宙深处的奥秘。几百年前,郭守敬也在不断仰望苍穹,通过探究星辰日月的运行规律来制定历法。

1276年,忽必烈成立太史局,让郭守敬、王恂等人主持修历工作。

"为了精确汇集天文数据,以制定新的历法,郭守敬设计制造了一系列天文仪器,如高表、简仪和仰仪等20余项天文仪器,还进行了著名的'四海测验'。"2021年8月20日,站在郭守敬纪念馆第三展院,马瑞红手指着身旁高3米多的简仪解释道。

在今天的邢台达活泉公园,有一座11米多高的仿古观星台。

事实上,令今人难以想象的是,这样的观星台,在当时元朝的疆域之内有27个之多,是世界上最古老的观星台。其分布范围从中国南海到俄罗斯的西伯利亚,从朝鲜半岛到川、滇地区与河西走廊。

值得一提的是,南海诸岛之一的黄岩岛上当时也设置了观测站,而这也成为南海诸岛自古便是中国领土的铁证之一。

这便是郭守敬主持的,当时世界上规模最大的一次天文观测和纬度测量活动——四海测验。

编制一部精良的历法,既要靠精确的观测数值,又要靠先进的数学计算方法。在历法编制过程中,郭守敬和王恂在数学上首次提出并运用了三次差内插法

公式，比牛顿1676年提出的内插法一般公式早了近400年。

1280年，新历完成。忽必烈取"敬授民时"之意，定名"授时历"，通令第二年在全国颁行。

"郭守敬等人所创的《授时历》被称为历法历史的一座高峰。它以365.2425日为一岁，距近代观测值仅差26秒。此外与之精度相当的公历为西方所创，而《授时历》比现行公历早300多年。"梅红介绍。

作为我国古代最精良的一部历法，《授时历》从元代一直使用到明代，共使用了364年，而且还传到了日本、朝鲜，是古代影响范围最广的一部历法。

邢台达活泉公园内的郭守敬铜像及观星台　　郭丽赟　摄

-467-

第二单元 群星璀璨

采访◎《河北日报》记者 周聪聪 朱艳冰
通讯员 王印国 周瑞刚 杨洋
执笔◎《河北日报》记者 周聪聪

📖 **阅读提示**

近现代历史上，河北大地，人才辈出。

这里，先后走出一大批新中国近现代学科的泰斗级人物：有的很早便关注到南海主权问题，有的对中国地质勘探和中国近代考古做出了开拓性贡献，有的为中国机械工程学科的本土化和独立发展起到了奠基性作用……他们的人生经历和心路历程，也是中国近现代知识分子的光辉写照。

这里，同样孕育和培养了一大批红色艺术家，他们用不同艺术形式，刻画了河北人民英勇斗争的历史画卷，至今仍是闪耀在中国文学艺术史上的不朽经典。

迁安市蔡园镇刘庄子村的矿山绿意盎然　　《河北日报》资料图片　康永利　摄

一、大地英杰

1. 白眉初：南海"九段线"雏形的提出者

在中国地图上，辽阔的海疆上，有一条清晰的断续国界线，清晰鲜明地向国际宣示了中国对南海诸岛及其海域的主权。

这便是大家所熟知的南海"九段线"。但很多人不知道的是，"九段线"的提出，其实与一个河北人息息相关。

他就是我国近代著名地理学家——白眉初。

白眉初，生于1876年，卢龙人。1905年进入北洋师范学堂史地科学习，从师于晚清民国时期著名地理学家张相文。由于学习成绩优异，虽然当时科举考试已被废除，毕业时他仍被清政府赐予"举人"功名。

1936年，北平建设图书馆出版发行了一本由白眉初编著的中学教育地图册《中华建设新图》。

但与之前的地图册不同的是，图册中的一张《海疆南展后之中国全图》上，属于中国主权的南海诸岛被一条U形红色实线揽入怀中。

"这也是中国历史上第一次在地图上用一条完整、连续、封闭的线条将南海诸岛包括到中国版图内。"2021年10月24日，站在一张中国地图前，河北师范大学博物馆副馆长朱绍华介绍，这就是中国地图上最早出现的南海疆域线，也就是"九段线"的雏形。

1947年，国民政府出版的地图将白眉初的封闭海疆线，改为11条断续线；新中国成立之后，标志南海疆域的线段被保留下来。1953年，11条断续线变为9段。

其实，白眉初在地理学上的贡献并不止于此，他被视为中国地理从古代地理

白眉初　朱绍华　供图

-469-

常识向新时代的科学地理学过渡阶段的承前启后者之一。

"找到了!"

2021年10月27日,南京大学仙林校区杜厦图书馆古籍特藏部工作人员给记者的答复,通过电话传来。

他们为记者找的是一部名为《中华民国省区全志》的古籍,全书共五册。

"每本都很厚,像字典一样。"书的厚度令工作人员感到惊讶。

这,就是白眉初耗时12年、于1925年问世的400万字代表性巨著。

"这部著作为建立完整的中国区域地理学奠定了重要基础。"河北师范大学地理科学学院副院长丁疆辉介绍,虽然这部巨著题名"全志",体例上仍继承传统方志的分纲列目,但内容上却开始用气候、地形、水文等自然地理要素和人口、民族、经济等人文地理要素来尝试建立完整的中国省区地理。

丁疆辉介绍,中国地理学发展曾长期附属于历史学,一直没有建立一套独立、系统的地理学分析视角。白眉初所处的时代正是近代西学大量传入中国的时期,他对引入科学地理学思想,并尝试应用于中国省区分析发挥了重要作用。

这对20世纪20年代末中国的史地系分离,以及中国近代科学地理学的产生,都起到了重要的启蒙作用。

不仅是学识,白眉初的人品和爱国深情同样令人敬仰。

1913年,直隶女子师范学校(河北师范大学前身)。

课堂上,讲到清朝政府丧权辱国、外国列强割据国土时,一位地理老师手指着地图,禁不住捶胸顿足,泪流满面。学生们也悲愤交加,失声痛哭。

这位老师,就是白眉初。

而这些学生里,有一位我们后来非常熟悉,她就是邓颖超。

白眉初曾在天津直隶女子师范学校、京师女子师范学校任教,作为一位地理学家,他希望通过教育拯救中国,坚持"爱国,学地理之首;建国,学地理之本"。

而他与李大钊的友谊更是一段佳话。

1933年4月23日,万安公墓。

这是李大钊逝世6年后,第一次举行正式公祭追悼会。

会上,一个女孩宣读了祭文。人们都认为她是李大钊的长女李兴华。其实,她是白眉初的女儿白汝漪。

而此举,正是为了保护李大钊女儿的身份不被暴露。

"白眉初与李大钊的友谊,是通过地理学家、滦州起义烈士白雅雨建立的。当时,白、李二人在天津读书,均是白雅雨的忘年之交。"朱绍华介绍,白眉初对李大钊极为尊重,对其从事的革命活动多次予以帮助。

李大钊被秘密杀害后,白眉初不仅第一时间拿出三百大洋派人购买寿衣、棺木,还出面交涉领回李大钊遗体重殓。不仅如此,李大钊逝世后,白家一直对李家接济照顾。

"要知道,当时正是白色恐怖最猖獗之时,出面料理一个共产党人的后事,这需要何等胆识与魄力!这也正反映了白、李至交之情。"朱绍华说。

2. 袁复礼:中国地学界的先驱之一

1952年,迁安西部。

一位59岁的地质学家骑了三天马,一路颠簸来到这里。

"迁安铁矿是一个很有前途的铁矿。"

此时,人们对这里丰富的矿藏还几乎一无所知,但这位专家却一眼看出了这片土地的价值。他连续几次来到这里,进行铁矿评价及圈定矿体工作,并填制了一幅迁安、滦县、卢龙地质草图,为此后迁安铁矿的开发提供了珍贵依据。

最终,迁安铁矿巨大的探明储量,证实了这位"伯乐"的远见卓识。

他,就是著名地质学家袁复礼。

袁复礼,保定徐水人,生于1893年。1913年考入清华学堂高等科,1915年获庚子赔款奖学金赴美学习地质学、生物学、考古学、植物学。1921年学成回国后,投

袁复礼　　袁鼎　供图

身祖国地质建设事业。

袁复礼是一位开拓性的元老级人物，他的成就横跨地质学和考古学，在不少领域都是奠基式的人物。

在地质界，他创造了诸多"第一"：第一个确定了中国有早石炭世地层，开了新中国第一门"地貌和第四纪地质学"课程，编出中国第一本第四纪地质学教材，是中国地貌和第四纪学科的创始人之一。

不仅如此，他还是中国近代考古学的先驱者之一。

他从事地质勘查和教育60多年，培养的学生中仅中国科学院学部委员（相当于现在的院士）就有30多位，各省地矿局的第一代总工几乎都接受过他的指导。

今天，在中国地质博物馆，珍藏着一幅珍贵的手绘地图。

这幅图很大，图长近3米，宽有70多厘米。

虽然图纸已发黄，周边已破损，但我们依然能从图上看到一条条清晰的科学考察路线，以及矿点、考古、古生物的采集点及气象观测站（点）等标识。

这便是袁复礼亲手绘制的《西北科学考察团旅行路线总图》。

在中国近代科学史和中外科学交流史上，西北科学考察团开创了中外科学家平等合作的先河，也是中国科学家第一次在西北以现代化手段进行综合科学考察。

1950年春，应河北省工业厅邀请，袁复礼（左三）和清华地质系师生到平山、灵寿做刚玉矿点检查　　袁　鼎　供图

袁复礼曾任中方代理团长3年多。

在长达5年的科考中，袁复礼带队跋涉在漫漫黄沙，穿越碱滩、石漠戈壁及山地，深入新疆、内蒙古大片未知区域，填补多项地质空白。

"借助这次考察以及前期甘肃地质调查，袁复礼首次确定了我国有早石炭世晚期地层的存在，为我国南、北方石炭系地层古生物对比和古地理研究打下了基础。"

袁复礼之子、中国地质大学高级工程师袁鼎介绍，这次科考中，袁复礼所建立的中生代煤系地层剖面，以及他对新疆天山北麓（包括天池）地形地貌所作的调查、测绘和技术，不仅为后人在新疆开展地质工作打下了良好基础，也积累了新中国成立后开发前景良好的石油、煤产地的地质资料。

他在新疆的另一重大发现，更是震惊了世界。

北京西直门外大街142号，中国古动物馆。这里陈列着一具"呆萌"的骨架化石，它头大脖子短，身体像一个圆圆的桶。

它的名字叫水龙兽，是袁复礼在西北科考的重要发现之一。

水龙兽虽然取名"水龙"，但事实上这种猪状的四足动物生活在陆地和湖沼，是无法漂洋过海的。它的分布十分广泛，在南非、印度、南极等地都有发现。袁复礼在西北科考时，在新疆发现它，证明在2亿年前南非、印度、南极大陆是互相连接着的，由此被看作大陆漂移说的佐证。

事实上，不仅水龙兽，袁复礼在西北科考期间发掘到的二叠纪、三叠纪兽形类爬行动物化石多达72具，经研究分属于许多新的种属。

"如今，我国古脊椎动物学的研究已进入国际先进行列，其中一个重要方面就是二叠纪、三叠纪兽形类的研究，他的历史渊源就与袁复礼的这些重要发现密不可分。"袁鼎表示。

2021年10月19日，河南三门峡市渑池县。

仰韶文化发现暨中国现代考古学诞生100周年纪念大会隆重举行。作为袁复礼先生的后代，袁鼎被特邀前来参会。

100年前，正是在这里，瑞典地质学家安特生和袁复礼等一起进行了首次发掘，揭开了考古学探索我国史前文化的恢宏序幕。

在仰韶遗址的考古工作中，袁复礼除参加田野发掘外，还绘制了中国考古史上最早的一幅大比例尺地形图——仰韶村遗址地形图，为该地后续考古调查和发掘工作提供了珍贵依据。

"在中国，以田野调查发掘为基础的现代考古学直到20世纪20年代才正式诞生。中国现代考古学诞生和地质学有着密不可分的联系。早期的地质学者往往同时从事考古学的调查研究。"袁鼎介绍。

袁复礼便是其中的代表人物，被考古界公认为中国现代考古学的先驱者之一。

仰韶文化，标志着中国现代考古学的诞生，具有极其重要的节点意义。不久之后，袁复礼参与的另一项考古发掘，同样是现代考古史上不可不说的标志性事件。

这便是1925年冬和1926年深秋，袁复礼与考古学家李济主持的山西夏县西阴村考古。

"这是中国人第一次独立主持的一次现代考古工作。"袁鼎说，他们采用的田野科学考古方法"三点记载法"和"层叠法"，奠定了现代科学考古的基石，至今仍在考古发掘中普遍使用。

3. 苏秉琦：中国考古学"永远的导师"

"超百万年的文化根系、上万年的文明起步、五千年古国、两千年中华一统实体。"

1992年5月，中国历史博物馆（今中国国家博物馆）建馆80周年。

一位83岁的考古学家在题词中，用这短短31个字，给出了他对中国历史基本框架的构思。

我们从哪里来？中华民族是怎样形成与发展的？我们的文明是怎样一步步发展至今的？中国文化和文明起源问题，是中国考古学自诞生之日便面临的一道根本性命题。

而这，不仅仅是这位考古大家用一生探

苏秉琦　《河北日报》资料图片

究的学术问题，同时也是这位考古大家引领着中国考古学界一步步展开探索的一生的追求目标。

这位考古大家，就是从河北走出的考古学泰斗——苏秉琦。

苏秉琦被誉为中国考古学"永远的导师"。

"苏秉琦是新中国考古学的奠基人之一、北京大学考古学科的创办人，他所提出的'考古学文化区系类型学理论''满天星斗学说'至今被考古学界奉为圭臬。"河北省文物考古研究院研究员谢飞说，不仅如此，自20世纪50年代后期起，苏秉琦一直根据中国考古学发展实际，寻找学科生长点，不断对中国考古学体系的建设，做出有全局性意义的指导。

1909年，苏秉琦出生于河北高阳一个殷实的家庭。1928年中学毕业后，为了发展家族的纺织企业，苏秉琦报考了北平的一所工科院校并被录取。但来到北平后，他却被蓬勃兴起的史学新思潮所感染。于是，他不顾家人反对报考北平师范大学学习历史，"决心改学中华民族的历史以唤醒民众"。

"当时也是疑古和文化自信丧失的时代，中国5000年历史饱受质疑。"谢飞介绍，中国有5000年文明史，但因缺乏实物证据，当时通行的史学观点却认为中国的文明史只能从商、周算起，此前的1000多年只能作为传说时代对待。

在这样的背景之下，中国近代考古学兴起。当时，中国考古学修国史的目标就很明确。这样的历史背景，使当时的苏秉琦已经意识到，中国文明起源这一重大课题的解决，最终要靠考古学。

而这个宏大的命题，苏秉琦是从一片片小小的瓦鬲碎片开始破解的。

1939年初，昆明黑龙潭。

在一个道观的大殿里，摆放着上百件瓦鬲和成千上万的陶片。

这里是北平研究院史学所的临时办公地。

30岁的苏秉琦日复一日地摩挲着这些瓦鬲。

这些文物，是他们耗时三四年，在陕西宝鸡斗鸡台遗址，挖掘先周、先秦等时期百余座墓葬的收获。抗日战争爆发，斗鸡台发掘停止，他们便将发掘材料转运至此，继续整理。

但眼前的珍贵文物就像天书，如何解读其中所蕴藏的密码，苏秉琦起初毫无头绪。

"考古学若想真正从已经成熟的史学中自立门户，探索中华文化和文明的起源，就要建立本学科的方法论，但对于刚刚成立的中国考古学来说，这些几乎还是空白。"谢飞介绍。

没有成熟的方法可以借鉴，苏秉琦只能独自苦想解读之策。

这一想长达7年之久。

在反复摩挲中，苏秉琦一点点地从瓦鬲制作角度出发，用字母分型、用数字分式，将瓦鬲的演化依序分成了不同类型和时期，读出了中国历史文化的起源与演变的"密码"，打破了过去"文献研究者"未能涉足的边界：周人和秦人并非一脉相承，而是各有不同的文化根系。

这是中国考古界第一次系统运用分型分式的研究法。而这，也是苏秉琦在实践中摸索出的符合中国国情、具有中国特色的考古学方法论。在20世纪40年代，中国考古学刚刚成为独立学科的创始阶段，这个探索尤其珍贵。

此后的考古学研究，多以此为范例，苏秉琦也被公认为中国考古类型学的奠基人。

以瓦鬲为起点，苏秉琦又在一个更大的时空范围内，用分类的方法，找到了一把有效探索中华文明起源和多元一体国家形成与发展的钥匙。

这，便是他的区系类型理论。

1975年前后，苏秉琦在给北京大学、吉林大学考古专业师生作报告时提出中国考古学文化划分"块块""条条"问题，第一次明确提出区系类型理论。

1981年在北京史学会讲话中，他更加系统地阐述了区系类型学说。该学说将中国境内的古文化划分为六个较大的区块，并指出中国文化发展是由六大区系组成的。

"区系类型学说一提出，立刻在学界内引起强烈反响。"谢飞介绍，在此之前，历史考古界存在着根深蒂固的中原中心、汉族中心、王朝中心的传统观念，认为中华民族文化是从中原向四周扩展。"六大区却着眼于各区间的文化渊源、特征和发展道路，提出中原地区是六大区系之一，中原影响各地，各地也影响中原。"

到20世纪80年代中期，苏秉琦的区系类型理论成为考古界的共识，全国各地几乎都在建设本地区的古文化谱系。

当这种变化发生后，耄耋之年的苏秉琦，却以满腔的热情和精力转向探讨古文明进程的另一些规律性问题。

2021年11月17日，谢飞从书柜里取出了一封信。

因为太过珍贵，信件被小心地装裱在黄色宣纸订成的册子上，封皮上工工整整地用毛笔写着"苏秉琦先生"的字样。

这是1992年4月13日，苏秉琦写给谢飞的一封信。

信中，苏秉琦这位当时已是考古学界泰斗的大专家，以十分谦虚客气的口吻，希望谢飞能够给他提供一些更详细的关于泥河湾旧石器考古的资料。

彼时，耄耋之年的苏秉琦正沉浸在重建中国史前史的构思中，不久，体现中华民族历史的基本框架将喷薄而出，而这一理论的学术支撑多采用河北的考古资料。

这段时期，他还提出"古国—方国—帝国"的发展理论，剖析从文明初起到秦汉帝国形成的过程，为中国文明起源梳理出清晰的脉络。他还在此基础上，提出了中华文明的起源"不似一支蜡烛，而像满天星斗"的文明观。

"苏秉琦几乎经历了中国考古学自奠基至发展成熟的全过程，还几乎一直处在核心圈内。他用一生的学术实践探寻着中国文化和文明的起源，也重建着中华民族的记忆和文化自信。"谢飞说。

二、科技之星

1. 刘仙洲：矢志报国的工程巨匠

置身现代生活，我们每天都会接触到很多机械名词。小到"弹簧"，大到"水泵"，我们都能在汉语中找到准确的词汇，毫无障碍地进行交流。

但你可知道，这些原本都不是汉语中的既有概念和词汇。

时光倒回20世纪二三十年代的中国，当时许多机件只有外国名称，而中国名称却十分混乱，比如弹簧叫"司不令"，机车前的"排障器"叫"猪拱嘴"。单是一个"泵"字，就有"恒升车""运水器""邦浦"等14种叫法……这些五花八门的叫法，严重妨碍了中国机械科学的发展。

直到有一个人牵头编写出两版《汉英对照机械工程名词》，使两万多个机械名词最终得以统一。

"举凡机械工程有关之航空、汽车、机车、电厂、机厂等各种普通应用名词，大体已搜集无遗。"

完成这一开创性工作的，就是我国机械学泰斗——刘仙洲。

刘仙洲生于1890年，是河北完县（今顺平县）唐兴店村人。1913年，他考入北京大学预科，后考取公费香港大学机械工程系。曾在清华执教40余年，并曾任清华大学第一副校长。

"刘仙洲所处的时代，正是中国现代机械工程学从无到有的时代。作为中国最先接受专业机械工程教育的一批人，他对我国机械工程学科的建设和人才培养起到了重要的奠基作用，被誉为中国工程教育的先驱。"清华大学校史研究室副研究员王向田介绍。

20世纪40年代，西南联大机械系。

刘仙洲在一位1942届学生的考卷上打了一个大大的"0"分。

可能谁也不会料到，这位"0"分考生，竟是系里的高才生王希季——后来的中国卫星与返回技术专家、"两弹一星功勋奖章"获得者。

而被判"0"分，仅仅是因为，王希季没有按要求，将结果精确到小数点后三位。

计算精度放大到实际的工程建设，往往"差之毫厘、谬以千里"，计算精度自然越高越好。放到有计算机技术加持的现在，这算不上什么难事，但在当时，验算主要依靠精确度有限的计算尺，若想精确到小数点后三位，还得借助复杂的笔算。

年轻的王希季用计算尺很快把题做完交了卷。

1957年，刘仙洲在书房中　　王向田　供图没想到，刘仙洲没有宽恕他这个"小问题"。而这个"0"分犹如一剂清醒剂，为王希季敲响了警钟，使他认识到对待科学来不得半点马虎！

王希季，仅仅是刘仙洲培养出的众多"高徒"中的一个。

事实上，刘仙洲参与了北洋大学、清华大学的机械工程学科恢复和筹办工作，他培养的学生分布于新中国成立初期各个重要的机械工程领域。

"刘仙洲被誉为中国工程教育的先驱，他的教育思想，以及他为中国机械工程学科的本土化和独立发展所做出的巨大贡献，至今对中国的机械工程学科发展产生深刻影响。"王向田介绍，刘仙洲在数十年的教学实践中，一直积极倡导理论与实践相结合。他提出的"工读协作制"，今天仍对我国机械工程教育具有借鉴意义。

更重要的是，刘仙洲20世纪20年代刚刚从教，便敏锐地意识到当时工程教育用外语讲课、采用外语教材的弊端，指出"长此不易，我国学术永无独立之期，国将不国"。为此，他带头用中文授课，带头用中文编写了十余种我国最早使用的工科大学、中技校教材，使国内编写工科中文教材一时成为风气。

这些基础性的教学与科研工作，处处闪烁着那一代知识分子浓厚的家国情怀。

"同样是面对无情的旱灾，新中国政府这一次推广的水车数量是30年前那次的500倍。"1949年，在参加了农业部召开的一次座谈会后，刘仙洲的内心久久无法平静。

那次会上，农业部宣布要推广10万台水车，以解决华北抗旱问题。而刘仙洲的思绪却禁不住回到了1920年。

当时，同样是华北大旱，在保定育德中学任教的刘仙洲利用校办工厂制作了200台改良的提水机械。刘仙洲自幼生长在农村，少时常参加农业劳动，对农民有着深切的同情。为了最大限度帮助农民渡过难关，刘仙洲宣布放弃提水机械专利，鼓励各地仿造，但因得不到官方和地方的支持，最终没能推广开来。

从200台到10万台，整整500倍的差距，令刘仙洲深切地感受到了共产党和人民政府为人民办事的诚心。

刘仙洲曾经是一位热血青年和革命者。早在中学时代，他便加入同盟会，参加辛亥革命和倒袁运动。为了支持革命，他也曾放弃每月150元的高薪，选择到月薪只有50元的保定育德中学留法预备班任教。老一辈革命家刘少奇、李维汉等，早年都曾在育德中学跟随刘仙洲学习。

"在半封建半殖民地的旧中国，刘仙洲'教育救国'和'工业救国'的理想是不可能实现的。报国无门的他，只好选择埋头业务、著书教学，是出了名的'不问政治'。"王向田表示。

新中国成立后，国家各项事业欣欣向荣，刘仙洲深有感触地说："新中国是三代（夏、商、周）以来的好政府。"

1955年，刘仙洲正式加入了中国共产党。此时，这位"年轻的"党员，已经65岁了。

作为新中国成立后入党最早的知名老教授之一，他的入党在国内外引起了强烈反响。

从1955年刘仙洲入党到1962年的7年间，清华的老教师先后有30多人入党，其中还包括大家所熟知的著名建筑学家梁思成。20世纪五六十年代，清华大学被誉为"红色工程师的摇篮"。

2. 邹仁鋆：为国家"抠门儿"的世界级石化专家

1981年9月28日，英国剑桥大学，一场隆重的古典形式晚宴正在举行。

这是英国皇家学会举办的一场欢迎晚宴。一般只有世界级名流、学者才能在此享受这般礼遇。

而这次宴请的主宾，是一位在研究石油烃裂解方面有很深造诣的中国石化专家。

他就是来自河北工学院（现河北工业大学）的邹仁鋆。

"邹仁鋆生于江苏苏州，但完成学业后便长期在河北工业大学任教，后来又担任河北省科学院院长、河北省人大常委会副主任等职。"曾任邹仁鋆秘

邹仁鋆　邹星　供图

书的河北省科学院工程师李翼说，河北见证了邹仁鋆的学术和事业上所取得的最重要的成就。

石油烃裂解，对大多数人来说很陌生。但事实上，我们每个人的衣食住行都离不开它。

"石油烃裂解，是整个石油化工的源头。通俗来讲，就是把石油这种长链的物质打成乙烯、丙烯等短链的物质，以便制成各种化工产品。我们平时穿的化纤衣服，日常使用的橡胶、塑料，以及农业上所需的农药等，都离不开它们。"邹仁鋆的第一届硕士研究生、河北工业大学化工学院二级教授刘智勇介绍。

2021年11月2日，河北工业大学图书馆。

刘智勇从书架上取出一本《石油化工裂解原理与技术》，这是1981年出版的一本16开本、浅蓝色封皮的书，定价2.8元。

"现在看起来，这本书其貌不扬，但它却是我国石油化工裂解方面的一部开山之作。当时只要是搞石油裂解的人，基本上人手一本。"刘智勇自豪地说。

这本书的作者，就是邹仁鋆。

20世纪六七十年代，继大庆油田之后，我国又开发出胜利油田、华北油田……人们欢欣鼓舞。从20世纪70年代，我国从国外引进石油裂解设备和技术，但对技术的理解、消化和吸收，却经历了一个艰难摸索过程。

当时，河北工业大学也把化学工程系的基本有机合成专业改为石油化工专业。但放眼全国，相关领域的研究都远远落后于欧美国家。

在这种情况下，当时还是河北工业大学基本有机合成教研室主任的邹仁鋆，便在《石油化工》杂志上以连载的形式系统地介绍了石油烃裂解的基础知识，并以此为基础，加上自己课题组以及国际上最新的科研成果，最终形成了这本40万字的专著《石油化工裂解原理与技术》。这本著作对我国石油化工事业具有指导性作用，曾获全国优秀科技图书二等奖。

"当时在国内石油圈里，邹仁鋆这个名字可谓如雷贯耳。"

刘智勇说，他的一位同事当年曾经在某相关院校从事石化工作，就是把这本教材当作最权威的参考。后来这位同事要调到河北工业大学，原单位同事问他"去哪儿"时，他都是跳过校名，直接回答"去邹仁鋆那个学校"。

邹仁鋆的名声，并没有止于国内。

1980年，日本鹿岛。邹仁鋆细细打量着面前的一座宏伟的"大厦"。

这就是当时日本最先进的设备——"KK法"石油裂解实验装置。

此前，这个实验装置从来没有对外开放过。邹仁鋆是这里接待的第一位外国人。

不仅如此，这次日本之行中，很多日本专家还把未发表的最新研究论文和专利资料赠给邹仁鋆。

让科学家愿意对核心资料"和盘托出"的，只有彼此间对等甚至更胜一筹的实力。

"石油烃裂解要在高温下进行，当时国际石油化工方面权威专家的研究一直认为裂解温度的提高是有限度的，但邹教授却从热力学和动力学的角度，第一次论证出，裂解温度越高越好。"刘智勇介绍，1979年，邹仁鋆的这个观点在《中国科学》中外文版甫一发表，便立刻引来国际石油化工领域的广泛关注。"这个研究的提出，对于改革生产、创造更高的经济效益，有着不可估量的作用。"

此后石油烃裂解领域用事实证明，邹仁鋆的观点是完全正确的。

就这样，邹仁鋆先后应邀到美、日、英、法、联邦德国、比利时、荷兰、芬兰和印度等国家讲学和参加国际学术会议，还被英国皇家化学会授予"特许化学家"称号。

邹仁鋆不仅用专业知识为祖国赢得了荣誉，也用自强自重、克勤克俭，展示了一位中国科学家的人格魅力。

1985年10月16日，《人民日报》头版刊发了一篇报道——《中国科学家的品格》。

报道中列举了这样一组数字：1981年在英国，节约伙食费50.8%，节省住宿费71.1%，省公杂费70.5%。1984年在法国，节省生活费74%。今年5、6月份出访欧洲三国——荷兰、芬兰、联邦德国，节省生活费69.97%，节约4种外币折合3000多美元。

这篇报道的主角，就是邹仁鋆。

邹仁鋆出国交流的那个年代，国家的外汇还很紧张。那时出国机会少，好不容易有机会出国，他却处处想着为国家"省钱"。他从不住高级宾馆，外出乘公共汽车或地铁，就餐也尽量简单。这样下来，国家规定的出国人员费用标准，他每次都有节余。

甚至每次出国，邹仁鋆都是只身前往。

"那时候我总打趣他'哪有副部级干部，光杆司令去出差的？'"邹仁鋆的二女儿邹星回忆。但面对女儿的疑问，邹仁鋆只是笑笑说："我外语好，没必要浪费钱。"

"石油化工这个专业是让石油变成钱的，这个专业是很挣钱的，他精于算那个钱，却从没给家里算过来什么额外的钱。"邹星说，当时其实不无亲戚朋友想通过邹仁鋆拉关系挣钱的，但都被他拒绝了。

甚至，他还把本该属于自己的国内外讲学酬金、书稿费、获奖奖金等都捐献给国家。

"邹仁鋆1993年因病去世，当时，他的'学部委员'推选已正式进入程序。遗憾的是，他没能等到最后的结果。"李翼说。

3. 张广厚：童工出身的数学明星

1978年4月13日，瑞士苏黎世，国际数学分析会议。

"我猜测的关系是假的，现在你成功地证明了它们之间的关系。"

芬兰著名数学家、近代函数值分布理论的创始人奈望利纳，对一位刚刚做完报告的中国数学家说道。

早在1929年，奈望利纳就曾经意识到，亏值和渐近值之间有联系，同时，他具体猜测，亏值也是一个渐近值。但10年后，他的猜测被否定了。然而，令国际数学界甚至奈望利纳本人都没想到的是，时隔多年，这样一个被他研究却被否定过的难题，在这位中国数学家千万次的论证中，终于找到了合理的解决方法，以一项题为《整函数与亚纯函数的亏值、渐近值和茹利雅方向的关系的研究》一举攻克。

张广厚　周瑞刚　供图

这位在国际学术界赢得赞誉的人，是从河北走出的数学家——张广厚。

张广厚一直从事单复变函数理论、整函数和亚函数理论的研究工作，对几个重要概念即亏值、渐近值、奇异方向和级之间的关系，给出了多种精确表达式。他与杨乐合作，首次发现函数分布论中的两个主要概念"亏值"和"奇异方向"之间的具体联系，被数学界定名为"张杨定理"（也称杨张定理）。

面对这些抽象难懂的基础数学概念，普通人似乎难以理解张广厚所取得的数学成就。但1977年10月《人民日报》头版的一条消息，却从一个侧面给我们提供了参照。

这条新闻的标题是《根据党中央关于恢复技术职称的指示 中国科学院提升陈景润为研究员提升杨乐、张广厚为副研究员》。

"在中华大地结束'十年动乱'，重迎'科学的春天'的序曲之时，张广厚和'哥德巴赫猜想第一人'陈景润一样，是那个时代当之无愧的科学明星。"唐山市开滦二中校长张定跃介绍。

不过，这位来自河北的大数学家，却曾因数学成绩不及格没有考上初中。

2021年10月28日，唐山市开滦二中东校区。

这里，伫立着一座张广厚半身雕塑——一个眉头微蹙的中年人，正聚精会神地伏案演算。

新中国成立之初，张广厚曾在这个校园里度过了3年初中生活。如今，为了纪念这位知名校友，唐山市开滦二中正广泛向社会搜集资料，筹建张广厚纪念馆。

"张广厚出身唐山一个矿工家庭。父亲是采煤工，家境十分艰难。张广厚7岁便辍学到矿上当童工。直到1948年唐山解放，11岁的他才重新回到了校园。"

张定跃介绍，由于时间紧、基础差，张广厚第一次考初中时，竟因数学不及格而未被录取，只得回到"童工补习班"复习。第二年，他终于以数学100分的成绩，考上了唐山"东三矿"第一所中学——新生中学（现唐山市开滦二中）。

靠着常人难以想象的勤奋努力，张广厚不仅顺利考上了当时的省重点高中开滦一中高中部，而且成了高中三年全校唯一一个数学次次考试均满分的学生！1956年，张广厚顺利考上了北京大学数学系，毕业后，又考入中国科学院数学研究所。

1976年，美国纯粹与应用数学代表团，完成了一份长达115页的访华报告。这个由多位著名数学家组成的代表团，先后聆听了中国数学领域的60多次工作报告。其中,有两项"国际一流"的工作被这份访华报告"大书特书"。

一项是陈景润关于哥德巴赫猜想的研究,而另一项研究,便是后来被国际数学界定名的"张杨定理"。

"张杨定理"受到国内外数学界高度评价,但不久之后,张广厚又取得了新的突破。

这便是令奈望利纳高度赞赏的《整函数与亚纯函数的亏值、渐近值和茹利雅方向的关系的研究》。

当时,新华社、《人民日报》对此曾以《张广厚又获世界水平的成果》为题进行报道,《中国科学》甚至特别为这篇论文出了一期增刊。

"张广厚全心投入函数理论研究之时,正值'文化大革命'时期,他先后被下放到京西木城涧煤矿、安徽农村和天津小站的解放军农场劳动锻炼,还几乎与国际数学前沿领域的信息隔绝。"张定跃说,当时一份只有20多页的国外数学论文,他翻来覆去地读了半年多,由于翻动次数太多,书页白色的边角都被手指磨黑了。

1983年10月,党中央任命张广厚为全国科协书记处书记、党组成员,级别相当于副部级。但为了不中断数学研究工作,他没有调转工资关系,仍保留数学所研究员的身份。

但长期超负荷的工作,却使张广厚积劳成疾。1987年1月26日凌晨,在刚过完50岁生日第四天,张广厚带着未竟的数学理想抱憾离世。

三、红色星阵

1. 星光闪耀的河北抗战作家群

1945年5月,延安。

读罢一份3000多字的短篇小说原稿,《解放日报》副刊编辑方纪眼前一亮,"差不多跳起来了"。

激动的不仅是方纪,整个编辑部都将这篇小说看成"一个将要产生好作品的信号"。

很快,《解放日报》便刊登出这篇佳作《荷花淀》。

"《荷花淀》的出现,就像是从冀中平原上,从水淀里,刮来一阵清凉的风,带着乡音,带着水土气息,使人头脑清醒。"多年后,方纪如是写道。

孙犁——这个名字就此闪耀在解放区文坛。

孙犁,一位从河北安平走出的现当代文学大家。

他的小说,语言清新自然、朴素洗练,被称为"诗体小说",是当代文学流派"荷花淀派"的代表人物。他和赵树理、周立波、柳青三位作家,还一起被誉为描写农村生活的"四大名旦"和"四杆铁笔"。

白洋淀的旖旎风光曾为孙犁的文学创作提供了无尽的诗意滋养　　康永利　摄

纵观中国抗战题材文学创作，河北作家格外引人注目。

"从20世纪40年代起，晋察冀边区便成为中国抗战文学的重镇。新中国成立后，他们创作的很多作品至今仍代表着同类题材作品所达到的最高水准。"《河北抗战题材文学史》主编王维国介绍。

2020年9月17日，晋察冀边区革命纪念馆。

在实景再现的一堵粗糙的白灰墙上，黑色的毛笔字歪歪扭扭地写着这样一首诗：狗强盗，你问我么？／"枪、弹药，埋在哪儿？"／来，我告诉你／"枪、弹药，统埋在我的心里！"／

这首名为《坚壁》的街头诗通俗易懂，简洁得不能再简洁。寥寥几句答话，却生动地塑造了一个大义凛然、视死如归的英雄形象。

这种短小、精悍、有力的诗，有个很形象的名字——街头诗。

他的发起者，就是被誉为"擂鼓诗人"的田间。

田间是安徽人，但他参加革命后不久便来到了晋察冀，曾担任晋察冀边区文协副主任，被选为边区参议员。新中国成立后，还曾兼任河北省文联主席。

"可以说，河北见证了他的主要革命经历和文学上最重要的成就。"王维国介绍，田间在抗战之前即享有文名。1938年，他在延安发起"街头诗运动"。来到晋察冀后，他不仅与"战地社""铁流社"的诗友们一道，推动晋察冀的"街头诗运动"发展成盛况空前、持续不断的诗歌运动，还带头创作了大量"街头诗"。这些战斗的、具有巨大鼓动性的"街头诗"，使他在中国现代诗坛被誉为"时代的鼓手"。

战争本身即是文学的沃土。

抗战时期，河北地处敌后抗战的前沿，是华北敌后抗日的主战场，河北敌后抗日军民火热的战斗生活，吸引了田间、邵子南、曼晴、史轮、孔厥、袁静等一大批延安及大后方的知名作家、艺术家的到来。

不仅如此，梁斌、王林、孙犁、远千里、杨沫、李英儒、徐光耀、管桦等很多边区本地的文艺工作者，在抗战初期，也纷纷回到家乡，发动和领导起当地的抗日文艺运动。

魏巍、陈辉、方冰、雷烨、邢野等很多此前并未从事过文学创作的人，也在这里，开始了文学创作之路。

更为可贵的是，河北抗战文学作家普遍经历了抗日战争的洗礼，他们是作家，更是战士。

2021年10月21日，保定徐水大因镇王村。

一处普通农家院，走进了一位特殊的客人。

他就是《敌后武工队》作者冯志的儿子——冯刚。

冯刚来探望的，是一位名叫贾正喜的老人。

贾正喜今年100岁，如今身体大不如前，耳背得厉害。冯刚专程带着中央电视台的纪录片团队到此进行抢救性拍摄。

这是因为，《敌后武工队》中精干机警的战斗英雄贾正，正是昔日战友冯志以贾正喜为原型创作的。

在河北抗战文学创作队伍中，有一批亲身经历了河北敌后抗日战火洗礼、由战士成长起来的作家。他们中的很多人作为战斗员，久经战场上的激烈拼杀，经受了出生入死的战斗考验。

冯志，便是其中之一。

他15岁便参加革命，16岁入党，之后一直在冀中部队出生入死。《敌后武工队》就是根据他在冀中九分区武工队当小队长的真实经历创作的。

冯志这样的故事，并不是孤例。

创作长篇小说《腹地》时，作者王林以一个战斗员的身份亲身参加了反"扫荡"，他像准备遗嘱一样，蹲在堡垒户的地道口，用作品记录下那段血与火的斗争；

《新儿女英雄传》，则是作者孔厥、袁静1947年从延安来到冀中，在参加白洋淀地区的土改斗争时，根据白洋淀人民抗日斗争的所见所闻创作的；

《野火春风斗古城》中惊心动魄的地下工作，就是作者李英儒根据他到保定开辟地下交通线的亲身经历创作的；

《平原烈火》《小兵张嘎》的作者徐光耀自13岁便参加八路军，先后担任勤务员、文书、锄奸干事、特派员等职，抗战时期主要活动在冀中及冀东南地区。他的这些作品便是他在不同历史时期对那段血与火战斗生活的追忆和思考；

《烈火金钢》的作者刘流，23岁便参加革命，在晋察冀军区曾担任过侦察科长、军区司令部参谋和军事教官等。"我所熟悉的一些抗日英雄的形象和他们的光辉事迹，老在我的脑海里游来游去，我没有办法抑制自己的感情，非写不行。"刘流曾这样袒露自己的创作心声；

《小英雄雨来》，是作者管桦根据本村儿童团团长带领一群儿童站岗放哨、捕捉敌情的经历写成的。雨来，是抗战时期冀东少年儿童的缩影，这其中也包括管桦本人在内；

…………

在新中国成立前后，一大批这样曾经战斗在河北的战士，将曾经火热的战斗经历融入文学作品，使河北抗战文学在新中国成立后迎来了创作高潮，其中的很多作品都成为当代河北抗战题材文学的扛鼎之作。

仅以抗战题材中长篇小说为例，北京大学教授张钟主编的《中国当代文学概观》一书，在"抗日战争的壮丽画卷"一节论及四部长篇小说，其中三部为河北抗战小说；中国当代文学研究会汪名凡主编的《中国当代小说史》，总共论述了十部抗战题材长篇小说，河北抗战小说占了八部。

"通过这些作家作品，河北抗战题材文学在全国文坛的创作优势地位最终得以确立。"王维国表示。

2. 歌声飞扬的红色文艺家

1943年秋，北京房山县霞云岭乡堂上村。

窗外夜色深沉，昏暗的马蹄灯下，一位19岁的晋察冀边区群众剧社队员，坐在老乡家的土炕上，埋头边写边唱。

此时，全面抗战进入最艰苦的第六个年头。当天，《解放日报》发表社论，旗帜鲜明地提出"没有共产党就没有中国"。

读罢社论，这位已有5年多抗战阅历的年轻人，备受鼓舞，当即决定创作一首歌。

当东方再次泛起鱼肚白，一首激昂的红歌经典诞生了。

这便是被誉为"颂党第一歌"的《没有共产党就没有（新）中国》。

这位年轻的创作者，便是曹火星。

曹火星，是从平山县西岗南村走出的一位重量级红色作曲家。

他生于1924年，14岁便参加革命，抗战时期一直在晋察冀边区群众剧社工

平山曹火星纪念馆　　崔志林　摄

作，一生创作了1600多首歌曲，其作品热情讴歌伟大的祖国和人民，享有"人民音乐家"的美誉。

其实，不只曹火星，河北大地走出了一大批著名的红色词曲作家，他们为中国革命和建设贡献了大量的优秀作品，许多都是"经典中的经典"。

2021年11月15日，河北大学艺术学院。

音乐系教师吴艳辉博士，递给了记者一张长长的"河北红色歌单"。

这张名单上，有成名于战争年代的河北籍词曲作家张寒晖、安娥、公木、曹火星等，他们的《松花江上》《打回老家去》《卖报歌》《中国人民解放军进行曲》《没有共产党就没有新中国》《英雄赞歌》，唱出了民族觉醒，也唱响了那个时代的最强音；

这张名单上，有著名音乐家牧虹、卢肃、劫夫、方冰等，他们在燕赵大地创作的《团结就是力量》《歌唱二小放牛郎》等传唱至今；

这张名单上，还有河北籍词曲家晨耕、唐诃、生茂、陆原、岳仑、田光、吴光锐等，他们的创作集中于新中国成立前后，《老房东"查铺"》《我是一个兵》《学习雷锋好榜样》《马儿啊，你慢些走》《长征组歌》《祖国祖国我爱你》《北京颂歌》《运动员进行曲》等，都是当时火遍大江南北的金曲。

- 490 -

"放眼全国，河北经典红歌数量之多、传唱度之高、影响范围之广、词曲作家规模之大，都是少有的。"吴艳辉表示，作为一块革命的土地、英雄的土地和"新中国从这里走来"的土地，河北盛产红歌和红色文艺工作者，可以说是历史的必然。

"我的家在东北松花江上，那里有森林煤矿。还有那满山遍野的大豆高粱……"

这是20世纪三四十年代风靡中华大地的抗战歌曲《松花江上》。

在日寇大举侵华的紧要关头，这首歌唱出了九一八事变后东北民众乃至全国人民的悲愤情怀，唤醒了奋起反抗的民族之魂。

单听歌名，很多人都会认为这首歌的创作者是东北人。

事实上，创作者张寒晖是位地地道道的河北人。

张寒晖，1902年出生，是定县（今定州市）西健阳村人。他1925年入北平国立艺专戏剧系，同年加入中国共产党。他创作的《松花江上》《军民大生产》《去当兵》等著名歌曲，曾在解放区和全国广为流传。

《松花江上》出自河北人之手，不足为奇。

作为中国共产党人率先建党的重要基地，河北不仅是一块最先觉醒的热土，而且自九一八事变起，便一直处于抗日最前沿。战争年代，一批又一批像张寒晖这样的文艺工作者生活、战斗在这里，使河北抗战音乐结出了丰硕的成果，成为全国抗战音乐运动的重要组成部分。

"边区的天是明朗的天，边区的人民好喜欢，民主政府爱人民呀，共产党的恩情说不完，呀呼嗨嗨咿咳呀嗨……"

1943年，晋绥边区，伴随着一部新的小型秧歌剧《逃难》的演出，一首脍炙人口的主题曲在抗日根据地广泛传唱。

这，便是我们熟悉的《解放区的天是明朗的天》。欢快的曲调，采用的正是我省沧州地区流行的花狸虎调。

歌曲的词作者刘西林，就是南皮人（原属沧县）。

刘西林，1920年出生，17岁参加八路军后，他被分配到120师战斗剧社。

从小耳濡目染的河北民歌，为他的创作提供了丰富的灵感。"我童年时代，就曾见到父辈们每年春节就踏着这个曲调的节奏，边舞边唱《十二月》……'正月里来正月正，家家户户挂红灯'以及'呀呼咳呼咳……'的旋律经常在耳边回响。"刘西林曾这样回忆道。

其实，许多河北籍作曲家，都深深受到家乡民间音乐的熏陶。

张寒晖大学毕业后，曾受邀在家乡定县民众教育馆整理民间艺术。他不仅根据当地艺人的演唱，整理加工了很多秧歌戏文，还广泛收集民歌，编印了《普村同歌集》。

唐诃的家乡易县是战国时燕国的下都，当地有丰厚的民间音乐资源。唐诃早年经常到农村搜集民歌，并以中国传统记谱法——工尺谱记录下来。

田光也是从小跟着村里老艺人学会了二胡、京胡、四胡、月琴等，接受了最初的音乐启蒙。

作曲家这样的生长经历，使许多脍炙人口的红歌与河北民歌渊源颇深。

吴艳辉介绍，张寒晖创作的《去当兵》，与河北民歌《摘黄瓜》曲调基本一致；民族歌剧《白毛女》中《北风吹》唱段，就使用了河北民歌《小白菜》作为曲调来源……

"取材于河北民歌，当时最直接的原因是为了贴近民众，便于传唱。但更深层次的原因在于，燕赵'慷慨悲歌'的地域气质和梗概多气的燕赵风骨，其实是与红歌的审美风格十分契合的。"吴艳辉表示。

"我是一个兵，来自老百姓，打倒了日本侵略者，消灭蒋匪军；我是一个兵，爱国爱人民，革命战争考验了我，立场更坚定……"

20世纪50年代初，一首军旅歌曲从部队火遍了全国，甚至在朝鲜战场上也被广为传唱。这首歌叫《我是一个兵》。

"《我是一个兵》当时在朝鲜战场上有多火？当时西方舆论界评论说：中国军队在朝鲜有两颗'重磅炸弹'，一颗是魏巍的《谁是最可爱的人》，另一颗就是这首歌。"曾作为第一届中国人民赴朝慰问团新闻界代表的河北日报老记者肖峰，这样说道。

这首歌的词、曲作者，分别为陆原、岳仑，是土生土长的唐山人。

创作这首歌时，他们一个28岁，一个20岁，都是当时从河北这块革命热土上成长起来的"新秀"。

岳仑参军时只有15岁，被分配到冀东十八分区宣传队前从没学过艺术。正是在部队，岳仑第一次受到了戏剧课、美术课、音乐课等正规的培训。

战争年代，河北以其特殊的地位，吸引和培养了一批红色文艺工作者。即便到和平年代，河北在红歌创作中仍占有重要地位。

由于河北省在抗战结束划归华北军区乃至后来的北京军区，河北抗日根据地的音乐家纷纷"进城"，活跃于京津及全国各地的文艺机构和团体。

鲜为人知的是，中国人民解放军军乐团，就是以华北军区军乐队为基础组建。著名的战友文工团，前身则是晋察冀的"抗敌剧社"。

河北走出的很多红色词曲作者，都是新一代红歌尤其是军旅歌曲创作的主力军。

阎肃、晓光、石祥、石顺义、王晓岭等都是其中的佼佼者，他们的《红梅赞》《我爱祖国的蓝天》《在希望的田野上》《十五的月亮》《说句心里话》《长城长》《一二三四歌》《想家的时候》《咱当兵的人》《白发亲娘》等，都是我们耳熟能详的经典。

"在新的时期，虽然更多的河北籍音乐家、为河北创作过优秀红歌作品的音乐家，以及在红色传统中成长起来的新一代河北籍音乐家们的创作素材、活跃舞台不再以河北为主，但是战争年代拼搏、积淀下来的家国情怀、创作理念与手法、音乐风格中所蕴涵的'燕赵传统'却得以传承与升华，支撑他们的音乐创作盛开着更为绚丽的花朵。"吴艳辉表示。

（感谢清华大学、南京大学、河北工业大学、河北大学、河北师范大学、河北省地矿局、河北省文物考古研究院、邢台郭守敬纪念馆、正定元曲博物馆、河北祖冲之中学、唐山市开滦二中、涿州历史文化研究所等单位和个人提供资料。）

2021年6月7日,河北成安县成安镇南鱼口村小麦收获场面　　田瑞夫　摄

大河之北

河北人文地理解读

饮食篇

第一单元 燕赵食材

采访 ◎ 《河北日报》记者 袁伟华 朱艳冰 王峻峰 白云
执笔 ◎ 《河北日报》记者 袁伟华
李艳红 王育民 寇国莹 邢云

阅读提示

不同的地理条件，造就了人类千姿百态的生活方式。

食物离不开脚下的土地，也成为表现这种差异和特质的"味觉符号"。

河北拥有极为复杂的环境和气候，从坝上到平原，从山地到海洋，地理和气候的跨度，有助于形成和保存各种食物的原材料，燕赵食材因此多种多样。

其中，小麦、谷子打下了以碳水为主的厚重基底，山海秘境里产出极致之鲜，即便是最普通的家常蔬菜，也能在这里获得最佳的风味。

燕赵食材并不咄咄逼人，但总能在平淡中给人以抚慰和惊喜。

2020年6月2日，农业技术人员在河北省邯郸市临漳县麦田内查看麦粒饱满度　王晓 摄

一、食谷者生

1. 它从西亚来到中国，在河北长成极致

2020年6月6日，邯郸成安县辛义乡大郭庄村。

麦田里，曹臣良紧张地拿着手里的对讲机。他在等待正式开镰的信号。

每年，河北全省小麦开镰的地点因收成、天气等各种因素变化并不固定，南部各县皆有可能。这次能在自己的麦田里举行全省开镰仪式，曹臣良格外重视。

10时30分，现场指令下达，15台小麦联合收割机轰鸣着驶向麦田。不一会儿，满载着小麦停在地头，金灿灿的麦粒顺着出粮口倾泻而出。

曹臣良捧起一把小麦，放一粒在嘴里，"今年小麦长得好。"

这是一场颇具仪式感的收获。而收获的类似仪式，在燕赵大地上演了千年。

自古以来，"麦"就是我国"五谷"之一。

小麦是地道的西亚物种，它的故乡位于今天两河流域地区。4000年以前，传入中国境内，并广泛分布在中国北方及西部地区。

"今年夏粮实现面积、单产、总产三增，奠定了全年粮食丰收的基础。"2021年夏收，河北省农业农村厅相关负责人介绍情况时说，今年夏收总产量1482.7万吨，再获丰收。而夏粮的主体是小麦。

不过，小麦尽管"来得早"，但在很长一段时间内，并没有成为人们餐桌上的主角。

直到新中国成立之前，因种质差、产量低，河北绝大多数地方小麦种植量并不大。冀中、冀南平原地带的主食为小米、玉米，白面作为"细粮"，在人们的饮食结构中只占极小比重。坝上地区日常则以莜面、马铃薯为主食。

小麦以及面粉曾经的金贵，从一些河北传统习俗中就能窥见一斑。它在百姓的婚丧嫁娶、生老病死的每一个环节中，几乎都扮演着重要角色。

例如在早年相亲的过程中，"面"可以预示一段姻缘的成败。

在鹿泉，男方第一次到女方家做客，称为相女婿。如果女方对男方不满意，并不当面说破，依然摆酒款待，只是在酒后上饭时专门端出一碗面片请小伙子食用。因面片是用刀切成，故有"一刀两断"之意，这碗面也就成了宣告婚事不成的"吹灯面"。如果端上来的是一碗有鸡蛋的荷包面，则说明女方同意了这门亲事。

而在庆祝新生过程中，"面"又饱含着对生命降临的喜悦。

在冀北和冀东地区，祝贺某家生孩子仍然习惯被叫作"送面"，因为各地看满月所带的礼物虽稍有不同，但红糖、鸡蛋、面粉或者挂面等都差不多。"面"是绝对主角。肥乡的姥姥去看望外孙外孙女，要带100个馒头，称百岁馒头。在滦南，娘家也要带一斗即100个馍馍作为贺礼。

直到20世纪70年代末，随着农业投入增加，小麦、水稻的种植面积不断扩大，人们的主食才改以细粮为主，各种杂粮退居次要位置，成为调剂品了。

2021年6月11日，邯郸魏县前大磨乡公议会村。

爱耕种植专业合作社种植的节水、高产小麦品种"马兰1号"示范田现场，河北省农业农村厅邀请专家组，按照农业农村部高产创建测产办法进行田间实打实收，产量结果为亩产801.42公斤，这是我省小麦亩产首次突破800公斤。

河北省农林科学院粮油作物研究所副所长李辉说，伴随六次小麦品种的更新，如今，在河北大平原的大部分区域，小麦亩产千斤早已司空见惯。

不过，河北小麦在全国众多小麦产区中"最能打"的特质不是高产量，而是高品质——广大的冀中南山前平原，是业内公认的最适宜强筋麦生长的区域。

2020年6月5日，石家庄市藁城区廉州镇北营村。

入目尽是金黄麦田。"我们今年种了1100亩小麦，其中一半是藁优2018品种。就目前情况看，将又是一个丰收年。"藁城区种粮大户、五丰农机种植服务合作社负责人王永昌说。

"今年，我们计划收购藁优麦3万吨。"旁边的河北晨风面业有限公司负责人赵国辰接过话头。这意味着，眼前这片还未收割的优质小麦已经被预订。

强筋小麦，顾名思义，就是面筋含量高的小麦。由于面粉蛋白含量高、面筋强度高、延伸性好，最适于生产面包、汉堡、饺子、拉面等。

然而，在很长一段时间里，国内优质强筋小麦的种植面积和产量都远远不能满足市场，需要大量进口。

这一状况的改变，始于我国第一个代替进口的优质强筋麦品种藁优8901的出现。

藁城，是中国国产强筋麦的发源地。藁城农科所副所长杨海川介绍说，藁城属太行山山前洪积平原，历史上的滹沱河、磁河、槐河等河流的改道和变迁，塑造了藁城典型的山前平原地貌，也给藁城带来了深厚、肥沃的土壤。

此外，和同为我国重要小麦产区的河南、山东相比，藁城一带纬度更高，平均气温更低。正是看起来微不足道的温差，让河北的强筋麦积累更多蛋白质，品质更好。

良好的自然条件，让处于黄淮海地区优势小麦产区的藁城，早在20世纪80年代初即实现了旱涝保收、高产稳产。

藁城农科所老所长李振桥在改革开放之初决心发展强筋小麦，经过数年艰苦努力，在和藁城农科所一路之隔的系井村，培育出了藁优8901。

从系井到藁城，从藁城到邢台、邯郸，再到河南、山东，由于实现了小麦高产与优质的结合，藁优8901成为国内第一个大面积推广，并被面粉企业大量使用的国产强筋麦品种。

藁城是宫灯、宫面、宫酒"三宫"文化的发源地，特别是源于隋唐的宫面，是独具藁城地方特点的传统风味食品。

藁城宫面以精粉、精油、精盐为原料，经独特工艺而制成，条细空心，油亮洁白，既可作主食，又可佐餐，尤宜病人和产妇食用。

但过去由于没有强筋面粉，加工企业只能靠在面粉中增加食盐来提高宫面的筋道和爽滑。如今，强筋小麦加工成宫面，成了"最佳原料"，藁城也成为全国专用小麦第一生产大县。

2. 它从河北走向非洲，在世界上闯出名堂

"一个长方形窖穴里，一层层揭去覆于上层的黄土和先人废弃的生活垃圾，露出淡淡的绿灰土。我凑近了看，发现一些粉灰当中还能看出作物完整的颗粒，一粒粒圆鼓鼓的，直径大约2毫米。"

邯郸市文物研究所原所长乔登云，至今仍清晰记得1985年7月参与磁山文化遗址第二次考古发掘时，第一次见到那些"神奇小颗粒"时的情景。

这些小颗粒到底是什么？

"我们曾先后把标本送到中国社会科学院植物研究所古植物研究室、北京农业大学农史研究室等单位做过鉴定，可惜这些作物标本出土后辗转到农史专家手中时，颗粒已经粉化。"乔登云说，限于当时的技术，没能得出明确结论。

后来，一种被用来鉴定碳化植物遗存的"灰象分析法"被介绍到国内。借由这一方法，中国社会科学院考古研究所鉴定出，磁山遗址65号窖穴采集的作物样本中有"粟"的痕迹。

这一发现改变了人们对"粟"的认识。

此前，世界农业史学界公认粟是由埃及和印度传播而来。磁山遗址中粟的发现，不仅把我国人工种植粟的历史追溯到8000多年前，而且进一步证明，我国是世界上人工种植粟最早的国家，河北也是最早种植粟的地区。

时至今日，邯郸武安至山西长治一带的黄土丘陵上出产的小米，仍是全国质量最好的小米之一，太行山东麓仍然是我国主要的小米种植区。

中国人"五谷"的概念一直在变化。五谷中稷的学名是粟，俗称谷子，黍也称糜子，由于这两种谷物的籽粒都非常细小，所以被统称为小米。

在小麦传入并成为中国北方最主要的粮食作物之前，小米是大部分中国人的主粮，甚至在相当长时期内，被当作财政计量单位，作用堪比货币。

抗日战争和解放战争时期，各根据地和解放区分别发行币值不同的货币，加之物价波动，财政预决算和供给需要一个标准，便是以小米计算。这种方法形成了习惯，甚至1949年以后的一个时期依然沿用。

据史料记载，1949年中国人民银行总经理南汉宸的月工资是1500斤小米，一位普通警卫员的工资是360斤小米。

尽管当时工资是以小米计算的，但在发工资的时候给的依然是钞票。发工资时，以市场前一天的小米价格为准，按照工资标准的小米斤数折合成货币。这样，可以保证拿到的工资的购买力与市场上的小米价格相当，温饱能够保证。

那一段时期，不光是中国人民银行，绝大部分单位采取的都是类似的保值工资方法。直到1952年底，实物计工资的方式才彻底停止。

在中国早期的农业环境中，小米适应能力强的优势是其维持主食地位的最大法宝。但其产量不高，适口性比不过小麦，因此在小麦种植和加工技术进一步发展之后，小米的主粮地位被逐渐取代。

不过，也有人终其一生都在为这种古老作物焕发新生而努力。

2021年11月22日，海南乐东。

张家口市农业科学院首席专家赵治海也在做"候鸟老人"。每年冬天，他基本上都要在海南度过。不过他守着的不是海浪和沙滩，而是"张杂谷"繁种基地里的几百亩谷子。

播种、出苗、抽穗、灌浆……谷子在哪里生长，赵治海就在哪里工作。

"我出生在农村，是吃小米饭长大的。每年开春，都能看到父亲掰着手指头算打多少粮才能养活一家人。那时的我就有个心愿，怎么能多打点儿粮食。"赵治海说，这个愿望，激励他后来走上了谷子研究的道路，这一路走来，已近40年。

1982年从农校毕业后，赵治海主动要求研究杂交谷子。那时，张家口当地的谷子亩产不足140公斤。

其实从1969年开始，全国20多个省区30多家单位的几百位科技人员都进行过杂交谷子科研攻关，十几年下来都以失败告终，相继退出了研究。

经过10多年的潜心钻研，赵治海在前辈同行研究的基础上，于2000年培育成功了高产优质、抗旱节水的杂交谷子新品种"张杂谷"，它比常规谷子增产30%以上，最高亩产突破810公斤，创造了谷子高产世界纪录。

在赵治海的眼里，谷子耐旱、高产，浑身都是宝。"要真正发挥谷子的价

杂交谷子专家赵治海　　《河北日报》资料图片

值，至少要种到1.5亿亩。"1.5亿亩是谷子作为主粮地位时的种植面积，也是赵治海对谷子寄予的希望。

他认为，杂交谷子的种植对中国有很大的现实意义。

首先，有助于保障粮食安全。旱地杂交谷子每亩可增产100公斤。如果全国杂交谷子推广面积达到1亿亩，就意味着粮食总产量每年将增加100亿公斤。其次，有利于生态安全。华北平原粮食主产区的农田灌溉主要依靠抽取地下水，杂交谷子每亩可节水100立方米左右，如果能推广1亿亩，年可节水100亿立方米。谷子耐旱，可以将不能种植其他作物的瘦地利用起来，间接实现粮食增产。

当然，以一个谷种之力夺回谷子的主粮地位，不是一朝一夕的事。不过随着人们健康意识的提高，小米养生食疗的功效被越来越多的人认可，甚至"小时候一直以为小米是喂鸟的"南方年轻人，也逐渐接受了红枣小米粥、桂圆小米粥这种混搭吃法。

为了让杂交谷子真正造福社会，2014年前后，赵治海进一步尝试种植谷草。自古以来，谷草就是优质饲草。拿"张杂谷"来说，它的黄秸秆蛋白质含量达到6%~8%，青谷草全株蛋白质含量14%~16%，富含矿物质和维生素。

"张杂谷"不仅从张家口走向了全国，也走出了国门。

2008年，"张杂谷"在埃塞俄比亚大面积示范种植，比当地主要作物苔麸、手指谷产量高1倍以上。在世界粮农组织建议下，目前杂交谷子已在乌干达、马里等多个非洲国家示范推广。

这个来自中国的古老作物，正在为全世界解决粮食问题贡献新的力量。

3. 它也曾在河北广泛种植，如今走向"小而精"

2021年10月2日，唐山市曹妃甸区四农场。

盛夏过去，稻壳充盈，秋风一吹，稻粒呼之欲出。

看惯了小麦、玉米，金色稻浪在河北粮田里已并不多见。

"上来了，上来了。"聚享水稻种植专业合作社现代农业示范基地里，许多游客围坐在金灿灿的稻田旁，手持简易钓竿，专注地钓螃蟹。

比游客更开心的，是合作社理事长韩建明。"今年雨水足，水稻长得可好哩。"韩建明说。水稻长得好，与稻田混养的河蟹、小龙虾和鱼的收成也差不了，是个"立体丰收年"。

中国是世界上最早栽培水稻的国家，也是东亚稻作文明的发源地。无论五谷的概念如何变化，都无法动摇稻米的首席地位。水稻发源于长江中下游地区，据测算，目前超过65%以上的中国人食用稻米。

国内学者在研究水稻的传播路径时基本上有这样的判断：水稻沿着由南向北的方向逐渐推广，即先长江流域，再黄河流域、海河流域，最后传至东北和西北地区。

河北历史上水系发达，其稻作历史最早可以追溯到战国时期。

《汉书》中有对魏襄王以史起为邺令"决漳水、生稻粱"的记载，这是现存文献中关于河北地区播种水稻的最早记载。

事实上，根据历史学者宁志新的研究，至汉唐时期，河北已经形成了三个重要的水稻种植区，即以邺地为中心的漳水流域，以定州为中心的河北中部和以幽州、涿州为中心的河北北部。

"现在的河北省缺水，但是在古代人口还比较少的时期，河北也是个地表径流极多、水资源丰富的省份。明清时期的直隶境内就有不少地方以种植水稻而著称。"河北省农林科学院滨海农业研究所研究员、水稻专家张启星作为河北省现代农业产业技术体系优质水稻岗位专家，也曾对历史上河北水稻种植情况进行过深入研究。

有史料记载，在明清时期，保定府和天津府的稻米种植占据了耕地总量的一半。而顺天、宣化、正定、永平府、易州的种植面积则超过了三成。占比较小的冀州和赵州的种植面积也接近1/5。直隶的11府6州中，有9府5州共47个县都有稻米种植。

近代河北的水稻种植面积仍很可观，一些历史细节恰能佐证。

1943年9月，日军纠集4万多人对北岳抗日根据地腹地进行"毁灭扫荡"，乘秋收时节抢掠粮食。那时北岳区走马驿、倒马关、川里、神南等一带，正是近万亩的产稻区。

10月中旬到11月中旬，得知敌人企图抢粮，边区军民同心协力快割、快收、快藏，变稻田为战场，激战多次，抢回8034亩稻子，占全部稻田的84%，使敌人的企图未能得逞。

"直到1985年，河北还有93个县区种植水稻。"张启星说，但后来因为水源紧张以及人口激增，水稻失去了赖以生存的环境，稻米种植面积越来越小，目前河北水稻种植面积在9.33万公顷左右，主要集中在冀东的唐秦滨海盐碱地区（曹妃甸、滦南、乐亭、卢龙等县区，占全省种植面积的80%）、承德、保定和邯郸的小部分地区。

"要从面积和产量绝对数上看，河北现在确实是水稻生产'小省'。"张启星说，但值得注意的是，河北是华北地区优质的稻米主产区，尤其是唐秦滨海盐碱稻区地处我国水稻生育期最长地带，可满足生育期175天品种的生长，灌浆期昼夜温差大，有利于营养物质积累，具有得天独厚规模化生产、营养食味俱佳优质米的自然和生产条件。

2020年9月7日，河北省农林科学院滨海农业研究所。

张启星一到试验田里，就直奔地里的稻子。他伸手掐下几颗尚未成熟的稻谷粒，在掌心轻轻揉搓，小心得像捧着刚刚出生的婴儿。

从事水稻研究30多年来，张启星带领水稻科技创新团队，先后主持参加国家、省部、厅级课题50余项，以第一完成人育成了冀糯1号、冀香糯1号等23个水稻新品种，在适宜河北省稻区生长的优质特色新品种选育方面做出了突出贡献。

张启星说，河北产稻区自然条件良好，且毗邻京津两大高端消费市场，未来河北水稻的发展路径，应该是向品质、品牌要效益，"通过优质品种培育和新技术研发推广，推动水稻产业由'生产小省'向'效益强省'迈进。"

2021年11月15日，唐山市丰南区。

一轮降雪过后，连日天气晴好，王兰庄镇的稻田里，农户们正忙着收割晚稻。这块稻田的米粒与普通白色米粒不同，呈胭脂红色，当地俗称这种水稻为"胭脂稻"。

胭脂稻是冀东唐山一带特有的稻米，因其米粒呈粉红色而得名，栽培历史已有300多年，曾为清廷"贡米"。但由于胭脂稻种植难度大、产量低，在温饱还不能满足的年代，逐渐被高产的水稻品种所代替，20世纪80年代濒临绝迹。

针对胭脂稻植株高、茎秆软、产量低的特点，河北省农林科学院滨海农业研究所经过10余年不懈努力，水稻育种团队以胭脂稻为亲本，培育成胭脂稻新品种——曹妃红。稻米呈鲜红色，米粒细长，而产量是传统胭脂稻的3倍，为这一古老稻种赋予新的生命力。

二、鲜味之源

1. 林草的精灵

2021年8月17日，张家口察北管理区。

一场中雨后，牧场主人向东惊喜地发现，草丛里竟然长出了几朵"青腿子"。

"青腿子"是一种拥有极鲜口感的蘑菇，是白蘑的一种。上等的白蘑菇，每斤售价最高可以达千元，为坝上草原的特产。

河北北方学院口蘑研究专家忻龙祚表示，白蘑的正式名称应该叫蒙古口蘑，包括大白桩菇（俗名青腿子）、香杏口蘑、褐口蘑、草原黑蘑等十几种，这些蘑菇对外有个响亮的名号——口蘑。

"口蘑不是单指一种蘑菇，而是产自我国内蒙古高原（包括坝上高原）的可食用草腐蘑菇生态群。"忻龙祚说，这里所说的"口蘑"跟目前市面上大量售卖的口蘑还不是一回事，"那只是引自国外的双孢菇，草腐菌中的另一种，和口蘑长得比较像而已。"

真正的"口蘑"是如何得名的呢？

忻龙祚介绍，作为陆路枢纽，张家口自古以来就是河北山货的集散地。早在康熙年间这里就有30多家口蘑加工作坊，其分号遍布全国——口蘑也由此得名。

海拔较高的坝上草原，为口蘑提供了一个绝佳的生长环境，这里不仅有针茅科草本植物腐烂后形成的较肥沃的栗钙土，还有着以无霜期短、雨水稀少、干旱寒冷为特征的气候条件。

关于口蘑之鲜，当地人最喜欢讲这样一个传说。很久以前，有一个专卖口蘑的商人，带着上等白蘑，坐轮船从天津港出发南行。一路上蘑香四溢，引得海中鱼虾成群结队绕船而游。船老板担心鱼群围聚过多，造成翻船事故，遂愿出重金在旅客中求得驱赶鱼群的良策。

这个商人见此机会，于是便将口蘑说成是鱼群追逐的对象，船老板于是以高价买下口蘑商所带的全部口蘑并抛入海中，果然，鱼群都追逐随波漂流的片片口蘑散去。

传说有夸张演绎的成分，但张家口人对口蘑的喜爱却是实实在在的。

"莜面窝窝羊肉汤汤，山药鱼鱼蘑菇汤汤……"张家口吃莜面，四季各有吃法。其中，羊肉口蘑卤汤最为常见。本地羊肉嫩而不膻，口蘑鲜香润滑，荤素搭配、相得益彰。

实际上，口蘑在中国餐饮领域内的角色，绝对不只是一种食材而已。在没有味精的时代，口蘑是通行全国的高档提鲜剂。

冀菜里口蘑宴自不必说，鲁菜里的口蘑扒鱼脯、淮扬菜里的口蘑蒸鸡、川菜里的双椒口蘑，取的都是口蘑的极致之鲜。甚至对食材新鲜度要求最高的粤菜里，也有一道以口蘑为主要食材的香露炖三菇，取的就是口蘑之味。

清代诗人袁枚是一位公认的美食家，他在《随园食单》中提出的"有味者使之出，无味者使之入"，道出了中国烹饪秘诀之所在。而口蘑恰可以说是传统中国菜中最重要的"有味者"之一。在一定程度上说，口蘑曾经是中国菜最重要的"鲜味之源"。

在河北产出的众多菌菇类食材中，还有一味更让顶级老饕蜂拥而至。

2021年8月10日，宽城满族自治县塌山乡北场村。

川、沟、坡上到处都是成片的板栗树，每棵板栗树下都有一排用遮阴网盖着的小棚子，轻轻揭开，一朵朵硕大的栗蘑便呈现在眼前。

栗蘑其实是一种鲜为人知的美味食用菌——灰树花，在河北、山西一带，由于它们通常生长在野外的板栗树上，被当地人称作"栗蘑""栗子蘑"；又因为它的外形像一朵重瓣的莲花，所以福建等地的老百姓叫它"莲花菌"。

灰树花气味芳香、肉质脆嫩，虽然是菌类，但做菜时竟然有鸡肉的质感和味道。灰树花适合烹饪的方法很多，在很多烹饪大师看来，不论用何种方式烹饪，灰树花都是不可多得的"山珍"级食材。

其实，北半球很多国家都有采集和食用野生灰树花的传统。

相传在日本的江户时代，每株灰树花可换取同等重量的银子，因此山民只要一发现它，就高兴得手舞足蹈，所以被称为"舞茸"。

最近几年，灰树花在国际市场上越来越受追捧。人工种养栗蘑也成为一项重要产业。承德宽城、唐山迁西等地引进食用菌专家，使栗蘑生产向工厂化、规模化和标准化栽培转变。

遵化市西下营满族乡西下营西沟村农民在栗树园培育的栗蘑　　　杨世尧　摄

2. 海洋的馈赠

人们常说，世界上最难吃的食物，就是忘了放盐的食物。

在中国人的五味概念里，"咸"恐怕是最重要的一味。

食盐，按照来源分为海盐、井盐、矿盐、湖盐等。两千多年前，河北就是重要的海盐生产区。

如今，河北省487千米海岸线上，分布着黄骅、大清河、南堡盐场，它们是我国四大海盐产区中渤海盐区的组成部分，也是著名的长芦盐区的一部分。

2020年6月10日，沧州黄骅。

307国道一路向东，离海岸线还有30多公里，但大海特有的咸腥味已经扑鼻而来。公路两边红砖砌就的结晶池里，海水经过几个月滩晒，逐渐凝结成晶体，从某个合适的角度看上去，仿佛铺在地上的一块块镜子。扒盐机在一块块盐池里来来回回，盐粒相互撞击着，发出特有的碰撞声。

这一天，沧州盐业集团长芦黄骅盐业有限公司作业区71平方千米的陆域面积上，一年一度的春扒已接近尾声。

海水里含有主导口感咸的氯化钠，但要把海水制成可以食用的盐，还需要复杂的制卤、晒盐过程。

"产1吨盐，大约需要110立方米2波美度的海水。"沧州盐业集团长芦黄骅盐业有限公司生产部部长高立增说，最终走上人们餐桌的已经是精制过的盐，氯化钠含量不仅达优级，而且保持了海水中特有的微量元素，是最佳的调味品。

盐不仅是食物的鲜味之源，更与海鲜的"鲜"有着特殊关联。

呈味核苷酸和呈味氨基酸是海产品中普遍存在的重要滋味物质，它们在海鲜中的含量，会随着盐度的升高而有显著增加。

河北这片富含营养盐的富饶之海，孕育了多种海鲜极品。

2021年10月20日，秦皇岛市北戴河新区新开口码头。

正值扇贝丰收的季节，一艘艘载满了扇贝的养殖船有序进港，养殖户们忙着将收获的扇贝进行卸船装车，一派丰收景象。

唐山曹妃甸区南堡盐场的工人将收获的春盐装船　　杨世尧　摄

曹妃甸区南堡盐场盐田　　杨世尧　摄

"如今，全国餐桌上的每10个海湾扇贝，就有7个是咱河北海域养殖的。"河北省海洋与水产科学研究院副院长、国家贝类产业技术体系秦皇岛综合试验站站长张福崇的一番话着实让记者吃了一惊，河北的扇贝竟然有如此巨大的产量？

张福崇介绍说，海湾扇贝属于外来物种，20世纪80年代初期引入国内。1986年左右，河北海域开始人工养殖海湾扇贝。

"秦皇岛、唐山基岩岩石海岸、砂质海岸一带，河口众多，从陆地带入海中的营养盐也较多，且因为渤海的半封闭性，海水交换慢，使这一带的海水较'肥'。"张福崇说。

在如此肥沃的海水中长成的扇贝不是一般货色——我国北方海湾扇贝主产区，由于地理位置接近，其营养品质也比较接近——但以秦皇岛产海湾扇贝的蛋白质含量为最高，达到67.62%，且氨基酸含量高，味道尤为鲜美。

2021年8月30日，沧州市署西街。

"今年价格合适，比去年便宜不少。"水产店里，一筐筐鲜活的梭子蟹个儿大肚肥、张牙舞爪，每只单拎出来，都能称得上是"大块头"了。

头胸甲呈梭形，接近蟹嘴的位置有三个凸起——三疣梭子蟹是沧州海鲜中的极品。

三疣梭子蟹并不是沧州独有，甚至不是渤海独有。但2017年，黄骅南排河镇的21个渔业村陆上养殖池及沿岸开发的滩涂养殖池范围内生产的三疣梭子蟹，被授予"黄骅梭子蟹"农产品地理标志。

为什么黄骅这一带的三疣梭子蟹能获得农产品地理标志呢？

黄骅海水原良种繁育中心负责人高洪江介绍，黄骅所辖海区是渤海三疣梭子蟹重要的索饵场、产卵场和越冬场，也是多种浮游动植物生活聚集区，现已查明的浮游生物50余种、底栖生物180余种。"这里四周有5000公顷盐场，水生动植物繁多，有丰富的卤虫资源，是珍贵的天然活体饵料库。"

独特的水质环境和淤泥质底部环境条件，造就了黄骅梭子蟹肉色洁白、肉质细嫩、膏似凝脂、味道鲜美的特点，也成为河北海鲜当之无愧的代表。

3. 调味的秘诀

通过腌渍、风干、糟醉等处理方式，让一些普通食材转化出更加复杂的风味，甚至成为另一种重要的调味材料，是中国人的独特智慧。

沧州人的"乡味儿"，脱不开一罐冬菜。

2021年9月17日，沧州南陈屯乡刘辛庄村。

专门制作冬菜的百年老字号——义昌永，始终遵循着简单古朴的制作方法：新鲜的精选大白菜择干净后切成一厘米见方的小块，经过彻底脱水加工成菜坯，再将菜坯、蒜泥、食用盐按照一定的比例充分搅拌，然后封缸压实，置于阴凉避光处发酵。

封好的白菜再见天日，就是整整一年后了。

成品冬菜，是一种半干态发酵性腌制食品，色泽金黄、清香脆嫩，兼有香、甜、咸、辣四味，既可被直接食用，又可用作汤料或炒食。

义昌永冬菜2017年被列入河北省非物质文化遗产名录。传承人刘向前介绍，其历史可追溯到明永乐二年（1404年）。

是年，河南项城刘氏家族一部分北迁燕地，后落户沧州，始将祖传大白菜腌制技艺引入。刘氏家族对制作技法进行了改进，将整段腌制改为切碎，以盐、蒜拌之，最后封于瓦罐之中，经自然发酵，一年后食用。

技艺传到刘向前这辈，已经是第19世。追溯历史，沧州刘氏家族对冬菜的传承已有600多年之久。

沧州冬菜不仅是沧州人的心头之爱，更曾随大运河北上南下，潜移默化地进入当地的饮食中。从老北京一直到上海、苏杭，传统馄饨的汤底配料里往往都有冬菜。

1700公里之外的广东，地道的潮汕砂锅粥是当地最有特色的风味之一。而决定这锅潮汕砂锅粥最重要的一味配料，也是冬菜。

现在的潮汕冬菜与沧州冬菜口味略有不同，潮汕人根据自己的口味在冬菜里增加了甜味。不过寻根溯源，沧州冬菜早年经天津出口，冬菜独特的调味作用让其深受东南亚人的喜爱。爱吃的广东人也喜欢上了这种调味料，把它作为煲粥、小吃、汤类菜品的调味，久而久之也成为潮汕菜的底味之一。

更能代表中国人对食材转化技术娴熟应用的是腐乳。

腐乳是我国独创的调味品，有红腐乳、青腐乳、白腐乳、酱腐乳、花色腐乳等品种，它既可单独食用，也可用来烹调风味独特的菜肴。

白腐乳是腐乳的初级形态，以桂林白腐乳最为有名。

但秦皇岛人恐怕并不服气，在抚宁，白腐乳制作技艺是河北省非物质文化遗

邢台任泽区一家调味品企业工人在酱园晒场"打缸"　　朱旭东　摄

产，抚宁白腐乳颜色白中略带微黄，它质地细嫩，松软可口，闻之香气扑鼻，食之回味无穷，不但是下饭佳肴，同时也是烧汤做菜的上好作料。

抚宁腐乳创始人是左经达，原籍唐山乐亭，祖辈以制腐乳为业，于新中国成立初期来抚宁用祖传的秘方制作腐乳，逐渐受到当地群众的欢迎。

抚宁白腐乳采用优质黄豆作原料，经严格筛选、风选、除杂去残，再经浸泡、冲洗、磨煮、滤渣、点浆、压坯、划坯成型。

如今，抚宁白腐乳入选"秦皇岛十大地方特色旅游美食"，不仅成了秦皇岛人的味觉底色，更在全国腐乳爱好者圈子内，拥有大批拥趸。

在中国人传统的"开门七件事"里，酱居于重要地位。据说商朝时酱就已经出现，当时称为"醢"，用肉、鱼等制成，孔子说"不得其酱不食"，可见酱在古人饮食中的地位。

酱油一词最早出现在文章典籍中是在宋朝，但家常普遍使用只是近百年的事情，因此在中国几千年的调味历史中，"酱"大多数时间里指的不是酱油，而是药膏状的酱。

2021年12月9日，徐水史各庄工业区。

保定同和酱类制造有限公司从规模上看并不庞大，但"同和面酱"的名气在保定和调味品圈里可不小。

同和主要以生产甜面酱、烤鸭专用甜面酱为主，面酱入口绵甜，风味和品质上乘。

调味酱主要分为以小麦粉为主要原料的面酱和以豆类为主要原料的豆瓣酱两大类，还有肉酱、鱼酱和果酱等小类别。

与东北大黄酱、西南豆瓣酱、南方的柱侯酱不同，甜面酱是酱中的一个特殊品类，以面粉为主要原料，用水和面，上笼蒸熟，再经伏天日晒加温发酵。它的甜味来自发酵过程中产生的麦芽糖、葡萄糖等物质。

从一定程度上说，甜面酱是京津冀地区口味的基本味之一。在北京，烤鸭、炸酱面的核心是甜面酱；天津人吃煎饼果子，如果发现抹的不是甜面酱可能会当场翻脸；冀南地区的大锅菜里，甜面酱是最重要的调味料。

保定则是甜面酱的重要产地，面酱甚至被列入了保定"三宝"之一。

在保定市老字号协会原会长刘山晓看来，面酱甚至已经成为凝聚保定人情感的文化符号。知名的老字号槐茂，主要产品就是面酱和酱菜。只不过由于更适宜储存和运输，酱菜更为知名。

考证槐茂渊源，多有传说逸闻。但其源自清康熙年间，由绍兴赵氏辗转落户于保定府，在西大街二道口（现永华大街与西大街交会处）东北角大槐树下落脚开店则是共识。

槐茂酱菜老工程师曹宝忠从十几岁起即入厂工作，从化验员干起，切制、腌渍、脱盐、酱渍各个工序无一不精。在他看来，槐茂传承300多年，要说有诀窍，那就是追溯本源味道的执着匠心、讲究传统工艺的极致信仰。

曹宝忠说，槐茂除了制作工艺一丝不苟，原料一定要好。比如做酱菜，小红萝卜必须脆嫩，韭菜花必须鲜嫩纯花。每个菜种都由长期合作的菜农定期供应，固定而质优的菜源，既保证生产有序，又让酱菜味道得以稳定。

历经时间淬炼，百年品牌槐茂依托现代科技工艺，再度焕发出勃勃生机。

三、家常味道

1. 天之美禄

酒，自出现便成为这个世界上最神奇的一种饮品，《汉书·食货志》里称其为"天之美禄"——认为它是"上天赐给的美好福禄"。从来没有一种饮料像酒一样，既承担着沟通天人的重任，又负载着百姓餐桌上的家常味道。

河北与酒的渊源，可以追溯到3400多年前。

2020年10月7日，河北博物院商代文明展厅。

展柜中一个透明的玻璃密封瓶和瓶中装的一些灰白色水锈状物质，看起来很不起眼。

然而，这瓶貌不惊人的文物，却保持着一项特殊的"世界纪录"。

它，就是3400多年前古人酿酒所用的酒曲，也是世界上目前已知保存年代最久远的酒曲实物。

1973年至1974年，河北省博物馆和河北省文物管理处组成台西考古队，对台西遗址进行了考古发掘，今天人们看到的那瓶酒曲实物，就是在这期间被发现的。

当年参与台西考古发掘工作的省文保中心原研究员吴杏全介绍，在挖掘中，考古工作者在"14号房屋"的遗址内，发现了大量陶器，出土后清点共计46件。"陶瓮已经都是碎片了，酒曲夹杂在碎片中。"

清理过程中，考古工作者从残瓮中收集起来一些灰白色水锈状沉淀物，重达8.5公斤。

考古工作者把一部分灰白色粉末送到了中国科学院微生物研究所。经鉴定，这正是酿酒用的酵母。

"推测应是酒液挥发后的残渣，只是由于年代久远，酵母中的菌类已死亡，仅存留下来酵母的残壳。"吴杏全说。

随着中国科学院微生物研究所对台西遗址出土酒曲实物的鉴定报告公布，这些3400多年前留下的灰白色沉淀物，正式成为世界上保存年代最为久远的酒曲实物。

酒，自出现之日起，就与中华文化紧紧结合在一起。

在古代，酒是百礼之首，古人以酒行礼，用于祭祀，沟通天人。在家常宴饮中，酒能够传情达意，成为含蓄内敛的中国人表达情感的方式。

不仅仅是实物酒曲，中国最早的实物酒也发现于河北。

尽管我国一向被认为是世界上最早掌握酿酒技术的国家之一，但由于迟迟没有具有考古价值的实物酒出土，对酿酒技术的研究，很长一段时间只能依靠文献、传说和考古出土的各种原始"酒器"。

直到1977年，这一遗憾才得以弥补。

1977年，在平山战国中山王墓考古发掘中，考古工作者在两件青铜酒器里发现了如今被称为"中山王酒"的实物酒。

亲历中山国考古的河北省文物研究所原研究馆员刘来成，依然记得青铜酒器锈封的酒盖打开的一瞬间，里面散发出的浓郁酒香。

这些"中山王酒"，在当时不仅是我国考古发掘中首次发现的实物酒，也是世界上第一次发现如此古老的实物酒。

在纯度更高的蒸馏酒出现之前，古人喝的多是黄酒。现在黄酒虽然更受江淮人士欢迎，但千百年前，河北就早已流传有关黄酒的佳话。

2020年9月18日，定州古城内的崇文街。

中山王墓一件铜扁壶和一件铜圆壶在出土时壶盖均保持闭合状，壶内的酒液得以保存。出土时，两壶内的液体分别呈浅翡翠色和墨绿色　　河北博物院　供图

一家酒馆内，大堂上悬挂的《中山松醪赋》书法作品引人注目。宋代苏东坡在定州任知州时酿造、命名了"中山松醪酒"，还专门写了一篇赋赞美它，成为流传后世的名篇。

苏轼不但爱喝酒，还尝试酿酒。中山松醪酒，便是苏轼在定州任知州时酿造的一种酒。

中山松醪酒因此也成为中国古代最负盛名的黄酒之一，其制作技艺现已列入省级非物质文化遗产保护名录。

河北酿酒历史上出现过的酒种类很多，比如明代著名的酒有蓟州的薏苡酒，永平府的桑落酒，易州的易酒，沧州的沧酒，大名府的刁酒、焦酒等。

首届中国酿酒大师、河北省白酒葡萄酒工业协会会长张志民说，河北是全国为数不多的同时兼具白酒、葡萄酒等多酒种优势产区的省份。

2021年7月5日，怀来长城桑干酒庄。

地下酒窖里，数以千计的橡木桶，整齐地摆放在这个占地5600多平方米的地下"红酒王国"里。

橡木桶内，奇妙的化学反应暗中发生。橡木桶外，葡萄，这种来自西方的美妙果实以及它们的精华——葡萄酒，在河北找到了最好的家园。

北纬40°线像一条金线，串起了北半球最好的酿酒葡萄和葡萄酒产区：在西方，这条金线上最璀璨的明珠是法国波尔多和美国加州；在东方，则是河北的昌

- 515 -

黎和怀来。

实际上,昌黎和怀来拥有更优异的葡萄生长条件:四季分明,日照时间长,昼夜温差大,降雨量适中,无霜期长,沙质土壤。

也正是因为拥有这样的自然条件,让河北取得了中国葡萄酒行业的"两个第一":1979年,新中国第一瓶干白葡萄酒在怀来诞生;4年后,第一瓶干红葡萄酒在原昌黎葡萄酒厂诞生。

2. 大快朵颐

无论蔬食多么健康精致,最能给普通人带来大快朵颐的满足感的,一定是肉食。

2021年12月12日,北京,岗山路。

一股冷空气席卷华北,气温骤降。福成肥牛火锅门店里,有顾客在排队候餐。

抵御严寒,对于大多数北方人来说,没有一顿火锅是解决不了的。

但很多人不知道的是,1992年以前,火锅食材里并没有一种叫"肥牛"的东西。"肥牛"真正形成品类出现,正是源于河北的大厂。

首先需要明确的一点是,"肥牛"不是一种牛的品种,也不是单纯育肥后屠宰的牛,更不是肥胖的牛。现在我们所说的肥牛,是指经过排酸处理后切薄、肥瘦相间、方便在火锅内涮食的一种牛肉片。

大厂自古就是皇家牧场,畜牧产业历史悠久,居住在这里的回汉民众尤其擅长牛羊饲养、贩运和屠宰加工。当地县志有记载:历史上的大厂夏垫镇牛市,明朝末年就已兴隆,夏垫镇地处京、津之间,西扼京华、东临秦唐、南眺津卫、北倚幽燕,为南北牛羊贩运的咽喉要道,商贸活动十分发达。

20世纪初,大厂的畜牧业达到鼎盛,每逢八月,上市的牛能达几千头,早晨牛叫声能传出四五里地远。本地百姓北上内蒙古,南下京、津、唐,行商贩牛,在与南北客商打交道的过程中,积累了经验。

1986年,大厂引进牛肉加工企业。1992年,当地始制作肥牛产品。纯正的"大厂肥牛"色泽鲜艳,颜色柔和,呈大理石花纹,口感细嫩、多汁,入口绵润,回味无穷。

2010年12月29日,大厂回族自治县申报的"大厂肥牛"地理标志,通过了专家组的审查，正式成为国家地理标志保护产品。

2021年9月21日，张北县庙滩村，华北牲畜交易中心。

每年的7月至10月，牛羊膘肥体壮，正是北方牲畜交易的旺季。毛色发亮的马匹、牛、羊在装有高高栅栏的货车里躁动地冲撞。

当地的人们仍习惯称这里为"马桥"，因为自古以来，张家口一直是北方马匹交易的中心。而如今，这里已经成为一座集商贸、流通、服务于一体的全国性、现代化的牲畜交易中心，羊的交易量较大。

"口羊"在京津冀地区是顶级羊肉的代名词。北京人对羊肉格外挑剔。老北京市场上高品质羊肉一般有两种：西口羊，是来自西北甘肃、宁夏的滩羊，特点是粉肉白膘、香嫩不膻。北口羊，就是张家口及以北内蒙古草原的羊。

除了牛羊，柴鸡、黑猪等肉类食材也比较丰富，因此也造就了以此为基础的各种地方特色熟食。

从德州到道口，从盐焗到白斩，全国各地吃鸡的方式多种多样，烧鸡的知名品牌也比比皆是。即便在河北本省，不同地方的人们也会为马家卤鸡、二毛烧鸡、金凤扒鸡究竟哪个更好吃而辩论一番。

肥牛　　《河北日报》资料图片

但在乐亭人看来，烧鸡香不香，关键在老汤，当地的刘美烧鸡老汤已有近200年历史，赋予烧鸡独特醇厚的味道。

而且刘美烧鸡最与众不同之处在于，开创了烧鸡制作整形之先河：将烧鸡的一只翅膀从鸡脖刀口处穿入，从鸡嘴穿出，使鸡头随鸡翅紧贴于鸡背侧面，另一只鸡翅自然折伏，再将鸡爪蜷曲折入腹腔，整形后的烧鸡如同熟睡的天鹅。

刘美烧鸡的第四代传人刘宣伯介绍说，刘美烧鸡要经过32道工序，精选28种名贵香辛料，加以老汤卤煮，按照传统制法熏烤，其成品色泽棕红、味道醇香，色、香、味、形四美合一。2006年，"刘美"被商务部命名为首批"中华老字号"企业。

3. 家常真味

在蔬菜产业不像现在这样发达的时期，河北食用的蔬菜以自产为主，所以有很强的季节性和地域性。比如在河北大部分地区，春冬两季蔬菜品种相对单调，以白菜和萝卜为主。

不过即使是白菜这样的大路菜，在河北也能产出极品。

2021年11月4日，玉田县虹桥镇后独树村。

"玉菜源"示范基地里，菜农正在田间忙碌，棵棵紧实鲜嫩的大白菜被整排砍倒，地头码好，装车外运。

玉田县作为北京市主要冬储白菜产地，今年供应北京冬储白菜可达20余万吨，约占全县白菜总产量的三分之一。玉田白菜种植颇具传统，规模最大。其玉田包尖白菜品种，更是独具特色。

和人们印象中粗放、"不修边幅"的普通大白菜相比，玉田包尖白菜与众不同：其叶球直筒、拧抱紧实，顶部稍尖，菜体呈圆锥状，故得名"玉田包尖"。

玉田包尖白菜具有耐贮藏、不易抽薹、高品质的特点。做馅，清鲜宜人；熘炒，不乱汤；菜心生食，甜脆鲜嫩，清心爽口。上乘的品质和独特的风味，让玉田包尖白菜享有"玉菜"之美誉。

白菜是浅根系蔬菜，在肥沃而物理性状良好的壤土、沙壤土中最适宜生长，玉田中部的山麓洪积平原，正是白菜生长的"最爱"。

此外，白菜是半耐寒蔬菜，喜冷凉气候。生长期间的适温在10℃~22℃之

玉田县虹桥镇后独树村农民在整理收获的白菜　　李洋 摄

间，在适宜的温度范围内，较大的昼夜温差有利于大白菜正常生长。这一温度条件，恰与玉田的气候吻合。

独特的地理条件、清澈的水系、肥沃的土壤和适宜的气候成就了玉田包尖白菜上乘的品质。

2021年9月20日，围场朝阳湾。

马铃薯田里，又一个收获季已经到来。一辆大型机械驶过，黑土地上浮现出一窝窝"金蛋蛋"。农户紧跟其后，将其拾到袋里，装到车上。

2015年起，土豆被我国纳入主粮。而早在1999年，围场就已经被命名为"中国马铃薯之乡"。

"哈拉海炖土豆""山药鱼儿""山药饼子""耙搂柴"……在坝上，单独使用土豆或配上辅料制成的食品多种多样。

围场马铃薯研究所所长丁明亚介绍说，围场能够成为马铃薯之乡，跟当地的沙壤土质、大温差气候息息相关。围场当地出产的土豆产量高、薯形大、无病毒、食味佳，且淀粉含量高，更适合深加工。

优势作物的出现，是多年自然和人工选择的结果。

清代末期，随着开围放垦，曾经草木丰茂的皇家猎苑围场绿退沙进，土地日渐贫瘠。而进入中国的马铃薯凭借其生长期短、抗旱耐寒、营养丰富、口感良好的特点，迅速被当地百姓视为"保命粮"世代耕种。

20世纪90年代初，随着品种改良、技术进步，围场马铃薯种植面积迅速扩张，产量逐年提升。昔日的"保命粮"，如今已成为当地的一大特色产业。

围场半截塔镇什八克村，富龙现代农业发展有限公司自动化厂房里，一卡车"黄皮肤"的土豆从自动化生产线一端被送进去，两个小时不到，雪白细腻的全粉装袋完毕，随即被送到麦当劳、肯德基等几个国内外知名大公司，走进千家万户。

河北蔬菜的种类虽然说不上非常丰富，但其多样性的确令人赞叹。河北出产北方顶级的大白菜和土豆并不令人奇怪，但口感上乘的藕产自邢台，恐怕连不少河北人都不知道。

2021年12月12日，隆尧县东良镇泽畔村。

元旦临近，莲藕进入了销售旺季，一排排一摞摞一米多长的莲藕整齐地排在地头，藕农老曹正在带领村民挖藕。

"今年的莲藕长势好，品质也好。这次我们先挖一部分试试行情，主要发往北京和天津。"老曹说，"身处北方平原的泽畔村，其实有300多亩莲藕。"

隆尧泽畔藕已有600余年种植历史，清嘉庆年间曾作为贡品进入皇宫。

泽畔藕的独到之处在于，藕身洁白如玉，体形肥大，最长的藕有6~8节，长1.3~1.5米。肉质脆嫩、质地细腻、藕体洁白而细、无纤维、甘甜清脆，比普通藕营养高、口感好。

以现在的自然地理视角来看，依水而生的莲藕，为什么能在干旱缺水的华北平原上旺盛生长？

这首先得从"泽畔"村这个地名说起。

华北平原由黄河和海河众多河流水系冲积填造而成。在华北平原形成的亿万年时间里形成了大大小小的平原湖泊，大陆泽就是其中最大的一个。史志上称大陆泽广袤百里，众水所汇，波澜壮阔。

泽畔藕　　《河北日报》资料图片

泽畔村因位于大陆泽畔而得名。大陆泽在邢台的古隆平、尧山、任县之间，泽中盛产鱼虾菱藕，是名副其实的水乡。

然而后来黄河改道，湖水退缩，泽畔村成为陆地，但是当地农民种藕之风不减，改坑塘种植为"铺池而做"，创造出独树一帜的"清水莲藕"。

老曹介绍说，泽畔藕并非生于坑塘，而是在平地围池而种，由于成活率低，属于藕中稀品。每年泽畔藕在收获季节都供不应求。2012年，泽畔藕被认定为国家级农产品地理标志认证产品。

时至今日，河北的蔬菜早已突破地域和时节限制，蔬菜产业也成为全省农业的支柱，总产量居全国第二位，形成了温室、拱棚、地膜、露地等多种栽培形式互补的周年生产格局，是全国为数不多的一年四季可供应充足鲜菜的省份。

第二单元 河北味道

采访◎《河北日报》记者 白 云

📖 **阅读提示**

一方水土养一方人。

地貌种类齐全的河北大地，孕育了山珍海味、各式鲜蔬及多种主粮。

这些基础原料，在河北人的料理下，培育了朴素而平实的冀菜性格。形成了汇聚山珍野味的宫廷菜系、独具特色的冀东沿海菜系以及广阔华北平原上的冀中南菜系和直隶官府菜系。

同时，河北还有种类繁多的特色小吃：唐山的饹馇、邯郸的豆沫、张家口的莜面等。

保定驴肉火烧　　白云 摄

一、面食传奇

1. 花样繁多的饼

揉、擀、抻、卷，再擀，再抻，一块面团在保定徐水火烧师傅手上抓捏几下，就变成了一张服帖的圆饼。几乎同样的制作工艺，在沧州河间火烧师傅的手上，又会被揉搓成一张长方饼。

但不管是长的还是圆的，这块面饼经过烙、烤之后，肉眼可见地在炉膛内起酥膨胀，铲出来丢在案板上会掉渣。划开火烧，把剁碎的驴肉塞满，再配点辣椒碎提味，一口下去，面饼酥脆满口香，饼里的肉质紧实，这就是保定和沧州河间都盛产的河北特色驴肉火烧。

被年轻人简称为"驴火"的驴肉火烧，是当下河北最有代表性、在全国最有知名度的地方美食之一。

"一个漂亮的河间火烧要达到薄如纸、色如金、酥如雪、形如书，就拿层数来说，最多的可达到20层。"省级非物质文化遗产项目河间驴肉火烧制作技艺代表性传承人李春秋介绍，火烧看起来表皮带油，实际上这层油从来没有刷在表面，"油要抹在擀好的面饼上，擀到3米左右长，一层层卷起来，把油卷进其中，再经烤制渗透出来。"李春秋说。这种吃法在当地可能有几百年的历史，传说是军屯移民最早在芦苇地里，用芦苇烧火、军锅烙制。

这种传说和徐水漕河驴肉火烧的来源惊人相似。

漕河驴肉加工技艺非物质文化遗产传承人刘敏英介绍，据考证，徐水的火烧制作，也是来自山陕一带的屯垦移民，在以面食为主的中原，迅速被接纳为当地主食之一。

那么在火烧中夹驴肉这种吃法，又是怎么兴起的呢？

《徐水县新志》记载，宋朝时，漕河运输粮食，其附近有盐帮和漕帮分别承运盐和粮，漕帮打败盐帮后就宰杀盐帮用于运输的驴食用，自此在当地有了吃驴肉的习惯。

驴肉加工前，先用大火煮一小时，出锅后晾凉再压一夜的锅。"长时间焖煮，驴肉酥烂入味不说，一斤驴肉也只剩半斤多的量。"刘敏英介绍。有趣的是，漕河驴肉火烧往火烧里夹的是热肉，而河间驴肉夹的是凉肉。

不管是冷是热，两种驴肉火烧都解决了同样的问题——烧饼夹肉，瓷实解馋，非常扛饿。同时，不夹汤带水便于携带，相当于民间快餐。

夹肉的火烧，只是河北众多饼中的一种。河北人研究饼的历史，可以追溯到东汉。在《中国烹饪百科全书》中收录的全国680种风味小吃中，面饼类81个，河北占8个，全国第一。入选的19个烧饼品牌，河北占7种。

河北的烧饼家族包括石家庄缸炉烧饼、衡水鞋底烧饼、唐山棋子烧饼、保定张嘴烧饼、临漳顶盖烧饼、赵县石塔烧饼、安国马蹄烧饼等近300种。

在美食家眼中，饼和饼也大有不同，不带芝麻的饼被称为火烧，带芝麻的则被称为烧饼。

2021年12月1日，沧州黄骅市。

凌晨4时，58岁的张振海起床准备开工。他抓了一把锯末塞到炉具内引着，让小火慢慢舔舐着上方的炉顶，然后慢条斯理地准备面饼。

"这面粉是我们当地的旱地小麦，筋道。"张振海把50斤面粉倒入机器，那里，10斤的发面已经等候多时。

锯末不再冒烟，面在反复揉搓后醒来，老伴儿赶来帮忙。面团在两个人的手上极为顺滑——揪剂、搓条、压片、抹油、卷皮、擀片，最后两手在圆形的饼坯上把边缘捏出一道褶，张振海把它们一个个丢进铺满芝麻的箩筐，再拿出来，烧饼已经初具模样。蘸水，胳膊朝吊炉里一伸，啪一下，烧饼就牢牢粘在炉具顶，炉底的低温开始慢慢炙烤。

擅长料理面食的河北人，对烧饼制作情有独钟。烧饼的制作大多是用烤、烙工艺，有趣的是，烧饼的制作工艺接近，但炉具不同。

通常，烧饼制作的炉具分吊炉和

黄骅吊炉烧饼　　张延华　摄

缸炉两种。

张振海的吊炉，用铁皮还有泥做成，架起来和他的身高平齐，烧饼要贴在齐眉的炉顶上朝下，与地面平行。

而缸炉烧饼所用的缸炉，用敲掉底的水缸、铁皮及泥做成，立在地上，烧饼或者贴在炉壁与地面垂直或者放在炉条上烤。

尽管烤制方法不同，但烤出来的成品味道接近，面香在烤炉内被激发到最大，芝麻又为这份香气助力，表皮酥脆，饼内层次分明，韧劲十足，夹咸菜夹肉，兼容万物。

与烧饼同样被河北人热爱的，还有家常烙饼，并由此派生出一种特有的吃法——炒饼。

2021年12月16日中午，石家庄雅香炒饼店已经座无虚席。

热气腾腾的炒饼一盘盘从后厨端上来，食客剥好一颗大蒜，劈开一双筷子，盘子一落桌就食指大动。

根根饼丝在翻炒中已和调料合为一体，白菜清香、豆芽鲜嫩，卖得最好的尖椒肥肠炒饼，一中午出近百份。老板刘成温笑呵呵地说："市区有十几家店，一天饼丝用量都得近两千斤。"

河北人对炒饼的爱，在遍布街头的家常小店要加写"炒饼"俩字也能看出来。炒饼是对饼的二次加工，经过一番葱蒜爆炒后，有菜有肉的炒饼，营养均衡又便捷，可以说是面饼之乡发明的另一类中式快餐。

2. 调和百味的面

2021年7月21日，辛集市南大过村。

57岁的孔群英一大早就骑着电动车去菜地选料——带着露珠的水萝卜，顶着小黄花的黄瓜，临走，再拔两根大葱，薅一把香菜、韭菜。

"早上摘，鲜，中午日头一晒就不好吃了。"孔群英说着，又拐到村口小卖部，买了二斤鲜猪肉和一把蒜薹，把车筐塞得满满当当。

这天是二伏，是个吃面的日子。

在北方，"头伏饺子二伏面"，很多人家都认真遵循。孔群英家也不例外，尤其是今天，两个在市区工作的孩子都要回家。

午饭刚过,孔群英就开始忙活。

肉、蒜薹切丁,黄瓜切丝、豆芽断生。

然后,才是这顿饭的重头戏。

擀面杖在面板上发出咕噜噜的动静,醒好的面团被擀压得越来越薄,慢慢铺满了整个案板。她捉着刀,把折好的面饼细细切丝,切好的部位一提溜就是一根细长的手擀面条。

捞面条,是北方再常见不过的家常饭,也是很多河北人记忆中最熟悉的"妈妈味儿"。

与重视汤头的江南、西北的汤面不同,与通过添加碱水和鸭蛋等食材实现弹牙的南方面不同,河北捞面,最能体现本地高筋小麦粉产生的柔韧而筋道的口感。妈妈们,也总以擀面的手艺而自豪——尽管现在村头小卖部的压面机能压宽窄不同又细又匀的面条,但全家都好孔群英亲手擀的这一口,"筋道"!

下午6点刚过,儿子、女儿两家陆续回到小院,小孩子们在葡萄架下踮着脚去够还发酸的葡萄粒,儿子剥蒜、女儿煮面,儿媳摆碗筷,孔群英开始料理今天的"大菜"——炸酱。

热油铺锅,葱姜蒜下锅翻滚爆炒,两大勺甜面酱下锅,酱汁和热油发出嗞嗞的响声。酱香一出,刚刚炒好的肉丁紧随其后,每一粒肉丁都被面酱浸润包裹。添半碗水,勺子在锅里推一下,防止肉酱糊锅,红的辣椒丁和绿的蒜薹丁已经做好准备,在锅里的咕嘟声进入尾声时要起点缀的作用。

"开饭啦。"孔群英笑着从厨房出来,方桌就摆在院子里,小孩子们咬着筷子头早早等着。

红里透黑的炸酱、细碎黄瓜丝、翠绿香菜末、嫩白豆芽……细长的面条从凉水盆挑到碗里,一碗碗在家人的手中传递。

面条,是河北餐桌上常见的主食类型之一,几乎承担起夏季饮食的半壁江山。面条本身在水煮之后几乎本味不变,也极尽包容,展现调和百味的千变万化。

借助各种不同的物产就地取材,河北人吃面,调味的不一定总是炸酱:沿海的虾油拌面,鲜虾制作的虾油,咸鲜清亮,倒进面条里一搅,超级下饭;平原的麻酱面,澥麻酱是一门学问,只要调配得当,最简单的食材也能使醇厚与清凉相得益彰；张家口的口蘑拌面，靠山吃山，配上当地的特色羊肉，汤浓面鲜；石家庄灵寿县的腌肉面，面条粗犷，腌肉瓷实，肥而不腻，管饱解馋……更不用提丰俭由人的白菜卤、讲究细致的黄花木耳卤、方便快捷滋味鲜美的西红柿鸡蛋卤……

当然，河北也有重视汤头甚至基础食材根本就不是小麦粉的面条。

2021年11月9日中午，石家庄苏家饸饹面馆。

正值饭点，店里已经人头攒动。一大碗冒着热气的饸饹面端上来，面条码放得很有条理，经过翠绿香菜和赤黄豆芽的点缀令人食欲满满。挑一筷子面条送进嘴里，韧劲十足，口感爽利，荞麦特有的香味，完全不同于白面条的细腻柔软。

"在我们老家无极，有'安棚饸饹起轿糕'的说法。是说在结婚的头一天，一定要吃饸饹面，部分无极人还保留着除夕吃饸饹面的习惯，寓意都是全家和（饸）乐（饹）。"苏家饸饹面馆负责人袁建房介绍，2012年，无极饸饹面被列入省级非物质文化遗产名录，袁建房是这项技艺的传承人。

百公里外的邢台宁晋县，这里的西关饸饹面同样是当地人的心头好。

无极饸饹面　　白云 摄

2013年西关饸饹制作技艺也入选河北省非物质文化遗产名录，申焕彩是传承人。

饸饹面用荞麦面粉制作而成，但荞麦在早年的河北大部分地区均属救荒作物，并没有形成规模种植，为什么会在这两地形成吃饸饹这种面食的习惯呢？

申焕彩说，其夫家祖上从山西迁入河北，将这一面食带入邢台宁晋县，这和饸饹面在晋冀鲁豫陕五省流行不谋而合。至今，两家饸饹面馆的荞麦都要专程到内蒙古等地采购。

"饸饹最早叫河漏。"袁建房家中保留有祖上传下来的一套饸饹床，木制表面已有包浆，"过去赶集或庙会时，都是现场支一口大锅，把饸饹床放上去，现场揉面现场加工，面条通过饸饹床上的孔漏到锅里。"

袁建房的手掌有着不同于常人的厚实。"我从十几岁跟着父亲做饸饹面，这是日复一日揉面的结果。"袁建房笑起来。

饸饹面制作讲究现做现吃，从揉面开始，就严格控制水温和水面配比，这关系到饸饹面的韧劲和口感，"和面要做到三光，面光、手光、盆光，一斤和好的面经饸饹床上的一百多个眼挤压，流入滚开的沸水中。"

现在，饸饹制作已经半工业化，机器代替了人工，申焕彩经营的西关饸饹店，一次可制作百余人的食量。

饸饹面好吃，另一个关键是汤。几十年了，申焕彩每天早早到店，与现做现吃的面不同，汤底要提前准备，用老汤、中药材、肉进行数小时熬煮。"好汤头，汤鲜味正颜色清亮，要给饸饹面托底，还不能抢了面的风头。"申焕彩说，配几块肉，来一勺汤，漂亮地装碗，垫上豆芽等配菜装点，一碗饸饹面就能上桌。

3. 包罗万象的馅

2021年12月13日，10点40分，石家庄中山路306号石家庄饭店石饮红星包子已经上客了。

食客王元端着一屉热气腾腾的包子坐下，倒上一小碟醋。

"您这吃的是早饭还是午饭？"

面对记者的提问，王元笑笑："午饭。来晚了老没座位。"

王元今年67岁。他说："年轻时吃顿这家的包子是解馋，现在来吃，是回味。我住二环外，倒了两趟公交车才到这儿。一会儿走的时候还得再打包两屉。"

石饮红星包子是石家庄餐饮界的一块老招牌。1969年，石饮红星包子，是原红星饭庄在天津"狗不理包子"的基础上经过反复试验和改进推出的。有趣的是，几十年过去了，社会飞速发展，石饮红星包子的三种馅料始终没变——猪肉大葱、虾肉三鲜、素馅。

红星包子　　红星饭店　供图

其中最受食客欢迎的当属猪肉大葱馅。

朝向中山路的外卖窗口，寒风中，买包子的食客又排起了队，石饮红星经理刘庆海掀开门帘看看，"今天人不算多。夏天的时候，四五十号人排队是常有的事儿。"

2021年10月1日，石饮红星包子博物馆店一天卖出了2000屉包子——可见石家庄人是多么爱吃包馅。

原籍河北高阳的文化名家齐如山曾在《华北民食考》一书中总结："山东发面所制的食品最多，河北省吃馅子的种类最多，山西省吃面条的种类最多，这是大家公认的。"

包馅，把肉或蔬菜作为底材，添加葱姜蒜等各种辅料调制好后包裹进面皮中。

北方人对包馅的热爱，源于这种食物省柴省料。地貌种类齐全的河北大地孕育了丰富多样的食材，于是河北人所钟爱的包馅也就包罗万象，从沿海的鲅鱼、毛蚶到山地的蘑菇、野菜，经过家庭主厨的反复尝试，总能包裹进一张薄薄的面皮，或蒸或煮或烙或煎或烤。

包子受欢迎的关键，恰恰在于馅料。"虽然我们的馅没变，但我们的用料配比有调整。以前大家缺肉，都喜欢吃肥的，现在我们提高了瘦肉比例。"刘庆海介绍。

石饮红星包子店的明档里，6位师傅正手脚麻利地包包子，她们面前放着几小盆馅，馅泥润滑，绿色的葱花点缀其中。"馅料中，我们搭配了多种天然原料和小磨香油，蒸出来的包子馅才会清香不腻。"刘庆海说。

包馅包馅，石饮红星包子的另一个秘诀在于包。

一个明档内两人擀皮，四人包，面团在擀皮师傅手上稍微一揉捏，再用擀面杖一压，三秒钟就好。包制师傅用特制的小铲铲一团馅，抹进面皮，左手托着旋转，右手反复提褶。"我们的包子一般14～16褶，最快的师傅2分钟一屉，也就是15个。"刘庆海介绍。

石饮红星包子有个特点，蒸熟后看起来特别像菊花，面白褶绽不漏油，就得益于包的工艺。但石饮红星包子好吃的秘诀在发制面粉。"我们采用半发面工艺，这样做出来的包子皮筋道松软得刚刚好。"刘庆海说。

当包馅遇到饼——这两种河北人最喜欢也最擅长的面食形式时，则又碰撞出

红星饭店老照片　　《河北日报》资料图片

另外一种美食。

廊坊香河，当地人用面粉和馅料，烙制出另一种带馅美食——香河肉饼。和包子松软不同，香河肉饼面皮薄如纸，颜色焦黄，外酥里嫩，纸样的面皮甚至能看清肉馅。

2021年11月19日，香河大张肉饼店。

香河肉饼非物质文化遗产传承人张井林，把调好的肉馅抹到面饼上，两只手托着面饼飞速旋转，几乎没看清他是怎么操作的，远超过面饼尺寸的肉馅就已经被包裹进去。张井林娴熟地在"胖"了一圈的面团上摁摁、抻抻，又抽出擀面杖，左一下右一下，面团受压不断变薄变圆，直径达到50厘米时，张井林用擀面杖挑着一甩，面饼准确无误地落到一旁的电饼铛里。

行云流水的动作，非常考验功夫。仅仅那张被抛入电饼铛的带馅面饼就有4斤之重，对力度和角度有很高要求。

因为香河在北京的东面，香河肉饼还被称为京东肉饼。

"过去，到县城办事或外出当兵、上学，当地人都会特意吃一顿香河肉饼。"张井林介绍。如今，香河肉饼更是成了香河县的一个美食招牌。

香河肉饼好吃，在于考究的制作工艺。

"就拿和面来说，四季和面的水温都不相同。和面粉打了多年交道，每次和面前，我都用手在面粉里试一下温度，再调水温。面硬馅软，会漏。面软馅硬，会泅边。"张井林说，"馅料上，过去只有牛羊肉馅，现在根据食客的需求，扩大到十几种馅料，以牛羊肉为例，我们一般只选用后腿肉，这是保证口感的根源。"

第一次吃香河肉饼的人都会感慨：这肉饼怎么这么瓷实？饼皮薄，肉馅大。

这也正是香河肉饼的特色之一，一斤面、二斤肉、一斤葱，经过特别调制的馅料，要在烙制过程中，把馅料中的油脂通过薄饼渗透出一部分，促使饼皮酥脆。"香河肉饼油而不腻的关键就在于不靠油煎，只刷薄薄一层油，这样才会形成三层的饼，上下都是酥脆皮，中间是一大张肉坯子。"张井林说，香河肉饼食用前必须要切一下，一般切成三角形，这样就能看到绵密的三大层，让食客看一眼就食欲大振。

二、冀菜珍馐

1. 寻味冀中南

2018年9月10日,"中国菜"美食艺术节暨全国省籍地域经典名菜、名宴博览会上,中国烹饪协会公布了34个地域菜,其中冀菜系下,白玉鸡脯、白洋淀炖杂鱼、金毛狮子鱼、皇家御品锅、脆皮虾等10道菜位列其中。

"这10道菜,包含了冀菜的四个流派。"河北省饭店烹饪餐饮行业协会常务副会长兼秘书长俞静说,这分别是以石家庄、邯郸、邢台等为代表的冀中南菜系,以唐山、秦皇岛为代表的冀东沿海菜系,以承德、张家口为代表的塞外宫廷菜系,以及保定直隶官府菜系。四大流派口感独特,各有所长。

"说到冀中南菜系,就不能不提到它的代表名菜、有'河北第一菜'之称的金毛狮子鱼。"河北省饭店烹饪餐饮行业协会副秘书长、培训部长冯泽旺说,这道菜的创始人是他的师爷袁清芳。传到冯泽旺这里,已经是第三代。

"先把鱼肉片到40多片,再加工成200多根鱼丝。"冯泽旺介绍,金毛狮子

金毛狮子鱼　　耿威　摄

鱼的做法关键在三步：刀工、挂糊、油炸。"鱼丝极细，挂糊时易断，要尽量让每一根鱼丝都挂满。"冯泽旺说，炸制，要先用低温油把鱼丝冲开，形成炸毛，十几秒定型后翻面再炸，"整个过程不超过2分钟，考验厨师对炸制技术和火候的掌握，既要做到鱼熟，又要做到造型漂亮。"

最后用糖醋汁浇上去，色泽鲜亮，鱼丝蓬松，口感酸甜，"这道菜品相很惊艳，实际上原料就是我们常见的鲤鱼。"冯泽旺说。

金毛狮子鱼赫赫有名，但很多人不知道的是，这道菜是从保定名菜抓炒鱼演变而来。

保定，是直隶官府菜的发源地。

清代，直隶总督名列全国八督之首，前后共设直隶总督74人、99任次。康熙八年（1669年），直隶巡抚移驻保定府，直到1912年才告废止。在保定有一句老话："一座总督衙门，半部清史写照。"

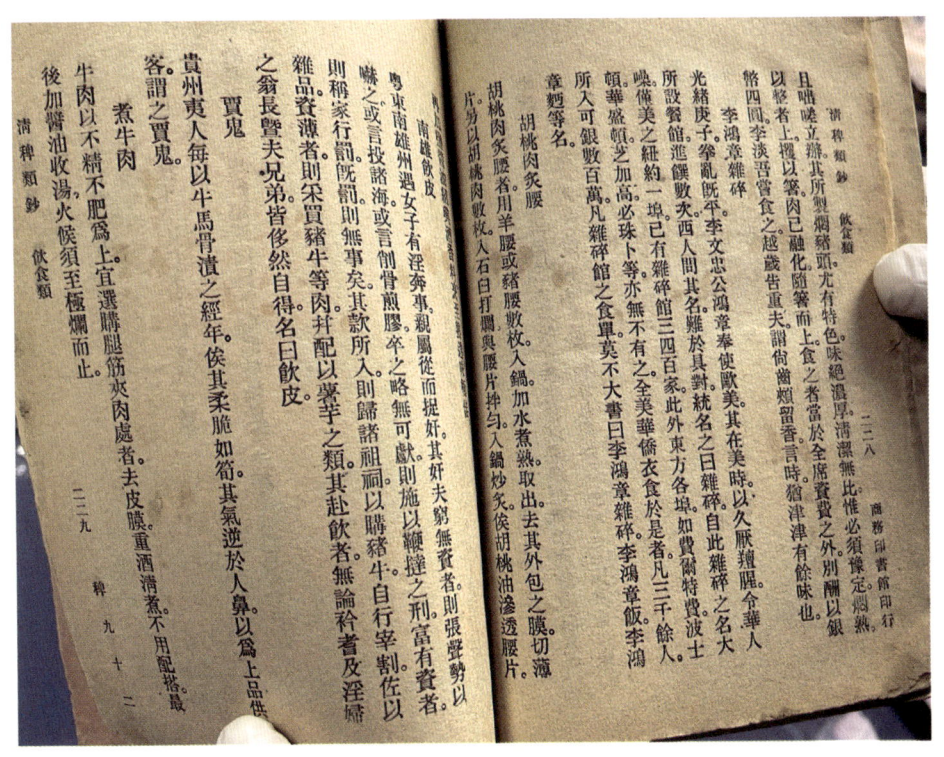

梁连起收藏的餐饮图书中关于李鸿章烩菜最早的记载　　白云 摄

"几乎每一任总督到任,都会带来家乡的厨师,本地厨师在研究总督口味的同时,会加入保定当地的食材和烹饪方法,这些烹饪技法也向民间流传,渐渐形成了兼具各地风味又有保定特色的直隶官府菜。"国家级非物质文化遗产项目直隶官府菜烹饪技艺传承人梁连起说。

梁连起收藏的近万本餐饮图书　　白云 摄

1854年,保定张家作坊开办,这是清代最大的膳业经营与厨师培训合一的饮食作坊。张家作坊网罗宫廷和直隶总督署的退任官厨,以经营直隶官府菜和保定民间菜为主,很快声名鹊起,并成为向皇宫选派御厨的指定作坊,同时还为直隶各官衙派出官厨,对直隶官府菜的传播和发展产生了重要的影响。

"清末民初直隶官府菜继续发展,保定府名店遍布城内,尤以十园、十庄、十馆、五楼、五春、五轩著称,这些餐馆以能烹制直隶官府菜的一些代表菜而闻名,也出现了一大批直隶官府菜名厨。如董茂山、王锡瑞等,使直隶官府菜得以传承。"保定市烹饪餐饮饭店行业协会会长孟兰英介绍。

20世纪50年代、70年代,保定厨师界相继推出了《菜谱手册》《保定菜肴讲义》,对直隶官府菜中的鸡里蹦、芙蓉鸡片等菜品进行了记载整理,20世纪80年代起,梁连起着手搜集、整理直隶官府菜菜单。

2021年11月26日,梁连起的办公室。这里存放着他收藏的近万本老菜谱。

梁连起戴上手套从保险箱里拿出一本《烹饪千种》,他小心翼翼翻开泛黄的书页,其中一页记载着"李鸿章杂碎"这道菜的来源和制作工艺。"近几十年,我们通过查阅老菜谱、找老厨师回忆以及饮食专家座谈等多种形式,挖掘整理出一百多道直隶官府菜的典故和制作资料,其中就包括锅包肘子、李鸿章烩菜(李鸿章杂碎今称)等。"

2021年11月27日中午,保定市莲小玖餐厅。

送餐的机器人来来回回，精准地把菜品送到客人餐桌前，客人把一盅李鸿章烩菜从机器人餐盘上取下后打开，一股浓郁的香气扑鼻而来。

"你现在闻到的味道就是直隶官府菜的特点之一，酱香。直隶官府菜烹制特点有三：擅长用酱、用汤以及发制干货。"梁连起介绍，其中的酱，就是保定三宝之一的槐茂面酱，有着300多年历史的面酱添加其中，使得直隶官府菜兼具酱香之味，李鸿章烩菜就是其中之一。

李鸿章烩菜　　保定会馆　供图

关于这道菜，梁连起结合收集的资料讲了这样一个故事：担任直隶总督时的李鸿章，1896年曾出使欧美各国，在外数月，不习惯西餐，很想念家乡饮食。李鸿章回到直隶总督署后，膳食总管董茂山等人根据保定府自古擅做烩菜的传统，精选上等的海参、鱼翅、鹿筋、牛鞭等配以保定安肃的贡白菜、豆腐、宽粉等，加入槐茂甜面酱烩制而成，这道菜得到李鸿章好评。

"这道菜，可根据季节和人数、经费不同，灵活调整原料，上得了官席，也入得了百姓餐桌，官府菜不是贵的代名词，我们想通过菜品，让食客吃到冀菜的文化和历史。"梁连起说，直隶官府菜来自民间，形成于官府，升华在宫廷，如今，又重返百姓餐桌。

2. 独特的冀东

2019年8月29日，历时一年多的"崇礼菜单"评选工作结束，360道省内外美食入围。

2020年5月，经河北省餐饮业冀字号品牌创建办公室评审，从河北省入选"崇礼菜单"的300道菜点中，又认定了"崇礼菜单"核心菜品69道。

其中，煨肘子与白玉鸡脯、熘腰花一同作为冀东沿海菜系的代表，入选了上述两个菜单。

138吨是个什么概念？

这是冀东沿海菜系代表唐山鸿宴饭庄制作煨肘子这道菜一年的用料量。

几乎每到饭点，食客们就会到这家饭庄排队，他们等的是这家店1937年推出的招牌菜之一——煨肘子。

唐山作为沿海城市，一道煨肘子为什么会成为冀东沿海菜系的特色菜之一呢？

这与唐山近现代工业进程有关。

"矿业和铁路的发展，为唐山带来了很多变化，比如外国技师、来自全国各地的煤矿工人，他们带来了巨大的餐饮需求。"河北省烹饪协会副会长、省级非物质文化遗产项目鸿宴饭庄代表性传承人何宝良介绍，冀东沿海菜，是唐山基本口味和移民外来口味的结合。同时，煤矿工人危险系数高、重体力劳动等因素导致他们上井后的消费欲望大、对肉食需求大，客观上也促进这道菜的发展。

煨肘子口感软糯，色泽红亮，肥而不腻，老少皆宜。

何宝良介绍，这道菜选用去骨猪肘子，先煮，煮至断生，捞出趁热抹糖色，晾到常温后油炸，为的是着色、增香，破坏猪皮胶原蛋白的黏性，避免粘牙。之后用开水煮掉多余油脂，炒糖色、葱姜大料炝锅、加老汤炖煮一个半小时，捞出、装碗、整形后浇原汤再蒸90分钟。把蒸好的肘子趁热放入炒勺里，皮朝下，用中火，靠手劲转动炒勺，将肘子收汁，"这个环节非常考验功夫，转慢了容易粘锅掉皮，失去卖相。"何宝良说，这也是"煨肘子"的最后一道工序，最大限度保持原汁、原味、原形，最后翻勺装盘，皮面朝上。观感鲜亮，口感汁浓味厚，软烂而不失其形。

口味与工艺方面多少带点儿"洋气"，也是冀东沿海菜的一个特征。

何宝良回忆起他的童年，那是20世纪六七十年代，唐山当地有一道菜叫铁扒鸡，"小时候一直不理解，是铁路上的扒鸡？"

煨肘子　唐山鸿宴饭庄　供图

从事厨师工作后，何宝良才知道，铁扒鸡说的是西餐的烹调方法。"这道菜应该是舶来品，大量外国技师的拥入，带来了菜品技术的交流，也丰富了当地的餐饮制作内涵。"

结合唐山本地特色，冀东沿海菜系越发注重刀工，精于火候。

2017年11月，辽宁盘锦。

在中国技能大赛全国烹饪及餐厅服务职业技能竞赛总决赛上，河北一支代表队开始比赛后，裁判们都围拢到选手面前，他们被选手精湛娴熟的刀法所吸引：平刀片、坡刀剞、直刀剁，热油烹制后的一朵朵麦穗形腰花，在炒勺内上下翻飞。

"那次比赛，鸿宴饭庄获得了团体和个人双冠军，其厨师刀法更得到了裁判的认同。"河北省饭店烹饪餐饮行业协会副秘书长耿威说。

而河北队在比赛现场引起裁判围观的，正是传统技艺与熟练的基本功，这道熘腰花的烹制。

猪腰子细滑个儿小，熘炒是冀东沿海菜的功底，这道菜制作的难点之一在刀工。

"刀工关系到出成率。原料出成率是一家饭店利润的重要因素，刀工也就格外重要。先把鲜猪腰一分为二，片净腰臊，此时的腰片无刀痕为佳，先用坡刀剞第一轮，深度达五分之三处，角度30°左右。第二轮用直刀剁，深浅宽度要一致。达到剁刀背面可见刀纹，但剁而不透，受热后成工整的麦穗形状，每一粒顶端呈正菱形，体现出精美的刀工技艺。"何宝良介绍，能达到如此刀工，需要多年的案头训练才能出师。

熘腰花这道菜讲究爆炒速成，出锅时极具沿海菜轻油抱芡的特点，同时质地脆嫩，品相上佳。

海产，则是冀东沿海菜的另一个重要品类。

"沿海菜系中的官烧目鱼、兰花虾片等，都采用了渤海的海产品。其中官烧目鱼这道菜，也有近百年传承历史。"何宝良说。

河北487公里的海岸线所抱拥的渤海浮游生物多，饵料丰富，盛产优质海产。但过去，保鲜技术落后，海产类菜品采用干货要超过鲜货，客观上带来沿海菜系的干货发制技术水平高超。

目鱼，指的是鲜比目鱼，又叫半滑舌鳎，鳞小刺少，"官烧目鱼选用3斤以上目鱼的中段,与其他菜系的区别之处,主要是用烧的技法烹制而成。这道菜利用自来芡收汁的方法,增加了汤汁的浓度,使得鱼肉更加鲜香醇厚,在舌尖上停留的味感更长,这道菜吃完,盘子里几乎不留汤汁。"何宝良说。

官烧目鱼装盘简洁大方,色泽红亮。

官烧目鱼　　唐山鸿宴饭庄　供图

3. 融合的塞外

在34个中国地域菜中,绝大多数菜品都会带上荤腥,冀菜入选的10道菜中,唯一一道素菜是"烧南北"。

"顾名思义,这道菜烧制的原材料分别产自南方北方,其中'北'指的是口蘑,'南'指的是笋干,也叫玉兰片。"中国烹饪大师、河北省特级烹饪大师翟振文介绍。

坝上盛产蘑菇,得名于张家口的口蘑,是中国传统食材中最著名的蘑菇。口蘑入菜,香气不同其他,除了口感极佳外,还具有提鲜的作用。也因此,口蘑和笋片相遇时,嫩滑和爽脆一结合,单纯的蔬菜碰撞既保留了各自口感,又创造出一道令人舌尖倍感清新的素菜。

"烧南北"这道张家口名菜,早年并没有在当地餐饮界留下关于其起源的确切记载。"20世纪70年代我刚参加工作时,这道菜的做法还是口传心授。"翟振文分析,张家口作为通商要道,南来北往的客人较多,货物交流比较频繁,"南北两大著名食材齐聚张家口,同时,当地餐饮界为开发客源,也会兼顾南北客商的口味,将两个原料用于同一道菜也比较自然。"

1985年,翟振文对"烧南北"进行了改良,由过去的白色半汤菜,改为红色的无汤烧制菜,"近些年,我们采用张家口蔚县大南山产的蘑菇,玉兰片也改为湖南的鲜笋,通过爆炒、煸、淋油等工艺加工。"翟振文说。

- 538 -

如果说"烧南北"是食材上的融合，另一种冀菜派系则是集美食之大成，那就是承德宫廷菜系。

20世纪80年代初，一次溥杰在承德吃饭后，忍不住夸赞："这顿饭吃出了家的味道。"当时做饭的厨师，就是年轻的孙晓春。

是什么让昔日的皇亲国戚在塞外小城吃出了家味呢？

"这就得从我的厨艺传承说起了。"中国烹饪协会名厨委员会主席孙晓春说。

清康熙年间开建木兰围场、避暑山庄，康熙和乾隆当政期间，每年有近半数时间在承德度过。皇帝的到来，让承德酒楼林立，各地菜肴纷纷涌入。汇集各地美食的承德还拥有独特的地理条件，盛产各种山珍野味。宫廷菜式和民间餐饮融合，满汉回蒙各民族菜系荟萃，逐渐形成了承德宫廷菜。

于是，孙晓春这个承德本地人，从入行起学到的就是承德一代代厨师传下来的宫廷菜系。

承德宫廷菜色泽鲜艳，注重火候。以炸、烤、煨、泥烧、锅制等多种烹饪技法，制作出香酥、鲜美、咸香的独特味道。

1989年，商务部联合中国烹饪协会在成都举办中国名菜名宴评审大赛，孙晓春带队以承德满汉全席全鹿宴获得了中国名宴第一名。

承德宫廷菜中的翘楚，当属满汉全席。

孙晓春也是挖掘满汉全席菜单的人之一。

"我学厨的时候，师父们口传心授教过六七十道菜式，但并没有资料收录满汉全席的全部菜谱。"孙晓春说，他经常到承德避暑山庄博物馆去翻看清帝膳食单，从中搜集菜谱。

后来，溥杰邀请孙晓春到北京，亲自带他到博物馆、故宫等地查阅御膳档案。"这些资料为后来恢复满汉全席提供了巨大帮助。"孙晓春说，目前他们研发的满汉全席，500多道菜式，其中热菜268道。

塞外+宫廷，使人们提到承德宫廷菜时难免首先想到用料奢靡且口味肥厚的山珍野味。事实上，由于现代食材供应条件、人们口味的改变，如今的承德宫廷菜，已悄然发生了变化。

"比方说制作工艺相对复杂的'山盟海誓'，这道菜最早用的是海参和熊掌，现在我们改用了鹿唇替换熊掌作原料。其中海参考校的是泡发技术，鹿唇则是去毛技术，处理好的食材经过腌制和蒸，用鸡汤煨，仍然是很吃功夫的高档菜色，但更加符合生态理念，同时价格也相对亲民了。"孙晓春说。

承德宫廷菜的另一个特色在于筵席制式。

"满汉全席的上菜程序，延续着观盘—冷碟—主馔—护馔—烧烤—羹汤—点心—果盅的古代筵席制式。"孙晓春介绍，"这些菜式从凉到热，从汤到点心，注重食用的礼节和合理搭配。"孙晓春说，今天的满汉全席，吃的不是菜式之多，而是宴席文化和菜肴的历史传承。

三、家常滋味

1. 鱼的河北吃法

历史上的燕赵大地水系众多，除了抱拥渤海，还有三大流域、十一大水系。鱼，是这些水资源的馈赠之一。

河北人吃鱼，自有独特之处。

2021年10月29日一早，邯郸永年区广府镇东街。

饶小刚从城西菜市场的鱼档一家家走过，不时抄起盆里的几条鱼看看、闻闻，最后，他走到一家鱼档前停下来，"小白条离开水3~5小时，鱼鳃就会变淡红，鱼肚子会变软。要是夏天，时间还要短，一个半小时就变色，鱼不新鲜，做出来的酥鱼就不好吃。"

饶小刚是邯郸市级非物质文化遗产酥鱼制作技艺传承人，"我父亲给我讲过，酥鱼的制作历史有一千多年。据说是魏晋时期，由民间传入宫中。民间还有个说法，说北宋初年被宋太祖赵匡胤颁旨御封过，于是又被称为'圣旨骨酥鱼'。"

饶小刚的电动车驮着新鲜的鱼往回走，今天又是忙碌的一天——上百斤鱼要去鳞去内脏，在太阳下暴晒，晾干水分后进行炸制。"这一步的目的是定型。"饶小刚说，炸后的鱼需晾凉，最后放入砂锅"酥化"，"鱼是本地鱼，醋是本地醋，就连炖鱼的砂锅，也是邯郸本地特产。"

砂锅泥土烧制，一次可以炖制15斤鱼。饶小刚把晾好的鱼逐一放入码好，再加上葱姜蒜等调料，水烧开后，把一个沉重的铁坠压在砂锅上继续炖。"小火，8～10小时。"饶小刚说，这样，在小火滋养下，砂锅里的调料味浸入鱼中，鲜鱼也完成了骨酥肉烂。

酥鱼在邯郸当地是宴请的必上菜之一，它色泽黄亮、色香味美、骨酥肉嫩，作为一道凉菜，热的时候吃反而味道不好。

为什么在邯郸会产生酥鱼这样一道美食呢？

饶小刚回忆起他的童年，"小时候，永年区广府古城外都是芦苇荡，我的乐趣之一就是下芦苇荡摸鱼。"

也难怪，广府古城附近有滏阳河、漳河、洺河等多条河流，水草之下，鱼虾众多，而邯郸酥鱼的原料就是产自这些河流的小白条、野生鲫鱼和泥鳅等。

靠水吃水养育了一方人民，也孕育了一方味道。

2021年11月7日，白洋淀。

"收拾好了吗？"被称为雄安鱼王的陈爱军问徒弟，得到肯定答复后，他系上围裙，舀一勺热油往锅里一淋，手勺习惯性在锅沿上磕两下。

陈爱军亲自下厨制作的是白洋淀炖杂鱼。在白洋淀366平方公里的水域里，这道菜的原料简直是平淡无奇，但就是这平淡无奇的杂鱼，却烹制出味浓肉鲜的水乡味道。

"这道菜也有300多年历史了。"陈爱军介绍，白洋淀炖杂鱼选用的是淀里产的2～3两重的黑鱼、鲫鱼、鲤鱼、鲇鱼或嘎鱼，"过去，好一点儿的鱼，渔家都送上岸卖掉，又瘦又小的鱼没人要，就统称为杂鱼，渔家就拿回家自己做菜吃。"

渔民将这些不上台面的杂鱼处理干净后热锅起油，葱姜蒜爆炒，加入当地酿制的白酒和保定特产槐茂面酱炖煮，为了方便，当地人还把玉米面饼子贴在锅边，饼子一头在鱼汤里浸泡，一头露在汤上面，"鱼入味，饼将熟，刚好主食和菜都有了。"陈爱军介绍，如今，改良版的炖杂鱼，还会根据客人口味把饼子换成死面卷子等，"总的来说，这道菜源自民间，现在也流行于民间，是白洋淀地地道道的渔家菜。"

相比上述两道鱼菜的历史悠久，在渤海边有一种鱼，即使是当地渔民，食用的年头也非常有限，那就是河鲀。

这是因为河鲀携带的河鲀毒素，具有高致死率。

1990年我国曾出台《水产品卫生管理办法》明确规定：河鲀鱼有剧毒，禁止流入市场。

因为有毒而被禁止流入市场，全国仅此一鱼。

2016年9月，《关于有条件放开养殖红鳍东方鲀和养殖暗纹东方鲀加工经营的通知》出台，并公布了首批具有加工河鲀资质的5家企业，唐山海都渔业集团就是其中之一。

"经过专业公司处理过的河鲀毒素已经低于国标，食用是完全可以放心的。"该公司负责人李卫东介绍。

有了政策支持，李卫东打造了一家河鲀体验店，专门料理河鲀。几年过去了，河鲀食客越发多元，从尝鲜的年轻人，到保守的中老年人，这条鱼逐渐游上

河鲀鱼片　　唐山海之都餐饮　供图

了河北人的餐桌。

解决了安全问题，食客们开始关心：河鲀怎么吃？

唐山市海之都餐饮文化管理有限公司总经理王爱新拿出一把锋利的刀，这把刀宽2～3厘米，长约27厘米，刀背厚度不过5毫米，要熟练运用这把刺身刀，至少需要两年时间，因为它要对付的食材有些特点，"咱河北主要养殖红鳍东方鲀。这种河鲀高蛋白低脂肪，肉质细嫩，被誉为河鲀中的'劳斯莱斯'，适合做生鱼片。河鲀宰杀后保存几小时口感不会打折，但像切羊肉片一样冷冻受影响，所以，厨师把鲜河鲀鱼肉切成厚度在2毫米上下的薄片，很考验功夫。"王爱新说。

切好的河鲀鱼片，肉质白嫩，吹弹可破，口感却弹牙紧致，仅蘸酱油就让食客胃口大开。

一条河鲀鱼，在专业加工师手上，可以被分割成鱼骨、鱼唇、外皮、肉皮、净肉等不同部位，用于干炸、凉拌，也可以制作丸子、水饺，还可以做汤、涮火锅。

李卫东打开手机后台给记者看他们在网店的销量，仅饺子一项，订单就覆盖了大半个中国，"以前，唐山养殖的红鳍东方鲀占到了全国出口河鲀的六成。2021年，国内河鲀的销量第一次超过出口日韩量。"李卫东很期待，这条渤海之鱼，日后能出现在更多的冀菜原料中。

2. 粗粮细作出经典

——搁着。

——饹馇？

这一诙谐的谐音，传说是饹馇这道小吃的来源。

唐山市遵化市马兰峪镇，这里因为两个元素出名——清东陵和饹馇。

唐山市级非物质文化遗产饹馇制作技艺传承人吴艳萍正是马兰峪人，这里的村民更习惯称自己为守陵人后裔。据说当时清王朝在遵化建东陵后，守陵人为讨得皇家欢心，就把这一特产送进了皇宫。

慈禧太后吃了两口，还没吃够，见太监想往下撤，说了句"搁着"吧。太监以为是太后赐的菜名，马上传令下去："此菜名为饹馇。"

"饹馇"与"搁着"谐音，从此以后，饹馇的叫法流传开，其身价也大大提高。

"饹馇在唐山的丰南、迁西、滦州、乐亭等地都很常见。"吴艳萍介绍。

饹馇选用遵化当地产的绿豆，掺入黄豆等其他豆类，磨成浆，再加入姜黄上色。"一般是5份豆浆、2份淀粉、3份面粉，进行调和。"吴艳萍说。

制作饹馇的过程特别像摊煎饼。

先用一把急火把锅烧热，然后把调和好的粉浆倒进锅里，转温火，再通过娴熟的手法像揉面一样不断地翻转，直到粉浆完全熟，再用一把急火把它摊成饼状。一张饹馇需要五分钟才能制作完成。

50多年前，十来岁的吴艳萍因为火候掌握得好，被父亲指定为制作饹馇时的烧火人，"最好的柴火就是遵化当地的栗子树叶，这火不硬不软，烙出来的饹馇服服帖帖。"

没吃饹馇宴，不算到唐山。

而饹馇宴，其实是用饹馇作为原料进行的二次烹饪，比如醋熘饹馇、烩饹

河北唐山宴饹馇加工作坊的工人在加工饹馇盒　　刘满仓　摄

饸、炸饸饹、焦熘饸饹、炒饸饹、饸饹签子等,"过去,吃饸饹是解馋,而现在,吃饸饹是怀旧。"吴艳萍说。

如果说饸饹是化简单为丰富,那么豆沫就是化复合为融合。

2021年11月18日,邯郸冀南宾馆。

面点组长李建国正了正厨师帽,进入后厨检查备好的材料——海带、花生米、黄豆、炸豆腐、粉条……

李建国要制作的这道小吃叫豆沫,是邯郸人早餐少不了的,也是入选崇礼菜单的唯一一道粥品。

冀南豆沫选用曲周产小米,添加花椒大料等磨成粉后用凉水澥开备用。大锅添水烧开,开锅后根据熟的快慢分批放入粉条、煮好的花生米和黄豆、海带、炸豆腐等配料,而后慢慢倒入调好的豆沫糊糊,只需十余分钟就能上桌。

"这一锅,30多斤,出锅前,撒入菠菜叶点缀,配芝麻盐、油条等佐餐。"李建国说。

豆沫呈半透明的乳黄色,深吸一口气,小米香、豆香、芝麻香、花生香以及

冀南豆沫　　邯郸冀南宾馆　供图

蔬菜的清香醇厚诱人，尝一口，糊糊浓稠细腻，配菜香脆嫩滑。

李建国笑着说，曾有一桌客人点过6盆冀南豆沫（一盆约10碗），把他这位大师傅都给惊着了。

就地取材，粗材细作，是很多民间小吃共同的特征。河北地形与气候的多样性，使得东西南北各地小吃呈现出丰富多彩的形态。

2021年11月23日，张家口明瑞莜面博物馆。

张家口宣化区莜面制作工艺非物质文化遗产传承人杨瑞雪正给食客演示莜面的制作，和好的莜面在她手上一搓一拈，就变成了一个<u>鱼鱼</u>，她微笑着给外地游客介绍："这是我们当地产的莜麦制成粉，再进行加工。我刚才搓出来的是<u>鱼鱼</u>，制作莜面还有推、擀、卷等手法，可以加工成窝窝、拿糕、饺子、馄饨、拨面、山药鱼子等，有蒸、烙、汆、炒等各种吃法。"

51岁的杨瑞雪是张家口涿鹿人，"在坝上，莜面是家常饭。老话说，坝上三宗宝：山药、莜面、大皮袄，可见莜面对坝上人多重要。"张瑞雪回忆起她的童年，那时以玉米面为主粮，莜面算得上粗粮中的细粮，"寒冷的冬季，窝在家里

莜面窝窝　　张家口明瑞食府　供图

做点儿莜面吃，那就是一道朴实又改善生活的农家饭。"

流传在坝上的另一个说法是："四十里莜面三十里糕，二十里荞面饿断腰"——说的是莜面耐饿。

劳动人民的总结其实有科学依据，莜面是由莜麦加工而成，莜麦是一年生草本植物，喜凉、耐寒，富含高蛋白，含有不可溶的粗纤维，所以耐饿。也难怪第一次到张家口吃莜面的客人胃口大开时，店家反而要好心提醒，不要吃太饱。

3. 生活中的真味

2021年11月25日，石家庄正定县宋记真定八大碗店。

9点刚过，厨师宋二伟挽起袖子直奔后厨。刚送到的肘子和五花肉格外鲜亮，宋二伟抄起一把薄刃快刀，插、割、片，几下就把猪骨从肘子中剔出，这看起来轻描淡写的几下，其实功夫在其中，刀不能穿透肉皮，要尽量保护肉的肌理，不然会破坏肘子的品相。

旁边一口大锅已添好水，宋二伟把剔好的50个肘子和五花肉一块块码放进

正定蒸碗之扣肉　　白云　摄

去，拿过来几袋密封的调料包，"先煮一小时，出锅后趁热抹面酱上色，晾凉过油炸定型，再上笼屉蒸。"宋二伟忙着添料，锅里的热气蒸腾而出，"简单说，前期蒸，去油，后期蒸，入味。"

蒸了又蒸，这也是八大碗被称为蒸碗的原因。

2005年，宋记八大碗被河北省列为非物质文化遗产保护项目，宋二伟是这一项目传承人，他从十几岁起就跟着父亲在十里八乡制作蒸碗，"在我们当地，红白喜事都要吃蒸碗，过年，这也是压轴菜。"

事实上，"八大碗"式的吃法在全国各地并不少见，原料大多就地取材。正定八大碗，则是四荤四素八种食物，荤菜以猪肉为主料，分别是方肉、肘子、酥肉、丸子、排骨等，素菜由豆腐、海带、粉条和时令蔬菜组成，是典型的河北农家口味。

食材简单，制作起来却并不马虎。

几个小时后，第一轮蒸制结束，倒掉油脂，宋二伟给每个碗里加上清汤、

厨师正在制作蒸碗　　白云　摄

葱花和姜末，炉火再次烧红，这次要蒸30分钟。店里的时钟慢慢转动了一个多小时，几经加工的蒸碗慢慢失去了温度，宋二伟过去试了试手温，在桌面上重新摆了一排碗，把蒸好晾凉的碗逐一倒过来——方肉晶莹剔透，肉皮朝上，这也是蒸碗又被称为扣碗的原因。

前期的工作烦琐，是为了上菜时的便捷，不管是婚宴还是年节，一声"上菜"，蒸碗稍加热就能迅速上桌，不够"八"大碗，几个蒸碗也可以烹饪制作，这，使得这道家常菜经久不衰。

2021年12月3日，邢台，气温4℃。

两位食客掀开一家大锅菜店的门帘，哈着气落座，"老板，快上两碗大锅菜，加丸子，四个馒头！"

在广袤的燕赵大地，要论食材兼容的菜，一定是大锅菜。无论冀中、冀东、冀南还是冀西北、坝上各地区，这可能也是全河北"口味兼容度"最高的一道家常菜。

婚丧嫁娶吃大锅菜、除夕夜吃大锅菜、八月十五吃大锅菜，又名"里外香"的菜锅煮饺子，更是把饺子放到大锅菜里煮，成为邢台人招待贵客的重头菜。

"大锅菜的制作技艺，从我岳父那儿传到我这儿。"王氏大锅菜制作技艺今年入选邢台市第七批市级非物质文化遗产项目代表性项目，其传承人王峰介绍。

"大锅菜的制作工艺和原材料，都是公开的，各地可能会有差异。就拿邢台来说，各县甚至各村制作的大锅菜，都各有各的味道。"王峰说。

2004年、2014年，王峰组织了两次民间大锅菜制作比赛，"裁判是几家饭店的厨师、厨师长，来参加比赛的有村里红白喜事的掌勺，也有饭店厨师、大锅菜爱好者等三五十人。"王峰回忆，他组织这次比赛的目的，就是想征集更多的大锅菜做法，来丰富大锅菜口味。

以王氏大锅菜为例，主料也不外乎是白菜、粉条、猪肉、豆腐、海带，夏季时白菜换成冬瓜，采用的也是非常传统的冀菜的爆炒慢炖手法，这道菜为什么却能长久停留在邢台人的菜单上呢？

"好吃是一方面。在食材匮乏的年代，大锅菜经济实惠，又当菜又当饭，对邢台人来说，大锅菜已经成了一种情结。日常吃大锅菜是过日子，招待回娘家的姑娘或贵客以及正月初一第一顿饭，寓意团圆、祥和。"王峰认为。

然而，不管是名宴还是小吃，每个人心底最留恋的，永远都是家的味道。

2021年2月11日，除夕，衡水市民孙秀苗家。

韭黄，上好的猪五花。

猪肉一定要亲自剁，案板上有节奏的声音是这道饭的开场白，细碎的刀剁肉馅到底哪里比绞肉机好，藏在家庭主妇的经验里。

猪肉馅先放，韭黄、姜丝、葱花后放，这是因为烧热的植物油裹着几颗花椒粒的焦香，一定要浇到葱姜上才能最好地激发调味。

葱姜去腥、油料提香、韭黄提鲜，孙秀苗左手往肉馅打入清水，右手不停顺时针搅动，多年的厨房料理，每一个母亲都能精准调和出慰藉家人胃口的馅料。

韭菜，木耳，虾仁，鸡蛋。

切丝和切碎的尺度，是经验和家人的爱好在主导，比如，儿子刘博就喜欢吃大块的虾肉，每次吃到都会满足地"炫耀"，那么虾肉就一定要切到肉眼可见。

没有什么饭，像包饺子一样，让全家的参与度这么高，也没有什么饭，像饺子一样，面皮里藏着各家的万千味道。

冷寂了半个冬天的家，在儿子刘博一家从北京赶回来之后热闹起来。

这一天，同样的一幕在燕赵大地的千家万户上演，很多人奔波几千公里，就为了回家吃顿饺子，与家人团圆。

大年初一吃饺子，正月初五、十五吃饺子，二月二吃饺子，头伏吃饺子，冬至吃饺子，除夕也要吃饺子。对于很多河北人来说，饺子，是最经典的家常饭，也是最让人魂牵梦萦的家的味道。

夜幕降临，热气腾腾的厨房端出一碟碟不同香气的菜和一盘盘肚子撑圆的饺子，肚皮泛绿的是三鲜，发黄的是韭黄猪肉，刘博使劲深吸一口气，"啊，什么饭也不如妈妈做出来的味儿好！"

是啊，妈妈做出来的味道，就是家乡的味道，就是生活的味道。

结束语

感谢各位专家学者、受访对象对本系列报道的无私帮助，感谢一路相伴的读者，感谢河北悠久的历史、美丽的土地，我们可爱的家乡。

本系列报道得到中共河北省委党史研究室、河北省文化和旅游厅、河北省住房和城乡建设厅、河北省文物局、河北省社会科学院、河北省古代建筑保护研究所、河北省文物考古研究院、河北博物院、河北省档案馆、河北建筑设计研究院、河北省文化和旅游研究院、清华大学、南京大学、河北师范大学、河北地质大学、河北工业大学、河北大学、河北省科学院等单位（排名不分先后）的大力支持，再次致谢！

《河北日报》编辑部

编后记

本书是在《河北日报》特别策划、创作的深度连续报道《大河之北——河北人文地理解读》的基础上完成的，是《大河之北——河北自然地理解读》的姊妹篇。这两组系列报道刊出以及《大河之北——河北自然地理解读》一书出版后，收到良好社会反响，读者盛赞其"深入浅出、旁征博引、大开大阖、饱含情感"，体现了创作的专业性、权威性、知识性和可读性。

人猿揖别、三祖合符，胡服骑射、邺下风流，奇珍重宝、画栋雕栏，长城起伏、万仞千关，历史长河，奔流千年……都市沧桑、工业起源，革命热土、壮阔波澜，党史百年、群星璀璨……大河之北，是我家园。从"自然地理"到"人文地理"，上下百万年，纵横千万里，我们再次用一本书，用"现场走访+专业解读"的形式，把燕赵大地这片神奇热土的人文历史展现在世人面前。

知之深，才能爱之切。我们相信，不同年龄、不同地方、不同职业的读者，总可通过本书呈现的文字和风景，重新发现和认识河北大地所孕育的人文特质，了解到从历史到今天社会发展的沧桑巨变，熟知河北的秉性和底蕴，尊崇她的品格与情操。

河北出版传媒集团公司领导对本书的出版工作提出具体要求，给予悉心指导。花山文艺出版社组建了专业精干的项目团队，在编辑、校对、设计、制作等环节精益求精反复打磨。我们力争以多媒体出版物精品的标准，给读者提供丰富的阅读体验和美的感受。感谢为本书完成付出辛劳的每一位参与者。

2023年4月